# अनुक्रमणिका

HAPPY BIRTHDAY

Honey Apple Butter

# शाकाहारी व्यञ्जन विधियाँ

511 से भी अधिक व्यंजन विधियाँ

श्रीमती मिथलेश गुप्ता

(पाक विज्ञान)

[आधुनिक स्वादिष्ट शाकाहारी व्यञ्जनों का अद्वितीय संकलन]

:: वितरक ::

P·B·D

पापुलर बुक डिपो

चौड़ा रास्ता, जयपुर - 302 003

*प्रकाशक :*

**नारायण प्रकाशन**

जी-1, एस.एस. टॉवर्स, धामाणी गली, चौड़ा रास्ता,
जयपुर - 302 003
Ph. : 98290-89555
email: pbdjpr@rediffmail.com

**नवीनतम संस्करण**



**ISBN : 81-86098-42-9**

**मूल्य : Rs. 495.00**

*लेजर टाइप सैटिंग :* **स्वास्तिक कम्प्यूटर्स,** जयपुर
*मुद्रक :* **शीतल प्रिन्टर्स,** जयपुर

श्रद्धा सुमन

मेरे पूज्य पिताजी

स्व. जगदीश नारायण अग्रवाल जी को

# अपनी बात

वर्तमान जीवन में आज की शिक्षित कन्याएँ और नववधुएँ सब कलाओं में निपुण होते हुए भी पाकविद्या के प्रति विशेष जागरूक दिखाई नहीं देतीं। औसत गृहिणियाँ भी भोजन की विभिन्न विधियों और दिशाओं में बहुत कुशल अथवा अनुभवी दिखाई नहीं देतीं। सभी को सभी कुछ बनाना आए, यह सम्भव भी तो नहीं है, किन्तु खाने की रुचियाँ तो सभी में हैं। इस पुस्तक में सभी की रुचियों को ध्यान में रखते हुए विभिन्न प्रकार के भारतीय व्यञ्जन बनाने की सरलतम विधियाँ बताई गई हैं। इस पुस्तक की सहायता से घर की लड़कियाँ, कुल-वधुएँ तथा गृहिणियाँ थोड़े ही समय में शाकाहारी व्यञ्जन बनाना सीख सकती हैं। स्वादिष्ट और चटपटे व्यञ्जन बनाने की अनेक विधियाँ समझाकर लिखी गई हैं।

व्यञ्जन की सही नाप-तौल, पकाने की विधि और समय बताया गया है। इस बात का पूरा ध्यान रखा गया है कि सभी अवसरों के अनुकूल व्यञ्जन की व्यवस्था की जा सके। रोजमर्रा के अलावा तीज-त्यौहार, पर्व-उत्सव-व्रत आदि अवसरों के अनुकूल भोजन-व्यवस्था भी बताई गई है।

वैसे तो सभी अपने अनुकूल भोजन-व्यवस्था करते हैं, और अभ्यास से प्रवीणता भी प्राप्त करते हैं, किन्तु यदि पास में **'शाकाहारी व्यञ्जन विधियाँ'**, जैसी पुस्तक रखी हो तो गृहिणी का आत्म-विश्वास बढ़ेगा और इस क्षेत्र में उसे सहायता ही मिलेगी।

हमने इस नये संस्करण में नए व्यञ्जन भी सम्मिलित किए हैं व पकाने की विधि तथा अन्य बातें और भी सरल तरीके व रंगीन चित्रों सहित बताई गई हैं। हमारा यह प्रयास रहा है कि उन कन्याओं और नववधुओं को जिन्हें पाक विद्या एकदम नया विषय लगता हो, इस पुस्तक के सहयोग से शाकाहारी भोजन बनाने में कोई कठिनाई नहीं होगी। हमें पूर्ण विश्वास है कि हम अपने प्रयास में सफल होंगे।

**—श्रीमती मिथलेश गुप्ता**

*बी.ए. (होम साइन्स), एम.ए.*

# विषय-सूची

● ● ●

# पेय एवं शेक

## पेय बनाते समय कुछ खास बातें

1. बोतलों में पेय डालने से पहले उन्हें उबाल लें और अच्छी तरह से सुखा लें जिससे पेय खराब नहीं होगा।
2. मेटा बाई-सल्फाइड को पेय में घोलकर मिलाएँ।
3. पेय की बोतल को हमेशा एक या डेढ़ इंच खाली छोड़ना चाहिए।
4. पेय को ज्यादा दिन रखना हो तो मोम को पिघलाकर ढक्कन के चारों तरफ लगा दें जिससे हवा अंदर नहीं जा पाएगी।
5. एक किलो में 10 ग्राम मेटा बाई-सल्फाइड मिलाना चाहिए।
6. बोतल पर हमेशा कस कर ढक्कन लगाएँ।
7. फलों के पेय में नीबू का रस या साइट्रिक एसिड मिलाना चाहिए जिससे पेय में थोड़ी-सी खटास आ जाए।
8. फलों का रस जिस रंग का हो उसी से मिलता-जुलता रंग मिलाने से पेय आकर्षक बनता है।
9. खुशबू के लिए केवड़ा, गुलाब या अन्य कोई एसेंस मिलाने से पेय अच्छा लगता है।
10. यदि फल बहुत खट्टा है तो एक किलो रस में सवा किलो चीनी डालनी चाहिए।
11. यदि रस मीठा है तो एक किलो रस में पौन किलो चीनी डालनी चाहिए।
12. अगर रस बहुत गाढ़ा है तो चीनी में थोड़ा-सा पानी मिलाकर चाशनी बना लें और रस में मिला दें जिससे रस पतला हो जाएगा।
13. यदि कोई पेय की बोतल खराब हो रही हो तो एक कम गहरे बर्तन में नीचे तौलिया बिछा दें फिर उसमें बोतल लिटा दें और ऊपर से पानी भर दें, पानी में उबाल आ जाने पर बोतल को पानी में से निकाल कर ठण्डी जगह पर रख दें।

## शीतल खरबूजा पेय

**सामग्री—**1 छोटा खरबूजा (मोटे छिलके वाला), 250 ग्राम ताजा दही, कुछ बूँदें स्ट्राबेरी एसेंस, 10 ग्राम साबूदाना, 4 बड़े चम्मच चीनी, थोड़ी-सी कुटी हुई बर्फ।

**विधि—**खरबूजे को फाँकों में काटकर छिलका उतार लें। फाँकों को मसलकर गूदा तैयार कर लें। साबूदाने को दस मिनट के लिए एक कटोरी पानी में भिगोएँ। फिर उसी पानी में उसे पारदर्शी होने तक उबाल लें। कुटी बर्फ को मिक्सर में डाले, खरबूजे का गूढ़ा, दही, साबूदाना तथा चीनी डालकर मिक्सर चलाएँ। सारा मिश्रण एकसार तथा झागदार होने तक चलने दें। फल का गूदा, साबूदाना तथा दही का मिश्रण होने के कारण यह एक गिलास में सम्पूर्ण भोजन है।

## कस्टर्ड पेय

**सामग्री—**एक किलो दूध, 1 चम्मच कोको पाउडर, डेढ़ चम्मच कस्टर्ड पाउडर, 2 बड़े चम्मच खरबूजे के बीज, 2 बड़े चम्मच खसखस, 5 छोटी इलायची, 10 काजू, 10 बादाम।

**विधि—**सबसे पहले दूध उबाल लीजिए। उसमें से आधा किलो दूध अलग कर लें। आधा किलो दूध को कड़ाही में इतना पका लें कि आधा किलो दूध का एक पाव रह जाए। काजू, बादाम, खसखस, इलायची आदि को कूट कर पाउडर बना लें। अब जो गाढ़ा दूध बनाया है, उसमें यह पाउडर मिला दें, उसे पाँच मिनट तक पकाइए। जब पक जाए जो उसमें स्वादानुसार चीनी डालिए और एक चम्मच कोको पाउडर डालिए। फिर इनको 2-3 मिनट तक उबालिए और ऊपर से दो चम्मच केवड़ा डालें। गैस बंद कर दें। थोड़ा ठण्डा होने पर फ्रिज में जमा दें। यह कुल्फी की तरह बन जाएगा।

अब जो आधा किलो दूध बचा है, उसमें दो इलायची और दो चम्मच कस्टर्ड पाउडर मिलाकर 1-2 मिनट तक उबाल लें। गैस बंद कर दीजिए और उसे ठंडा होने दीजिए। दूध ठंडा होने पर उसे मिक्सी में डालिए। मिक्सी में बर्फ और स्वादानुसार चीनी डालकर अच्छी तरह शेक कर लीजिए। शेक किए हुद दूध को चार गिलासों में डाल दें। हर गिलास में कुल्फी के दो-दो चम्मच डाल दीजिए और दूध के ऊपर केवड़े की दो-दो बूँदें छिड़क दीजिए।

## ठंडे पेय

**सामग्री—**4 गिलास चाय का पानी, 2 टिन पाइन ऐपल जूस, 3 थम्सअप, 2 नीबू, 2 छोटे चम्मच काला नमक, 2 प्याले छोटे कटे पाइन ऐपल के टुकड़े, थोड़े-से बारीक कटे पुदीने के पत्ते, बारीक कुटी बर्फ।

**विधि—**एक पतीले में चाय का पानी डाल दें। पाइन ऐपल जूस, नीबू का रस और काला नमक डालकर मिलाएँ। अब इसमें थम्स-अप खोल कर डाल दें। अब इस पेय को लम्बे गिलासों में डालें। यह 12 गिलासों के लिए काफी होगा। अब गिलासों में कुछ पाइन ऐपल के टुकड़े और पुदीने की पत्तियाँ डालें। बर्फ डालें और पीने के लिए दें।

## तरावटदार पेय

**सामग्री—**2 प्याले ठंडा टमाटर का जूस, तीन-चौथाई प्याला बारीक कटा खीरा, आधा गुच्छी पुदीना, आधा प्याला बारीक कटी लाल गाजर, 2 हरे प्याज, 1 बड़ा चम्मच नीबू का रस, 1 सोडा बोतल, 1 बड़ा चम्मच वूस्टरशायर सॉस, स्वादानुसार नमक।

**विधि—**750 ग्राम टमाटरों को गर्म पानी में 2 मिनट भिगो कर छिलका उतार लें। फिर उसे मिक्सी में एक चक्कर देकर छान लें। इस प्रकार टमाटर का जूस तैयार हो जाएगा। इसे ठंडा होने तक रख दें। हरे प्याज को भी काट लें। पुदीना साफ कर लें। ब्लैंडर में हरा प्याज तथा पुदीना डाल कर चलाएँ। सोडा बोतल को छोड़कर बाकी की अन्य सामग्री डालकर, एकसार होने तक चलाएँ। बर्फ डालकर या फ्रिज में रखकर

पेय को ठंडा कर लें। गिलासों में डालकर ऊपर से ठंडा सोडा डालकर पेश करें। इस पेय में विटामिनों की बहुतायत होने के साथ-साथ यह कम कैलोरी वाला भी है।

## ऑरेंज मिल्क शेक

**सामग्री**—100 ग्राम दूध, 100 ग्राम संतरे का रस, 1 बड़ा चम्मच गुलाब जल, 1 बड़ा चम्मच शहद।

**विधि**—ठंडे दूध में संतरे का रस अच्छी तरह मिलाइए। अब शहद तथा गुलाब जल मिलाइए। गिलास में डालिए तथा ऊपर से संतरे का टुकड़ा सजाइए।

यह ऑरेंज मिल्क शेक आमाशय की अम्लता को नष्ट करता है। भोजन नली तथा सीने की जलन को शांत करता है। यदि पेट में अल्सर हो गया है तो उसे ठीक करने में सहायता करता है।

## पीनट बटर जैली शेक

**सामग्री**—2 प्याले ठंडा सेब का जूस, आधा प्याला क्रीमयुक्त पीनट मक्खन, 1 बड़ा चम्मच स्ट्राबेरी जैली, 1 बड़ा प्याला वनीला आइसक्रीम।

**विधि**—आप बाजार में उपलब्ध एपल जूस की बोतल या फिर सेब के शरबत में माप के अनुसार पानी मिला कर सेब का जूस बना कर प्रयोग में ला सकती है। 50 मिली लीटर पानी गरम करके उसमें जैली घोल लें। 50 मिली लीटर पानी और डाल कर जैली को सेट होने के लिए फ्रिज में रख दें।

अब सारी सामग्री को ब्लैंडर में डाल कर चलाएँ। पानी में दो बूँदें लाल रंग की डाल कर उसे ट्रे में डाल कर जमने के लिए फ्रीजर में रख दें। लाल बर्फ के क्यूब डाल कर शेक पेश करें।

## दही व काले अंगूर का शेक

**सामग्री**—450 ग्राम काले अंगूर छिले हुए व बीज निकाले हुए, 100 ग्राम चीनी, 200 ग्राम ताजा गाढ़ा दही।

**विधि**—छिले हुए अंगूर एक बड़े चम्मच पानी के साथ धीमी आँच पर पकायें। नर्म होने पर चीनी मिलाकर पकायें व मिश्रण एक-सा होने पर उतार लें। ठण्डा होने पर फ्रिज में रख दें।

दही व चीनी को फेंट कर फ्रिज में रख दें। आवश्यकतानुसार देनों को निकाल कर एक गिलास में दो-द्रो चम्मच एक के बाद एक तह बनाते हुए गिलास में भर दें। सबसे ऊपर दही की सतह लगा दें। उसके ऊपर सजावट के लिए एक चम्मच अंगूर की प्यूरी डाल दें, और शेक सर्व करें।

## दही-पपीते का शेक

**सामग्री**—छिला हुआ मीठा पपीता 450 ग्राम, चीनी 3 बड़े चम्मच, मीठा गाढ़ा दही 250 ग्राम, फेंटी हुई क्रीम 100 ग्राम।

**विधि**—पपीते के गूदे के टुकड़े कर लें व चीनी मिलाकर, मिक्सी में डालकर पपीते की प्यूरी बना लें। अब इस मिश्रण को मिक्सी में से निकाल लें। मिक्सी में दही डालकर खूब फेंट लें व पपीते की प्यूरी इसमें डालकर खूब अच्छी तरह मिक्स कर लें। जग में भरकर फ्रिज में ठण्डा होने के लिए रख दें। ठण्डा शेक जब गिलासों में भरकर पेश करें तो ऊपर से एक-एक बड़ा चम्मच फेंटी हुई क्रीम डाल दें।

## मिक्स फ्रूट मिल्क शेक

**सामग्री**—आधा किलो दूध, एक बड़ा आम, एक प्याला अंगूर, एक प्याला अनार के दाने, एक प्याला संतरे का साफ किया हुआ गूदा, एक प्याला सेब छोटे टुकड़ों में कटा हुआ, चार बड़े चम्मच चीनी।

**विधि**—पहले आम को साफ करके छोटे-छोटे टुकड़ों में काट लें और मिक्सी में दूध, चीनी, आम का

गूदा और आधा गिलास पानी डालें। मिक्सी तब तक चलाएँ, जब तक कि आम का गूदा अच्छी तरह घुल न जाए। अब इस मिश्रण में सब फलों को डालें। अंगूर के चार-चार टुकड़े करके डालें। संतेरे के गूदे के भी छोटे-छोटे टुकड़े कर लें और सेब को भी बहुत छोटे टुकड़े में काटें। सारी चीज़ों को मिला दें। अब इस मिक्स फ्रूट मिल्क शेक को काँच के गिलासों में बर्फ डालकर पेश करें। यह शेक बच्चों व बड़ों सभी को विशेष रूप से पसन्द आएगा।

## कॉफी केला शेक

**विधि**—2 कप काली स्ट्राँग कॉफी, 3 बड़े चम्मच चीनी व एक बड़े पके केले (छोटे-छोटे टुकड़ों में) को मिक्सी के ब्लेण्डर में मिला लें। यदि मिक्सी न हो तो पहले केले को चीनी के साथ भली-भाँति मैश करके फेंट लें और फिर कॉफी में मिलाकर फेंटें तथा फ्रिज में रख दें। पेश करते समय छोटे-छोटे गिलासों में चूरा की हुई बर्फ के साथ पेश करें और ऊपर से एक चम्मच मलाई या क्रीम डाल दें।

## अंगूर का शेक

**सामग्री**—2 गिलास के लिए पर्याप्त—250 ग्राम अंगूर, 250 मि.ली. दूध, 3 बड़े चम्मच चीनी, 2 छोटे चम्मच कार्न फ्लोर, 100 ग्राम क्रीम, 2 बूँदें हरा रंग, 3-4 बूँदें वनीला ऐसेंस, थोड़ा-सा कैंडीड फ्रूट।

**विधि**—अंगूर को साफ करके धो लें। 100 मि.ली. दूध को उबालें। थोड़े-से ठंडे दूध में कार्नफ्लोर घोलकर फिर उसे उबलते दूध में डालकर गाढ़ा होने तक पकाएँ। आँच से उतारकर उसमें एक बड़ा चम्मच चीनी मिला दें। थोड़ा-सा जमने तक फ्रीजर में रखें। मिक्सी में क्रीम के साथ एक चक्कर देकर पुनः जमने के लिए रख दें। थोड़े-से अंगूर साबुत बचाकर बाकी को मिक्सी में डालें। साथ ही बाकी का ठंडा दूध, चीनी, बारीक कुटी बर्फ, हरा रंग तथा ऐसेंस डालकर मिक्सी में चलाएँ। पेश करने के लिए गिलास में पहले नीचे एक चम्मच आइसक्रीम डालें। उसके ऊपर थोड़े-से कैंडीड फ्रूट डाल दें। बाकी गिलास को शेक से भर दें, फिर साबुत अंगूर से सजा के पेश करें।

## गुलकंद शेक

**सामग्री**—6 चम्मच गुलकंद, 5 गिलास खूब ठंडा दूध, 6 बड़े चम्मच ठंडी क्रीम, 6 चम्मच या स्वादानुसार चीनी, 1 चम्मच बादाम की हवाई, खाने वाले मनचाहे रंग।

**विधि**—गुलकंद, चीनी और ठंडा दूध मिलाकर मिक्सी में डालें और झाग तक मिक्सी में मिलाएँ। क्रीम में थोड़ी-सी चीनी डालकर बर्फ पर रखकर फेंटें जिससे वह हल्की होकर फूल जाए।

अब तैयार गुलकंद शेक में अलग-अलग मनचाहे रंग मिलाएँ और छः काँच के गिलासों में भर दें, ऊपर से एक चम्मच क्रीम डालकर बादाम की हवाई बुरक दें। खुशबूदार गुलकंद शेक के रंग-बिरंगे गिलासों को ट्रे में सजाएँ। उपलब्ध हो तो ट्रे को गुलाब की पत्तियों से सजाकर पेश करें।

## स्ट्राबेरी ड्रिंक

**सामग्री**—स्ट्राबेरी फ्लेवर आइसक्रीम 4 स्कूप, लिमका 2 बोतल, दूध 2 कप।

**विधि**—लिमका की बोतलों एवं दूध को फ्रिज में रखकर ठंडा करें। अब चार काँच के गिलास लें। दो बोतल लिमका, चारों गिलासों में बराबर-बराबर भर दें। ऊपर से प्रत्येक में आधा-आधा कप दूध भर दें। एक-एक स्कूप स्ट्राबेरी आइसक्रीम डालकर स्ट्राबेरी ड्रिंक सर्व करें।

## डबल लोकाट सोडा

**सामग्री**—4 प्याले लोकाट का गूदा, 3 ठंडी सोडा बोतल, आधा प्याला नीबू का शरबत, 1 प्याला

कटे लोकाट (अलग से), 1 छोटी चम्मच हरी धनिया, थोड़ा-सा नमक, चुटकी भर लौंग, आधा छोटा चम्मच अदरक का रस।

**विधि**—मिक्सी में लोकाट का गूदा, धनिया, लौंग, अदरक का रस डालकर एकसार होने तक पीस लें। नमक, नीबू का शरबत मिलाएँ। बराबर-बराबर गिलासों में डालें। ऊपर से ठंडा सोडा डालकर लोकाट के टुकड़े व बर्फ डाल कर पेश करें।

## मिंट लेमनेट

**सामग्री**—आधा गुच्छी पुदीना, 60 ग्राम चीनी, 2-3 नीबू, 2-3 बूँदें हरा रंग, सोडा वाटर एवं काला नमक स्वादानुसार।

**विधि**—पुदीने को मिक्सी में पीसकर उसका रस निकाल लें। चीनी में थोड़ा-सा पानी मिलाकर उसे आग पर रखकर पकाएँ, जब तक कि वह घुल न जाए। फिर उसे आँच से नीचे उतारकर ठंडा होने पर उसमें नीबू का रस, पुदीने का रस, काला नमक, हरा रंग डाल दें और चौगुना पानी या सोडा डालकर पेश करें। सुरक्षित रखना चाहें तो चीनी की एक तार की चाशनी बना लें फिर उसे बाकी सामग्री के साथ मिला दें। एक चम्मच भरके इस में नीबू के रस को घोलकर मिला दें और पाँच गुना पानी डालकर पेश करें।

## सौंफ के साथ कॉफी

**विधि**—पेश करने के एक-दो घण्टे पहले ही 4 कप स्ट्रांग बिना दूध की कॉफी बनाकर रखिए, सदा से अधिक मात्रा में काफी पाउडर डालिए। पानी उबलते समय ही उसमें चौथाई छोटा चम्मच सौंफ डाल दीजिए, ठंडा करने के लिए फ्रिज में रख दीजिए। चार चम्मच मलाई या क्रीम को फेंट लें। फेंटते समय आधा छोटा चम्मच चीनी मिला दें। पेश करने से पहले लम्बे-लम्बे गिलासों में बर्फ भरिए। स्वाद के अनुसार चीनी पहले बर्फ पर ही डालिए। कॉफी के ऊपर एक-एक चम्मच फेंटी हुई क्रीम व क्रीम के ऊपर एक चाकलेट बार के छोटे-छोटे टुकड़े करके सजा दें। ठंडी कॉफी तैयार है।

## संतरा कॉफी डिलाइट

**विधि**—आधे गिलास संतरे के रस में 1 गिलास स्ट्रांग बिना दूध की कॉफी बनाकर मिला दें। फ्रिज में रख दें। एक बड़े चम्मच संतरे की फाँकों का गूदा व एक छोटा चम्मच संतरे के छिलके के कतरे हुए टुकड़े एक बड़े चम्मच क्रीम में मिलाकर रख दें। दो बड़े चम्मच चीनी की गाढ़ी चाशनी बनाकर उसमें एक कप दूध मिलाकर रख दें। पेश करने से पहले गिलास में बर्फ भरें। ऊपर से पहले दूध, फिर कॉफी और ऊपर से थोड़ी-थोड़ी क्रीम डालकर पेश करें। चाहे तो गिलास के ऊपर संतरे के छिलके के गोल टुकड़े से सजाएँ।

## कॉफी-कोकोनेट क्रीम

**सामग्री**—दो-तिहाई कप चीनी, 2 बड़े चम्मच इन्सटैन्ट कॉफी, 1 छोटा चम्मच जेलेटिन, तीन-चौथाई कप दूध, डेढ़ कप क्रीम, 1 कप नारियल का बुरादा हल्का भुना हुआ, एक चुटकी नमक।

**विधि**—एक खुले मुँह के बर्तन में चीनी, कॉफी, जेलेटिन और नमक डाल दें। ऊपर से दूध डालकर सारे मिश्रण को भली-भाँति मिला दें। अब बर्तन को हल्की आँच पर रख दें और दूध को चलाते हुए इतना गर्म करें कि जेलेटिन घुल जाए। बर्तन को आँच पर से उतारकर मिश्रण को ठंडा कर लें। ठंडा हो जाने पर फ्रिज के निचले भाग में रख दें। क्रीम को फेंटें। ठंडे व जमते दूध के मिश्रण में नारियल का बुरादा मिला दें। मिश्रण को फ्रीजर में कड़ा होने तक रख दें। आइसक्रीम के कप्स में मिश्रण को निकालें और एक-एक चेरी से सजाकर वेफर या बिस्किट के साथ पेश करें।

## ठंडाई

**सामग्री**—6 चम्मच छोटी सौंफ, 6 चम्मच खसखस, 3 चम्मच काली मिर्च, 3 चम्मच खरबूजे के बीज, 25 दाने मुनक्का, 20 छोटी इलायची, 25 बादाम, 1 चम्मच गुलकंद (इच्छा हो तो), स्वादानुसार गुलाबजल, आधा किलो चीनी, 1 लीटर पानी (24 गिलास के लिए)।

**विधि**—सब सामान को साफ कर लीजिए। सब सामग्री को अलग-अलग बर्तन में भिगो दें (सारी रात), सुबह सब सामग्री को अलग-अलग पीस लें। पानी वही काम में लें जिसमें सामग्री भिगोई हुई थी। एक-एक करके सभी सामग्री को कपड़े से छान लें सिवाय बादाम के। अब पिसी बादाम डालकर सब सामग्री को बड़े जग में डाल दें, चीनी मिलाकर गैस पर मध्यम आँच पर पकाएँ। जब एक तार की चाशनी बन जाए तब गैस से उतार लें और बादाम का पेस्ट मिला दें। दुबारा गैस पर मध्यम आँच पर पकाएँ, आँच से हटाकर ठंडा कर लें। बोतलों में यह सिरप भरकर फ्रिज में रख दें।

एक गिलास में 3 चम्मच ठंडाई सिरप डालें, आधा कप पानी व आधा दूध मिला दें, ऊपर से बर्फ व गुलाब जल डालें व पेश करें। यह ठंडाई फ्रिज में तीन महीने तक रह सकती है।

## रूह गुलाब

**सामग्री**—4-5 गिलास ताजे गुलाब के फूलों का शरबत, 50 ग्राम काजू के टुकड़े, 50 ग्राम खसखस, पिस्ते की कतरन सजावट के लिए।

**विधि**—साफ खसखस और काजू का अलग-अलग पानी में भिगो दें। भीगे खसखस और काजू को छानकर पानी फेंक दें और दोनों को मिलाकर मिक्सी या सिल पर खूब महीन पीस लें, इसमें थोड़ा-सा पानी मिलाकर मिश्रण को मलमल के कपड़े में से छानकर दूध जैसा रस निकाल लें। छानने पर कपड़े में बची हुई लुगदी को फिर से खूब महीन पीस लें और छान लें। इसी तरह दो-तीन बार पीस कर सारी लुगदी निकाल लें। इस छने हुए रस को गुलाब के शर्बत में मिला दें और खूब ठंडा करें। काँच के गिलासों में रूह गुलाब शर्बत पेश करें, ऊपर से पिस्ते की गिरी बुरक दें।

## तरबूज की बर्फ की शिकंजबीन

**सामग्री**—300 ग्राम चीनी, 500 ग्राम तरबूज का गूदा, 5-6 नीबू, आधा छोटा चम्मच नमक तथा 500 मि.ली. पानी।

**विधि**—तरबूज के गूदे को साफ करके दो बड़े चम्मच चीनी के साथ महीन पीस लें। इस मिश्रण को बर्फ जमाने की ट्रे में डालकर जमाने के लिए फ्रीजर में रख दें। बाकी बची हुई चीनी में पानी डालकर उबालें और छान लें, यह शर्बत पहले से तैयार रखें।

जब शिकंजबीन बनानी हो तो नीबूओं का रस छानकर इसमें मिलाएँ और नमक मिला दें। शिकंजबीन गिलासों में डालें और प्रत्येक में दो-तीन टुकड़े तरबूज की बर्फ के डालकर परोसें। यह सभी पसंद करेंगे।

## स्प्रीकोट-लेमन कप

**सामग्री**—आधा किलो खुमानी, 1 कप चीनी, 3 कप पानी, 2 चम्मच नीबू का रस, 2 पाइनएपल स्लाइस, 5-6 पोदीने की पत्तियाँ।

**विधि**—खुमानी में से गुठली निकाल कर फेंक दें। एक बर्तन में खुमानी में पानी व चीनी डालकर गैस पर 10 मिनट के लिए पका दें। ठंडा होने पर मिक्सी में चला लें व छाननी से छान लें और उसमें नीबू का रस डाल दें व ठंडा होने के लिए फ्रिज में रख दें।

पेश करते समय पाइनएपल की स्लाइस व पोदीने की पत्ती डाल दें।

●●●

# शरबत

## शर्बत ब्रनाते समय कुछ खास बातें

1. बोतलों में शर्बत डालने से पहले उन्हें उबाल लें और अच्छी तरह से सुखा लें जिससे शर्बत खराब नहीं होगा।
2. पोटेशियम मेटा बाईसल्फाइड को शर्बत में घोलकर मिलाएँ।
3. शर्बत की बोतल को हमेशा एक या डेढ़ इंच खाली छोड़ना चाहिए।
4. शर्बत को ज्यादा दिन रखना हो तो मोम को पिघलाकर ढक्कन के चारों तरफ लगा दें जिससे हवा अंदर नहीं जा पाएगी।
5. एक किलो शर्बत में 10 ग्राम मेटा बाई-सल्फाइड मिलाना चाहिए।
6. बोतल पर हमेशा कस कर ढक्कन लगाएँ।
7. फलों के शर्बत में नीबू का रस या साइट्रिक एसिड मिलाना चाहिए जिससे शर्बत में थोड़ी-सी खटास आ जाए।
8. फलों का रस जिस रंग का हो उसी से मिलता-जुलता रंग मिलाने से शर्बत आकर्षक बनता है।
9. खुशबू के लिए केवड़ा, गुलाब या अन्य कोई एसेंस मिलाने से शर्बत अच्छा लगता है।
10. यदि रस बहुत खट्टा है तो एक किलो रस में सवा किलो चीनी डालनी चाहिए।
11. यदि रस मीठा है तो एक किलो रस में पौन किलो चीनी डालनी चाहिए।
12. अगर रस बहुत गाढ़ा है तो चीनी में थोड़ा-सा पानी मिलाकर चाशनी बना लें और रस में मिला दें जिससे रस पतला हो जाएगा।
13. यदि कोई शर्बत की बोतल खराब हो रही हो तो एक कम गहरे बर्तन में नीचे तौलिया बिछा दें, फिर उसमें बोतल लिटा दें और ऊपर से पानी भर दें, पानी में उबाल आने पर बोतल को पानी में से निकाल कर ठण्डी जगह पर रख दें।

## लीची का शर्बत

**सामग्री**—आधा किलो लीची का रस, डेढ़ किलो चीनी, आधा किलो पानी, 6 ग्राम साइट्रिक एसिड।

**विधि**—चीनी, पानी, साइट्रिक एसिड—तीनों मिलाकर एक उबाल आने तक पकाएँ। अब आँच से उतार कर चाशनी को छान लें और ठंडा होने दें, चाशनी ठंडी होने पर उसमें लीची का रस मिला दें। लीची का शर्बत तैयार है। इसे ठंडा सर्व करें।

## पपीते का शर्बत

**सामग्री**—आधा किलो पके पपीते का गूदा, 1 किलो चीनी, 1 किलो पानी, 1 ग्राम साइट्रिक एसिड, 1 ग्राम खाने वाला पीला रंग।

**विधि**—पपीते को छीलकर गूदे के छोटे-छोटे टुकड़े कर लें। इनमें पानी डालकर मिक्सी में अच्छी तरह पीस लें। इस मिश्रण को स्टील के बर्तन में आधा रह जाने तक पकाएँ। अब इसे आँच से उतार कर ठंडा करें तथा छलनी से छान लें। पपीते के रस में चीनी मिलाकर करीब 15 मिनट और पकाएँ। इसमें साइट्रिक एसिड मिलाकर आँच से उतार लें। ठंडा होने पर पीला रंग मिला दें व बोतलों में भर दें।

## शहतूत का शर्बत

**सामग्री**—आधा किलो शहतूत, 750 ग्राम चीनी, 1 किलो पानी, तीन ग्राम साइट्रिक एसिड, 1 ग्राम पोटेशियम मेटा बाईसल्फाइड।

**विधि**—शहतूतों को धोकर अच्छी तरह साफ कर लें। मिक्सी में शहतूत व पानी डालकर अच्छी तरह पीस लें, इस घोल को गैस पर रखकर आधा होने तक पकाएँ, आँच धीमी रखें। अब इस मिश्रण को छानकर चीनी मिला दें। दुबारा हल्की आँच पर पकने के बाद (10-15 मिनट) इसमें साइट्रिक एसिड मिलाकर आँच से उतार लें। अन्त में थोड़े-से गर्म पानी में पोटेशियम मेटा बाईसल्फाइड घोलकर शर्बत में मिला दें। बोतलों में भर दें।

## बेल का शर्बत

**सामग्री**—250 ग्राम बेल का गूदा, 250 ग्राम चीनी तथा 200-250 ग्राम पानी।

**विधि**—बेल का गूदा पानी में डालकर मसलें और छानकर रख लें। इसमें चीनी डालकर घोल लें। यदि आवश्यकता हो तो थोड़ा-सा पानी और मिला दें। इसे बोतलों में भरकर रख लें या तुरंत प्रयोग करें।

## फालसे का शर्बत

**सामग्री**—250 ग्राम पके फालसे, 250 ग्राम चीनी, 500 ग्राम पानी।

**विधि**—फालसे को साफ करके पानी में भिगोएँ और मसल-मसल कर गुठली और गूदा अलग कर दें। छाननी में से छानकर इसमें चीनी मिलाएँ और पुन: छानकर गिलासों में डालें, बर्फ डालकर ठंडा करके सर्व करें।

## चंदन का शर्बत

**सामग्री**—500 ग्राम पानी, 1 नीबू, 1 किलो चीनी, 100 ग्राम चंदन का चूरा, 50 ग्राम गुलाब का अर्क, 25 ग्राम छोटी इलायची, 3 ग्राम साइट्रिक एसिड।

**विधि**—चंदन का चूरा, गुलाब का अर्क और छोटी इलायची (कुटी हुई) को लेकर आपस में मिला लें तथा रात भर भीगने दें। सुबह 500 ग्राम पानी लेकर उसमें चीनी डालें और चाशनी बना लें। इस चाशनी में एक नीबू निचोड़ कर मैल निकाल दें। (पानी ऊपर तीनों चीजों को छानकर ही लेना, उसी में चीनी डालनी है।) अब इसमें साइट्रिक एसिड डालकर छान लीजिए। फिर बोतलों में भर लीजिए।

## केसर-दूध का शर्बत

**सामग्री—**500 ग्राम दूध, 500 ग्राम पानी, 375 ग्राम चीनी, 10 इलायची, 1 रत्ती केसर, 10 कागजी बादाम।

**विधि—**दूध, पानी तथा चीनी को मिलाकर शर्बत बना लें, बादाम तथा इलायची को सिल पर अलग-अलग बारीक पीस कर शर्बत में मिला दें। केसर को चम्मच में भर कर दूध में अच्छी तरह फेंट कर शर्बत में मिला दें। अब इसे पीने के काम में लाएँ।

## गुलाब की पत्ती का शर्बत

**सामग्री—**375 ग्राम चीनी, आधे खिले गुलाब 250 ग्राम, गुलाब जल 75 ग्राम, पानी 375 ग्राम।

**विधि—**पहले फूलों को पानी में डालकर आग पर रख दें, जब पानी आधा रह जाए तब उतार कर उसका अर्क निकाल लें। इस अर्क में गुलाब जल मिला दें। चीनी डालकर इसे आग पर रखें। जब एक तार की चाशनी बन जाए तब नीचे उतारें और सूखी हुई बोतलों में भर दें।

## गाजर का शर्बत

**सामग्री—**1 किलो चीनी, 1 किलो गाजर।

**विधि—**गाजर को छीलकर कद्दूकस से कस लें तथा उसे निचोड़ कर रस निकाल दें, फिर इसे आग पर रखें। जब यह पक कर आधा रह जाए तब शक्कर डालकर चाशनी बना लें। शर्बत तैयार है।

## सेब का शर्बत

**सामग्री—**1 किलो चीनी, 1 किलो सेब।

**विधि—**सेब को छीलकर अन्दर से बीज निकाल दें तथा सेब को कुचल कर निचोड़ लें और रस निकाल लें। इस रस को आग पर रखें। जब रस आधा रह जाए तब चीनी डालकर चाशनी बना लें। ठंडा होने पर बोतलों में भर दें।

## शहद का शर्बत

**सामग्री—**1 कप शहद, 2 नीबू।

**विधि—**शहद में थोड़ा-सा पानी डालकर अच्छी तरह घोल लें और ऊपर से नीबू का रस तथा केवड़ा मिलाकर पीने के काम में लाएँ।

## सौंफ का शर्बत

**सामग्री—**75 ग्राम सौंफ, 250 ग्राम दूध, 250 ग्राम दानेदार चीनी, 10 छोटी इलायची।

**विधि—**सौंफ व इलायची को धुली सिल पर महीन-महीन पीस लें। इसके बाद चीनी में तीन गिलास पानी मिलाकर साधारण शर्बत-सा कर लें। फिर इसमें पिसी सौंफ, इलायची तथा दूध मिलाकर अच्छी तरह फेंट लें तथा छानकर गिलास में भरें और बर्फ डाल दें।

## माल्टे का शर्बत

**सामग्री—**1 किलो नीबू का रस, 1 किलो माल्टे का रस, थोड़ा-सा लाल व संतरी रंग और एसेंस।

**विधि—**दोनों रसों को मिला लें तथा रंग व एसेंस मिला लें। सब तैयार होने पर आधी बोतल चीनी में रस डाल दें। तीन दिन धूप में रखें, शर्बत तैयार है।

## केवड़े का शर्बत (पहली विधि)

**सामग्री**—250 ग्राम केवड़े के फूल, 1 किलो चीनी, 1 किलो पानी।

**विधि**—केवड़े के फूलों को पानी में भिगो दें, प्रात:काल कपड़े से छानकर बर्तन में डालकर आग पर रख दें। पानी आधा रह जाए तब उसमें चीनी मिला दें और दो तार की चाशनी बनने पर नीचे उतार लें तथा ठंडा होने पर बोतलों में भर लें।

## केवड़े का शर्बत (दूसरी विधि)

**सामग्री**—500 ग्राम पानी, अर्क केवड़ा 125 ग्राम, 375 ग्राम चीनी, साइट्रिक एसिड डेढ़ ग्राम।

**विधि**—पानी, चीनी व साइट्रिक एसिड तीनों को उबाल लें। एक उबाल आने पर चाशनी को छान लें। जब दो तार की चाशनी बन जाए तब उसे ठंडा कर लें। ठंडा होने पर केवड़ा अर्क मिला दें और बोतलों में भर दें।

## बादाम का शर्बत

**सामग्री**—200 ग्राम बादाम की गिरी, 5 ग्राम छोटी इलायची, 750 ग्राम चीनी, $\frac{1}{4}$ छोटा चम्मच पोटेशियम मेटा बाईसल्फाइड (प्रेजर्वेटिव) (यह कैमिस्ट की दुकान पर मिल जाएगा), 2 बोतल पानी, थोड़ा खाने वाला पीला रंग।

**विधि**—बादाम की गिरी को पानी में रात भर भिगो दीजिए। सुबह उसे छीलकर बारीक पीस लीजिए। बादाम का पानी फेंकिए मत। उसे पिसी हुई बादाम में मिला लीजिए। उसमें छोटी इलायची भी पीस कर मिला दीजिए। चीनी में पानी डालकर 3 उबाल आने तक चीनी को पकाइए और उतार लीजिए। मिश्रण ठंडा होने पर उसमें थोड़ा-सा पीला रंग और प्रेजर्वेटिव मिलाकर बोतल में भर लीजिए।

## शरबते बहार

**सामग्री**—50 ग्राम बादाम की गिरी, 50 ग्राम खरबूजे के बीज, 50 ग्राम काजू, 5 ग्राम छोटी इलायची, 20 ग्राम लाल गुलाब के फूल की पंखुड़ियाँ, कुछ धागे केसर के, चुटकी भर पीला रंग, आधा छोटा चम्मच साइट्रिक एसिड, 750 ग्राम चीनी, 2 बोतल पानी।

**विधि**—बादाम, खरबूजे के बीज, काजू, इलायची, गुलाब की पंखुड़ियाँ— सबको थोड़े-से पानी में 6 घंटे भिगो दीजिए और मिक्सी में बारीक पीस लीजिए। मिश्रण को छानकर, उबाल आने तक आँच पर पकाइए और ठंडा हो जाने पर इसमें साइट्रिक एसिड, पिसी केसर व रंग मिला दीजिए। चीनी में पानी डालकर गर्म होने को रखिए। जब चीनी अच्छी प्रकार घुल जाए तो मिश्रण उतार लीजिए और ठंडा हो जाने पर पिसी हुई सामग्री डाल दीजिए।

## अनन्नास और आम का शर्बत

**सामग्री**—आम का रस (मध्यम साइज का गिलास), नीबू का रस 1 बड़ा चम्मच, अनन्नास का रस आधा गिलास, पिसी चीनी स्वादानुसार, बादाम का एसेंस कुछ बूँद, सोडावाटर, आम के चौकोर टुकड़े हर गिलास में दो-दो डालने के लिए, अनन्नास के टुकड़े प्रत्येक गिलास में एक डालने के लिए व कुछ गिलास पर सजाने के लिए, थोड़ी-सी चेरी (ऐच्छिक) पुदीने की ताजी पत्तियाँ, कुचली हुई बर्फ।

**विधि**—आम, अनन्नास व नीबू के रस को चीनी के साथ मिक्सी में डालकर एक बार तेजी से मिक्स कर लें। मिक्सी न हो तो हाथ से मिला दें। अब बादाम का एसेंस डाल दें। सर्व करने से पहले गिलासों में आधा रस भर दें। फिर आम व अनन्नास के टुकड़े डाल दें। बाकी आधे गिलास में सोडा डाल दें।

## श्यामली (ब्लैक ब्यूटी) शर्बत

**सामग्री**—500 ग्राम बड़े काले अंगूर, 6 छोटे चम्मच या स्वादानुसार चीनी, कुछ बूँदें मनपसंद कोई भी एसेंस या खुशबू, 1 सेब, 2 केले, अंगूर के थोड़े-से दाने तथा आम आदि फल, 1 छोटा चम्मच नीबू का रस, बर्फ के टुकड़े।

**विधि**—काले अंगूरों को धोकर उनके तिनके और बीज निकाल दें। मिक्सी में साबुत अंगूर और करीब आधा प्याला ठंडा पानी डालकर चलाएँ और महीन गूदा तैयार कर लें। इस गूदे को छलनी में छान लें। अब अंगूरों की खटास, मिठास के अनुसार चीनी और एसेंस मिलाकर फ्रिज में खूब ठंडा करें।

सर्व करने से पहले फलों को साफ करके छोटे-छोटे टुकड़ों और दानों में काट लें। उसमें नीबू का रस मिलाकर फ्रिज में ठंडा होने दें।

सर्व करते समय काँच के गिलास में एक-एक टुकड़ा बर्फ का डालें और करीब आधा-आधा गिलास अंगूर का ठंडा रस भरें। ऊपर से कटे फलों के टुकड़े डालकर ठंडी-ठंडी श्यामली पेश करें। पेश करने से पूर्व प्रत्येक गिलास में एक-एक चम्मच रखना न भूलें।

## आम का स्क्वैश

**सामग्री**—सवा किलो चीनी, एक किलो आम का गूदा, डेढ़ किलो पानी, 6 छोटे चम्मच साइट्रिक एसिड, आधा चम्मच आम की खुशबू, 3 ग्राम पोटेशियम मेटा बाईसल्फाइड और पीला रंग।

**विधि**—चीनी और साइट्रिक एसिड पानी में डालकर उबाल लें। इसे छानकर ठंडा होने के लिए रख दें। जब चाशनी बिल्कुल ठंडी हो जाए तो इसे पिसे हुए आम के गूदे में मिला दें। आम की खुशबू व पीला रंग एक चम्मच पानी में घोलकर मिलाएँ। अन्त में दो चम्मच गुनगुने पानी में पोटेशियम मेटा बाईसल्फाइड घोलकर सारे स्क्वैश में मिला दें। इसे स्टेरेलाइज की हुई बोतलों में भरें। बोतल को करीब दो इंच खाली छोड़ें।

## अनन्नास का स्क्वैश

**सामग्री**—1 किलो अनन्नास का रस, 2 किलो चीनी, 1 किलो पानी, 25 ग्राम साइट्रिक एसिड, 3 ग्राम पोटेशियम मेटा बाईसल्फाइड, $\frac{1}{4}$ चाय का चम्मच मीठा लेमन रंग, पाइनऐपल एसेंस $\frac{1}{4}$ चम्मच।

**विधि**—चीनी व पानी मिलाकर गैस पर रख दें। जब एक तार की चाशनी बन जाए तब साइट्रिक एसिड डालकर उबाल लें और गर्म-गर्म ही छान लें। फिर दोबारा गैस पर रखें व जब दो तार की चाशनी बन जाए तब रस डाल दें और गैस पर से उतार लें। ठंडा होने पर पोटेशियम मेटा बाई सल्फाइड मिला दें और एसेंस भी मिला दें और बोतलों में भर दें।

**नोट**—*इसी प्रकार सभी स्क्वैश बन सकते हैं। नीबू के स्क्वैश की भी यही विधि है। केवल उसमें साइट्रिक एसिड नहीं मिलाना पड़ता है। आम का शर्बत बनाते समय मीठे रस को देखते हुए चीनी की मात्रा बराबर रखनी है।*

## नीबू का स्क्वैश बार्ली के साथ

**सामग्री**—(10 बोतलों हेतु) 5 किलो नीबू, ढाई किलो नीबुओं का रस, 5 किलो चीनी, ढाई लीटर पानी, 50 ग्राम बार्ली पाउडर, 10 ग्राम पोटेशियम मेटा बाईसल्फाइड, 5 चम्मच नीबू, सुगंध।

**विधि**—पानी व चीनी की चाशनी बना लें। चाशनी में उबाल आने पर थोड़ा-सा नीबू का रस डालकर चाशनी छान लें फिर नीबू का रस ठंडी चाशनी में मिला दें। हल्के गुनगुने पानी में बार्ली पाउडर घोलकर ठंडा करके मिलाएँ। रंग, पोटेशियम मेटा बाईसल्फाइड व सुगंध (खुशबू) मिलाकर ठंडा स्क्वैश साफ पतले मुँह की बोतलों में थोड़ी जगह छोड़कर भरकर ढक्कन लगा दें। पीने के लिए एक हिस्सा स्क्वैश में तीन हिस्सा पानी डालकर इस्तेमाल करें।

# संतरे का स्क्वैश

**सामग्री**—1 किलो (छ: कप) संतरे का रस, 2 किलो चीनी, 1 लीटर पानी, छ: छोटे चम्मच साइट्रिक एसिड, आधा छोटा चम्मच पोटेशियम मेटा बाईसल्फाइड, डेढ़ छोटा चम्मच ऑरेंज एसेंस तथा कुछ बूँदें ऑरेंज रंग।

**विधि**—चीनी, पानी और साइट्रिक एसिड तीनों को मिलाकर उबालें तथा मलमल के कपड़े में से छान लें। चाशनी ठंडी होने पर इसमें संतरे का रस मिलाएँ। दो छोटे चम्मच गुनगुने पानी में पोटेशियम मेटा बाईसल्फाइड घोल कर शर्बत में मिलाएँ। अंत में रंग और एसेंस मिला कर बोतलों में भर दें।

# अनार का स्क्वैश

**सामग्री**—1 कप अनार का रस, तीन कप चीनी, 1 कप पानी, आधा छोटा चम्मच साइट्रिक एसिड, चुटकी भर पोटेशियम मेटा बाईसल्फाइड तथा एक चौथाई छोटा चम्मच नमक।

**विधि**—पानी में चीनी डालकर एक तार की चाशनी बनाएँ। उसमें साइट्रिक एसिड मिलाकर ठंडा होने दें। जब चाशनी अच्छी तरह ठंडी हो जाए तो उसमें अनार का रस और नमक मिलाएँ। एक छोटे चम्मच पानी में पोटेशियम मेटा बाईसल्फाइड घोल कर शर्बत में मिलाएँ। मिश्रण को छानकर साफ व सूखी बोतलों में भरें। देते समय शर्बत बनाकर गिलास में डालें और ऊपर से अनार के पाँच-छ: दाने डाल दें।

# मिक्स फ्रूट स्क्वैश

**सामग्री**—1 कप संतरे का रस, 1 कप नीबू का रस, 1 कप अनन्नास का रस, 1 कप अंगूरों का रस, दो कप पानी, छ: कप चीनी, $\frac{1}{4}$ छोटा चम्मच नमक, तथा इतना ही पोटेशियम मेटा बाईसल्फाइड।

**विधि**—एक चम्मच नीबू का रस रखकर बाकी बचा नीबू का रस, संतरे का रस, अनन्नास का रस और अंगूरों का रस—इन चारों को मिलाएँ। पानी में चीनी मिलाकर एक तार की चाशनी बनाएँ उसमें एक नीबू का रस मिलाकर आँच पर से उतार लें तथा ठंडा कर लें। फिर इसमें फलों का रस मिलाएँ। एक छोटे चम्मच पानी में पोटेशियम मेटा बाईसल्फाइड घोल कर स्क्वैश में मिलाएँ। अंत में नमक मिलाकर साफ व सूखी बोतलों में भर दें।

●●●

## हम क्या खायें

(भारत सरकार द्वारा प्रकाशित हैल्थ बुलेटिन नं. 23)

हमें शरीर को स्वस्थ एवं पुष्ट बनाने के लिए निम्नलिखित तत्त्वों वाले खाद्यों का प्रयोग प्रतिदिन करना चाहिए—

**1. प्रोटीन**—शारीरिक विकास, फुर्तीलापन, उत्साह और शक्ति पैदा करता है। शरीर की क्षतिपूर्ति करता है। यह दालों, अनाजों, चना, मटर, दूध, छाछ, पनीर, सप्रेटा दूध, फल, मेवों आदि में काफी पाया जाता है।

**2. वसा** (Fat) **(चिकनाई)**—शरीर में गर्मी और शक्ति पैदा करता है। यह दूध, दही, घी, मक्खन, तेल, बादाम, अखरोट, काजू, मूँगफली आदि में पाया जाता है।

**3. खनिज लवण**—खनिज शक्ति को अच्छा रखते हैं। हड्डियों को मजबूत बनाते हैं। रोगों से शरीर की रक्षा करते हैं। ये ताजी साग-सब्जी, फल, गेहूँ, चावल, दूध आदि में पाये जाते हैं।

**4. कार्बोहाइड्रेट्स**—शरीर में शक्ति और गर्मी प्रदान करते हैं। ये चावल, गेहूँ, मक्का, ज्वार, बाजरा, गन्ना, खजूर, मीठे फल, केला आदि में विशेष पाये जाते हैं।

**5. पानी (नमी)**—शरीर की सफाई करके गन्दे पदार्थों (पसीना, मल, मूत्रादि) को शरीर से बाहर निकालता है। भोजन को पचने में और खून के दौरे में मदद देता है। शरीर के तापक्रम को समान रखता है।

... साभार—**क्या खायें और क्यों** (*डॉ. गणेश नारायण चौहान*)

# सूप

## सूप की कुछ महत्त्वपूर्ण जानकारियाँ

*अगर आप अपने सूप को और भी ज्यादा पौष्टिक व स्वादिष्ट बनाना चाहती हैं तो यहाँ पर कई तरीक़े दिए जा रहे हैं, इन्हें अपना कर आप सूप को और भी अधिक पौष्टिक बना सकती हैं—*

1. *परोसने से पहले पके हुए सूप के ऊपर चीज़ सजाएँ या चम्मच भर छेना से सजाएँ।*
2. *कम पानी का इस्तेमाल करें, जो भी विधि बताई गई है उसके अतिरिक्त मात्रा में दूध का इस्तेमाल करें।*
3. *यदि डिश में टमाटर जैसी एसिड वाली सब्जी है तो दूध न डालें नहीं तो दूध फट जाएगा।*
4. *सूप बन जाने के बाद उसे महीन कतरी हरी धनिया, पुदीना, तली ब्रेड के टुकड़ों और काजू, अखरोट व बादाम से सजाएँ।*
5. *सूप को अगर गाढ़ा करना हो तो उसमें थोड़ा-सा चावल का आटा मिला दें।*
6. *आलू के सूप में यदि थोड़ी-सी अदरक मिला दें तो सूप सुगन्धित हो जाएगा।*
7. *सभी प्रकार के वर्णित सूप को तैयार करने में प्राय: 25 से 30 मिनट का समय लगता है।*
8. *सूप 4 से 5 व्यक्तियों को सर्व करने के लिए है।*

## सफेद सॉस बनाने की विधि

**सामग्री—**25 ग्राम मक्खन, 2 कप दूध, 25 ग्राम, मैदा, 2 लौंग, तेजपत्ता।

**विधि—**मक्खन को गर्म करें, लौंग और तेजपत्ता डाल दें, मैदा मिलाकर एक-दो मिनट भून लें। अब थोड़ा-थोड़ा करके दूध मिलाती जाएँ, कलछी से बराबर चलाती रहें नहीं तो गाँठ पड़ जाएगी, पक जाने पर गैस से उतार लें। सफेद सॉस तैयार है।

## वेजिटेबिल कंट्री सूप

**सामग्री—**आलू 400 ग्राम, गाजर 250 ग्राम, शलजम 200 ग्राम, हरे प्याज 2-उसके नरम पत्ते छोटे-छोटे कतरे हुए, अदरक 1 इंच टुकड़ा, मैगी सूप के क्यूब्स 2, तीन कप गर्म पानी में घुले हुए, तेजपत्ता 2, हरी धनिया 2 गड्डी महीन कतरी हुई, एक बड़ा टमाटर, बड़ी शिमला मिर्च आधी, मक्खन 50 ग्राम, काली मिर्च, नमक स्वादानुसार, दूध 400 ग्राम।

**विधि—**सब्जियों को छोटे-छोटे टुकड़ों में काट लें। मक्खन गर्म करें। उसमें सारी कटी सब्जियाँ (अलावा हरी धनिया के) तेजपत्ता के साथ डाल दें और पकने दें। जब सब्जियाँ कुछ नर्म होने लगें तो उसमें मैगी सूप का मिश्रण और डेढ़ कप पानी डाल दें और प्रेशर लगा दें। जब प्रेशर से सब्जियाँ गल जाएँ, तो तेजपत्ता अलग कर लें। सब्जियों को निकालकर मिक्सी में ब्लैंड कर लें या मैश करके सूप को छन्नी से दबा-दबा के निकाल लें। अब सूप में दूध, हरी धनिया, नमक व काली मिर्च मिलाकर, गर्म करके पेश करें।

## शोरबा-ए-बादाम

**सामग्री—**दो आलू, एक गाजर, आधा कप सफेद चना, एक प्याज। इस सारी सामग्री को एक साथ मिलाकर रखें। बादाम 10 भिगोकर पेस्ट बना लें। बादाम एसेंस दो-तीन बूँद, दूध 1 कप, काजू 8 छोटे टुकड़े में कटे हुए, नमक-काली मिर्च अंदाज से लें।

**विधि—**एक साथ मिलाकर रखी सामग्री को चार कप पानी के साथ इतना उबालें कि चने बिल्कुल गल जाएँ। फिर इसके सूप को छन्नी से हल्के हाथों से दबा-दबाकर छान लें। अब सर्व करने से पहले इसमें बादाम का पेस्ट व दूध डालकर उबाल आने के पहले तक गर्म करें। फिर उतारकर बादाम एसेंस, काजू के टुकड़े, नमक, काली मिर्च डालकर तुरन्त सर्व करें।

## ग्रीन सलाद सूप

**सामग्री—**सलाद के पत्ते 250 ग्राम (कतर लें), हरा प्याज 2 (पत्ते छोटे-छोटे टुकड़ों में काट लें व प्याज महीन कतर लें), दूध 3 कप, मैदा 2 बड़े चम्मच, मक्खन 2 बड़े चम्मच, नमक व पिसी हुई काली मिर्च स्वादानुसार।

**विधि—**एक सॉस पैन में मक्खन गर्म करें व सलाद के पत्ते और पत्तों सहित प्याज को मक्खन में डालकर भूनें। जब सब्जी थोड़ी नर्म पड़ जाए तो दूध में मैदा घोलकर सब्जियों में डाल दें। ऊपर से तीन-चार चम्मच दूध भी डाल दें। ऊपर से तीन-चार कप पानी भी डाल दें। लगभग 10-12 मिनट तक मिश्रण को पकाएँ। इसके पश्चात् थोड़ा ठंडा करके मिक्सी में डालकर पीस लें। इस मिश्रण को छन्नी से छान लें। फिर आँच पर चढ़ाकर कुछ देर गर्म कर लें। स्वादानुसार नमक व पिसी हुई काली मिर्च डालकर गर्मागर्म सर्व करें।

## नवरत्नी सूप

**सामग्री—**2 प्याज, 1 आलू, 2 हरी मिर्च, 6-7 हरी बीन्स, 2 टमाटर, ½ कप उबले नूडल्स, 7-8 सेम

की फली, 1 गाजर, ½ कप पत्तागोभी (लम्बी कटी हुई), 2 तेजपत्ता, 2 सेलरी, 3 बड़े चम्मच तेल, कसी हुई चीज़, कटी हुई हरी धनिया, नमक व काली मिर्च।

**विधि—**टमाटर, आलू, बीन्स, सेम, गाजर व हरी मिर्च, प्याज पत्ते सहित, तेजपत्ता, सेलरी—इन सभी को काट कर उबाल लें, ठण्डा होने पर छननी से छान लें, दुबारा सूप को गर्म करें, उसमें उबले हुए नूडल्स, कसी चीज़, कटी हरी धनिया, नमक व काली मिर्च डाल दें और उबाल ले, गर्म-गर्म सर्व करें।

## नफीस शलजम शोरबा

**सामग्री—**शलजम 250 ग्राम छिली व कटी हुई, अदरक 2 इंच टुकड़ा, हरी मिर्च 2, एक चुटकी हींग, दही 1 बड़ा चम्मच, शुद्ध घी 2 छोटे चम्मच, सौंफ 1 छोटा चम्मच, गरम-मसाला एक चुटकी, मलाईदार दूध 1 कप, चीनी आधा छोटा चम्मच, हरे धनिये की कुछ पत्तियाँ, नमक स्वादानुसार।

**विधि—**एक प्रेशर कुकर में घी गर्म करें। उसमें हींग डालकर भूनें। फिर दही डाल दें और दही का पानी खत्म होते ही उसमें शलजम, अदरक, हरी मिर्च, सौंफ, चीनी, नमक डाल दें। 3 कप पानी डालकर शलजम गलने तक प्रेशर लगाएँ। फिर शोरबे को हल्के हाथों से दबा-दबाकर छानकर अलग रख लें। जब सर्व करना हो तो गरम-मसाला, दूध और हरी धनिया डालकर धीमी आँच पर गर्म करें। उबाल आने से पहले ही उतार लें। सूप की जगह सर्व करें।

## चटपटा रसम

**सामग्री—**टमाटर 250 ग्राम या 4 मध्यम आकार के, इमली 50 ग्राम, नमक एक चाय चम्मच, काली मिर्च एक चाय चम्मच, जीरा एक चाय चम्मच, करी पत्ता 2 या 3, कतरी हरी धनिया एक चाय चम्मच, तेल 2 बड़े चम्मच, हींग 2 चुटकी, सरसों आधा चाय चम्मच, साबुत लाल मिर्च 2 या 3, हल्दी आधा चाय चम्मच, लहसुन 3-4 कलियाँ।

**विधि—**टमाटरों को 3 कप पानी में पाँच मिनट तक उबालिए। फिर मसलकर उसका गूदा निकालकर उसमें नमक, इमली का रस, हल्दी तथा 2 कप पानी मिलाइए।

काली मिर्च, जीरा, लाल मिर्च व लहसुन को दरदरा पीस लीजिए।

कड़ाही में 2 चाय का चम्मच तेल डालकर हींग, सरसों, करी पत्ता व पिसी हुई काली मिर्च, जीरा, लाल मिर्च, लहसुन वाला मिश्रण डालकर हिलाइए। इसमें टमाटर, इमली वाला पानी मिलाकर तीन मिनट तक उबालिए। फिर इसमें हरी धनिया काटकर डालिए, तथा गर्म-गर्म सर्व कीजिए। सूप की तरह इस्तेमाल करने के अलावा इसको चावलों के साथ भी पेश किया जा सकता है।

## खटमिट्ठा रसम

**सामग्री—**अरहर की दाल 10 ग्राम, पानी 4 कप, हल्दी आधा चाय का चम्मच, नमक 1 चाय का चम्मच, इमली 50 ग्राम, टमाटर 100 ग्राम या 2 मध्यम आकार के, गुड़ 25 ग्राम।

**तड़के की सामग्री—**तेल 2 चाय का चम्मच, सरसों चौथाई चम्मच चाय का, हींग 2 चुटकी, लाल मिर्च 2, करी पत्ता थोड़ा-सा, धनिया पत्ती थोड़ी-सी, रसम पाउडर 2 चाय का चम्मच।

रसम पाउडर बनाने के लिए अरहर दाल 1 चाय का चम्मच, साबुत धनिया 1 चाय का चम्मच, लाल मिर्च 2, काली मिर्च 1 चाय का चम्मच, जीरा 1 चाय का चम्मच—सारी सामग्री लेकर, तेल के बिना भूनकर पीस लें।

**विधि—**अरहर की दाल, पानी, हल्दी, नमक कुकर में डालकर पाँच मिनट तक पकाइए। इमली को आधा कप पानी में भिगोकर उसका रस निकाल लीजिए। टमाटर का गूदा निकाल लीजिए। इन दोनों चीज़ों को अरहर की दाल वाले मिश्रण में मिला लीजिए।

कड़ाही में 2 बड़े चम्मच तेल डालिए। इसमें सरसों, हींग, करी पत्ता, डालकर तड़का लगाइए। इसमें दाल वाला मिश्रण, रसम पाउडर व गुड़ मिला दीजिए। तीन मिनट तक पकाइए। धनिया पत्ता डालकर सूप की तरह गर्म-गर्म सर्व कीजिए।

## सिंघाड़े और मशरूम का सूप

**सामग्री—**250 ग्राम सिंघाड़े छिले हुए, 250 ग्राम मशरूम, 6 गिरी बादाम, 1 टमाटर (मध्यम आकर का), 5 कलियाँ लहसुन, 3 स्लाइस ब्रेड, 1 छोटा टुकड़ा दालचीनी, 3 लौंग, आधा छोटा चम्मच नमक, 2 चम्मच ताजा क्रीम, 1 प्याला काले चने (24 घंटे भिगोए हुए), आधा प्याला नूडल, 1 छोटा चम्मच सिरका।

**विधि—**सिंघाड़ों तथा मशरूम को अच्छी तरह साफ कर काटकर थोड़ा नमक और सिरका लगाकर आधे घंटे के लिए रख दें। भीगे हुए काले चनों को तीन गिलास पानी में उबलने के लिए रख दें। जब चने गल जाएँ और पानी आधा रह जाए तब सिंघाड़े, मशरूम सिरके के साथ ही उस पानी में मिला दें। लहसुन, दालचीनी, लौंग, नमक मिलाकर 10 मिनट पकाएँ, फिर टमाटर के छोटे-छोटे टुकड़े काटकर उसमें डाल दें। पाँच मिनट पकाएँ। जब पानी एक गिलास के लगभग रह जाए तो नूडल डाल दें। दो मिनट पकाएँ। नूडल फूल जाएँगे और सारा पानी पी लेंगे। अब इस पूरे मिश्रण को डेढ़ गिलास पानी डालकर मिक्सी में चला लें। फिर दो गिलास पानी डालकर पाँच मिनट पकाएँ। गर्मागर्म प्यालों में डालकर थोड़ी-थोड़ी क्रीम, तली हुई ब्रेड के टुकड़े और बादाम की गिरी के साथ परोसें।

## सेब का सूप

**सामग्री—**1 किलो सेब, 100 ग्राम चीनी, 50 ग्राम नमक, ¼ चम्मच काला नमक, 1 प्याज, 1 टुकड़ा अदरक, 1 चम्मच काली मिर्च, 1 चम्मच भुना जीरा, 1 चम्मच आरारोट, 3 चम्मच मक्खन।

**विधि—**सेब के छोटे-छोटे टुकड़े कर लें, 2 लीटर पानी में सेबों को उबाल लें, फिर इसमें प्याज, अदरक, काट कर डाल दें और दुबारा 15-20 मिनट तक उबाल लें। ठण्डा करके छाननी से छान लें। अब रस को फिर दुबारा गर्म करें और इसमें चीनी, काली मिर्च, जीरा, मक्खन मिला दें। आरारोट को पानी में घोल कर मिला दें, चम्मच से चलाती रहें, उबाल आने पर गर्म-गर्म स्वादिष्ट सूप सर्व करें।

## कॉर्न कर्ड सूप

**सामग्री—**मक्की का आटा आधी कटोरी, दही की छाछ पाँच कटोरी, नमक स्वादानुसार, जीरा आधा छोटा चम्मच, चावल बड़ा एक चम्मच, मक्खन इच्छानुसार, चिली सॉस स्वादानुसार।

**विधि—**आटे और छाछ को मिलाकर अच्छी तरह मथ लें। मिश्रण एक भगोने में डालकर तेज आँच पर चढ़ा दें। इसमें नमक, जीरा व चावल को धोकर मिला दें व चम्मच से बराबर चलाती रहें। जब मिश्रण अच्छी तरह उबल जाए तो इसे बीस मिनट तक धीमी आँच पर पकने दें। अब यह सूप बनकर तैयार हो गया। इसे गर्म-गर्म ही मक्खन या घी के साथ परोसिए।

## मसूर की दाल का सूप

**सामग्री—**एक कप मसूर की दाल, दो मध्यम आकार की गाजर, एक मध्यम आकार का खट्टा सेब, ढाई कप पानी, एक छोटी गड्डी हरी धनिया, एक टी-स्पून कटा अदरक, नमक और काली मिर्च स्वादानुसार, 2 बड़ा चम्मच मार्जरीन या मक्खन, 2 टेबिल स्पून मैदा, सवा कप दूध, ½ छोटा चम्मच गरम मसाला।

**सजावट के लिए—**दो टमाटर, हरी मिर्च।

**विधि—**मसूर की दाल को रात भर पानी में भिगोकर रखें तो पकाने में कम समय लगेगा और उसका

पानी सूप में डाला जा सकता है। टमाटरों को उबाल कर, छिलका उतार टुकड़ों में काट लें। मसूर की दाल को पानी, सेब, गाजर, हरी धनिया के साथ धीमी आँच पर नर्म हो जाने तक उबालें। मिश्रण को निचोड़कर छान लें। मैदे को दूध में घोलकर रख लें। अब एक पतीली में मार्जरीन या मक्खन डालकर गर्म करें। उसमें दूध और मैदे के मिश्रण को मिलाकर चम्मच चलाती रहें (आँच धीमी रखें), तब तक चलाती रहें, जब तक कि मिश्रण गाढ़ा न हो जाए। इस मिश्रण को मसूर की दाल वाले सूप के ऊपर डालकर टमाटरों के कटे टुकड़ों से सजायें और तुरन्त पेश करें। दाल में प्रोटीन तथा सब्जियों में विटामिन होने के कारण यह सूप स्वास्थ्यवर्धक है।

## बार्ली और टमाटर सूप

**सामग्री—**एक कप धुली हुई बार्ली, ½ कप कटी गाजर, ½ कप मटर के दाने, ½ कप पनीर के छोटे-छोटे टुकड़े, 2 कटे हुए टमाटर, 2 बारीक कटी हुई हरी मिर्च, ½ कप बारीक कटी हुई धनिया, 1 छोटा चम्मच काली मिर्च, 4 बड़े चम्मच मक्खन, नमक।

**विधि—**4 कप पानी गर्म करें, उसमें बार्ली (जौ) डालकर धीमी आँच पर उबाल लें। एक चम्मच मक्खन गर्म करें, उसमें गाजर व मटर के दाने मिलाकर थोड़ी देर भून लें, फिर उसमें टमाटर के टुकड़े मिलाकर चलाएँ। अब इसमें बार्ली व स्टॉक, धनिया पत्ती, पुदीना, पनीर, काली मिर्च और नमक मिलाकर धीमी आँच पर पकाएँ। सब्जियाँ नर्म हो जाने पर आँच से उतार लें और छाननी से रगड़ कर छान लें। मक्खन मिलाकर गर्म-गर्म सर्व करें।

## चुकन्दर का सूप

**सामग्री—**1 बड़ा चुकन्दर, 2 टमाटर, 1 चम्मच नीबू का रस, 1 चम्मच मक्खन, नमक, 2 चम्मच क्रीम, 2-3 हरी मिर्च, पुदीना की कुछ पत्तियाँ।

**विधि—**सफेद सॉस बनाने के लिए एक भारी पेंदी का बर्तन गैस पर रखें, उसमें मक्खन डालें, पिघल जाने पर मैदा डालें और भून लें, फिर धीरे-धीरे 1 कप दूध मिलाती जाएँ। गुठली न पड़ने पाए। नमक व काली मिर्च मिलाकर गैस से उतार लें, सफेद सॉस तैयार है। चुकन्दर को कद्दूकस करके उबाल लें और छाननी से दबा-दबा कर छान लें। एक बर्तन में मक्खन डालकर टमाटर का पेस्ट डालें और उबाल दें, फिर इसी में चुकन्दर का पानी, हरी मिर्च, नमक, काली मिर्च व दो कप पानी मिला दें, उबाल आने पर सफेद सॉस मिला दें, क्रीम में नीबू का रस मिलाकर फेंट लें व पुदीने की पत्तियाँ मिला दें और सर्व करते समय यह क्रीम थोड़ी-थोड़ी डालती जाएँ।

## मूँगफली का सूप

**सामग्री—**2 चम्मच कार्नफ्लोर, 1 चम्मच मक्खन, 3 कप दूध, 1 कप पिसी मूँगफली, 4 चम्मच नीबू वाली अदरक, 1 चम्मच नमक, 1 चम्मच काली मिर्च, 2 चम्मच क्रीम, थोड़ी-सी भुनी हुई मूँगफली, तली ब्रेड के पीस।

**विधि—**मूँगफली के दानों को भून लें व छिलका उतार लें। थोड़े-से दाने अलग रख लें, बाकी दानों को पीस लें। कार्नफ्लोर में मक्खन मिलाएँ, फिर उसमें पिसी मूँगफली मिला दें और पेस्ट बना लें। फ्रिज में 10 मिनट के लिए इस पेस्ट को रखकर ठंडा कर लें। भारी तले के बर्तन को गैस पर रखें, उसमें दूध डाल दें। जब दूध उबलने लगे तब उसमें मूँगफली वाला पेस्ट धीरे-धीरे मिलाती जाएँ और कलछी से बराबर चलाती जाएँ। 3-4 मिनट के बाद बर्तन को गैस पर से हटा दें। नीबू वाली अदरक, नमक, काली मिर्च डालकर अच्छी तरह से चला दें। गर्म-गर्म सूप बाउल में डालें, ऊपर से क्रीम व भुनी मूँगफली, तली ब्रेड के पीस सजाकर पेश करें।

## पनीर का सूप

**सामग्री—**3 कप पनीर का पानी (पनीर बनाने के बाद जो पानी बचता है), एक बड़ा चम्मच बेसन, 4-5 टमाटर, आधा चम्मच राई, डेढ़ चम्मच घी, एक चम्मच टमाटर सॉस, 1-2 लौंग, दालचीनी का टुकड़ा, लाल रंग, एक चुटकी कढ़ी पत्ता।

**विधि—**टमाटर का रस निकाल लें। पतीले में घी गर्म करें व दालचीनी, राई, लौंग डालें, पक जाने पर बेसन डालकर भून लें। जब खुशबू आने लगे तो उसमें टमाटर का रस, नमक, लाल मिर्चें, कढ़ीपत्ता मिलाकर उबाल लें। पनीर का पानी मिलाकर फिर करीब आधे घण्टे तक उबाल लें। अब इसमें टमाटर सॉस डाल दें। यदि रंग का प्रयोग करना हो तो रंग भी डाल दें। सूप को छानकर तले हुए पनीर के टुकड़ों तथा मलाई के साथ गर्मागर्म सूप का स्वाद लें।

## अरहर की दाल का सूप

**सामग्री—**1 कप अरहर की दाल, आधा किलो टमाटर, 1 छोटा चम्मच काली मिर्च, 1 छोटा चम्मच हल्दी, 6 हरी मिर्चें, कढ़ी के दो पत्ते, 1 छोटा चम्मच सरसों के दाने, डेढ़ कप क्रीम, चौथाई छोटा चम्मच हींग, 1 बड़ा चम्मच घी, नमक।

**विधि—**दाल को साफ करके आवश्यकतानुसार पानी डालकर नमक के साथ गलने व मुलायम होने तक पकाएँ, कलछी से दाल को अच्छी तरह फेंटें। हरी मिर्चों को लम्बाई से तथा टमाटरों को चौकोर टुकड़ों में काटकर दाल में डाल दें। घी को गर्म करके उसमें सरसों के दाने, हींग व कढ़ी के पत्ते डालकर भूनें तथा घुटी हुई दाल में मिलाएँ, अंत में इसमें हल्दी, पानी, नमक व काली मिर्च स्वाद के अनुसार मिला लें। आप पनीर को भी मिला सकते हैं। गर्म-गर्म सूप में क्रीम डालकर सर्व करें।

## मटर का सूप

**सामग्री—**250 ग्राम ताजे मटर के दाने, 100 ग्राम प्याज, 1 टुकड़ा दालचीनी, 5-6 दाने काली मिर्च, 1 टुकड़ा अदरक, 50 ग्राम मक्खन, स्वाद के अनुसार नमक, 4 कप पानी, 2 डबलरोटी के टुकड़े।

**विधि—**प्याज व अदरक को छोटे-छोटे टुकड़ों में काट लें, मटर के दानों को धोकर पानी, नमक, कटी हुई प्याज व अदरक के साथ आग पर पकने के लिए रख दें। दालचीनी तथा कालीमिर्चों को महीन पीसकर रख लें। जब मटर गल जाए तो सूप के मिश्रण को मिक्सी में भली-भाँति घोट लें। परोसने से पहले सूप को गर्म करके काली मिर्च व दालचीनी बुरकें तथा ऊपर से मक्खन डाल दें। डबल रोटी के टुकड़ों को चौकोर या तिकोने काटकर तल लें या सेंक लें। गर्म-गर्म सूप के साथ इन्हें परोसें।

## टमाटर-आलू का सूप

**सामग्री—**300 ग्राम पके हुए टमाटर, 2 मध्यम आकार के टमाटर, 1 छिला हुआ आलू, 2 कप सफेद सॉस, 3 कप पानी, 2 चम्मच चीनी, 2-3 बूँद खाने वाला लाल रंग, ताजी क्रीम (1 चम्मच) थोड़े-से सजाने के लिए डबल रोटी के टुकड़े, नमक और काली मिर्चें स्वाद के अनुसार।

**विधि—**टमाटर, आलू और प्याज को छोटे-छोटे टुकड़ों में काट लीजिए। कटी हुई सामग्री को तीन कप पानी के साथ प्रेशर कुकर में डालकर उबाल लें। जब टमाटर और आलू बिल्कुल नर्म हो जाएँ तो कुकर को आँच पर से उतार लें। ठंडा करके एक छन्नी में से छान लें व दबा-दबाकर गूदा स्टील की डेगची में निकाल लें।

इस छने हुए सूप में **सफेद सॉस**, नमक और लाल रंग डाल दें। सूप को एक बार फिर उबाल लें। एक मिनट उबल जाने के बाद सूप को आँच पर से उतार लें। सूप में क्रीम डाल दें। डबल रोटी के तले हुए टुकड़ों में सजाकर स्वाद के अनुसार पिसी काली मिर्च, हरी धनिया बुरककर सूप को गर्म-गर्म पेश करें।

## पालक का सूप

**सामग्री—**500 ग्राम पालक, एक-चौथाई लीटर दूध, 2 चम्मच मक्का का आटा, अदरक, प्याज, लहसुन, जीरा, लौंग, नमक, काली मिर्च।

**विधि—**पालक को अच्छी तरह धोकर काट लीजिए। पालक, अदरक व लहसुन को थोड़ा पानी डालकर प्रेशर कुकर में पकाइए। उबल जाने पर पालक के रस को मसलकर छान लीजिए, फिर घी गर्म करके जीरा तथा लौंग से छौंक दें तथा प्याज के छोटे-छोटे टुकड़े करके भून लें तथा सूप मिलाकर उबाल लें, पालक का सूप तैयार है। डबल रोटी के टुकड़ों के साथ इसका जायका लें।

## मिनेस्ट्रान सूप

**सामग्री—**2 गाजरें, 50 ग्राम फ्रेंच बीन, 1 आलू, 1 टमाटर, 1 प्याज, 50 ग्राम चीज़, एक चम्मच आटा, 2 चम्मच मक्खन, आधा कप पका चावल, 2 चम्मच टमाटर कैचप, एक चुटकी मीठा सोडा, काली मिर्च और नमक।

**विधि—**सभी सब्जियों को अच्छी तरह धोकर छोटे-छोटे टुकड़ों में काट लें। प्याज व लहसुन भी बारीक-बारीक काट लें। पतीले में मक्खन गर्म करें और प्याज व लहसुन भून लें और सब्जियों को खाने वाले सोडे के साथ डाल दें और अच्छी तरह मिलाकर ढँक दें। दस मिनट तक पकाएँ। सब्जियाँ आधी पकने पर मैकरानी अथवा चावल मिलाकर दुबारा पकाएँ। पूरी तरह पक जाने पर कसी हुई चीज़ और मक्खन से सजा कर सर्व करें।

## खीरे का सूप

**सामग्री—**4 खीरे छीलकर गोल कतरे काट लें। आधा कप सफेद सॉस, चौथाई कप कद्दूकस की हुई चीज़, 1 कप टमाटर की प्यूरी, 1 छोटा प्याज कद्दू किया हुआ। 25 ग्राम सिंवई हल्की तली हुई। 2 बूँद खाने वाला हरा रंग, नमक और पिसी काली मिर्च स्वाद के अनुसार, एक बड़ा चम्मच मक्खन।

**विधि—**एक डेगची में मक्खन को गर्म कर प्याज को हल्का गर्म हो जाने तक तल लें, इसके बाद खीरे के कतलों को भी डालकर हल्का तल लें। एक डेगची में टमाटर की प्यूरी और तीन कप पानी डालकर खीरे के टुकड़ों को नर्म हो जाने तक पकाइए। अब डेगची में सफेद सॉस, हरा रंग, नमक, काली मिर्च डालकर एक मिनट और पका लीजिए। गर्म-गर्म सूप में तली हुई सिंवई मिला दीजिए और चीज़ बुरक कर तुरन्त पेश कीजिए।

## भुट्टे का सूप

**सामग्री—**डेढ़ कप भुट्टे के दाने, 4 चम्मच शक्कर, 2 चम्मच कार्न फ्लोर, आधा चम्मच काली मिर्च, 1 प्याज, 6 कप पानी, नमक, हरे प्याज के पत्ते इच्छानुसार।

**विधि—**भुट्टे के दानों को 2-3 घण्टे पानी में भिगो दें। प्याज को काट लें। भुट्टों के दानों को प्याज के साथ पका लें। नमक और शक्कर भी मिला लें। थोड़े-से पानी में कार्नफ्लोर मिलाकर भुट्टे के मिश्रण में डालकर दो मिनट तक पकाएँ। उबलते समय हरे प्याज के कुछ पत्ते बारीक काटकर डाल दें और गर्म-गर्म सर्व करें।

●●●

# सलाद

## सलाद बनाते समय ध्यान रखने योग्य कुछ सलाह

1. रोजमर्रा के खाने में या अच्छी पार्टियों में सलाद का काफी प्रचलन हो रहा है। खाली सलाद परोसने से काम नहीं चलता है।

   अब सलाद की प्लेट की सजावट भी देखी जाती है। विभिन्न तरह से सब्जियों को क्या रूप देकर पेश करना है यह गृहिणियों की जिम्मेदारी हो गई है, वैसे भी सलाद पौष्टिक तत्त्वों से भरा होता है लेकिन उसकी पौष्टिकता कैसे बनाए रखें इस पर भी ध्यान देना होता है। सलाद हमारे स्वास्थ्य के लिए बहुत लाभदायक है।

2. सलाद को ठंडे पानी से धोकर अलग रखें न कि सारे दिन पानी में डूबा रहने दें क्योंकि इससे सलाद के सारे खनिज पदार्थ निकल जाते हैं।

3. सलाद पर दो-चार बर्फ के टुकड़े डाल देने से उसमें खस्तापन आ जाता है फिर थोड़ी देर बाद सलाद को कपड़े से पोंछ लें और फ्रिज में रख दें।

4. ड्रेसिंग को सलाद परोसते समय ही मिलाएँ नहीं तो सारा सलाद लसीला हो जाएगा वैसे तो सलाद पर नमक व काली मिर्च ही छिड़की जाती है पर आप गर्म मसाला भी छिड़क सकती हैं। लोहे की छुरी कभी भी इस्तेमाल न करें हमेशा स्टील की छुरी इस्तेमाल करें।

# सलाद की ड्रेसिंग

*(विभिन्न प्रकार की ड्रेसिंग जो सलाद को सजाने के काम में आती हैं।)*

***नीबू की ड्रेसिंग***—*तीन चाय के चम्मच आइसिंग तेल, दो नीबू का रस तथा अन्दाज का नमक व काली मिर्च मिलाकर सलाद पर डालें।*

***फ्रेंच ड्रेसिंग***—*आइसिंग तेल, अखरोट का तेल, मूँगफली का तेल कोई भी इस ड्रेसिंग में डाल सकते हैं। चार चाय के चम्मच तेल, एक चम्मच सिरका, नमक, काली मिर्च लें। सबसे पहले एक बर्तन में नमक व काली मिर्च लें फिर सिरका मिला दें अंत में तेल मिला दें, चम्मच से सबको मिलाकर सलाद पर डालें।*

***केले की ड्रेसिंग***—*दो केलों को छीलकर मसलें और एक चम्मच क्रीम व जरा-सी सरसों डालकर खूब मिला लें। थोड़ी मेयोनीज ड्रेसिंग भी इसमें मिला दें और सलाद पर डालें।*

***मेयोनीज ड्रेसिंग***—*10 ग्राम सलाद का तेल, एक चाय का चम्मच सिरका, एक अण्डा, एक चुटकी सरसों का तेल और नमक लें। अंडा व सिरका मिलाकर फेंट लें। थोड़ा-सा तेल मिला दें, नमक व सरसों भी मिला दें, फेंटते-फेंटते ड्रेसिंग जब गाढ़ी हो जाए तब उसमें धीरे-धीरे बाकी तेल भी मिला दें।*

***क्रीम सॉस***—*अंदाज से नमक व काली मिर्च लें, उसमें थोड़ा-सा जैतून का तेल मिलाएँ, नीबू निचोड़ दें, चम्मच से चलाने पर जब वह गाढ़ी हो जाए तब उसे फ्रिज में रख दें, परोसते समय सलाद पर डालें।*

***थाउजेंड आइलैण्ड ड्रेसिंग***—*1 उबला अण्डा छीलकर छोटे-छोटे टुकड़ों में काट लें, ½ प्याज कटा हुआ, 2-3 बड़े चम्मच कटी हुई पार्सले, 1-2 चम्मच सॉस, 1 चम्मच चिली सॉस, 2 कप मेयोनीज—इन सभी को मिला लें। परोसने के पहले लगभग 2 घंटे तक रखें ताकि महक अच्छी आ जाए।*

***ऑलिव ऑयल ड्रेसिंग***—*1 चम्मच नीबू का रस, 2 फाँकें लहसुन की, ½ चम्मच सरसों का पेस्ट, 1 चुटकी नमक और काली मिर्च, ¼ कप ऑलिव आयल, एक चुटकी लहसुन को छीलकर काँटे से गोद लें फिर 10 मिनट तक ऑलिव आयल में डूबा रहने दें, थोड़ा हिला दें इससे तेल का थोड़ा रंग बदल जाएगा फिर लहसुन को बाहर निकाल लें। फिर इस तेल में नीबू का रस, सरसों का पेस्ट, नमक व काली मिर्च मिला दें, ड्रेसिंग तैयार है। आलू और फ्रेंचबीन्स की सलाद में यह ड्रेसिंग बहुत अच्छी लगती है। फ्रिज में तीन-चार दिन तक यह ड्रेसिंग खराब नहीं होती है।*

***हल्की ड्रेसिंग***—*एक जार में 3 चम्मच नीबू का रस, थोड़ा-सा लहसुन छीलकर काट लें, आधा चम्मच काली मिर्च, आधा चम्मच नमक, ¼ कप ऑलिव आयल डाल करके खूब हिला लें, ढक्कन बंद करके फ्रिज में रख दें जिससे उसकी खुशबू बनी रहे।*

***शहद और दही की ड्रेसिंग***—*2 चम्मच शहद, 2 कप दही, ½ चम्मच सरसों का पाउडर, ½ चम्मच काली मिर्च। दही का पानी निकाल दें फिर इसमें सभी चीजें मिला लें और चम्मच से खूब मिला लें, थोड़ी-सी सोया की पत्तियाँ भी मिला सकती हैं।*

***कर्ड सॉस***—*¾ कप दही (पानी निकला), ¼ कप क्रीम, 1 बड़ा चम्मच पिसी चीनी, ¼ चम्मच पिसी काली मिर्च, ½ चम्मच नमक, 1 चम्मच तेल।*

*दही व क्रीम को मिलाकर एकसार कर लें, फिर सभी सामग्री डालकर चला लें। फ्रिज में तीन-चार दिन तक रख सकते हैं।*

***शहद की ड्रेसिंग***—*3 चम्मच शहद, 2 चम्मच मेयोनीज, 1 चम्मच सलाद का तेल, 1 चाय का चम्मच चीनी, 1 चम्मच काली मिर्च, 1 चम्मच टमाटर का सॉस, नीबू का रस और नमक इच्छानुसार। इन सभी को खूब अच्छी तरह से मिलाकर ड्रेसिंग तैयार कर लें।*

***सजावटी सॉस***—*1 कप दूध, 3 चम्मच कर्ड सॉस, 3 चम्मच कटी गाजर, 1 चम्मच कार्नफ्लोर 2 चम्मच कटी प्याज, 7-8 दाने काली मिर्च, 3 लौंग, 2 पत्ते सलाद, 6 चम्मच मटर, चीनी वाली चैरी, नमक व काली मिर्च, 1 चम्मच मक्खन। दूध में लौंग, प्याज, गाजर, मिर्च, सलाद के पत्ते व नमक डालकर कुछ देर उबाल लें फिर छानकर दूध अलग निकाल लें और सब्जी व मसाले निकाल कर फेंक दें। मक्खन गर्म करें फिर कार्नफ्लोर मिला दें और भून लें, फिर मसाले वाला दूध इसमें मिला दें। जब वह गाढ़ा हो जाए तब गैस से उतार कर ठण्डा कर लें, फिर नमक व कर्ड सॉस को मिलाकर सजावटी सॉस तैयार कर लें।*

***सोया सॉस***—*बाजार में उपलब्ध है।*

## सब्जी की सजावट

*आपने अपने खाने की मेज पर फूल तो कई प्रकार के देखे होंगे मगर सब्जियों को भिन्न-भिन्न प्रकार से सजाकर मेज पर रखा जाए तो मजा ही कुछ और होगा। कुछ सब्जियाँ तो खाना खत्म होने के बाद दुबारा पकाने के काम आ सकती हैं और कुछ सलाद के रूप में उसी समय खाई जा सकती हैं।*

## घीए की नाव

**सामग्री—**एक नाव के आकार की घीया (लौकी), एक पत्तागोभी, तीन-चार ड्रमस्टिक (सीधी), एक-दो लाल गाजरें, तेज धार की छुरी, आलपिन।

**विधि—**घीए को एक तरफ से काटकर इस तरह चपटा कर लें कि वह आसानी से नीचे टिक जाए। ऊपर की तरफ बराबर की दूरी पर घीए में चार छेद कर लें। इन चारों छेदों में ड्रमस्टिक लगा दें। बीच की ड्रमस्टिक आजू-बाजू वाली से लम्बी होनी चाहिए। पत्तागोभी के पत्तों को सावधानी से अलग-अलग कर लें। इन पत्तों की बड़ी नस पर ऊपर और नीचे छेद कर लें और उनको सावधानीपूर्वक ड्रमस्टिक पर फँसा दें। नीचे की ओर बड़े पत्ते और ऊपर की तरफ छोटे पत्ते लगा दें। एक ड्रमस्टिक के सिर पर रंगीन कागज के झंडे काटकर पिन से लगा दें। एक ड्रमस्टिक को दूसरी ड्रमस्टिक से प्याज के हरे पत्तों से जोड़ दें। इन्हें पिन से लगाएँ। गाजर के गोल-गोल कतरे काटकर घीए पर पिन से लगा दें। रंगीन कागज का लंगर काटकर घीए के एक ओर लगा दें। लीजिए नाव बन गई। आप भी इसे बनाकर देखें। यह देखने में जितनी आकर्षक है, बनाने में उतनी ही सरल है।

## बैंगन की बिल्ली

**सामग्री—**दो-एक गोल बैंगन, 2-3 हरी मिर्च, 1 भिंडी, काशीफल के 2 बीज, झाड़ू के तिनके, आलपिन, टूथपिक, छुरी।

**विधि—**दोनों बैंगनों के ऊपर के हरे हिस्से सफाई से उतार लें। एक बैंगन का एक सिरे से जरा-सा हिस्सा काट लें ताकि वह चपटा हो जाए, इसे प्लेट में रख दें। इसके दूसरे सिर पर चार टूथ-पिक थोड़ी-थोड़ी दूरी पर लगाएँ। दूसरे बैंगन को इस प्रकार इन टूथ-पिकों में फँसा दें कि बैंगन एक के ऊपर एक-एक आ जाए। बिल्ली की आँखों की जगह काशीफल के दो बीज आलपिन से लगा दें। कान के लिए हरी

मिर्चों के तीखे हिस्से काट लें और कान की जगह टूथ-पिक लगा दें व मिर्चों के टुकड़े लगा दें। फूल झाड़ू के तिनकों को 2 इंच लम्बा काट लें और उनके बीच में धाग से बाँध लें। चुकन्दर का जरा-सा लाल टुकड़ा काट लें और तिनकों के बीच में रखकर आलपिन से मुँह की जगह खोंस दें। निचले बैंगन पर भिंडी के गोल कतरे काटकर पिन से बटन की जगह लगा दें। दोनों बैंगनों के बीच में रंगीन रिबन बाँध दें। पूँछ की जगह पर बैंगनों का हरा हिस्सा पिन से लगा दें। बिल्ली तैयार है। सलाद की प्लेट में इसे बिठा दें, बड़ी प्यारी लगेगी।

## लौकी की मछली

**सामग्री**—1 घीया, 1 किलो आलू, 250 ग्राम प्याज, 100 ग्राम दही, 200 ग्राम टमाटर, 25 ग्राम अदरक, 10 ग्राम लहसुन, 10 ग्राम मिर्च, 10 ग्राम गरम-मसाला, 5 ग्राम जीरा, 15 ग्राम धनिया, 5 ग्राम हल्दी, नमक स्वाद के अनुसार, हरी धनिया, 1 गुच्छी, 2 लौंग, 1 चुकन्दर, घी 200 ग्राम।

**विधि**—लौकी छीलकर उसका गूदा निकालकर धो लें। दो टुकड़ों में काटकर व कांटे से भली-भाँति गोदकर नमक लगाकर आधे घंटे के लिए रख दें। जब उसका पानी निकल जाए, तब इसे घी में हल्की आँच पर तल लें जिससे कि यह भूरी हो जाए, और गल जाए। आलू उबालकर छील लें व जीरे से छौंक कर आलू का भुरता बना लें। इसे तैयार लौकी में भर दें और दोनों टुकड़ों को मिलाकर रख दें। अब प्याज, मिर्च, हल्दी, धनिया, दही, टमाटर आदि का प्रयोग करके ग्रेवी तैयार कर लें व डिश में लगी हुई लौकी पर डालें। अब इस लौकी को प्याज के छल्लों से मछली की तरह सजाएँ, लौंग से उसकी आँखें बनाएँ व प्याज से ही उसके स्केल्स बनाएँ, चुकन्दर से मछली की जीभ, गलफड़े, डैने और दुम बनाएँ।

**सजी हुई बास्केट**—एक खीरा लें, उसको बीच में से काटें, परन्तु सारा नहीं, बीच में हैण्डल के लिए छोड़ दें व साइड से तीखे किनारे काट दें जिससे बास्केट बन जाए। गाजर के छोटे-छोटे फूल बनाकर बीच में रख दें। बीच में चुकन्दर के छोटे-छोटे लाल फूल काट कर सजा लें।

**मेज पर खिले फूल**—पत्ता-गोभी का डंठल, खीरा, चुकन्दर किसी भी चीज़ को ले सकते हैं। ऊपर फूल बनाना शुरू कर, चाकू से धीरे-धीरे फूल की पंखुड़ियों की तरह काटती जाएँ, जब सारा कट जाय तब बीच में पोदीना या हरी धनिया सजा दीजिए।

**टमाटर की तितली**—चौड़ी प्लेट में कोई भी व्यंजन सजाना हो तो प्लेट के किनारे टमाटर की तितली बनाकर सजा दें तो बहुत आकर्षक लगेगी। टमाटर की न ज्यादा पतली न ज्यादा मोटी स्लाइस काट लें और फिर इस स्लाइस को बीच में से काट लें अब कटे हुए किनारे साइड में रखकर गोलाई बीच में कर लें यानी तितली के रूप में बना लें। हरे प्याज की पत्तियों से आँख सजा दें व दो पत्तियाँ लेकर ऊपर रख दें (लम्बी करके) जिससे उसके बाल बन जाएँ।

**नन्हें मशरूम**—लाल मूलियाँ लेकर बीच में से मशरूम के आकार में काट लें व सलाद की प्लेट में सजा दें।

## मनभावन सलाद

**सामग्री**—3 या 4 पके आम, 1 तरबूज, 1 खरबूज, 2 प्याले चीनी, ½ चम्मच केवड़ा जल, 2 चम्मच गुलाब जल, 1 नीबू का रस।

**विधि**—तरबूज को लम्बाई में काट कर बीज निकाल लें तथा गूदे को स्कूप की सहायता से गोल-गोल गोलियाँ काट लें। इसी तरह खरबूज व आम की भी स्कूप की सहायता से गोलियाँ निकाल लें। चीनी को थोड़ा-सा पानी डालकर उबाल लें, ठण्डा होने पर इसमें नीबू का रस, केवड़ा जल व गुलाब जल मिला दें व तीनों तरह की गोलियाँ चीनी वाले मिश्रण में मिला दें फिर तरबूज के छिलके को गोल काट लें (कटोरे की तरह), फलों की गोलियों को अपनी पसन्द के अनुसार सजाकर सर्व करें।

## केले व चावल का सलाद

**सामग्री—**50 ग्राम शिमला मिर्च, 1 बारीक कटा हुआ प्याज, 2 केले कटे हुए, 1 बड़ा चम्मच उबले चावल, 1 चम्मच जरा मोटा कटा नारियल, ½ चम्मच नमक, काली मिर्च 2 चुटकी, 2 चम्मच लेमन ड्रेसिंग।

**विधि—**प्याज, केला, चावल व नारियल पर 2 चुटकी काली मिर्च व नमक डाल दें। लेमन ड्रेसिंग डालकर आहिस्ता से काँटे की सहायता से चला लें फिर इन्हें खोखली की हुई शिमला मिर्च में भर दें। सलाद के पत्ते बिछाकार शिमला मिर्च रख दें व नीबू की झालर बना कर सजा दें। सुन्दर सलाद तैयार है।

## गाजर व बन्दगोभी का सलाद

**सामग्री—**50 ग्राम नरम छोटी गाजर, 50 ग्राम बन्दगोभी के बीच का सफेद भाग, 1 बड़ा चम्मच तेल रिफाइण्ड या सलाद का तेल, 1 बड़ा चम्मच नीबू का रस तथा थोड़ा नमक।

**विधि—**बंदगोभी को धोकर छिटक-छिटक कर पानी सुखा लें। तेज छुरी से बारीक-बारीक काटकर प्लेट में रख लें। ऊपर से दूसरी प्लेट ढककर उस पर कोई वजन रखें। 2-3 घंटे ऐसे ही छोड़ दें, अब गाजरों को खुरच कर कद्दूकस कर लें तथा बंदगोभी के साथ मिला दें। तेल तथा नीबू छिड़कर कर फिर नमक छिड़कर शीशे की प्लेट में सजा दें। बनी हुई फ्रेंच ड्रेसिंग भी आप मिला सकती हैं।

## फलों का सलाद

**सामग्री—**2 मीठे संतरे, 2 नाशपाती, कुछ टुकड़े अनन्नास, फ्रेंच ड्रेसिंग तथा सजाने के लिए चेरी।

**विधि—**संतरों को छुरी से गोलाई में काटकर 2 भाग करके बीज साफ कर फाँकें काट लें। अनन्नास तथा नाशपाती को छीलकर बारीक-बारीक काट लें। सब फलों को फ्रेंच ड्रेसिंग के साथ मिला दें और संतरों के खाली भाग में भर दें। ऊपर एक चेरी रख दें। खूब ठंडा करके एक बड़ी सलाद की पत्ती पर 1-1 संतरा रखकर परोसें।

## फूलगोभी व टमाटर की सलाद

**सामग्री—**1 बड़ी फूलगोभी, आधा किलो टमाटर, नमक, काली मिर्च पिसी, मेयोनेज सॉस।

**विधि—**गोभी के फूल को हल्का-सा उबाल लें। ठंडा होने पर उसके छोटे-छोटे फूल अलग कर लें। सब फूल शीशे की डिश या प्याले में रख लें। आधे टमाटर उबालकर छलनी में छान लें। अब इसमें नमक, काली मिर्च मिलाकर गोभी पर डाल दें। जब ठंडा हो जाए तो गोभी पर मेयानेज सॉस डालकर परोसें।

**फ्रेंच ड्रेसिंग—**इस ड्रेसिंग से सलाद को परोसने से एक-आधा मिनट पहले ही सजावट या किसी प्याले के पेंदे में इन मसालों को रखकर ऊपर से सलाद रख दीजिए। परोसने से पहले फ्रिज से निकाल कर प्याले को सलाद के साथ इस तरह उछालिए जिस तरह हम लोग जामुन को नमक मिलाने के लिए उछालते हैं। हाथ मत लगाइए।

**सामग्री—**6 बड़े चम्मच तेल (सलाद का या मूँगफली का), 2 बड़े चम्मच अच्छा सिरका, एक-चौथाई छोटा चम्मच नमक, एक-चौथाई छोटा चम्मच पिसी हुई काली मिर्च तथा राई, आधा छोटा चम्मच चीनी।

**विधि—**एक बोतल में सब वस्तुएँ मिलाकर डाल दें। जिसका मुँह चौड़ा हो। इसे कस कर बंद कर दें और शीशी को जोर-जोर से हिलाएँ। इसे फ्रिज में रख लें जरूरत, पड़ने पर प्रयोग करें।

**लेमन ड्रेसिंग—**सिरके के बजाए 1 नीबू का रस तथा आधा चम्मच कद्दू किया हुआ नीबू का छिलका मिला दें।

## खट्टा-मीठा सलाद

**सामग्री**—सलाद के पत्ते 250 ग्राम, डिब्बाबन्द पाइनएपल के टुकड़े, 500 ग्राम का एक डिब्बा, आलू 2 बड़े (चौकोर छोटे टुकड़ों में काट लें), एक नीबू का रस, किशमिश 50 ग्राम, अखरोट की गिरी 50 ग्राम (दो बराबर भागों में कटी हुई), चीज़ पाउडर आधा चम्मच (बाजार में उपलब्ध), सफेद सिरका 1 बड़ा चम्मच, दही 1 कप, नमक व पिसी हुई काली मिर्च स्वादानुसार।

**विधि**—सलाद बॉल में सलाद के पत्ते कतर कर बिछाएँ। आलू के टुकड़े डाल दें। पाइनएपल के टुकड़ों को छलनी में पलट कर सिरप निकाल दें। एक बॉल में टुकड़े डालकर नीबू का रस मिलाएँ। नीबू लगे पाइन एपल के टुकड़े सलाद के पत्तों पर डाल दें। दही, सिरका, मेयोनीज सॉस, हल्का-सा नमक व काली मिर्च, चीज़ पाउडर को एक साथ मिलाकर थोड़ा फेंट लें। किशमिश व अखरोट की गिरी इस ड्रेसिंग में डालकर ड्रेसिंग को पाइन एपल के टुकड़ों पर फैला दें। नटी पाइन एपल तैयार है।

## रूसी सलाद

**सामग्री**—थोड़ी उबली गोभी, 2 उबले आलू, ½ प्याला बारीक कटी और उबली हुई फ्रेंचबीन, 1 प्याला उबले मटर के दाने, 2-3 बड़ी गाजर, नमक व काली मिर्च, मेयोनोज सॉस, 3-4 स्लाइस अनन्नास।

**विधि**—गाजर को कद्दूकस कर लें और सब सब्जियों के साथ मिला दें। नमक व काली मिर्च छिड़क दें फिर मेयोनीज सॉस में सभी सब्जियाँ मिला दें और शीशे के डोंगे में भर दें। यदि रूसी जैली बनाना हो तो एक पैकेट जिलेटिन को आधा प्याला गुनगुने पानी में घोलकर सब सब्जियों को मिला दें तथा एक प्याला क्रीम मिला दें और फ्रिज में रख दें। जब खूब ठण्डी हो जाए तब उसे बाहर निकाल लें और टमाटर के स्लाइस लगा दें, अनन्नास के टुकड़ों से सजाकर सर्व करें।

## एपिल नट सलाद

**सामग्री**—सलाद के पत्ते 15-20, लाल सेब 3, अखरोट की गिरी 3-4 कप, मेयोनीज सॉस 6 बड़े चम्मच, नीबू का रस 2 छोटे चम्मच, नमक, पिसी काली मिर्च स्वादानुसार।

**विधि**—सलाद के पत्ते, यदि करारे न हों तो बर्फ के ठंडे पानी में पत्तों को कुछ समय के लिए डुबोकर रखें। पत्तों का पानी सुखाकर उन्हें बड़े-बड़े टुकड़ों में काट लें। सेब की स्लाइसें काट लें व नीबू का रस उन पर छिड़क दें। ऐसा करने से सेब काला नहीं पड़ेगा। अब एक बड़े बॉउल में दो सेब की स्लाइसें, मेयोनीज सॉस, नमक व पिसी काली मिर्च को एक साथ डालकर, उछाल देकर मिलाएँ। जिस डिश में सलाद रखकर सर्व करना हो, उसमें सलाद के पत्ते बिछा दें व ऊपर से मेयोनीज मिला सलाद पलट दें। अब एक सेब की स्लाइसेस से सलाद को सजा दें। अखरोट की गिरी सलाद के ऊपर बिखेर दें।

## आम-मिश्रित सलाद

**सामग्री**—1 आम, 1 संतरा, 1 केला, 125 ग्राम पपीता, 1 कप क्रीम, 1 कप चीनी, 4 कप पानी, 10 ग्राम चायना ग्रास, डेढ़ चम्मच लाल रंग, एक नीबू, कुछ चैरी, 2 चम्मच स्ट्राबेरी एसेंस, चौथाई चम्मच वनीला ऐसेंस।

**विधि**—चायना ग्रास को आधे घण्टे के लिए पानी में भिगो दें। उबलते हुए पानी में इसे डाल दें जब गल जाए तब गैस पर से हटा दें। अब चीनी, ऐसेंस रंग इसमें मिला दें। पपीता गोलाई में काट लें तथा इसे चैरी से सजा लें, ऊपर से चायना ग्रास डाल दें। फ्रिज में सैट होने के लिए रख दें। बाकी जैली को अलग सैट होने के लिए रख दें। क्रीम को चीनी, वनीला ऐसेंस के साथ फेंट लें। फिर इसमें कटे हुए आम मिला दें। साथ में संतरे व केले के टुकड़े भी मिला दें। पपीते वाले छेद में यह सामान भर दें। ऊपर फेंटी हुई क्रीम सजा दें। ठंडी-ठंडी खाने के बाद सर्व करें।

●●●

# रसेदार सब्जियाँ

## सब्जियाँ बनाते समय ध्यान रखने योग्य कुछ सलाह

1. आलू यदि लम्बाई में काटे जाएँ तो सब्जी जल्दी बनेगी।
2. आलू का यदि मीठा स्वाद हो तो उबालते समय एक लौंग व एक चुटकी फिटकरी डाल दें तो मीठापन छोड़ देगा।
3. पकती हुई फूलगोभी में एक नीबू का टुकड़ा डाल दें तो वह पकने पर सफेद दिखाई देगी और टूटने से बच जाएगी।
4. सब्जी में टमाटर पहले डालने से वह देर से गलेगी इसलिए बाद में डालें, स्वाद वैसा ही आएगा।
5. सब्जी काटने के पहले धोएँ, बाद में नहीं, नहीं तो पौष्टिकता कम हो जाएगी।
6. अगर सब्जी का रंग हरा रखना हो तो पकाते समय आधा चम्मच चीनी डाल दें रंग वैसा ही रहेगा जैसा था।
7. तरी वाली सब्जी में अच्छी खुशबू लाने के लिए सबसे पहले प्याज को भूनें फिर अदरक व टमाटर डाल दें और भूनें, फिर इसमें सारे मसाले डाल कर भूनें, इससे मसाले का कच्चापन दूर हो जाएगा और सब्जी स्वादिष्ट बनेगी।
8. सब्जी पकाते समय सब्जी में पानी कम डालें। ज्यादा पानी डालने से सब्जी देर से गलेगी और पौष्टिकता भी कम हो जाएगी।
9. सब्जी या दाल में अगर नमक ज्यादा हो गया हो तो एक कच्चे आलू की बारीक फाँकें काट लें और सब्जी या दाल में मिला दें उबाल आने के बाद आलू की फाँकें निकाल दें। एक-दो बार इसी तरह करें, नमक कम हो जाएगा।
10. आलू की सब्जी बनाते समय नमक सब्जी बन जाने के बाद डालें, ऐसा करने से सब्जी स्वादिष्ट बनने के साथ-साथ जल्दी गल भी जाएगी।

## दम आलू

**विधि-1**—छोटे-छोटे आलू हों परन्तु सब एक साइज के होने चाहिए। इन आलुओं को धोकर छील ले, फिर चाकू से खूब गोद लें व नमक के पानी में डालती जाएँ। करीब एक घण्टे तक आलुओं को इस पानी में डूबे रहने दें। फिर आलुओं को पानी में से निकाल कर कपड़े से पोंछ लें और कड़ाही में घी या तेल डालकर गुलाबी होने तक तल लें। कुकर में घी डालें। प्याज व टमाटरों को पीसकर कुकर में डाल दें, साथ में हल्दी, मिर्ची, नमक, जीरा इत्यादि भी डाल दें। जब मसाला घी छोड़ने लगे तो दही डाल दें और पाँच मिनट तक फिर पकाएँ। इसके बाद आलू डाल दें। जब मसाला आलू में लिपटने लगे तो थोड़ा-सा खोया मसल कर डाल दें व गरम-मसाला भी। जब मसाला आलुओं से भली-भाँति लिपट जाए तब थोड़ा-सा पानी डालकर पकाएँ। बाद में थोड़ा-सा अमचूर डाल दें। ये बड़े स्वादिष्ट बनते हैं।

**विधि-2**—थोड़े-से बड़े आलू लें, फिर धोकर छील लें और लम्बाई की तरफ से ऊपर से आलू की टोपी उतार लें और चाकू की सहायता से आलू को खोखला कर लें। मटर छीलें और आलू की खुरचन के साथ घी में भूनें, नमक-मिर्च डालकर गलाने के लिए थोड़ा-सा पानी डालें। गलने पर कटी हरी मिर्च, हरी धनिया, गरम-मसाला, अमचूर डालें। फिर इस भराव को आलू में भर दें व ऊपर से टोपी लगा दें। बन्द करने के लिए धागे से बाँधें या सींक लगा दें जिससे भूनते समय मसाला बाहर न निकले। अब कुकर में घी डालकर, प्याज, टमाटर, हल्दी, मिर्च, नमक डालकर हल्का गुलाबी होने तक भूनें, घी छोड़ने पर भरे हुए आलू डाल दें। मसाला लिपटने पर पानी डालें और बनने पर उतारें। ऊपर से हरी धनिया डालें। भराव के लिए मटर के साथ खोया, पिस्ता, बादाम और काजू भी भर सकते हैं।

## गोभी दम आलू

**सामग्री**—1 फूलगोभी, 250 ग्राम आलू, 125 ग्राम तेल, मिर्च मसाला।

**विधि**—गोभी के बड़े-बड़े टुकड़े काट कर तल लें। आलुओं को छीलकर गोद लें तथा दो टुकड़े करके तल लें। अब पतीली में तेल डालें और हींग, जीरा, अदरक, मिर्च, दो लौंग डालकर छौंक दें। थोड़ा-सा पानी का छींटा मारें और हिलाकर नमक, धनिया, गरम-मसाला डालें व एक पाव पानी डालें और आलू डाल दें। 2 उबाल आने पर गोभी भी डाल दें। ढक कर रख दें। थोड़ा पकने पर एक चम्मच घी डाल दें। ऊपर से कटी हरी धनिया बुरक दें।

## आलू-बैंगन की सब्जी

**सामग्री**—आधा किलो आलू, 250 ग्राम बैंगन, 25 ग्राम सरसों के दाने, मेथी, लाल मिर्च, धनिया, नमक, हल्दी, खटाई, सरसों का तेल।

**विधि**—आलू को छीलकर बैंगन व आलू को छोटे-छोटे टुकड़ों में काट लें। लहसुन छीलकर और सरसों के दाने, मिर्च, हल्दी, नमक व धनिया मिलाकर पीस लें। गैस पर कड़ाही रखें। थोड़ा-सा सरसों का तेल डालें, तेल पकने पर उसमें दस-बारह मेथी दानों का तड़का लगा दें और फिर पिसा हुआ मसाला कड़ाही में डालिए। मसाले को हल्का ही भूनना है। अब उसमें कसी हुई सब्जी डाले और मसाले के साथ खूब भून लें और अगर टमाटर हों तो एक टमाटर भी काट कर डाल दें। फिर थोड़ा-सा पानी डालकर सब्जी को पकने दें। जब सब्जी पक जाए और रस गाढ़ा हो जाए तब उसमें अमचूर डाल दें। ऊपर से कटी हरी धनिया डाल दें। सब्जी तैयार है।

## खट्टे आलू

**सामग्री**—आधा किलो छोटे गोल आलू, नमक, एक छोटा चम्मच हल्दी, आधा चम्मच लाल मिर्च, चौथाई छोटा चम्मच जीरा, चौथाई टुकड़ा बड़ी, एक छोटा चम्मच अमचूर, 1 नीबू का रस, 1 छोटा चम्मच गरम-

मसाला, एक छोटा चम्मच अदरक का लच्छा, 4 हरी मिर्च, 2 चम्मच कटा हुआ पोदीना, 1 बड़ा चम्मच दही, तेल, हींग।

**विधि**—बिना छीले आलू के दो-दो टुकड़े करके अच्छी तरह धोकर हल्के तल लें। अब एक पतीली में दो बड़े चम्मच तेल डालें और गर्म होने पर उसमें जरा-सी हींग, जीरा और दही फेंट कर डाल दें। साथ ही बड़ी भी पीस कर डाल दें। इस सामग्री को चलाती रहें ताकि पतीली में चिपक न जाए।

जब दही में हल्का गुलाबी रंग आए तब इसमें आलू डाल दें और साथ ही हल्दी, नमक और लाल मिर्च भी डाल दें। अब एक-दो बार चलाने के बाद इसमें अमचूर, नीबू का रस, अदरक का लच्छा, हरी मिर्च और गरम-मसाला डालकर और थोड़ा पानी डालकर पकाएँ। जब आलू गल जाएँ और थोड़ा रस बाकी रह जाए तब इसमें कटा हुआ पोदीना छिड़क दें।

## पालक आलू बेक्ड

**सामग्री—चटनी के लिए**—पुदीना एक गड्डी, हरी धनिया एक गड्डी, जीरा एक छोटा चम्मच, चीनी एक चौथाई चम्मच, अमचूर एक चम्मच, अदरक एक टुकड़ा, किशमिश 10-15, काजू 5-7, 2 छुआरे बारीक कटे हुए, नमक स्वादानुसार।

**सामग्री ग्रेवी के लिए**—टमाटर 3 बारीक कटे हुए, पालक एक गड्डी, मेथी की पत्तियाँ 10 ग्राम, एक टुकड़ा अदरक, लाल मिर्च एक छोटा चम्मच, गरम-मसाला एक-चौथाई छोटा चम्मच, हल्दी एक-चौथाई चम्मच, अमूल मक्खन 5 चम्मच, दही या दूध एक कप, 6 मध्यम आकार के आलू तथा तलने के लिए घी, थोड़ा-सा पनीर या अमूल चीज़ कसी हुई।

**विधि**—पुदीना व धनिया की पत्ती साफ कर लें। सारे मसाले के साथ मिलाकर, मेवा को छोड़कर, पीस लें। मेवा ऊपर से डालकर मिला दें। अलग रख दें।

आलुओं को एक-चौथाई चम्मच नमक डालकर उबाल लें, आलू फटने नहीं चाहिएँ। ठंडा होने पर आलू छील लें तथा गोल चाकू की सहायता से उन्हें खोखला करके तल लें।

**ग्रेवी**—पालक व मेथी को अच्छी तरह से धो लें तथा आधा कप पानी डालकर उबाल लें। उबालने के बाद उसको छलनी में रखकर पसा दें जिससे पानी निचुड़ जाए। अब कड़ाही में 2 चम्मच अमूल मक्खन डालकर, उसमें बारीक कटा हुआ टमाटर डालकर भूनें। टमाटर गल जाने के बाद उसमें मसाले, अदरक उबली हुई पालक व मेथी डालकर पकाएँ। पक जाने के बाद उसमें फेंटा हुआ दही या दूध डालकर गाढ़ा होने तक पकाएँ। नमक डाल दें। अब तले हुए आलुओं में चटनी भरकर, उनको बेकिंग डिश में रखकर, उनके ऊपर पालक की ग्रेवी डाल दें। ऊपर से बचा हुआ अमूल मक्खन पिघला कर डाल दें। सबसे ऊपर कसा हुआ पनीर या चीज़ बुरक दें। ओवन में 10-15 मिनट के लिए बेक करें। पराँठों के साथ पेश करें।

## तले हुए आलू

**सामग्री**—2 आलू, 2 टमाटर, 1 चम्मच नमक, आधा चम्मच काली मिर्च, 1 चम्मच चाट मसाला, तलने के लिए घी, 1 हरी मिर्च, 50 ग्राम मक्खन।

**विधि**—कच्चे आलू को छीलकर लम्बे टुकड़ों में काट लें। अच्छी तरह से धो लें। गर्म घी में तलकर निकालें। परोसने से कुछ समय पूर्व मक्खन गर्म करें, उसमें तले हुए आलू डालें। हल्का-सा पानी का छींटा दें। उसमें नमक, मिर्च, टमाटर डालें और दोबारा धीमी आँच पर पाँच मिनट के लिए पकाएँ। चाट मसाला डालकर और ऊपर से हरी मिर्च कतर दें व पेश करें।

## खट्टे-मीठे आलू

**सामग्री**—250 ग्राम छोटे आकार के आलू, हरी धनिया, तलने के लिए घी।

**चटनी (सॉस) के लिए**—2 बड़े चम्मच टमाटर सॉस, 2 चम्मच सोया सॉस, 2 बड़े चम्मच चीनी, आधा

चम्मच नमक, एक चौथाई चम्मच काली मिर्च, 3 बड़े चम्मच सिरका, 1 चम्मच चिली सॉस, 1 चम्मच अजीनोमोटो, 1 प्याला तानी, 1 चम्मच अरारोट।

**विधि—**आलुओं को आधा उबालें (पूरी तरह नहीं गलाएँ), उनका छिलका उतारें व काँटे से अच्छी तरह गोद लें, घी गर्म करें। आलुओं को पहले तेज आँच पर फिर धीमी आँच पर तल लें, जिससे आलू अंदर से भी सिक जाएँ। स्पंजी भी हो जाएँगे। आलुओं को अलग निकाल कर रख दें।

सॉस की सारी सामग्री को मिला लें व उसमें एक उबाल लगा लें। उसमें तले हुए आलू डालें। दो मिनट के लिए पकाएँ फिर आँच पर से उतार कर एक घंटे तक सॉस में पड़ा रहने दें, फिर दोबारा हल्का-सा गर्म करके परोसें।

## शाही आलू

**सामग्री—**आधा किलो बड़े आकार के आलू, 100 ग्राम पनीर, 50 ग्राम किशमिश, 50 ग्राम काजू, 1 कप तेल, 15-20 मखाना, 2 चम्मच क्रीम।

**रसे के लिए मसाला—**2 प्याज, 1 इंच का टुकड़ा अदरक, 1 हरी मिर्च, 2 कली लहसुन को मिलाकर पीस लें। 2 टमाटर, आधा चम्मच हल्दी, 1 चम्मच गरम-मसाला, नमक स्वादानुसार।

**विधि—**2 बड़े चम्मच तेल गर्म करके मखाने भून लें। आलू को कुकर में इतना उबालें कि वह टूटे नहीं। आलू को छीलकर हल्का-सा तल लें। पनीर को कसकर रखें, उसमें काजू (बारीक काट कर) व किशमिश मिला दें। थोड़ा-सा नमक डालें। आलू को बीच में आधा काटकर उसके अंदर का गूदा निकाल कर उसके अंदर पनीर, काजू, किशमिश का मिश्रण भर दें।

पिसे मसाले को तेल में भूनें, फिर उसमें टमाटर डालकर गुलाबी होने तक भूनें। उसमें 1 कप पानी डालें।

नमक, हल्दी डालकर रसा गाढ़ा होने तक उबालें। आग से उतार कर उसमें हल्के भुने मखाने और भरवाँ आलू डाल दें। ऊपर से क्रीम व हरी धनिया डालकर सजा दें।

## गोभी के डण्ठल की सब्जी

**सामग्री—**3-4 गोभी के डंठल, नमक, मिर्च, हल्दी, मसाला, घी।

**विधि—**यदि आपके पास 3-4 गोभी के डंठल होंगे तभी यह सब्जी बन सकती है। डंठलों को पानी से अच्छी तरह धोकर उनके ऊपर के हरे पत्ते साफ कर दें। अब उनके लम्बे-लम्बे टुकड़े काट लें तथा कुछ गोभी के टुकड़ों के साथ अच्छी मात्रा में तेल या घी के साथ मसाले डालकर कुकर में सब्जी छौंक दें तथा बहुत अल्प मात्रा में पानी डालकर कुकर बन्द कर दें। जब सब्जी गल जाए तो बचे हुए पानी को भूनकर सुखा लें। गोभी के टुकड़े मसाले के साथ गलने के बाद मिलकर एक पेस्ट की तरह डंठल के टुकड़ों पर लिपट जाते हैं। गलने पर भुना हुआ बेसन मिलाया जा सकता है। खाते समय इन डंठलों को चूसकर खाने पर उनका अलग स्वाद आता है।

## फूलगोभी मसाला बेक

**सामग्री—**750 ग्राम फूलगोभी, आधा चम्मच पिसी अदरक, 1 चम्मच पिसा प्याज, 1 कप फेंटा हुआ दही, 1 चम्मच नीबू का रस, 1 छोटा चम्मच गरम-मसाला, एक छोटा चम्मच पिसी लाल मिर्च, एक छोटा चम्मच सूखी धनिया, 1 बड़ा चम्मच पिघला मक्खन, एक बड़ा चम्मच फेंटी हुई मलाई व नमक।

**विधि—**फूलगोभी को धोकर साफ कर लें और चार टुकड़ों में काट लें। दही में पिसा प्याज, अदरक, नीबू का रस, गरम-मसाला, लाल मिर्च, सूखी धनिया, अच्छी तरह डालकर मिला दें। अब गोभी के टुकड़ों को दही और मसाले के मिश्रण में लपेट दें।

एक चिकनाई लगे बेक करने वाले बर्तन में मसाला लगे गोभी के टुकड़े सजा दें। लपेटने के बाद अगर दही और मसाले का मिश्रण थोड़ा-सा बच गया हो तो गोभी के टुकड़ों के ऊपर फैला दें। ऊपर से पिघला मक्खन डाल दें। पहले से किए हुए मध्यम आँच के ओविन में बेक करने वाली डिश को रख दें और तैयार होने से दस मिनट पहले बेक करने वाली डिश को ओवन में से निकाल कर गोभी के ऊपर मलाई फैला दें। बर्तन को ओवन में रखकर फिर बेक करें।

## नूरे गोभी

**सामग्री**—एक मध्यम आकार की फूलगोभी, 3 टमाटर, आधा कप मटर के दाने, 1 प्याज बारीक कटा हुआ, अदरक, आधा चम्मच पिसी लाल मिर्च, 1 चम्मच पिसी धनिया, आधा चम्मच हल्दी, 1 बड़ी इलायची, 6 लौंग, एक इंच दालचीनी का टुकड़ा, आधा चम्मच जीरा, नमक स्वादानुसार, 4 बड़े चम्मच घी, हरी धनिया कटी हुई।

**विधि**—अदरक से जीरा तक सब मसाला सिल पर पीस लें। अब बड़े भगोने में 4 गिलास पानी डालकर एक चम्मच नमक डालकर उबलने रख दें। उबाल आने पर गोभी के पत्ते निकाल कर साबुत गोभी उबलते पानी में डालकर भगोना नीचे उतार कर ढक दें। 15 मिनट तक गोभी पड़ी रहने दें। इधर कुकर में आधा घी चढ़ाकर प्याज भूनें, फिर पिसा मसाला डालकर भूनें, दूसरी तरफ कड़ाही में बचा हुआ घी डालें, और गोभी को निकालकर केवल फूलवाला भाग नीचे से थोड़ा लाल कर लें। अब इस बचे हुए घी को भी मसाले में डाल दें। अब गोभी में कटे टमाटर, मटर डालकर केवल एक सीटी आने दें। कुकर उतारें और ठंडा होने पर खोलें तथा हरी धनिया सजाकर सर्व करें।

## शाही पनीर बटर मसाला

**सामग्री**—250 ग्राम पनीर, 100 ग्राम खोया, 4 बड़े प्याज (पिसे हुए), अदरक, 1 कप गाढ़ी मलाई, आधा कप नारियल की पिसी गिरी, कुछ बूँदें केवड़ा, आधा छोटा चम्मच हल्दी, 1 चम्मच सूखी धनिया, लाल मिर्च, नमक, एक बड़ा चम्मच चिरौंजी, 2 छोटे चम्मच गरम-मसाला, दो बड़े चम्मच घी, तलने के लिए भी घी।

**विधि**—खोए को गुलाबी भून कर अलग रख दें। दो बड़े चम्मच घी गर्म करके प्याज भून लें। अदरक को भी बारीक काटकर प्याज में मिला दें। जब प्याज लाल हो जाएँ तब हल्दी, धनिया, मिर्च, नमक, मिला दें, कुछ देर और भूनकर उसमें नारियल मिला दें। जब नारियल गुलाबी हो जाए तो इसमें खोया मिला दें। आखिर में मलाई डाल लें। ग्रेवी को आँच से उतार लें। चिरौंजी को भिगो दें। पनीर के छोटे-छोटे टुकड़े तल लें और परोसने से थोड़ी देर पहले पनीर व चिरौंजी को ग्रेवी में थोड़ा-सा पानी डालकर मिला दें व आँच पर चढ़ा दें। पाँच मिनट बाद गरम-मसाला डालकर उतार लें।

## शाही पनीर

**सामग्री**—250 ग्राम पनीर, 100 ग्राम मखाने, 50 ग्राम काजू, दो प्याज, 150 ग्राम टमाटर, 2 छोटे चम्मच खोया, दो बड़े चम्मच क्रीम, 1 छोटा चम्मच नमक, आधा चम्मच लाल मिर्च, आधा चम्मच हल्दी, 4 छोटी इलायची, 1 बड़ी इलायची, 1 छोटा टुकड़ा दालचीनी, 2 लौंग, 2 तेजपत्ता, कटा हुआ धनिया 1 चम्मच, 2 हरी मिर्चें, 2 बड़े चम्मच घी।

**विधि**—प्याज को कद्दू कस लें। घी गर्म करके छोटे-छोटे टुकड़े काटकर डाल दें। जब यह घी छोड़ने लगें तब सभी मसाले और थोड़ा-सा पानी डाल दें। हल्की आँच पर 2-3 मिनट भूनें। अब मखाने और काजू डालें। मखानों के गलने पर क्रीम, खोया डालें। घी छोड़ने पर पनीर के इच्छानुसार टुकड़े काट कर डाल दें। परोसने से पहले हरी मिर्च व धनिया से सजा दें।

## पनीर के भरवाँ आलू

**सामग्री**—10 आलू बीच के आकार के, 1 कप पनीर, आधा प्याला उबले मटर, 1 बड़ा चम्मच पिसा अदरक, डेढ़ चम्मच नमक, आधा चम्मच देशी मिर्च, एक चौथाई चम्मच हल्दी, 4 टमाटर, आधी चम्मच पिसी धनिया, 1 प्याज, तेल।

**विधि**—आलू को छीलकर धो लें। तेज छुरी से उन्हें चीर लें। पानी में नमक डालकर उसे आधे घंटे तक भिगोकर रख दें। तेल गर्म कर आलुओं को तल लें। एक चम्मच तेल में प्याज को हल्का भून लें। उसमें जीरा, लाल मिर्च, धनिया, नमक डालें। मटर और पनीर डालकर हिलाते हुए हल्की आँच पर भूनें, जिससे सब मसाले पनीर तथा मटर में मिल जाएँ। इस मिश्रण को आलुओं में भर दें।

टमाटरों को थोड़ी देर गर्म पानी में रख दें। इससे उनके छिलके आसानी से उतार जाएँगे। टमाटरों को छोटा-छोटा काट लें। एक बड़ा चम्मच तेल गर्म करके टमाटर डाल दें। जब गल जाएँ तब अदरक, देशी मिर्च, हल्दी डालें। इसे तब तक पकाएँ जब तक टमाटर गल न जाएँ। इस मसाले को एक प्लेट में फैला दें। पनीर के भरवाँ आलू इस पर सजा दें। ओवन में 5 मिनट तक रखें तथा गर्मा-गर्म परोसें।

## पनीर पकौड़े कढ़ी

**सामग्री**—100 ग्राम मैदा, 100 ग्राम बारीक कटा हुआ पनीर, नमक, मिर्च, कटी हरी मिर्च, सरसों के बीज, प्याज, कटी हरी धनिया, 2 टमाटर, 3 लौंग, दालचीनी पिसी, बड़ी इलायची पिसी, सौंफ आधा चम्मच पिसी, 1 चम्मच लाल मिर्च, हींग।

**विधि**—पहले मैदे को पानी से अच्छी तरह गूँथ लें। अब इसमें पनीर, नमक, लाल, मिर्च, हरी मिर्च, प्याज, हरी धनिया मिलाकर फिर गूँथ लें। एक घंटे भर बाद इस आटे के गोल-गोल पकौड़े बनाकर घी में तल लें।

**शोरबे के लिए**—टमाटर को काटकर हल्की आँच पर पकाएँ। उसको छानकर गूदा अलग कर लें। अब घी को बर्तन में गर्म करके लौंग डालिए, जब वह खुशबू देने लगे तब हींग को एक चम्मच पानी में घोलकर उसमें डाल दें और तुरन्त ढक दें ताकि छींटे बाहर न आ सकें। दो मिनट बाद उसमें छाने हुए टमाटर डाल दें और तब तक पकाएँ जब तक घी ऊपर न तैरने लगे। अब लाल मिर्च को पानी में घोलकर डालें, फिर तीन प्याले गर्म पानी डाल दें। अब इसमें सभी मसाले, नमक, इलायची, दालचीनी, सौंफ, अदरक और चौथाई चम्मच चीनी डालकर पकाएँ। जब शोरबा पक जाए तब पकौड़े डालकर 10 मिनट पकाएँ, कढ़ी तैयार है। इसको गर्म चावल के साथ खाएँ।

## कद्दू पनीर

**सामग्री**—आधा किलो कद्दू, 50 ग्राम पनीर, 1 बड़ा चम्मच घी, 1 चुटकी हींग, 2 प्याज, 3 कली लहसुन, थोड़ा-सा जीरा, मेथी, धनिया, गरम-मसाला, 2 तेजपत्ता, लालमिर्च, नमक, घी अलग से, 1 बड़ा चम्मच दही, डेढ़ चम्मच टमाटर का रस,पोदीना।

**विधि**—पनीर को छोटे-छोटे टुकड़ों में काट लें। घी में सुनहरा होने तक तल लें। कुकर में घी गर्म करें। हींग व जीरा, मेथीदाना डालकर फिर दही डाल दें और प्याज डाल दें व पानी का छींटा देकर प्याज नर्म कर लें फिर तेजपत्ता व लहसुन डालकर ऊपर से कद्दू डाल दें। कद्दू को कुछ देर भूनने के बाद ऊपर से नमक, मिर्च, धनिया डाल दें व थोड़ा-सा पानी डालकर कद्दू को प्रेशर देकर गर्म करें। कुकर खोलकर कद्दू को कलछी से चलाकर बिल्कुल मैश कर लें व इसमें पनीर, पोदीना डालकर पानी सूख जाने तक पकाएँ। अन्त में टमाटर का रस डाल दें। हल्की तरी रहने पर उतारें, ऊपर से गरम-मसाला बुरक दें।

## दही पनीर से भरी शिमला मिर्चें

**सामग्री—**10 मध्यम आकार की शिमला मिर्चें, 200 ग्राम पनीर, दो-तीन कलियाँ लहसुन, नमक और लाल मिर्च स्वाद के अनुसार।

**विधि—**शिमला मिर्च को धोकर प्रत्येक शिमला मिर्च लम्बाई की ओर से बीच में से काटकर आधी कर लें। इनकी डंडियाँ और बीज निकाल दें। पानी में चुटकी भर नमक डालकर शिमला मिर्च को पाँच मिनट तक उबालें। इन्हें पानी में से निकाल कर निचोड़ें तथा चिकनी की हुई बेकिंग ट्रे में रख दें।

दही व पनीर को अच्छी तरह फेंट लें, इसमें नमक, लाल मिर्च मिला दें। इस मिश्रण को आधी कटी हुई मिर्चों में भर कर सेट होने तक बेक करें। गर्म-गर्म परोसें। इसमें डबलरोटी को पानी में भिगोकर पनीर के साथ भी भर सकते हैं।

## पालक पनीर कोफ्ता करी

**सामग्री—**600 ग्राम पालक, 100 ग्राम पनीर, 5 स्लाइस डबलरोटी, थोड़ी-सी हल्दी, स्वाद के अनुसार नमक, तलने के लिए घी।

**तरी के लिए**—2 प्याज, 2-3 कलियाँ लहसुन, 1 टुकड़ा अदरक, 2-3 हरी मिर्च, 2 टमाटर, आधा छोटा चम्मच लाल मिर्च, एक छोटा चम्मच गरम-मसाला, चुटकी भर हल्दी, नमक, 2-3 बड़े चम्मच घी, 4 कप पानी।

**विधि—**पालक को साफ करके बारीक काट लें और थोड़े-से पानी में उबाल लें। पालक में यदि पानी हो तो उसे भी सुखा लें। डबलरोटी के स्लाइस पानी में भिगोकर निचोड़ लें तथा मसल कर पालक में मिला दें।

पनीर को दो भागों में बाँट लें। एक भाग में चुटकी भर हल्दी डालकर पीला कर लें तथा दूसरा सफेद ही रहने दें। कोफ्ते बनाने के लिए सबसे पहले छोटी-सी पीले रंग की गोली बनाएँ। उसके ऊपर सफेद पनीर और फिर पालक का मिश्रण लपेट कर कोफ्ते बनाएँ। इन कोफ्तों को घी में सुनहरे भूरे रंग के होने तक तल लें।

तरी बनाने के लिए प्याज, लहसुन और अदरक को छीलकर महीन पीस लें। घी में सुनहरे रंग के होने तक भूनें। लाल मिर्च, हल्दी, नमक व अमचूर मिलाकर 2-3 मिनट तक और भूनें तथा पानी डालकर तरी गाढ़ी होने तक पकाएँ। आँच से उतार कर इसमें कोफ्ते डाल दें।

## खट्टा-मीठा पनीर

खट्टा-मीठा पनीर बनाने के लिए पहले खट्टी-मीठी सॉस तैयार करनी होती है।

**सॉस की सामग्री—**250 ग्राम टमाटर, 2 प्याज, 2 चम्मच नमक, 100 ग्राम गाजर, 2 छोटे चम्मच अरारोट, आधा छोटा चम्मच काली मिर्च, आधा छोटा चम्मच देसी मिर्च, 1 बड़ा चम्मच पानी, 2 बड़े चम्मच सोयाबीन सॉस।

**विधि—**सब्जियों को काट लीजिए। इसमें 2 चम्मच नमक डालकर हल्की आँच पर 20 मिनट तक उबाल लें। अब उबली हुई सब्जियों को मिक्सी में चला दें। यह प्यूरी तैयार हो गई। प्यूरी को गर्म कर लें तथा उसमें सोयाबीन, सॉस, सिरका और चीनी मिला दें। इसे 2-3 मिनट तक पकाएँ। खट्टी-मीठी सॉस तैयार हो गई।

**खट्टे-मीठे पनीर के लिए सामग्री—**120 ग्राम बनाई हुई सॉस, एक कटोरी छोटी कटी शिमला मिर्च, छोटे-छोटे 8-10 प्याज, कटी हुई गाजर।

**विधि—**पनीर के छोटे-छोटे टुकड़े कर लें। इन टुकड़ों को हल्का तल लें। छोटी कटी गाजर, प्याज और शिमला मिर्च को भी तल लें। गर्म सॉस में पनीर, तली सब्जियाँ डाल दें। 10 मिनट तक हल्की आँच पर पकाएँ। परोसते समय हरी धनिया और काली मिर्च छिड़कें।

## पनीर बाल्स

**सामग्री—**200 ग्राम पनीर, 2 चम्मच कार्नफ्लोर, एक चम्मच नमक, ¼ चम्मच सोडा बाईकार्ब, आधा चम्मच हल्दी।

**ग्रेवी—**2 बड़े प्याज, 1 छोटा पीस अदरक, 4-5 कली लहसुन, 4 हरी मिर्च, 1 चम्मच खसखस, 4 टमाटर, 1 कप छिला मटर, 2 चम्मच घी, डेढ़ चम्मच नमक, तीन-चौथाई चम्मच हल्दी, 1 चम्मच पिसी धनिया, तीन-चौथाई कप लाल पिसी मिर्च, तीन-चौथाई चम्मच गरम-मसाला, 2 चम्मच क्रीम।

**विधि—**पनीर को अच्छी तरह मसल लें फिर उसमें कार्न फ्लोर व सोडा बाईकार्ब मिला लें व अच्छी तरह से मसल लें।

एक-तिहाई हिस्सा पनीर लेकर उसमें हल्दी मिला दें और पनीर को खूब अच्छी तरह से मसल दें। अब सफेद पनीर की ठीक-ठीक साइज की गोलियाँ बना लें फिर अंगूठे से दबाकर बीच में पीला वाला पनीर भरती जाएँ और गोल आकार देकर अलग रख दें।

**ग्रेवी—**अदरक, लहसुन, हरी मिर्च और खसखस को मिक्सी में पीस लें। कुकर में घी डालें व प्याज कसा हुआ गुलाबी सेंक लें। जब प्याज गुलाबी हो जाए तब अदरक वाला पेस्ट डालें। जब यह भूरा हो जाए तब (गर्म पानी में टमाटर डालें व छिलका उतार लें)। टमाटर का रस इसमें डालें फिर थोड़ी देर टमाटरों को भून लें।

सारे मसाले मिला दें। थोड़ा भूनें फिर उन्हें मिला दें। जब मसाला घी छोड़ने लगे तब पनीर बनाते समय जो पानी निकला था वह इसमें मिला दें। मटर डालकर इसको पका लें। परोसने से पहले क्रीम मिला दें, उसके बाद पनीर बाल्स डाल दें। ऊपर से हरी धनिया व गरम-मसाला छिड़क दें।

## पनीर कोफ्ता

**सामग्री—कोफ्तों के लिए—**300 ग्राम पनीर, 5 चम्मच भूने चने का आटा, 1 चम्मच नमक।

**भराव के लिए**—2 चम्मच कसा हुआ बादाम, 2 चम्मच कटी हरी मिर्च, 1 चम्मच कटी हुई हरी धनिया, 2 चम्मच पिस्ता, थोड़ी-सी केसर, 6 चम्मच कटी किशमिश।

**ग्रेवी**—100 ग्राम कसा प्याज, 1 चम्मच अदरक पिसी, 1 चम्मच लहसुन पिसा, 2 चम्मच पिसी धनिया, 1 चम्मच जीरा, 2 चम्मच गरम-मसाला, स्वाद के अनुसार नमक, 1 चम्मच हल्दी, 4 टमाटर, 4 चम्मच तेल।

**विधि—**कुकर को गर्म करके उसमें तेल डालें और प्याज भूरा रंग होने तक भूनें। फिर भराव वाली सारी चाजें डालें और भून लें और गैस से हटा के रख दें।

ग्रेवी के लिए मसाला भून लें और टमाटर डालकर भून लें।

पनीर में चने का आटा और नमक मिलाएँ। खूब अच्छी तरह फेंट लें। फिर छोटी-छोटी गोलियाँ बनाएँ और उनमें भराव की सामग्री भर दें। फिर दोबारा गोलियाँ बना लें।

कड़ाही में घी डालकर धीमी आँच में कोफ्ते तल लें। फिर कोफ्ते ग्रेवी में डालकर 2 कप उबलता हुआ पानी मिला दें। चपाती के साथ पेश करें।

## बेक्ड पनीर टमाटर

**सामग्री—**छोटे लाल टमाटर 8, छोटे पीले या हरे टमाटर 8, रिफाइण्ड तेल 4 बड़े चम्मच, सिरका 2 बड़े चम्मच, चीनी एक छोटा चम्मच, लाल या हरा पत्तागोभी एक, कतरी हुई हरी धनिया 2 बड़े चम्मच, पनीर 175 ग्राम (दूध फाड़कर 175 ग्राम पनीर निकाल लें व सेट करने से पहले उसमें थोड़ा-सा कतरा प्याज, कतरी हरी मिर्च, व स्वादानुसार नमक मिलाएँ), नमक, पिसी काली मिर्च स्वादानुसार।

**विधि—**ओवन को हल्का-सा गर्म करें। जमे हुए पनीर को 16 चौकोर टुकड़ों में काट लें। चार लोहे की सलाईयाँ लें। प्रत्येक सलाई में एक लाल टमाटर, फिर पनीर का टुकड़ा, फिर पीला एक टमाटर, इसके

बाद पनीर का टुकड़ा, इसी क्रम में प्रत्येक सलाई में 2 लाल, 2 पीले टमाटर और चार पनीर के टुकड़े पिरो लें। एक चूड़ीदार ढक्कन वाले छोटे प्लास्टिक जार में सिरका, चीनी, पिसी काली मिर्च, नमक, रिफाइण्ड तेल को एक साथ डालकर व ढक्कन लगाकर खूब हिलाएँ। एक गहरी बेकिंग डिश पर टमाटर पिरोई हुई सलाइयों के दोनों किनारों को टिकाएँ व सिरके के मिश्रण को टमाटरों व पनीर के टुकड़ों पर छिड़ककर ओवन में रख दें।

बीच-बीच में उलट-पलट कर और मिश्रण छिड़कती रहें। जब पनीर हल्का सुनहरा बेक हो जाए तो बेकिंग डिश व सलाइयों को बाहर निकाल लें। सर्व करने से पहले सलाद या गहरी सर्विंग प्लेट में पत्तागोभी के कोमल पत्ते खोल-खोलकर व मोटा कतरकर बिछा दें। सलाइयों को गोल या प्लेट के किनारे पर टिका कर ऊपर से कतरी हरी धनिया बुरक कर सर्व करें।

## पालक पनीर गट्टा (राजस्थानी सब्जी)

**गट्टे के लिए सामग्री—**200 ग्राम पालक, 500 ग्राम बेसन, 3 छोटे चम्मच मिर्च पाउडर, 1 छोटा चम्मच हल्दी पाउडर, 3 छोटा चम्मच सौंफ, नमक स्वादानुसार, 2 बड़े चम्मच तेल।

**तरी के लिए सामग्री—**250 ग्राम दही, 100 ग्राम पनीर, 4 बड़े चम्मच तेल, 2 प्याज, आधा चम्मच काली मिर्च, दालचीनी के दो-तीन टुकड़े, तीन-चार इलायची, नमक स्वादानुसार, आधा चम्मच हल्दी, 2 चम्मच धनिया पाउडर, 1 चम्मच पिसी मिर्च या स्वादानुसार, एक छोटा चम्मच जीरा।

**विधि—**पालक को साफ करके छोटा-छोटा काट लें, उसमें बेसन व गट्टे की सारी सामग्री डाल दें। आवश्यकतानुसार पानी मिलाकर पूरी के आटे की तरह गूँध लें व गट्टे बना लें।

अब पतीली में इतना पानी उबालें कि गट्टे ढक जाएँ। गट्टे डालकर 15-20 मिनट तक उबालें। गट्टों को पानी से निकाल लें और टुकड़े काट लें। उबालने में उपयोग किया हुआ पानी न फेंकें, इसके गाढ़े भाग को उपयोग में लाया जाता है।

**तरी के लिए—**पतीली में तेल डालकर एक छोटा चम्मच जीरा भूनें तथा फिर पिसे प्याज को भूनें, जब प्याज भुन रहा हो तो काली मिर्च, दालचीनी व इलायची भी डाल दें। जैसे ही प्याज लाल हो जाए, उसमें सारा दही वाला मसाला डाल दें और तब तक भूनें जब तक तेल न छूटने लगे। तेल छूटने पर जो पानी गट्टे उबालने पर बचा था वह आवश्यकतानुसार डाल लें व 10 मिनट तक पकाएँ। तरी गाढ़ी हो जाएगी। अब इसमें गट्टे डाल दें। 5 मिनट और पकाएँ। सब्जी तैयार है। हरी धनिया काटकर व कुछ कसा हुआ पनीर ऊपर छिड़क दें। गर्मा-गर्म परोसें।

## मटर-मलाई का कोफ्ता

**सामग्री—**300 ग्राम हरी मटर के दाने, 250 ग्राम पनीर, 2 बड़े चम्मच घी, 1 चुटकी हींग, 1 चम्मच सूखी धनिया, आधा चम्मच लाल मिर्च, 1 चम्मच गरम-मसाला, एक चौथाई चम्मच हल्दी, 3 हरी मिर्च, हरी धनिया, 2 बड़े चम्मच ताजी मलाई, तलने के लिए घी, पिसा हुआ प्याज, नमक, आधा कप दही, 3 छोटी इलायचियाँ।

**विधि—**मटर को दरदरा सिल पर पीस लें और अलग रख लें। पनीर को खूब मसल कर पीस लें। एक बार में थोड़ा-थोड़ा पनीर लेकर चपटी पूरी बनाएँ। इस पूरी के बीच में थोड़ी-सी पिसी मटर रख दें। मटर को चारों तरफ से पनीर से ढँक दें। एक फ्राइंग पैन में थोड़ी-सा घी गर्म करें, कोफ्तों को घी में सुनहरा तल लें। तले हुए कोफ्तों को ठंडा होने के लिए रख दें।

एक देगची में 2 बड़े चम्मच घी गर्म कर लें। गर्म घी में हींग डाल दें। जब हींग जल जाए तो प्याज डाल दें और गुलाबी होने तक तलें। अब दही व मटर पिसी डालकर तीन-चार मिनट भून लें। इसके बाद देगची में पनीर के कोफ्ते में पिसी मिर्च, हल्दी, धनिया, नमक डाल दें और हल्की आँच पर और चार-पाँच मिनट भून लें। अब देगची में 1 कप पानी डाल दें। हल्की आँच पर पकने दें, देगची में आधा पानी

सूख जाने पर उसमें हरे मसाले, छोटी इलायची, गरम-मसाला डाल दें। थोड़ी-सी तरी रह जाने पर मलाई भी डाल दें। दो-तीन मिनट हल्की आँच पर रखकर देगची को नीचे उतार दें।

## मटर के कोफ्ते नारियल के दूध में

**सामग्री—**कोफ्ते के लिए 500 ग्राम छिली मटर, 1 प्याज, 25 ग्राम खोया, आधा चम्मच गरम-मसाला, मिर्च, 2 चम्मच बेसन, आधा चम्मच जीरा पाउडर, घी, नमक।

**रसे के लिए—**1 छोटा नारियल, 4 टमाटरों का रस, 1 प्याज, अदरक, 1 चम्मच मिर्च, धनिया, एक चम्मच खसखस, 2 काजू, आधा चम्मच पिसी चीनी, 1 चम्मच क्रीम, आधा चम्मच पिसा जीरा, 3 चम्मच घी, 1 तेजपत्ता, 2 हरी मिर्च, हल्दी, नमक, थोड़ी-सी हरी धनिया कटी हुई।

**विधि—**मटर पका लें फिर पानी निकालकर पीस लें, साथ में खोया, प्याज, गरम-मसाला, जीरा, नमक, बेसन मिला दें। और छोटी-छोटी गोलियाँ बनाकर तल लें।

अब नारियल को छील लें, थोड़ा-सा पानी मिलाकर पीस लें। एक कप के करीब इसका दूध निकाल लें। प्याज, अदरक, मिर्च, खसखस, धनिया, काजू—इन सबको मिलाकर पीस लें व एक पेस्ट-सा बना लें।

एक फ्राइपैन में घी डालें और जीरा व तेजपत्ता डालें फिर पेस्ट मसाले वाला डालें और हल्दी व नमक भी डाल दें। जब मसाला घी छोड़ने लग जाए तब टमाटर का रस व हरी मिर्च डाल दें, उबाल आने पर नारियल का दूध मिला दें। जब रस गाढ़ा होने लगे तब कोफ्ते डाल दें तथा 3-4 मिनट पका लें। जब गैस पर से इसे हटाना हो तब क्रीम, चीनी अच्छी तरह मिला दें। ऊपर से कटी धनिया सजा दें।

## खोया मटर

**सामग्री—**250 ग्राम खोया, 250 ग्राम मटर के दाने, 125 ग्राम टमाटर, 125 ग्राम घी, धनिया, नमक, मिर्च, गरम-मसाला, हल्दी।

**विधि—**पतीली में घी डालें। घी गर्म होने पर अंदाज से हींग, जीरा, अदरक, हरी मिर्च का छौंक दें। जब मसाला थोड़ा गुलाबी हो जाए तब उसमें खोया डाल दें तथा उसको हल्की आँच पर भूनती जाएँ। खोया थोड़ा लाल होने पर एक चम्मच मिर्च डाल दें। फिर थोड़ी देर बाद उसमें टमाटर काटकर डाल दें और इसे भी थोड़ी देर भुनने के बाद मटर के दाने डाल दें फिर सभी को एक साथ भून लें। अंदाज से नमक, धनिया, गरम-मसाला डाल दें और हिलाएँ फिर अंदाज से एक छोटा गिलास पानी डालें। जब पानी सूख जाए और तरी रह जाए तब उसमें खाने वाला घी एक चम्मच डालकर पकाएँ और कुछ देर बाद उतार कर कटी धनिया डाल दें।

## हरी मटर की कढ़ी

**सामग्री—**4 प्याले खट्टा दही, 250 ग्राम मटर के दाने, 4 हरी मिर्च, 1 गड्डी हरी धनिया, 50 ग्राम अदरक, 1 चाय का चम्मच राई, आधा चम्मच गरम-मसाला, आधा चम्मच जीरा, अंदाज से नमक तलने के लिए घी, कढ़ी छौंकने के लिए 1 बड़ा चम्मच घी।

**विधि—**मटर के दानों को गरम मसाले, आधा ग्राम हींग और जीरा डालकर सिल पर पीस लें। एक बड़े चम्मच मटर की पिसी पीठी को अलग रखकर शेष पीठी की तेल या घी में पकौड़ियाँ तल लें। दही और बची हुई पीठी को मिलाकर आठ चाय के प्याले पानी डालिए। अदरक और हरी मिर्च पीसकर मिश्रण में डालिए। एक पतीले में घी गर्म करके, उसमें राई व बची हुई हींग का तड़का देकर दही और मटर की पीठी का मिश्रण उंडेलिए। कलछी से चलाती रहें, जब कढ़ी खौलना शुरू हो जाए तो आँच धीमी कर दें, लेकिन बीच-बीच में कलछी से चलाती रहें, कढ़ी को बीस-पच्चीस मिनट तक पकाएँ, जब लगभग पक

जाए तो पकौड़ियाँ भी डाल दें। नमक और एक छोटा चम्मच चीनी भी डाल दें। पक जाने पर हरी धनिया बारीक कतर कर डालें। यह कढ़ी चावल के साथ खाएँ या पराँठों के, दोनों के साथ मजा देगी।

## कोफ्ते मेवा मटर वाले

**सामग्री—**पनीर 250 ग्राम, ब्रेड का चूरा आधा कप, 2 कप महीन कतरा प्याज, अदरक, हरी मिर्च 2-3, मेथी पत्ती एक बड़ा चम्मच (ऐच्छिक), 8-10 किशमिश, 1 बड़ा चम्मच चिरौंजी, इसमें अंदाज से नमक मिला दें। आधा कप पिसा भुना चना, हरी मटर के दाने 2 कप, आधा कप टमाटर का गूदा, नमक-मिर्च अंदाज से। पिसा जायफल आधा चम्मच, तलने के लिए तेल, अलग डेढ़ चम्मच तेल, एक चुटकी हींग, एक चुटकी जीरा, ऊपर से डालने के लिए हरी मिर्च, हरी धनिया।

**विधि—**पनीर को भूने चने के साथ पीस लें। फिर उसमें महीन कतरी हरी धनिया, जायफल, नमक, मिर्च व ब्रेड का चूरा मिला दें। यदि पनीर सूखा लगे तो उसमें दूध का छींटा दे दें। छोटे-छोटे कोफ्ते बनाकर धीमी आँच में तल लें। अब कुकर में तेल गर्म करें। उसमें एक चुटकी हींग, जीरे का छौंक लगाकर मटर छौंक दें। अंदाज से नमक, मिर्च डालें। टमाटर का गूदा डालें, तले कोफ्ते डालें, 3 बड़ा चम्मच पानी डालें व एक प्रेशर लगाएँ। आँच से उतारकर प्रेशर निकलने तक ठंडा होने दें। ऊपर से हरी धनिया बुरक कर पेश करें।

## टमाटर नायाब

**सामग्री—**6 बड़े सख्त टमाटर, 2 कप हरी मटर के दाने, 2 चम्मच कद्दूकस की हुई चीज़, 2 बड़े उबले हुए आलू, 1 कतरा हुआ प्याज, पिसी धनिया, मिर्च, बेसन (एक-एक चम्मच)।

**ग्रेवी के लिए—**पिसे हुए दो बड़े प्याज, 1 कप दूध, 2 छोटे चम्मच गरम-मसाला, हरी धनिया, हरी मिर्च, घी, नमक।

**विधि—**टमाटरों के ऊपर का छोटा हिस्सा काटकर अन्दर का गूदा सावधानी से निकाल लें, ऊपर के टुकड़े को जो ढक्कन का काम देगा, फेंकिए मत।

उबले हुए आलुओं को छोटे-छोटे टुकड़ों में काट लें। मटर को उबलते पानी में डालकर गर्म कर लें। एक देगची में घी गर्म करके प्याज डालें। गुलाबी होने पर आलू, मटर, सूखा धनिया, मिर्च, नमक, हरी धनिया, हरी मिर्च डालकर सूखा-सूखा भून लें। ऊपर से कद्दू की हुई चीज़ व गरम-मसाला डाल दें। इस मिश्रण को टमाटरों में भर दें व ऊपर से बन्द करके जरा-से बेसन से जोड़कर बन्द कर दें और एक छिछले बरतन में थोड़ा-सा घी गर्म करें। इसमें पिसा प्याज, टमाटर का गूदा डालकर भूनें। जब ग्रेवी सूखने लगे तो इसमें दूध डालकर गाढ़ा करें व धनिया, मिर्च, हरी धनिया, गरम-मसाला, नमक, इसमें भी डालें। ग्रेवी को तब तक पकाएँ जब तक गाढ़े गुलाबी रंग की न हो जाएँ। अब इस ग्रेवी को अलग रख दें। परोसने से कुछ देर ही पहले एक फ्राइपैन में घी गर्म करके उसमें सावधानी से टमाटर रख दें। हल्की आँच पर घी को चम्मच से टमाटरों पर डाल कर भरवाँ टमाटर हल्के तल लें। फिर निकाल कर ग्रेवी में रखकर कुछ देर गर्म करें व परोस दें।

## शाही भरवाँ टमाटर

**सामग्री—**800 ग्राम टमाटर, 300 ग्राम पनीर, 50 ग्राम खोया, 100 ग्राम आलू, 50 ग्राम दही, 4 बड़े चम्मच घी, थोड़ा-सा अदरक, एक गड्डी धनिया, आधा चम्मच लाल मिर्च, 200 ग्राम प्याज, आधा चम्मच गरम-मसाला, 2 छोटे चम्मच नमक।

**विधि—**आलू उबालकर छीलकर मसल लें। आँच पर कड़ाही रखकर थोड़ा घी डालें। एक चम्मच जीरा डालें। जब जीरा भुन जाए तब मसला हुआ आलू, खोया, पनीर का चूरा डाल दें तथा अदरक को बारीक

पीसकर एक चम्मच नमक व आधा चम्मच गरम-मसाला डालकर मिलाएँ। जब सारी चीजें मिल जाएँ तो आधी हरी धनिया बारीक काटकर डालें और अंत में उतार दें।

टमाटर को अच्छी तरह धोकर उस ओर छेद करें, जहाँ डंडी लगी रहती है, उसका गूदा रस निकालकर उसमें कड़ाही वाला मिश्रण भर दें। फिर सिलबट्टे पर प्याज, अदरक, हल्दी, मिर्च, धनिया आदि मिलाकर पीस लें। किसी पतीले में दो चम्मच घी डालकर इस मसाले को भूनें। अब नमक, दही व टमाटर के गूदे को डालकर पकाएँ। थोड़ा पानी भी डालें। कुछ देर पकने के बाद टमाटर डाल दें। जब टमाटर पक जाएँ हरी धनिया, गरम-मसाला डाल दें।

## स्टफ्ड टमेटो

**सामग्री—**500 ग्राम लाल कड़े टमाटर, 150 ग्राम पनीर, 100 ग्राम खोया, 2 बड़े आलू, 50-50 ग्राम किशमिश व मखाने, एक छोटा टुकड़ा अदरक, 2-3 हरी मिर्च, एक बड़ा प्याज, हरी धनिया, 8-10 पिसी काली मिर्च, 2 चाय के चम्मच पिसी चीनी, स्वाद के अनुसार नमक, घी।

**विधि—**आलू उबालकर छीलकर बारीक मसल लें। टमाटर धोकर उनके ऊपर का थोड़ा-सा गोल भाग काटकर अंदर का गूदा निकाल दें। पनीर बहुत छोटे-छोटे टुकड़ों में काट लें और थोड़े-से घी में तल लें। खोया थोड़ा-सा भून लें। काजू व मखाने के छोटे-छोटे टुकड़े करके तल लें। हरी मिर्च डालकर गुलाबी होने तक भूनें। उसके बाद खोया, पनीर व मेवा मिला दें। 4-5 मिनट तक भूनने के बाद इसमें पिसी हुई काली मिर्च, पिसी हुई चीनी, किशमिश, हरी धनिया व नमक मिला दें। इसी मिश्रण में टमाटर के अंदर का निकला हुआ गूदा भी मिला दें। इसको ठंडा करके, टमाटर में भरकर, टमाटर का गोल कटा हुआ भाग उसके ऊपर रखकर बंद कर दें। अब टमाटर के ऊपर हल्का चिकनाई का हाथ लगाकर ओवन में या ग्रिल में रख दें पकने पर निकाल लें और पेश करें।

## टमाटर की कढ़ी

**सामग्री—**1 किलो लाल पके सख्त, गूदे वाले टमाटर, 50 ग्राम बेसन, डेढ़ लीटर पानी, 2 बड़े चम्मच घी या तेल, 5-6 हरी मिर्च, 1 छोटा आलू, 1 छोटा टिंडा, 1 छोटा बैंगन, 8-10 भिंडियाँ, 8-10 ग्वार की फलियाँ, 8-10 फ्रेंच बीन्स, 5-6 मझोले आकार के कटे हुए फूलगोभी के टुकड़े, थोड़ी-सी हरी धनिया, थोड़ा-सा करी पत्ता, आधा इंच अदरक का टुकड़ा, 2 छोटे चम्मच हल्दी, आधा छोटा चम्मच जीरा, आधा छोटा चम्मच मेथी, मझोले नीबू के आकार जितना एक टुकड़ा गुड़, नमक स्वादानुसार और तलने के लिए तेल या घी।

**विधि—**सब सब्जियों को अच्छी तरह पानी से धो लें। आलू, बैंगन व टिंडे को मझोले आकार के टुकड़ों में काटें, ग्वारफली और फ्रेंचबीन के दो-दो टुकड़े कर लें। भिंडी को पोंछकर साबुत रखते हुए लम्बा-लम्बा चीरा लगा दें। अदरक को छीलकर पतली-पतली पट्टियाँ काट लें, हरी मिर्च को भी कतर लें। टमाटर को 1 कप पानी के साथ प्रेशर कुकर में दो मिनट तक पकाएँ या स्टील के भगौने में छिलका नर्म होने तक उबालें। टमाटर को पानी समेत ही ठंडा कर लें (जिस पानी में टमाटर उबालें हैं वो न फेकें) और छिलका उतार लें।

टमाटर में आधा लीटर पानी और डालें फिर हरी मिर्च और अदरक के टुकड़े मिलाकर ब्लेन्डर में पीसकर एक ओर ढककर रख दें। कड़ाही में तेल गर्म करके, भिंडियों और बैंगन को हल्का भूरा होने तक तलें, फिर इच्छानुसार नमक लगाकर ढककर एक ओर रख दें। कुकर या भारी तले वाले भगोने में दो बड़े चम्मच तेल गर्म करें। तेल गर्म होने पर जीरा डालें, जीरा जब चटकने लगे तो मेथी डालकर बेसन डाल दें, आँच मंदी करके बेसन को हल्का गुलाबी होने तक भूनें। बेसन की जब सोंधी गंध उठने लगे तो एक साथ ही एक लीटर पानी डाल दें और मिश्रण को लगातार हिलाती रहें नहीं तो बेसन के गोले बन जाएँगे। मिश्रण जब उबलने लगे तो उसमें हल्दी और भिंडी को छोड़कर बाकी सारी सब्जियाँ डाल दें। जब

फिर मिश्रण में उबाल आए तो आँच मंदी करके भगौने को ढक दें। सब्जियाँ जब लगभग गलने वाली हों तो टमाटर वाला मिश्रण और नमक डालकर आँच को एक बार फिर तेज करके मिश्रण को उबल जाने दें। आँच को एक बार फिर कम करके दो मिनट तक पकाएँ। आँच से उतारने से पहले तले हुए बैंगन और भिंडियाँ, गुड़ और करी पत्ता भी डाल दें। एक और उबाल आने पर आँच से उतार कर हरी धनिया ऊपर से बुरक दें। गर्म-गर्म चावल के साथ परोसें।

## भिंडी दो प्याजा

**सामग्री—**500 ग्राम भिंडी, 250 ग्राम आलू, 250 ग्राम प्याज, 1 नीबू, 4-5 हरी मिर्च, आधा छोटा चम्मच हल्दी, 1 छोटा चम्मच गरम-मसाला, 1 बड़ा चम्मच नमक, 2 बड़े चम्मच तेल।

**विधि—**आलू छीलकर छोटे-छोटे टुकड़ों में काट लें। भिंडी को बारीक काटें। हरी मिर्च के बड़े-बड़े टुकड़े करें। प्याज लम्बाई में काट लें।

तेल कड़ाही में गर्म करें। इसमें आलू डालकर सुनहरा होने तक भूनकर निकाल लें। अब प्याज व हरी मिर्च डालकर भूनें। प्याज भुनने के बाद हल्दी डालें और बारीक कटी भिंडी डालें व फिर तेज आँच पर भूनती जाएँ। जब भिंडी का लेस खत्म हो जाए तो इसमें आलू डालें व नमक डालकर अच्छी तरह भूनें। इसमें लाल मिर्च डालकर नीबू निचोड़ दें और 10 मिनट के लिए तेज आँच पर भूनें। उतारने से पहले गरम-मसाला मिला दें और गर्मा-गर्म परोसें।

## भरवाँ भिण्डी

**सामग्री—**500 ग्राम भिंडी,500 ग्राम हरे प्याज, 2 बड़े चम्मच धनिया पाउडर, 1 बड़ा चम्मच जीरा पीसा हुआ, एक बड़ा चम्मच अमचूर, 1 बड़ा चम्मच लाल मिर्च पाउडर, 1 छोटा चम्मच हल्दी, 1 बड़ा चम्मच नमक, 3 बड़े चम्मच तेल।

**विधि—**भिंडी को धोकर अच्छी तरह पोंछ लें, हरे प्याज को पत्तियों से अलग करके ऊपर की परत उतार लें और बीचों-बीच चार कट लगाएँ। ध्यान रहे चारों टुकड़े जुड़े रहें। भिंडी के सिरे काट दें और बीच में मसाला भरने के लिए लम्बाई में चीरा लगाएँ। सब मसालों को मिला दें और भिंडी व प्याज में भरकर रख दें। तेल को कड़ाही में डालकर आँच पर रख दें। तेल गर्म होने पर पहले मसाला भरें, प्याज डालकर तेज आँच पर भूनें, फिर भिंडी डालें और लगातार भूनते रहें, जब तक कि भुनकर नर्म न हो जाए।

## दही वाले करेले

**सामग्री—**250 ग्राम करेले, 100 ग्राम दही, दो चम्मच चीनी, एक छोटा चम्मच लाल मिर्च पाउडर, आधा छोटा चम्मच काला नमक, एक छोटा चम्मच हल्दी, थोड़ी-सी बारीक कतरी हुई हरी मिर्च, स्वाद के अनुसार नमक, 50 ग्राम घी।

**विधि—**करेले को धोकर व छीलकर गोल टुकड़ों में काट लें तथा इन्हें नमक वाले पानी में पाँच मिनट उबाल लें। दो-तीन बार साफ पानी से धो लें। फ्राइपैन में घी गर्म करके हल्दी व लाल मिर्च भूनकर करेले डाल दें। फिर नमक, काला नमक, चीनी व दही मिलाएँ तथा गलने तक करेले पकाएँ। आँच से उतारकर इनमें हरी मिर्च बुरक कर परोसें।

## शाही करेले

**सामग्री—**250 ग्राम करेले, आलू 200 ग्राम, जीरा, नमक, मिर्च व अमचूर स्वाद के अनुसार, 3 बड़े प्याज, 4 टमाटर, 2-3 हरी मिर्च, एक गाँठ लहसुन, एक इंच टुकड़ा अदरक, आधा चम्मच हल्दी, रिफाइण्ड तेल अंदाज से।

**विधि—**करेलों का थोड़ा-थोड़ा छिलका उतारकर उनके बीच में से चीरा देकर, धीरे-धीरे उनके बीच से गूदा व बीज निकाल लें। नमक लगाकर एक घण्टे तक इन करेलों को पड़ा रहने दें। आलुओं को उबालकर छील लें और अच्छी प्रकार से मैश कर लें। सभी सूखे मसाले इस मिश्रण में मिला दें। एक भारी तले की कड़ाही में थोड़ा-तेल डालकर जीरा भून लें, फिर उसमें आलुओं का मिश्रण डालकर अच्छी तरह से भून लें।

करेलों को पानी में डालकर अच्छी प्रकार से निचोड़ लें। आलुओं का मिश्रण करेलों में भरकर उन्हें धागे से लपेट दें। कड़ाही में तेल गर्म करके उसमें करेले धीमी आँच पर तल लें।

प्याज, अदरक व लहसुन छीलकर बारीक पीस लें। टमाटरों को गर्म पानी में डालकर उनका छिलका उतार लें व मिक्सी में बीट कर लें। कड़ाही में तेल डालकर उसमें प्याज का मसाला भून लें। मसाला जब तेल छोड़ने लगे तो उसमें सभी सूखे मसाले डालकर दुबारा एक-दो मिनट तक भूनकर उसमें टमाटरों का रस डाल दें। चार-पाँच मिनट तक तरी को पकाकर आँच बंद कर दें। डोंगे में धागा खोलकर, करेले रखकर ऊपर से गरम-मसाला व हरी धनिया के बारीक कटे हुए पत्ते डाल दें। चावल या चपाती के साथ गर्मा-गर्म पेश करें।

## भरवाँ करेले

**सामग्री—**500 ग्राम करेले मध्यम आकार के, 250 ग्राम प्याज, 2 बड़े चम्मच सौंफ, 1 बड़ा चम्मच अमचूर अथवा कैरी, 1 छोटा चम्मच लाल मिर्च, 1 बड़ा चम्मच धनिया पाउडर, 1 बड़ा चम्मच नमक, 1 छोटा चम्मच हल्दी, तलने के लिए तेल।

**विधि—**प्याज को छील लें तथा सब मसाले मिला कर पीस लें। कड़ाही में तेल को गर्म करें। करेलों को बिना छीले लम्बाई में चीरा लगाकर मसाला भरकर धागों से बाँधें और एक-एक कर तेल में डालती जाएँ। करेले नर्म होने तक मध्यम आँच पर तलें फिर अधिक आँच पर सुनहरा होने तक तल लें। परोसने से पहले धागे खोल दें। इस विधि से तैयार करेले में कड़वाहट अधिक नहीं होती।

## मलाई के कोफ्ते

**सामग्री—**200 ग्राम पनीर, 100 ग्राम खोया, 100 ग्राम दही, आधा कप ताजी मलाई, 1 बड़ा चम्मच मैदा, 4 छोटे चम्मच खसखस, 2 छोटे चम्मच पिसी अदरक, कुछ बूँदें केवड़े की, थोड़ी-सी किशमिश, 2 छोटे चम्मच पिसी धनिया, 2 छोटे चम्मच गरम-मसाला, लाल मिर्च, नमक और घी।

**विधि—**पनीर को हल्का पीस लें व इसमें मैदा मिलाकर रख दें। खोए को हल्का भूनकर उसमें थोड़ा-सा गरम-मसाला, नमक और किशमिशें मिला दें। पनीर के गोल-गोल कोफ्ते बनाएँ और उसमें खोए का थोड़ा-सा मिश्रण भर दें और हल्की आँच में तलकर रख दें।

अब अलग देगची में घी गर्म करें व उसमें प्याज पीस कर डालें। जब प्याज गुलाबी हो जाए तब उसमें अदरक पिसी, खसखस व दही डालें व अन्य मसाले भी डालकर ग्रेवी को हल्के गुलाबी होने तक भूनें। जब ग्रेवी घी छोड़ दे तब उसमें तले हुए पनीर के कोफ्ते डाल दें, थोड़ा-सा पानी डालें। गरम-मसाला छिड़क दें व देगची को बंद करके हल्की आँच पर चढ़ा रहने दें। जब कोफ्ते अच्छी तरह तर हो जाएँ तब ऊपर से मलाई व केवड़ा डालकर परोसें।

## पालक के कोफ्ते

**सामग्री—**आधा किलो पालक, आधा कटा प्याज, आधा इंच अदरक, 2 हरी मिर्च, 2 चम्मच चने की दाल (उबाल कर पीस लें), आधा चम्मच नमक, 3 चम्मच बेसन।

**विधि—**पालक को अदरक, मिर्च, प्याज मिलाकर पीस लें फिर उसमें चने की दाल, नमक, बेसन डालकर गाढ़ी कर लें तथा गोली बना कर तल लें। घी गर्म करें तथा उसमें प्याज, अदरक, हल्दी, मिर्च,

नमक, अदरक का पेस्ट बना कर फ्राई कर लें और फिर उसमें पानी डालकर गाढ़ा होने तक पकाएँ। जब परोसना हो तब 2–3 मिनट पहले कोफ्ते डालकर गर्म कर लें ऊपर से गरम-मसाला छिड़क दें।

## केला कोफ्ता

**सामग्री—**4 कच्चे केले, 1 कटा प्याज, आधा अटा अदरक, मिर्च, 1 छोटी इलाचयी, चौथाई चम्मच काली मिर्च, हरी धनिया, नमक स्वादानुसार, 1 चम्मच तेल।

**भरने के लिए**—3–4 चम्मच पिसी मटर, चौथाई चम्मच पिसा जीरा, हींग, सूखा पोदीना, नमक।

**विधि—**नमक के पानी में कच्चे केले उबाल लें। फिर केले को मसल कर काली मिर्च मिला दें। तेल गर्म करके प्याज, अदरक तलें। मिर्च व धनिया डालकर ठंडा कर लें। फिर केला मिश्रण में 2 चम्मच दूध डाल दें। इसके बाद गोलियाँ बनाकर ऊपर वाला मिश्रण बीच में भरती जाएँ और तल लें। जरूरत पड़ने पर आटे में भी लपेट लें। रसा पालक के कोफ्ते वाला बनाएँ।

## शाही हरे लाल कोफ्ते

**सामग्री—***कोफ्ते के लिए*—1 किलो ग्राम ताजा पालक, 250 ग्राम हरी मटर के दाने, 50 ग्राम हरे प्याज की पत्तियाँ, 100 ग्राम गाजर, 100 ग्राम कद्दू किया पनीर, 3 कलियाँ लहसुन की, 3 बड़े चम्मच आलू, 2 चम्मच घी, 6 चम्मच बेसन, हींग, नमक, हल्दी अंदाज से।

***ग्रेवी के लिए***—3 प्याज, 1 टुकड़ा अदरक, 3–4 लहसुन की कलियाँ, तेजपत्ता, दाल-चीनी के 4–5 टुकड़े, 3 बड़ी इलायची, नमक, मिर्चें, हल्दी अन्दाज से।

***रैड कवर के लिए***—500 ग्राम ताजे लाल टमाटर, 6 चम्मच सफेद मिर्चें, आधा चम्मच मैदा, 1 छोटा चम्मच शक्कर, नमक अंदाज से।

**विधि—**प्याज की पत्तियों और गाजर को बारीक-बारीक काट लें। एक फ्राइपैन में दो बड़े चम्मच घी डालकर हीग का छौंक देकर प्याज की पत्तियाँ, गाजर एवं मटर को डालकर ढक दें। इनके पकने के बाद पनीर भी डालें अब उबले आलुओं को बारीक-बारीक मसल कर डाल दें। नमक, हल्दी मिर्च के बाद लहसुन भी पीसकर डाल दें। थोड़ी देर बाद उतार दें।

अब पालक को जरा-सा पानी में डालकर उबाल लें। उबले पालक को पानी से निकाल कर गाढ़ा पीस लें। पहले बनी सब्जी के गोले बना लें एवं पिसे पालक में बेसन और नमक मिलाकर गोलों को उसमें डुबोकर घी में तल लें। इन्हें निकालकर कागज में रखें ताकि अतिरिक्त घी कागज सोख ले।

**ग्रेवी**—प्याज, लहसुन एवं अदरक को बारीक पीस लें। कड़ाही में घी गर्म करके हींग, तेजपत्ता, दालचीनी एवं बड़ी इलायचियों का छौंक देकर प्याज, लहसुन, अदरक को लाल होने तक भूनकर पानी डाल दें। नमक, शक्कर एवं सफेद मिर्च अंदाज से डालकर उबाल आने के बाद हटा लें।

**रेडकवर**—टमाटर को हल्का-सा उबालकर बारीक पीसकर सूप छानने वाली छन्नी से बारीक छान लें। कड़ाही में एक चम्मच घी गर्म कर सुनहरा होने तक उसमें टमाटर के रस को गाढ़ा होने तक पकाएँ।

परोसने के 15 मिनट पहले एक गहरी प्लेट में थोड़ी-सी ग्रेवी डालकर कोफ्तों को डुबो लें। परोसने के तुरन्त पहले हर कोफ्ते के ऊपर एक चम्मच रेड सॉस का कवर डालकर जरा-सी हरी धनिया सजाकर पेश करें।

## डबल रोटी के कोफ्ते

**सामग्री—**200 ग्राम आलू, 1 बड़ी डबल रोटी, 1 प्याज, 50 ग्राम हरे मटर, आधा चम्मच जीरा, 1 नीबू, स्वाद के अनुसार नमक तथा तलने के लिए घी।

**मसाले के लिए**—3 बड़े प्याज, 1 चम्मच हल्दी, 2 बड़ी इलायची, 1 टुकड़ा दालचीनी, 2–3 तेजपत्ते,

4-5 काली मिर्च, थोड़ा-सा जीरा तथा नमक और मिर्च स्वाद के अनुसार। सभी मसालों को पानी के साथ बारीक पीस लें।

**विधि**—आलू को उबालकर छील लें व मसल लें। बारीक प्याज काटकर कड़ाही में घी डालकर भून लें। लाल होने पर उसमें मटर डालकर भूनें। मसले हुए आलू भी भून लें। नमक डालकर उतार लें। डबलरोटी के टुकड़ों को पानी में भिगोकर निचोड़ लें। फिर इनमें आलू भर कर छोटी-छोटी गोलियाँ बनाकर तल लें।

अब कड़ाही में थोड़ा-घी डालकर जीरा भूनकर सभी मसाले डालकर भून लें। अंदाज से पानी डालकर तरी को गाढ़ा होने तक पकाएँ। फिर इसमें कोफ्ते डालकर दो तीन उबाल देकर उतार लें।

## हरियाली लिए कोफ्ते

**सामग्री**—1 किलो पालक, 500 ग्राम उबले हुए आलू, 200 ग्राम प्याज, 2 कलछी बेसन, 200 ग्राम टमाटर, 10 ग्राम अदरक, 4 फाँकें लहसुन, तलने व छौंकने के लिए घी, 1 चम्मच नमक, 1 चम्मच मिर्च, 1 चम्मच गरम-मसाला।

**विधि**—पालक को अच्छी तरह धोकर बारीक टुकड़ों में काट लें, प्रेशर कुकर में अदरक, पालक व नमक डालकर तीन-चार सीटी दिलवाएँ जिससे पालक अच्छी तरह से गल जाए। ठंडा हो जाने पर मिक्सी में पीस लें व मोटी छलनी में से दबा-दबाकर पानी निकाल दें। इस पानी को फेंकें नहीं, बल्कि तरी बनाने के काम में लाएँ।

आलुओं को अच्छी तरह से मसल कर चूरा बना लें। ग्रेवी में डालने के लिए पालक की एक बड़ी कलछी बचाकर रख लें। बाकी सारा पालक, नमक, मिर्च, बेसन, आलू के चूरे में डालकर अच्छी तरह मथ लें। इसके छोटे-छोटे कोफ्ते बनाएँ व खुले घी में तल लें। तलते समय आँच धीमी ही रखें जिससे कोफ्ते अंदर तक सिक जाएँ।

एक कलछी घी गर्म करें। उसमें बारीक कटा प्याज व अदरक डालकर गुलाबी होने तक भूनें। भुन जाने पर नमक, मिर्च व टमाटर डालकर अच्छी तरह से फिर भूनें। पालक का पानी तथा थोड़ा-सा पानी डालें व एक उबाल दें। उबल जाने पर इसमें बारीक कटा हुआ पालक भी डाल दें तथा एक उबाल दे दें। तले हुए कोफ्ते डालें व धीमी आँच पर दो मिनट के लिए पकाएँ।

## लौकी के लुभावने कोफ्ते

**सामग्री—कोफ्ते के लिए**—1 किलो ताजा लौकी (बीज रहित), 1 बड़ा चम्मच नारियल चूरा, 100 ग्राम बेसन, 250 ग्राम पनीर, 1 बड़ा चम्मच सोयाबीन चूरा, 20 ग्राम फूल मखाने, 20 ग्राम सूखा आलूबुखारा, 300 ग्राम तेल तलने के लिए।

**करी के लिए**—बड़े प्याज, 2 बड़े टमाटर, 50 ग्राम बारीक कटी हुई अदरक, 10 कलियाँ लहसुन, स्वादानुसार नमक, आधा छोटा चम्मच हल्दी, मिर्च, 2 बड़े चम्मच घी, 1 छोटी गुच्छी हरी धनिया, 1 छोटा चम्मच गरम-मसाला।

**विधि**—पहले लौकी को कद्दूकस करके छलनी में डाल दें। पानी निचुड़ने दें। हाथ से न निचोड़ें वरना तत्त्व नष्ट हो जाएँगे। अब कड़ाही में लौकी को नारियल के चूरे को साथ थोड़ा नमक डालकर भून लें। जब पानी सूख जाए तो उसमें एकदम बारीक काटकर पनीर मिला दें। अब उसमें सोयाबीन का चूरा मिलाकर रख दें। उधर बेसन को थोड़ा-सा पानी मिलाकर घोलकर गाढ़ा पेस्ट बना लें। थोड़ी मिर्च, गरम-मसाला और नमक मिला दें। अब तेज आँच पर चढ़ा दें, जब तेल गर्म हो जाए तो आँच धीमी कर दें, लौकी और सोयाबीन अथवा पनीर के मिश्रण को छोटी-छोटी गोलियों की शक्ल दें। हर गोली के अंदर आलूबुखारे का एक टुकड़ा रखकर गोल आकार में बनाकर बेसन के गाढ़े घोल में डुबोकर तलते जाएँ, कोफ्ते तल जाने पर उसी तेल में फूलमखाने तल लें।

**करी बनाने के लिए**—अब घी में प्याज, टमाटर अथवा लहसुन पीसकर डाल दें और एकदम लाल करके कटा हुआ अदरक डालकर नमक, हल्दी, लाल मिर्च और गरम-मसाला डाल दें। दो गिलास पानी डालकर 15 मिनट पका कर रख लें। तले हुए कोफ्ते परोसने से 10 मिनट पहले ही डालें और उबाल कर हरे धनिए से सजाएँ। फूलमखाने भी कोफ्ते के साथ ही डालें, नहीं तो ढीले हो जाएँगे।

## अफगानी कोफ्ते

**सामग्री**—100 ग्राम काजू, 50 ग्राम मखाने, 200 ग्राम पनीर, 250 ग्राम पालक, 100 ग्राम बेसन, स्वादानुसार नमक व मिर्च, 1 बड़ा चम्मच धनिया पाउडर, आधा छोटा चम्मच हल्दी, 200 मिलीलीटर ताजा क्रीम, 200 मिलीलीटर दूध, 250 ग्राम घी, 200 ग्राम टमाटर, 25-25 ग्राम हरी मिर्च व हरी धनिया।

**विधि**—पालक को साफ करने के पश्चात् काटकर दो प्याले पानी में उबाल लें। दूसरे बर्तन में पालक का पानी निकाल दें। फिर भीगे हुए काजू व मखानों के साथ पालक को सिलबट्टे पर पीस लें। एक कड़ाही में दो बड़े चम्मच घी गर्म करें और इसमें एक बड़ा चम्मच बेसन, एक छोटा चम्मच नमक, जीरा, धनिया पाउडर और आधा-आधा छोटा चम्मच गरम-मसाला तथा लाल मिर्च डालकर पिसा हुआ पालक और मेवे का मिश्रण डाल दें। दो बड़े चम्मच पनीर भी कद्दूकस करके इस मिश्रण में मिला दें और मंदी आँच पर लगातार चम्मच से चलाते हुए पानी सूखने तक पका लें।

शेष बेसन को पानी में घोलकर पकौड़ों जैसा घोल बना लें। पनीर के लगभग एक से.मी. मोटे तथा इतने ही लम्बे तथा चौड़े टुकड़े काट लें। पकाए हुए मेवा और पालक के मिश्रण में से लगभग 15-20 ग्राम मिश्रण लेकर उसके बीच में पनीर का एक टुकड़ा रख कर उसके गोल-गोल या चौकोर कोफ्ते बना लें। सारे मिश्रण के कोफ्ते बन जाने के पश्चात् एक कड़ाही में घी गर्म करें और कोफ्तों को एक-एककर बेसन के घोल में डुबो कर लाल होने तक घी में तल लें।

सारे कोफ्ते तले जाने के पश्चात् कड़ाही में दो बड़े चम्मच घी छोड़कर शेष घी निकाल लें। प्याज व अदरक को पीसकर तथा टमाटरों को काटकर कड़ाही में डालकर लगातार चलाते हुए पकाएँ, जब यह मिश्रण घी छोड़ने लगे तब इसमें आधा छोटा चम्मच हल्दी तथा एक-एक छोटा चम्मच, नमक, लाल मिर्च, धनिया पाउडर व जीरा डाल दें। इसी समय इस मिश्रण में दूध तथा लगभग 200 ग्राम पानी भी डाल दें। जब यह मिश्रण अच्छी तरह पक जाए तब इसमें कोफ्ते, क्रीम तथा कटी हुई हरी धनिया व हरी मिर्च डालकर दो मिनट धीमी आँच पर पकाकर नीचे उतार लें।

## आम के कोफ्ते

**कोफ्तों के लिए सामग्री**—छेना एक लीटर दूध का, लच्छेदार खोया 50 ग्राम, मैदा 2 टेबिल स्पून, नमक व पिसी हुई काली मिर्च का मिश्रण एक चाय का चम्मच, पका हुआ बड़ा आम एक, रिफाइण्ड तेल 250 ग्राम, नीबू एक।

**करी की सामग्री**—देशी आम एक किलो, राई आधा चाय का चम्मच, मीठी नीम की पत्तियाँ 4-6, नमक स्वादानुसार, पिसी धनिया एक चाय का चम्मच, पिसी लाल मिर्च एक चाय का चम्मच, चीनी एक चाय का चम्मच, नीबू का रस एक चाय का चम्मच।

**विधि**—दूध को उबाल कर उसमें एक नीबू का रस डालकर फाड़ लें। छेना अलग कर लें। छेना, खोया व मैदा को भली प्रकार मिला लें। नमक व पिसी काली मिर्च भी डाल दें। सभी चीजों को अच्छी तरह मिला लें। आम को छीलकर गूदे को छोटे-छोटे चौकोर टुकड़ों में काट लें। अब मैदे, खोये व छेने के मिश्रण की छोटी-छोटी लोइयाँ काट लें। एक लोई को फैलाकर उसमें आम का चौकोर टुकड़ा भरकर कोफ्ते के आकार का गोल-गोल बना लें। इसी तरह सारे कोफ्ते बना लें। जब सब कोफ्ते बन जाएँ तो रिफाइण्ड ऑयल को कड़ाही में डालकर गर्म करें। जब तेल काफी गर्म हो जाए तो सारे कोफ्ते उसमें छोड़कर आँच धीमी कर दें। जब कोफ्ते हल्के भूरे रंग के सिक जाएँ तो उन्हें तेल से निकाल लें।

अब एक किलो देसी आम का रस निकाल लें। दो बड़े चम्मच रिफाइण्ड ऑयल को एक बर्तन में डालकर गर्म करें। राई, नीम की पत्ती का छौंक तैयार करें और उसमें आम का रस डाल दें। अब उसमें स्वाद के अनुसार नमक, लाल मिर्च, धनिया, गरम-मसाला आदि डालकर पकाएँ। यदि रस अधिक गाढ़ा हो तो थोड़ा-सा पानी मिला दें और 5-7 मिनट तक पकने दें। जब करी पक जाए तो उसमें नीबू का रस व चीनी भी डाल दें। अब गर्मा-गर्म करी में तले हुए कोफ्ते डाल दें। हरी धनिया बुरक कर सर्व करें।

## आम की सब्जी

**सामग्री—**3 पके आम, 2 छोटे चम्मच बेसन, 250 ग्राम दही, 1 छोटा चम्मच जीरा, नमक, एक छोटा चम्मच चीनी, 1 छोटा चम्मच हल्दी, 1 छोटा चम्मच लाल मिर्च, 1 बड़ा चम्मच घी।

**विधि—**एक बर्तन में घी गर्म करके जीरा भूनें, इसमें दही, बेसन, हल्दी, नमक और चीनी मिलाकर हिलाएँ। आमों को डेढ़ कप पानी में उबालें। इन्हें छीलकर गूदा पानी में मिला दें। आम के इस रस को भुने हुए मसाले में मिला दें और गाढ़ा होने तक पकाएँ। चावल या चपाती के साथ परोसें।

## कच्चे आम-प्याज की सब्जी

**सामग्री—**कच्चे आम, 2 प्याज, नमक, 1 चम्मच लाल मिर्च, आधा चम्मच काली मिर्च, 2 चम्मच अमचूर, डेढ़ चम्मच हल्दी, 4 चम्मच जीरा पिसा, 1 चम्मच चीनी, 2 चम्मच घी, थोड़ी-सी हरी धनिया।

**विधि—**आम छीलकर छोटे-छोटे टुकड़ों में काट लें। घी गर्म करें, उसमें हल्दी मिला दें, फिर उसमें आम, नमक, मिर्च, अमचूर व जीरा डाल दें। अंत में चीनी, धनिए की पत्तियाँ डाल दें और गैस पर से हटा दें। गर्म पराँठे के साथ इसे खाएँ।

## मेवा बैंगन

**सामग्री—**1 किलो छोटे-छोटे बैंगन, 6 बड़े चम्मच भुनी हुई मूँगफली, 10-12 काजू, 1 बड़ा चम्मच खसखस, 1 बड़ा चम्मच सूखी पिसी धनिया, 1/1 चम्मच हल्दी, 1 टमाटर, 1 चम्मच लाल मिर्च, नमक, 2 चम्मच घी।

**विधि—**बैंगन को धोकर उसको ऐसे काटें कि चार फाँके हो जाएँ किन्तु अलग न हों। अब बाकी सारी सामग्री (सिवाय घी के) पीसकर मिला लें। पिसे मिश्रण को बैंगन में भर कर उसे बाँध दें। अब छिछले बर्तन में घी गर्म करके उसमें ये बैंगन सजा दें व बाकी पिसी सामग्री ऊपर से डालकर उसे धीमी आँच पर भूनें। जब बैंगन तल जाएँ तो बहुत थोड़े-से पानी के छींटें डालकर बर्तन पर कसकर ढक्कन लगाकर उसे धीमी आँच पर दम कर लें।

## भरवाँ बैंगन

**सामग्री—**500 ग्राम गोल-गोल छोटे बैंगन, 250 ग्राम उबले हुए आलू, 250 ग्राम बारीक कतरी हुई धनिया, चार-पाँच हरी मिर्च, 150 ग्राम नमक, 15 ग्राम हल्दी व लाल मिर्च, 100 ग्राम मूँगफली का तेल, अमचूर व गरम-मसाला।

**विधि—**उबले हुए आलू को छीलकर मसल लें। आलुओं में लाल मिर्च, हल्दी, नमक मिलाकर उसे मसाले का रूप दे दें। बैंगन को चार भागों में काटें पर डंडी से उसे आपस में जुड़ा रहने दें। इन कटे हुए बैंगनों में तैयार मसाला भर दें व धागे से बाँध दें।

कड़ाही में तेल डालकर खूब गरम होने दें। जब तेल काफी गर्म हो जाए तो सभी बैंगन उसमें डाल दें व आँच धीमी करके उन्हें ढक्कन से ढक दें। बीच-बीच में हिलाती रहें। जब बैंगन गल जाएँ तो उन

पर अमचूर व गरम-मसाला बुरक दें। लीजिए, भरवाँ बैंगन तैयार हैं। गर्मी के मौसम में तंदूर की रोटी के साथ व ठंडी लस्सी के साथ इसके क्या कहने!

## मेथी-मटर

**सामग्री**—हरी मेथी आधा सेर, मटर आधा सेर, तेल या घी 100 ग्राम, मसाले स्वादानुसार।

**विधि**—मेथी को चुनकर थोड़ा-सा पानी डालकर उबाल लें। जब मेथी गल जाए तो उसे पतीली में से निकाल कर निचोड़ लें और सिल पर बारीक पीस लें। फिर पतीली में घी डालें और हींग, जीरा, अदरक, मिर्च, 4 साबुत लौंग का छौंक लगाएँ। फिर पिसी हुई मेथी उसमें डालें और धीमी आँच पर उसे खूब भून लें जब वह अच्छी तरह भुन जाए तो उसमें मटर के दाने डाल दें और उसे थोड़ा-सा और भून कर अंदाज से नमक, हल्दी, मिर्च, धनिया तथा गरम-मसाला डाल दें। फिर करीब डेढ़ पाव पानी डालकर पतीली को ढक कर पकने दें। जब इसका पानी सूख जाए और सिर्फ थोड़ी तरी रह जाए तब इसमें 1 नीबू का रस निचोड़ दें।

## मेथी चमन (कश्मीरी विधि)

**सामग्री**—200 ग्राम पनीर के पतले टुकड़े, 200 ग्राम मेथी, 200 ग्राम पालक, आधा चम्मच हल्दी, आधा चम्मच पिसी लाल मिर्च, 1 छोटा चम्मच पिसी सूखी धनिया, 1 चम्मच गरम-मसाला, एक चुटकी हींग, एक चुटकी जीरा, 1 टुकड़ा अदरक, 2 हरी मिर्च, एक बड़ा चम्मच घी, तेल तलने के लिए, नमक स्वादानुसार।

**विधि**—पनीर के टुकड़ों पर थोड़ी-थोड़ी हल्दी लगाकर अलग रख दें। मेथी व पालक को धोकर पत्तियाँ काट कर निकाल लें। डंठल बिल्कुल न रहें। थोड़े-से पानी में मेथी उबाल लें व निथार कर अलग रख लें। अब मेथी व पालक दोनों को मिलाकर एक साथ पीस लें। तेल खूब गर्म करके पनीर को बहुत हल्का गुलाबी तलकर अलग रख लें। एक देगची में घी गर्म करें, उसमें हींग व जीरे का छौंक लगाएँ, पिसी मेथी व पालक डाल दें। हल्की आँच पर तब तक भूनें जब तक मिश्रण के ऊपर चिकनाई दिखने लगे व पनीर के टुकड़े डाल दें। नमक भी डाल दें। दो- चार मिनट उलट-पुलट कर भूनें फिर एक कप पानी डाल दें व ऊपर से गरम-मसाला बुरक दें और थोड़ी देर पकाएँ। पानी थोड़ा सूख जाने पर पनीर के टुकड़े नरम हो जाएँगे व हरी-हरी तरी रह जाएगी। 'मेथी चमन' तैयार है। गर्म-गर्म चावलों के साथ परोसें।

## सरसों का साग

**सामग्री**—आधा किलो सरसों का साग, एक चम्मच सरसों के दाने, 6-7 जवा लहसुन, 10-12 दाने मेथी, हल्दी, धनिया, नमक, मिर्च, सरसों का तेल सब अंदाज से।

**विधि**—सरसों का साग धोकर अच्छी तरह काट लें। लहसुन के साथ हल्दी, नमक, मिर्च व सरसों के दाने सिल पर पीस लें। अब चूल्हे पर कड़ाही रखकर उसमें सरसों का तेल डालें। तेल पक जाने पर मेथी के दानों से छौंक लगा दें। अब तैयार किया हुआ मसाला डाल दें। मसाले को हल्का-सा भून लें फिर उसमें सरसों का साग डालकर अच्छी तरह चलाएँ। इसके बाद उसमें साग गलने लायक पानी डाल दें। जब सारा पानी सूख जाए तो उसे चमचे से थोड़ा-सा चलाकर उतार लें। साग तैयार है। इसे मक्के की रोटी के साथ खाएँ।

## जोधपुरी गट्टे की सब्जी

**सामग्री**—गट्टे-बेसन, नमक, हल्दी, जीरा, गरम-मसाला सब अंदाज से, 2 चम्मच तेल, 5 चम्मच दही, हरी धनिया।

**रसे के लिए**—हींग, आधा इंच अदरक, 2 हरी मिर्च, 1 प्याज, 1 चम्मच पिसी धनिया, लाल मिर्च, नमक, आधा चम्मच गरम-मसाला।

**विधि**—गट्टे का सारा सामान बेसन में मिला दें। फिर पानी से गूँध लें तथा रोल बनाकर उबलते पानी में 5-8 मिनट डालकर उबाल लें फिर पानी में से निकालकर ठंडा कर लें। इनको टुकड़ों में काट लें। उसके बाद घी में तलें। प्याज और पिसे मसाले को गुलाबी होने तक सेकें, फिर दही मिला दें, 2 मिनट और पकाएँ। अंत में गट्टे डालकर 10 मिनट और पकाएँ। उबालने के बाद जो पानी बचा था वह भी डाल दें। गट्टे की सब्जी तैयार है। हरी धनिया से सजाकर सर्व करें।

## शाकाहारी हुसैनी करी

**सामग्री**—न्यूट्रीनगेट चन्कस (बढ़िया आधा कप), 1 उबला आलू, 2 गाजर, 100 ग्राम पनीर, 1 फूलगोभी, 2 प्याज, 5-6 कलियाँ लहसुन, एक टुकड़ा अदरक, आधा कच्चा नारियल, 1 चम्मच गरम-मसाला, 2 टमाटर, 2 बड़े चम्मच दही, 2 बड़े चम्मच घी, स्वादानुसार नमक, लाल मिर्च, हल्दी, धनिया, एक चम्मच कटी हरी मिर्च, हरी धनिया एक बड़ा चम्मच, टूथ-पिक्स 20-25।

**विधि**—न्यूट्रीनगेट चन्कस को 5 मिनट के लिए आधा कप पानी में भिगो दें। गाजर व फूलगोभी को छोटे-छोटे टुकड़ों में काटकर दो मिनट के लिए भाप दें। भीगी न्यूट्रीनगेटस को आधा चम्मच नमक डालकर पाँच मिनट प्रेशर कुकर में पकाएँ। पनीर तथा उबले आलुओं को छोटे-छोटे टुकड़ों में काट लें। पनीर को हल्का गुलाबी तल लें। प्याज, लहसुन तथा अदरक को बारीक पीसकर 2 चम्मच घी के साथ हल्का भूरा होने तक भूनें। नारियल को कद्दूकस करके बारीक पीस लें और भुने मसाले में मिला दें।

हल्दी पिसी, धनिया तथा नमक, मिर्च, दो कप पानी डालकर पकाएँ, जब तक कि गाढ़ा रसा तैयार न हो जाए। प्रत्येक टूथ-पिक में एक न्यूट्रीनगेट, एक पनीर का टुकड़ा, एक गाजर का टुकड़ा, एक आलू का टुकड़ा, एक फूलगोभी का टुकड़ा फँसा दें, इसी प्रकार सारी टूथ-पिक तैयार कर लें। इन टूथ-पिक्स को तैयार रसे में डालकर धीमी आँच पर पाँच-सात मिनट के लिए पकाएँ। तैयार हो जाने पर किसी चौड़ी चपटी डिश में डालें। गरम-मसाला और कटी हरी धनिया डालकर तन्दूरी रोटी या नान के साथ परोसें।

## ब्रेड करी

**सामग्री**—1 डबल रोटी, 2 बड़े प्याज, 1 चम्मच हल्दी, 2 चम्मच पिसी धनिया, आधी चम्मच पिसी बड़ी इलायची, आधा चम्मच जीरा, 1 टुकड़ा दालचीनी, आधा कप दही तथा तलने के लिए घी।

**विधि**—डबलरोटी के टुकड़ों को पानी में डालकर फुला लें। फिर इन्हें हाथ से फेंट कर इनमें नमक मिला दें। अब इसकी पकोड़ियाँ बनाकर तल लें।

प्याज को काटकर सभी मसालों के साथ पीस लें। कड़ाही में ही घी गर्म करके जीरा भून लें। इसमें पिसा हुआ मसाला भी मिलाकर भून लें। अंदाज से पानी डालकर पकाएँ। जब गाढ़ा हो जाए तो नमक और पकोड़ियाँ डाल दें। दो-तीन मिनट उबालकर दही डालकर उतार लें। गर्म-गर्म परोसें।

## दाल करी-मैकरोनी के साथ

**सामग्री**—300 ग्राम मैकरोनी, 150 ग्राम साबुत मसूर, 1 बीच के आकार का (कटा हुआ) बैंगन, 100 ग्राम ताजे मटर (छिले हुए), 100 ग्राम गाजर (कटी हुई), 100 ग्राम फूलगोभी (कटी हुई), आधा चम्मच लाल मिर्च, एक चौथाई चम्मच पिसी धनिया, एक चौथाई चम्मच पिसी हुई हल्दी, आधा चम्मच पिसी हुई करी का पाउडर, एक बीच के आकार का टमाटर (कटा हुआ) आधा चम्मच इमली का गूदा, डेढ़ चम्मच बड़ी सरसों के दाने, 1 छोटा चम्मच जीरा, 2-3 सूखी लाल मिर्च, थोड़ी-सी हींग, हरी धनिया कटी हुई, 5 बड़े चम्मच तेल।

**विधि**—दाल को साफ करके एक गिलास पानी में आधा चम्मच नमक डालकर पकाइए। एक बरतन में थोड़ा-सा तेल डालकर गर्म कीजिए तथा उसमें बैंगन, गाजर, फूलगोभी और मटर डालकर 2-3 मिनट तक तलिए। इसमें मिर्च, हल्दी, धनिया और करी का पाउडर डालिए, जब तक मसाले घी न छोड़ने लगें।

दाल में मिलाकर 12 से 15 मिनट तक पकाइए, साथ ही दाल का पानी भी मिला दीजिए। अब इसमें टमाटर और इमली का पानी मिलाकर 10 मिनट के लिए फिर से पकाइए।

एक और बर्तन में 2 बड़े चम्मच तेल या घी गर्म करके जीरा और सूखी लाल मिर्च डालिए। इसमें चुटकी भर हींग मिलाइए तथा बर्तन को आग से उतार कर इन सबको उबलती हुई तरी में मिला दीजिए।

अब इसमें स्वाद के अनुसार नमक मिलाइए तथा 5-10 मिनट तक तरी के साथ फिर से उबालिए। आग से उतारने के बाद इस पर कटी हुई धनिया डाल दीजिए।

इसे ताजी उबली हुई मैकरोनी के साथ परोसिए।

## मैकरोनी स्पेशल

**सामग्री**—1 कप कटी मैकरोनी, आधा कप न्यूट्रीनगेट ग्रेन्यूल्स, 1 प्याज, 5-7 कलियाँ लहसुन, 2 बड़े टमाटर, 2 चम्मच टमाटर सॉस, 2 चम्मच मक्खन, 1 चम्मच घी, एक क्यूब अमूल पनीर, 4 बड़े चम्मच उबली हुई मटर, स्वाद के अनुसार नमक और मिर्च।

**विधि**—मैकरोनी को आधे चम्मच नमक और एक चम्मच वनस्पति घी डालकर दस मिनट तक उबालें। उबली मैकरोनी को चलनी में डाल दें। लहसुन और प्याज को पीसकर दो बड़े चम्मच मक्खन के साथ गुलाबी होने तक भूनें। न्यूट्रीनगेट ग्रेन्यूल्स को आधा चम्मच नमक डालकर गल जाने तक प्रेशर कुकर में पका लें। भूने प्याज और लहसुन में कटे टमाटर डालकर भूनें। इस मसाले में कटी हुई न्यूट्रीनगेट ग्रेन्यूल्स, उबली हुई हरी मटर, टमाटर सॉस और स्वाद के अनुसार नमक और मिर्च मिला दें। अमूल चीज़ को कद्दूकस से कस लें। एक चपटी डिश में पहले मैकरोनी की तह बिछाएँ, उसके ऊपर न्यूट्रीग्रेन्यूल्स के मिश्रण की तह बिछाएँ। यही क्रम एक बार फिर दोहराएँ। कसी हुई चीज़ डालकर तेज आँच पर पाँच मिनट के लिए बेक करें, सेंकें। ओवन न होने पर डिश के ऊपर ढक्कन रखकर तीन-चार सुलगते कोयले रख दें। सूप तथा बन्स के साथ परोसें।

## वेजेटेरियन कीमा

**सामग्री**—1 प्याला कसी हुई फूलगोभी, तीन-चौथाई प्याला कसा हुआ प्याज, चौथाई प्याला कसा हुआ लहसुन, 1 चम्मच कसा अदरक, 2 टमाटर, आधा चम्मच जीरा, आधा चम्मच लाल मिर्च का पाउडर, आधा चम्मच खसखस, रूह केवड़ा, सवा चम्मच छोटी इलायची, 7-8 बादाम, आधा प्याला उबली मटर, घी तथा 2 चम्मच नारियल पानी।

**विधि**—फूलगोभी (कसी हुई) को घी में लाल होने तक भूनें। अब थोड़े-से घी में प्याज सुनहरे होने तक भूनें, फिर अदरक व लहसुन डालें। कुछ देर मिलाएँ और 1 प्याला पानी डालें। जब सूख जाए तब सारे मसाले और टमाटर डालकर भूनें। अब भुनी हुई गोभी और मटर डालें। थोड़ा-सा पानी डालें और पानी सूखने तक पकाएँ। आग से उतारें और रूह केवड़ा छिड़कें। डोंगे में डालकर हरी धनिए की पत्तियों से सजाएँ।

## जायकेदार भरवाँ टिण्डे

**सामग्री**—250 ग्राम टिण्डे, एक प्याज, 1 टमाटर, दो उबले हुए आलू, नमक, मिर्च, गरम-मसाला, 100 ग्राम घी या तेल।

**विधि**—टिण्डों को धो व पोंछकर छील लें, प्रत्येक टिण्डे की ऊपर की टोपी उतार कर चाकू की सहायता से अन्दर का सारा गूदा निकाल दें। दो छोटे चम्मच घी में प्याज भून कर टमाटर का गूदा तथा टिण्डों का कतरा हुआ गूदा मसल कर आलू मिला दें। स्वाद के अनुसार नमक, मिर्च तथा गरम-मसाला डालकर मिश्रण को आँच पर से उतार लें। ठंडा हो जाने पर इस मसाले को टिण्डों में भरती जाएँ, कड़ाही में घी या तेल गर्म करके टिण्डों को हल्की आँच पर सुनहरे रंग के होने तक तलें।

## बादशाही पालक—मटर बहार

**सामग्री**—1 कप हरी मटर के दाने, आधा किलो पालक, 125 ग्राम पनीर, 2 बड़े टमाटर, 25 ग्राम पिसा हुआ अदरक, लहसुन, 3 बड़े बारीक पिसे हुए प्याज, 2 बड़े चम्मच पिसी धनिया, 2 चाय के चम्मच देशी मिर्च, नमक अंदाज से, घी या तेल अंदाज से, 2 चाय के चम्मच गरम-मसाला।

**विधि**—मटर को पीस लें, पालक भी उबालकर पीस लें। मटर में पनीर और गीली डबलरोटी के टुकड़े मसल कर मिला दें। थोड़ा नमक, लाल मिर्च, गरम-मसाला तथा कटी हुई किशमिश और काजू के टुकड़े भी मिला दें। खूब मसलकर चपटी टिकियाँ बनाकर घी में हल्का गुलाबी सेंक लें।

घी में पिसे प्याज को भूरा होने तक तलें। कटे टमाटर के टुकड़े, थोड़ा पानी तथा पिसा लहसुन, अदरक, नमक, मिर्च और धनिया मिलाकर खूब भूनें। जब घी तैरने लगे तो पिसा पालक मिला दें और एक गिलास पानी डालकर पकाएँ। गाढ़ा होने पर मटर की टिकियाँ में मिलाएँ और ऊपर से मलाई डालें। ध्यान रहे कि ग्रेवी में टिकिया डालने के तुरन्त बाद गर्म करके परोसें अन्यथा टिकियाँ गल जाएँगी।

## छेने के भरवाँ परवल

**सामग्री**—आधा किलो परवल, 250 ग्राम छेना, 125 ग्राम टमाटर, 2-3 हरी मिर्च, थोड़ी-सी अदरक आधा चम्मच हल्दी, एक छोटा चम्मच लाल मिर्च, अंदाज से नमक, छौंक के लिए जीरा और घी, 60 ग्राम दही।

**विधि**—परवल छीलकर चीरा लगाकर बीज निकाल दें। नमक के पानी में परवल को उबाल लें। कड़ाही में एक चम्मच घी डालकर छेने को भूनें फिर एक चम्मच लाल मिर्च, आधा चम्मच हल्दी, थोड़ा-सा नमक डालकर थोड़ा और भूनें और उतार लें। इस मसाले को ठंडा करके उबले हुए परवल में भर दें। अब हरी मिर्च बारीक-बारीक काट लें। टमाटरों को पीस लें या हल्का-सा उबालकर उनके ऊपर का छिलका उतार कर मसल लें।

एक बर्तन में एक बड़ा चम्मच घी डालकर जीरे का छौंक लगा दें। अब इसमें थोड़ी-सी हल्दी, बारीक कटी अदरक, हरी मिर्च, पिसे टमाटर, दही डालकर खूब भूनें। जब अच्छी तरह भुन जाएँ तो 125 ग्राम पानी डाल दें। उबाल आने पर छेना डालें। परवल धीरे-धीरे डालें और हल्के हाथों से चलाएँ। थोड़ी देर बाद आँच से उतार कर बारीक कटी हुई धनिया डाल दें। इसे गर्म-गर्म परोसें।

## जमीकन्द और मटर का कीमा

**सामग्री**—250 ग्राम जमीकन्द, 250 ग्राम घी, 3 बड़े प्याज, 6 लहसुन की कलियाँ, 150 ग्राम पोस्तदाना, आधा अदरक का टुकड़ा, 2 चम्मच धनिया, 1 चम्मच हल्दी, एक चौथाई चम्मच जायफल, 2 चम्मच गरम मसाला, 4-5 तेजपत्ता, नमक स्वाद के अनुसार, सजावट के लिए 10-20 काजू व हरी धनिया।

**विधि**—जमीकन्द को छीलकर तेज चाकू से बारीक-बारीक काट लें। इसके पश्चात् इमली के पानी में हल्का-सा उबालकर कुछ देर सूखने को रख दें। सूखने के बाद कड़ाही में घी डालकर गुलाबी तलकर निकाल लें। मटर को भी अलग से उबाल लें।

पोस्तदाना को एक घंटे पानी में भिगोने के पश्चात् सिल पर खूब बारीक पीस लें। इसके उपरान्त कड़ाही में घी गर्म करके तेजपत्ता डालकर भूनें। फिर प्याज व पोस्तदाना के मिश्रण को डालकर हल्की आँच पर भूनें। जब अच्छी सुगंध आने लगे और मसाला घी छोड़ दे तब मटर व जमीकन्द को डालकर धीमी आँच पर ढककर रख दें व गाढ़ा होने पर उतार लें। गरम-मसाला, हरी धनिया व काजू डालकर सर्व कीजिए।

## मसाला कमल ककड़ी

**सामग्री—**400 ग्राम कमल ककड़ी, 3 बड़े चम्मच सरसों का तेल, 1 चुटकी हींग, एक-चौथाई चम्मच शाहजीरा, 25 ग्राम प्याज, 3-4 कली लहसुन, 2 बड़े चम्मच दही, 1 छोटा चम्मच पिसा अदरक, तीन-चौथाई छोटा चम्मच गरम-मसाला, नमक व पिसी लाल मिर्च, स्वाद के अनुसार दो बड़े चम्मच नीबू का रस, तलने के लिए तेल अलग से, कतरी हुई मिर्च, स्वाद के अनुसार, एक बड़ा चम्मच महीन कतरी हुई हरी धनिया।

**विधि—**कमल ककड़ी को हल्के गर्म पानी से धोकर अच्छी तरह साफ कर लीजिए और पाँच से.मी लम्बे (जरा टेढ़े) टुकड़े काट लें। इन टुकड़ों को ठंडे पानी में एक बार फिर भली-भाँति धो लें। प्याज और लहसुन के छिलके उतार कर दोनों चीजों को महीन पीस लें और कमल ककड़ी के टुकड़ों को भली-भाँति मिला दें। इसी समय इसमें अदरक, एक चुटकी नमक और एक बड़ा चम्मच दही मिला दें। कमल ककड़ी के टुकड़ों को 30 मिनट ढक कर रख दें।

एक मोटे पैंदे की देगची में तेल गर्म करें। कमल ककड़ी के टुकड़ों को मसाले में से निकाल कर तेल में हल्का-सा तल लें। जिस मिश्रण में से कमल ककड़ी के टुकड़े निकाले थे उसे बचाकर अलग रख दें।

एक अलग देगची में तीन बड़े चम्मच तेल गर्म करके हींग जला लें। अब इसमें बचे हुए प्याज, लहसुन और दही के मिश्रण को डाल दें। इसी समय इसमें जीरा, कसा नारियल, पिसी हल्दी और लाल मिर्च और बड़े चम्मच दही डाल दें। एक मिनट भूनकर देगची में कमल ककड़ी के टुकड़े डाल दें।

हल्की आँच पर कुछ देर भूनकर इतना पानी डालें कि पानी सूख जाने पर कमल ककड़ी के टुकड़े नर्म पड़ जाएँ। हल्की आँच पर सब्जी को पकने दें। जब पानी लगभग पूरा सूखने लगे तो गरम-मसाला व हरी मिर्च डाल दें।

आँच पर से उतारने से पहले कतरी हुई हरी धनिया डालकर गर्मा-गर्म परोसें।

## सनशाइन कैबेज

**सामग्री—**2 मध्यम आकार की बंदगोभी।

**भरने की सामग्री—**200 ग्राम आलू, 200 ग्राम ताजे मटर, 1 प्याज, 3 टमाटर, 100 ग्राम फ्रांसबीन, आधा इंच अदरक, थोड़ी-सी हरी धनिया, 2 छोटे चम्मच सूखी धनिया, 5-6 लौंग, 5-6 काली मिर्च, आधा इंच दालचीनी का टुकड़ा, 1 छोटा चम्मच लाल पिसी मिर्च, एक-चौथाई चम्मच हल्दी, ¼ चम्मच जीरा, नमक स्वादानुसार, 2 बड़े चम्मच तेल।

**विधि—**बंदगोभी को धोकर साफ करें और उसके ऊपर का थोड़ा-सा हिस्सा गोल काटें। किसी तेज धार वाले चाकू से बंदगोभी के अंदर का भाग निकाल दें। अब सभी सब्जियों को धोकर बारीक-बारीक काटें, मटर के दाने निकाल लें। प्याज को पतला व बारीक काटें। एक कड़ाही में तेल गर्म करें, उसमें जीरा डालें। जब जीरा भून जाए तो कटा प्याज डालकर सुनहरा होने तक भूनें।

अब इसमें गरम-मसाला व लालमिर्च और हल्दी मिला दें। दो सैकण्ड भूनें, उसमें सभी कटी सब्जियाँ, टमाटर को छोड़कर डालें और हल्दी मिला दें। जब सब्जियाँ सुनहरी हो जाएँ तो टमाटर व नमक डालकर मिलाएँ व एक प्याला पानी डालकर धीमी आग पर गलने तक पकाएँ। जब सब्जियाँ अच्छी तरह गल जाएँ और उसमें पानी न रहे तो आग से उतारें।

इस मिश्रण को अच्छी तरह से मसल लें। ताकि वह एक-सा हो जाए। इस मिश्रण का आधा भाग बंदगोभी के अंदर भरें। उसके ऊपरी छोटे कटे टुकड़े से बंद करके धागा लपेट दें ताकि वह खुलने न पाए। प्रेशर कुकर में थोड़ा तेल डालें, बचा हुआ मसाला व आधा प्याला पानी डालें और बंदगोभी प्रेशर कुकर में रखकर उसका ढक्कन बंद कर दें। प्रेशर आने पर आँच धीमी करके 5 मिनट तक प्रेशर दें। फिर आँच से उतारें। हरी धनिया और गोल कटे टमाटर से सजाकर चपाती और चावल के साथ गर्म-गर्म खाने को दें।

## स्वादिष्ट संगम दाल

**सामग्री**—1 प्याला साबुत उड़द की दाल, 2 बड़े चम्मच चने की दाल, 2 बड़े चम्मच राजमा, 1 प्याज, 4 पतले व लम्बे अदरक के टुकड़े, 4 हरी मिर्च, 1 बड़ा टमाटर, आधा प्याला ताजा क्रीम, आधा प्याला दही, आधा छोटा चम्मच पिसी मिर्च, आधा छोटा चम्मच पिसी हल्दी, आधा छोटा चम्मच, साबुत जीरा, 2 बड़े चम्मच घी, नमक स्वादानुसार, 1 छोटा चम्मच भुना हुआ काला जीरा, थोड़ी-सी हरी धनिया।

**विधि**—चने की दाल और राजमा को रात भर भिगो दें, हरी मिर्च, अदरक, प्याज और टमाटर को काट लें, उड़द की दाल, चने की दाल, राजमा को एक बरतन में या तीन प्याले पानी डालकर प्रेशर कुकर में पकाएँ। चार-पाँच सीटी आने के बाद कुकर खोलकर उस दाल को कड़छी से अच्छी तरह घोटें और फिर उसे 15 मिनट तक पकाते रहें। पकी हुई दाल में दही और क्रीम डालें। एक बर्तन में घी गर्म करें और प्याज, मिर्च, अदरक व जीरा दो-तीन मिनट तक तलें।

टमाटर, हल्दी व पिसी मिर्च डालकर उसे अच्छी तरह भूनें। अब इसमें दाल व नमक डालकर अच्छी तरह मिला लें। इस पर अब काला भुना जीरा व हरी धनिया बुरक दें।

## राजपूती टिंडे

**सामग्री**—300 ग्राम टिंडे (छोटे-छोटे एक आकार के), 1 बड़ा चम्मच घी, 20 ग्राम पनीर, 100 ग्राम आलुबुखारे, 1 छोटा प्याज, चुटकी भर चीनी, 1 बड़ा टमाटर, डेढ़ छोटा चम्मच जीरा, नमक, काली मिर्च इच्छानुसार, सजावट के लिए हरी धनिया, गाजर, टमाटर, मूली।

**विधि**—टिंडे धोकर, छीलकर स्कूप से बीच में से खाली कर लें। अब एक बड़ा चम्मच घी कड़ाही में डालकर आँच पर चढ़ाएँ तथा टिंडे भी कड़ाही में डालकर बादामी रंग आने तक भूनें। भूनने पर हल्के हाथ से साबुत बाहर निकाल लें। अब टमाटर, प्याज, जीरा तथा आलूबुखारा (बीज निकालकर) एक साथ पीस लें। टिंडे भूनने के बाद बचे घी में मसाला भून लें। मसाला भुन जाने के बाद चुटकी भर चीनी डाल दें तथा इच्छानुसार नमक, काली मिर्च डाल दें।

तले हुए टिंडों में हल्का-सा नमक डालकर पनीर भर दें। ऊपर से गर्म-गर्म तरी डाल दें और डोंगे में गाजर, हरी धनिया या मूली से सजा दें।

## मसालेदार तोरियाँ

**सामग्री**—1 किलो ताजा हरी तोरई, 1 बड़ा चम्मच अनारदाना, 8-10 करीपत्ते, आधा चम्मच नमक, 5 हरी मिर्च, इच्छानुसार लाल मिर्च, आधा चम्मच सूखा धनिया पिसा हुआ, 1 छोटा चम्मच सिरका, 3 छोटे टमाटर, 1 प्याज।

**विधि**—तोरियाँ छीलने से पहले धो लें। अब लम्बाई में काट लें। फिर एक साफ मलमल के कपड़े से तोरियाँ पोंछ लें। इससे तोरियाँ जल्दी नर्म नहीं पड़ेंगी। यदि सिरका अच्छा न लगे तो नीबू के रस से पोंछ लें। अब अनारदाना, नमक, पिसी धनिया, करीपत्ता पीसकर रखें। प्याज, टमाटर पीस लें।

पहले एक चम्मच घी में पिसा हुआ टमाटर, प्याज भून लें। अब इसमें अनारदाना, करीपत्ता, पिसा हुआ नमक, मिर्च मिला लें तथा लम्बी कटी तोरियों में भर कर धीमी आँच पर तलें। प्याज, टमाटर से सजाएँ तथा गर्मा-गर्म परोसें।

## लाजवाब घुइयाँ (अरबी)

**सामग्री**—500 ग्राम घुइयाँ, 250 ग्राम बेसन, पिसी हल्दी, पिसी धनिया, गरम-मसाला, पिसी खटाई—सभी एक-एक छोटा चम्मच, नमक-मिर्च आवश्यकतानुसार तथा तलने के लिए तेल।

**सजाने की सामग्री**—दही 300 ग्राम, हरी धनिया एक गड्डी, थोड़ी राई तथा गुलाबजल। दही को किसी कपड़े में बाँधकर उसका पानी निथार लें तथा राई से तड़का लगाकर अलग रख लें।

**विधि**—सर्वप्रथम घुइयाँ को धोकर उबाल लें। ठंडी होने पर प्रत्येक को छीलकर हल्के हाथों से दबाती जाएँ। बेसन का गाढ़ा घोल तैयार करके उसमें सभी मसाले मिला दें। इसमें स्वादानुसार नमक, मिर्च भी मिला लें। आँच पर तलने के लिए तेल कड़ाही में रख दें तथा गर्म होने पर घुइयों के टुकड़ों को बेसन में डुबो-डुबोकर तलती जाएँ। गुलाबी होने पर निकाल लें। सर्व करने से पहले दही में गुलाब जल छिड़क दें। अब इन टुकड़ों को दही तथा हरी धनिया से सजाकर परोसें।

## सिंघाड़ा डिलाइट

**सामग्री**—200 ग्राम हरे सिंघाड़े, 100 ग्राम सेब, 500 ग्राम हरी मेथी के पत्ते, 200 ग्राम चीज़ के चौकोर टुकड़े, 50 ग्राम प्याज पिसा हुआ, 50 ग्राम टमाटर पिसा हुआ, 50 ग्राम देसी घी, 50 ग्राम मक्खन, 50 ग्राम नगेट भिगे हुए, 50 ग्राम किशमिश, 10 ग्राम देसी मिर्च, 5 ग्राम शाही जीरा, 1-1 छोटा चम्मच नमक, हल्दी, गरम-मसाला, 10 ग्राम लहसुन, अदरक पिसा हुआ, 100 ग्राम उबले हुए आलू, 50 ग्राम मशरूम।

**विधि**—सिंघाड़े छीलकर धोकर बारीक काट लें। इसी तरह सेब, उबले आलू और मशरूम भी काट लें। देसी घी में पिसा हुआ टमाटर, प्याज, लहसुन, अदरक भूनकर नमक, हल्दी, गरम-मसाला, देसी मिर्च डालकर शाही जीरा भून लें। फिर उसमें कटी हुई सब्जियाँ डालकर धीमी आँच पर भूनें। 10 मिनट के पश्चात् मेथी के पत्ते और भीगे हुए नगेट काटकर मिला दें।

एक प्याला पानी डाल कर ढक दें। जब पानी सूख जाए, सब्जी गल जाए तो भूनकर उतार लें। गर्मा-गर्म सब्जी में चीज़ के चौकोर टुकड़े मिला दें। फिर दो मिनट ढक कर खोलें और मक्खन डालकर किशमिश डाल दें और चपाती, पूरी या नान के साथ गर्मागर्म परोसें।

●●●

### स्वस्थ और पुष्ट बनने के लिए हम प्रतिदिन कुल कितना भोजन लें

| | |
|---|---|
| चावल, गेहूँ, मक्का, ज्वार, बाजरा आदि | 450 ग्राम |
| दूध, दही, छाछ आदि | 250 ग्राम |
| मूँग, उड़द, चना, मसूर आदि की दालें | 100 ग्राम |
| घीया, टिण्डे, तोरई, भिण्डी, परवल आदि बिना पत्ते वाली सब्जियाँ | 200 ग्राम |
| घी, मक्खन, तेल आदि की चिकनाई | 50 ग्राम |
| आम, खरबूजा, सन्तरा, केला, अमरूद आदि फल | 50 ग्राम |
| जोड़ | **1100 ग्राम** |

### प्राकृतिक सामान्य उबटन

- लाल चन्दन के साथ कोब्रा, केसर, गेहूँ के अंकुर, शहद और अर्जुन की छाल मिलाकर एक लेप तैयार कर लें। इस लेप को लगाने से त्वचा की धूप और वातावरण के प्रदूषण से रक्षा होती है।
- केसर, बादाम तेल और पिस्ता तेल एक साथ मिलाकर रख लें। उसमें हल्दी और जंगली हल्दी का सत्व मिलाएँ। इस लेप को लगाने से त्वचा के पोषण के लिए आवश्यक विटामिन और लवण प्राकृतिक रूप से मिल जाते हैं। इसके प्रयोग से त्वचा के धब्बे और फोड़े-फुँसियाँ दूर हो जाती हैं। ***(साभार: 'शरीर और सौन्दर्य')***

# पुलाव

## शाही कोफ्ते वेजिटेबिल पुलाव

**कोफ्ते की सामग्री**—250 ग्राम आलू (125 ग्राम मटर, गाजर, बीन्स), 2 चम्मच बेसन, नमक, आधा चम्मच मिर्च, आधा चम्मच धनिया, आधा चम्मच जीरा, हल्दी, धनिया व पोदीना, थोड़ा-सा तेल, ब्रेडक्रम।

**पुलाव की सामग्री**—3 कप बासमती चावल, 3 चम्मच घी, नमक, 2 तेजपत्ता, 4 चम्मच मलाई, 1 गुच्छा सोया भाजी, 1 चम्मच गरम-मसाला, एक चौथाई चम्मच गहरा लाल रंग, 1 किलो कटे टमाटर, 6 कप पानी में उबाल लें, जब 4 कप रह जाए तब उतार लें। चाँदी के वरक।

**विधि**—सारी चीजों को उबालकर पीस लें। (घी व ब्रेडक्रम के अलावा) फिर गोली बनाकर ब्रेडक्रम में लपेट कर तल लें।

टमाटर का जूस निकाल कर लाल रंग मिला दें। घी गर्म करें व उसमें सारे मसाले व तेजपत्ता, 1 कटा प्याज, हरी मिर्च, लहसुन, अदरक डालकर फ्राई करें। चावल डालकर उसमें टमाटर का जूस, नमक मिला दें। जब जूस सूख जाए तब आग से हटा लें व सोया भाजी व मलाई मिला दें। फिर ढक कर आग पर तवा रख कर उस पर चावलों वाला पतीला रख दें। आँच हल्की रखें। जब चावल पक जाएँ तब परोसते समय कोफ्ते भी मिलाकर सर्व करें।

## मोतिया बहार पुलाव

**सामग्री**—2 प्याले बासमती चावल, 6 चम्मच कार्न फलोर, 1 आलू, 100 ग्राम कटा पालक, 100 ग्राम पनीर, चार-पाँच केसर के धागे, 1 चम्मच कद्दूकस की हुई चीज़, 3 बड़े चम्मच घी, 4 बड़े चम्मच भुना चना, 1 प्याज, 50 ग्राम गोभी छोटे टुकड़ों में कटी हुई। खड़ा गरम-मसाला (2 लौंग, 2 बड़ी इलायचियाँ, 1 इंच के 2 टुकड़े दालचीनी, 2 पत्ता तेजपात, 2 चुटकी पिसा जायफल, एक टुकड़ा जावित्री), घी।

**पिसे मसाले के लिए**—1 प्याज, छः लहसुन की कलियाँ, 1 इंच टुकड़ा अदरक, आधा चम्मच हल्दी, 2 छोटे चम्मच सूखी धनिया, मिर्च अंदाज से—इन सबको मिलाकर पीस लें।

**विधि**—ताजे पनीर को मथकर एकसार कर लें। उसमें थोड़ा-सा नमक व कार्नफ्लोर मिलाकर, छोटी-छोटी गोलियाँ बनाकर हल्का गुलाबी तल लें।

नमक डालकर पालक को बिना छौंक पकाकर उसका पानी सुखा लें और पीस लें। छिलके उतारे हुए चने भी पीसकर पालक में मिला दें। फिर इसकी भी गोलियाँ बनाकर तल लें।

प्रेशर कुकर में तीन चम्मच घी डालकर गर्म करें। उसमें गरम-मसाला डालकर भूनें। मसाला भुन जाने पर पहले से कटी सब्जी डालकर भूनें। थोड़ा भुन जाने पर उसमें पहले से भिगोया चावल डालकर भूनें। चटकने पर अंदाज से गुनगुना पानी डालकर पनीर के मोती डाल दें। फिर प्रेशर कुकर लगाकर चावल को पुलाव की तरह पक जाने दें, फिर प्रेशर कुकर खोलकर पालक की गोलियाँ डालें व तीन मिनट धीमी आँच पर पकने दें। ऊपर से भीगी हुई केसर डाल दें।

उतार कर राइस प्लेट में पलटकर कद्दूकस की हुई चीज़ से सजाकर परोसें।

## संतरे, मूँगफली के स्वाद का पुलाव

**सामग्री**—1 कप बासमती चावल, आधा कप मक्खन, 4 बड़े चम्मच कतरी हरी धनिया, 2-3 हरी मिर्च, 2 बड़े चम्मच बारीक कतरा हुआ प्याज, 6 बड़े चम्मच संतरे का रस, 1 बड़ा चम्मच संतरे का छिलका, 1 कप भुनी हुई मूँगफली, नमक, डेढ़ चम्मच घी।

**विधि**—चावल धोकर साफ कर लें व भिगोकर रख दें। संतरे के छिलकों को थोड़े-से पानी में एक उबाल आने तक पका लें व सब पानी निथार कर रख लें। मूँगफली को बहुत थोड़े-से पानी में एक उबाल आने तक पका लें व पानी निथार कर रख लें। मूँगफली को बहुत थोड़े-से घी में तलें और छिलका उतार लें। दरदरा पीस लें। अब प्रेशर कुकर में घी गर्म करें व उसमें प्याज डालकर गुलाबी कर लें। प्याज गुलाबी हो जाने पर चावल, नमक, व मूँगफली डालकर चावल का पानी सूख जाने तक भून लें। उसके बाद संतरे के छिलके, संतरे का रस, हरी धनिया डालकर दो मिनट पकाएँ व फिर अंदाज से पानी डालकर दो मिनट प्रेशर लगाकर गर्म कर लें। गर्मागर्म परोसते समय मक्खन डालें।

## रंगारंग बिरियानी

**सामग्री**—250 ग्राम चावल, 200 ग्राम आलू, 1 फूलगोभी, 115 ग्राम गाजर, 115 ग्राम मटर, 115 ग्राम अदरक, 200 ग्राम प्याज, 25 ग्राम नारियल, 2 ग्राम जीरा, 5 ग्राम लहसुन, 5 ग्राम मिर्च, 25 ग्राम काजू, 100 ग्राम दही, थोड़ा-सा ऑरेंज व हरा रंग, नमक स्वादानुसार, 150 ग्राम घी, 15 ग्राम धनिया, 5 ग्राम तेजपात, केवड़े की कुछ बूँदें, 1 नीबू।

**विधि**—आधे प्याज को काट लें व सब्जियाँ काट लें। प्याज व काजू को हल्के रंग का भूनकर निकाल लें। थोड़े घी में सब्जियाँ भूनें व बाद में आधा प्याज, नारियल, जीरा, मिर्च, धनिया, लहसुन, अदरक पीसकर भूनें, फिर दही डालकर भूनें। इसमें भूनी हुई सब्जियाँ डालकर दम कर लें व अलग निकालकर रखें। पानी उबालें व उसमें तेजपात व चावल डालकर उबालें। जब चावल में एक कनी पकने को रह जाए तो पानी निकाल दें। एक भारी तली के बर्तन में घी लगाकर तेजपात की एक पर्त लगाएँ। उसके ऊपर चावल व तैयार सब्जियों की क्रमशः पर्त लगाएँ। आखिरी पर्त चावल की होनी चहिए। इसके ऊपर भुना हुआ प्याज, भुना काजू डालें व चम्मच से गड्ढा बनाकर ऑरेंज व हरा रंग उस गड्ढे में डालें। ऊपर से नीबू व केवड़ा डालकर ढक्कन लगा दें व ढक्कन को आटे से सील कर दें और दम करने के लिए हल्की आँच पर रख दें। जब ढक्कन पर लगा आटा सूखने लगे तब आँच से उतार कर खोलें व हल्के से पलट कर मिला दें व गर्म-गर्म परोसें।

## आम का पुलाव

**सामग्री**—450 ग्राम चावल, 55 ग्राम बादाम या पिस्ते, 1 कप पके आमों का गूदा, 225 ग्राम चीनी, साढ़े चार कप पानी, 120 ग्राम घी, 2 छोटे चम्मच केवड़े की खुशबू, 6 छोटी इलायचियाँ, 55 ग्राम बादाम व किशमिश, एक चाँदी का वरक।

**विधि**—घी गर्म करके उसमें भीगे हुए चावल, पिसी हुई इलायचियाँ, आम का गूदा व पानी मिलाकर हल्की आँच पर चावल गलने तक पकाएँ। आँच से उतार कर इसमें केवड़े की खुशबू, किशमिश मिलाएँ। चाँदी का वरक लगाकर तथा बादाम व पिस्ते बुरक कर परोसें।

## स्पेनिश ब्राउन राइस

**सामग्री**—2 कप चावल, 1 कप उबली मैकरोनी, आधा कप टमाटर सॉस, 200 ग्राम कसी हुई शिमला मिर्च, 1 कप कॉटेज चीज़ या अमूल चीज़, 1 चम्मच लहसुन का रस, 2 प्याज, 1 चम्मच कसी हुई अदरक, नमक स्वादानुसार, 3 चम्मच घी, 1 चम्मच चीनी।

**विधि**—चावल धोकर पाँच मिनट के लिए पानी में भिगो दें।

फ्राइपैन में घी डालकर प्याज, अदरक, लहसुन को भूरा होने तक भूनें। अब चीनी मिला दें और भूरा होने तक भूनें। चावल व नमक डालकर 2 मिनट और भूनें। थोड़ा-सा पानी डालें व आधा उबल जाने पर गैस बंद कर दें और ठंडा होने दें।

दूसरा फ्राइपैन गैस पर रखें और इसमें थोड़ा-सा घी डालकर शिमला मिर्च थोड़े-से नमक के साथ भून लें। फिर टमाटर का सॉस डालें।

अब कुकर के डोंगे में अंदर की तरफ घी लगा दें और एक चावल की तह बिछा दें, उसके ऊपर शिमला मिर्च की तह बिछा दें, दोबारा चावल तह बिछा दें, उसके ऊपर चीज़ की तह बिछा दें। अब तीसरी फिर चावल की तह बिछा दें और उसके ऊपर शिमला मिर्च की। अब चौथी बार चावल की तह बिछा दें और हाथ से अच्छी तरह सारी तहों को दबा दें।

कुकर में 10 मिनट की स्टीम दें या आधा घंटा ओवन में बेक कर लें।

परोसते समय चावल को प्लेट में डाल लें व ऊपर से मैकरोनी सजा दें व चारों तरफ टमाटर का सॉस छिड़क दें। टमाटर स्लाइस से सजाकर पेश करें।

## गोला पुलाव (खारा भात)

**सामग्री**—1 किलो बासमती चावल, आधा किलो मावा (खोया), 100 ग्राम बेसन, 4 मध्यम आकार के उबले हुए आलू, 250 ग्राम देशी घी, तेजपात, दालचीनी, शाहजीरा, साबुत धनिया, लाल मिर्च, सादा जीरा, जावित्री, बड़ी इलायची एवं काली मिर्च—ये सभी मसाले 5-5 ग्राम या मिक्स मसाला ले लीजिए। नमक अंदाज से लें।

**विधि**—मावा, बेसन व उबले हुए आलुओं को मिलाकर अच्छी तरह से मसल लें। थोड़ा-सा नमक मिलाकर छोटे-छोटे गोले बनाकर गुलाबजामुन की तरह तल कर रख लें।

सभी मसालों को 1 किलो पानी में 15-20 मिनट तक अच्छी तरह से उबाल लें। ठंडा होने पर कपड़े से छानकर रख लें।

चावल को दो-तीन बार साफ पानी से धोकर चलनी में रख लें।

पीतल का भारी तले वाला पतीला लें, उसमें घी गर्म करके चावलों को फ्राई करें, फिर उबला हुआ मसाले का पानी व नमक डालकर चावल पकने दें। जब एक दो कनी रह जाए, तब दूसरे भारी तले के बर्तन में क्रमशः एक पर्त चावल की और एक पर्त गोलों की लगाएँ। फिर ऊपर ढक्कन रखकर उस पर थोड़ा-सा पानी डालकर पकने दें। गर्मा-गर्म परोसें।

**नोट**—आप देशी घी की जगह वनस्पति घी भी ले सकती हैं।

## नारियल पुलाव

**सामग्री**—देहरादून चावल 100 ग्राम, नारियल 1, काजू 10 ग्राम, किशमिश 10 ग्राम, 4 छोटी इलायची, 4 लौंग, दालचीनी 1 इंच, तेजपात 4, नमक आधा चाय का चम्मच, घी 2 बड़े चम्मच, आवश्यकता पड़ने पर गाय का ताजा दूध।

**तैयारी**—चावल को साफ करके, धोकर रखें। नारियल को कसें। फिर कसे हुए नारियल को दबा-दबाकर उसका दूध अलग कर लें। काजू और किशमिश को साफ कर लें। लौंग, इलायची और दालचीनी के टुकड़े कर लें।

**विधि**—एक मोटी पेंदी के तले वाला बर्तन लें और उसे आँच पर रखें। अब इसमें घी डालें। गर्म हो जाने पर उसमें काजू और किशमिश डालें और लाल होने तक भूनें। अब इन्हें निकाल लें। फिर लौंग, इलायची, दालचीनी और तेजपात को घी में डालें। लाल हो जाने पर उसमें चावल और नारियल के चूरे को डालें और गुलाबी होने तक भूनें। गुलाबी हो जाए तो उसमें नारियल के दूध को डालें। यह चावल के

आधा इंच ऊपर तक होना चाहिए। अगर नहीं हो, तो गाय का ताजा दूध डालें। अब आँच को कम कर दें। चावल पकने के पाँच मिनट पहले उसमें नमक, काजू एवं किशमिश डाल दें। पाँच मिनट बाद इसे उतार लें। अब इसे सॉस और सलाद के साथ परोसें।

## मुगलई टिंडे चावल

**सामग्री**—250 ग्राम टिंडे, 1 गिलास चावल, 1 छोटा चम्मच जीरा, आधा नीबू, नमक इच्छानुसार, 2 प्याज का रस, 1 बड़ा चम्मच घी।

**विधि**—टिंडे धोकर छीलकर छोटे-छोटे काट लें। आँच पर घी चढ़ाकर टिंडे भून कर निकाल लें। अब प्याज को मिक्सी में पीस लें तथा दो गिलास पानी डालकर छान लें। प्याज दिखाई नहीं देने चाहिए। टिंडे जिस घी में तले हैं उसी में जीरा भूनें और चावल धोकर डाल दें। जब चावल एक कनी रह जाए तब नीबू का रस तथा भुने टिंडे डाल दें। पक जाने पर उतार लें।

## हरियाला चावल बेक

**सामग्री**—1 किलो पालक, 200 ग्राम पनीर, मैदा एक बड़ा चम्मच, 2 बड़े चम्मच रिफाइण्ड तेल, 4 बड़े टमाटर, 3 बड़े प्याज, 1 नीबू, 1 इंच अदरक का टुकड़ा, हरी मिर्च 2-3, 3 चीज़ क्यूब्स, नमक अंदाज से, 1 बड़ी कटोरी चावल, 1 कटोरी दही, 1 गिलास दूध।

**विधि**—पालक खूब भली-भाँति धोकर अदरक के साथ उबाल कर पीस लें। चावल धोकर व उबाल कर अलग रख लें व दही और थोड़ा-सा नमक मिला दें। अब एक बड़ा चम्मच रिफाइण्ड तेल भगौने में गर्म करें व मैदा डालकर भूनें। फिर दूध मैदे में डालकर बराबर चलाती रहें। जब मिश्रण गाढ़ा हो जाए तो आँच से उतार लें। सफेद सॉस तैयार है।

पनीर व चीज़ क्यूब्स को अलग-अलग ऊपर डालें या फिर ताजी क्रीम या फेंटी मलाई डालकर सर्व करें। ठंडी या गर्म दोनों तरह से सर्व कर सकते हैं।

## पाइनएपिल के मीठे चावल

**सामग्री**—250 ग्राम बासमती चावल, 1 पका पाइनएपिल, 250 ग्राम दूध, 4 टेबिल स्पून देसी घी, 10 दाने बादाम गिरी, दो टेबिल स्पून किशमिश, 2 टुकड़े दालचीनी, एक कप मलाई, दो टेबिल स्पून शहद।

**विधि**—चावल बीनकर धोकर आधा लीटर पानी में भिगो दें। आधा घण्टा भीगे रहें। भारी पैंदे वाले बर्तन में घी चढ़ाएँ और बादाम व काजू भूनकर निकाल लें। फिर दालचीनी को छोटे-छोटे टुकड़ों में तोड़कर डालें। भुन जाने पर चावल निथार कर डाल दें। पाइनएपिल को छीलकर साफ करके, पहले से ही घिस कर रख लें और दबाकर निचोड़ लें।

इस निचुड़े हुए पाइनएपिल को चावल के साथ डालकर भूनें। फिर दूध और पाइनएपिल का रस, जो मिलाकर 750 मि.ली. होना चाहिए, डाल दें। साथ ही भूने काजू, किशमिश डाल दें। हल्की आँच पर पकाएँ। सर्व करते समय चावल के ऊपर मलाई डालें। उसके ऊपर शहद और भूने बादाम काटकर डाल दें। लीजिए स्वादिष्ट मीठे चावल तैयार हैं।

## इलायची पुलाव

**सामग्री**—500 ग्राम बासमती चावल, 150 ग्राम घी या रिफाइण्ड ऑयल, एक बड़ा चम्मच कतरे हुए बादाम, एक बड़ा चम्मच किशमिश, 2 प्याज कटे हुए स्लाइसों में, 2 टुकड़ा दालचीनी, 10 छोटी इलायची, नमक स्वाद के अनुसार, 4 बड़ा चम्मच अदरक का रस, कुछ धागे केसर, 2 या 3 तेजपत्ता, 2 चाय का चम्मच गुलाबजल।

**विधि**—चावल को धोकर किसी जालीदार बर्तन में रखकर अच्छी तरह उसका पानी निकाल दीजिए। एक बर्तन में तेल या घी गर्म करके, उसमें बादाम और किशमिश को बादामी रंग होने तक तलकर निकाल लीजिए। उसी घी में प्याज को भी बादामी तल कर रख लीजिए। बचे हुए घी में दालचीनी, इलायची को तलकर उसमें चावल, नमक, अदरक का रस, केसर और तेजपत्ता डालकर हलका बादामी रंग का होने तक भूनिये। अब चावल में इस तरह पानी डालिए, जिससे पानी चावल से एक इंच ऊपर रहे। बर्तन का मुँह ढककर मद्धिम आँच में पकाइए और बीच-बीच में उसे हिलाते रहिए। पानी लगभग जब सूख जाए, दम कर दीजिए।

जब तक सारा पानी सूखकर चावल हल्के, कुरकुरे न हो जाएँ, तब तक हल्की आँच पर चढ़ाए रखिए। परोसते वक्त तले प्याज, बादाम और किशमिश से सजाकर सर्व कीजिए।

## नमकीन तिरंगा पुलाव

**सामग्री**—1/2 किलो चावल, 3 बड़े चम्मच देसी घी, 100 ग्राम मलाई, 1 गुच्छी हरा धनिया, 1 गुच्छी पुदीना, 1 टुकड़ा अदरक, 1 चम्मच सूखा धनिया, 3 प्याज, 8-10 केसर के धागे, पिस्ता, बादाम, किशमिश।

**विधि**—हरा धनिया, पुदीना और अदरक को मिलाकर खूब बारीक पीस लें। एक चम्मच घी डालकर इसे थोड़ा-सा पानी डालकर भून लें। एक कटोरे में अलग निकाल कर रख लें। प्याज को काटकर 1 किलो पानी में उबालकर उसका अर्क निकाल लें। एक पतीले में घी डालकर चावल में प्याज का पानी डालकर भूनें फिर अन्दाज का पानी व नमक डालकर पका लें। जब एक कनी रह जाए तब चावलों को नीचे उतार लें। मलाई में केसर घोल लें। मलाई गाढ़ी हो तो 100 ग्राम दूध डाल दें। एक फाई पॉन लें; उसमें 1 चम्मच घी डालें, उसमें पके हुए चावलों की तह लगाएं, ऊपर से धनिया वाला मिश्रण छिड़क दें। अब फिर चावलों की तह लगाएं। अब इस पर मलाई और केसर वाला दूध छिड़क दें। इसी तरह सारी सामग्री खत्म कर दें और थोड़ी देर के लिए गैस पर रख दें। परोसते समय बादाम, पिस्ता व किशमिश से सजा दें। तिरंगा पुलाव खाने के लिए तैयार है।

## क्रीमी पुलाव

**सामग्री**—1 कटोरी चावल, 1 चम्मच देसी घी, क्रीम 1/2 प्याला, 1 चम्मच नमक, 1/2 छोटा चम्मच चीनी, 2 नींबू, 1/2 चम्मच काली मिर्च, 10-15 कटे बादाम, 10-15 किशमिश, 4 लाल मिर्च।

**विधि**—क्रीम में नींबू व चीनी मिलाकर अलग रख दें। घी गर्म करें व लाल मिर्च डालकर भीगे चावल भून लें। दुगुना पानी, काली मिर्च व नमक डालकर उबाल आने पर गैस को मध्यम कर दें। जब पुलाव बन जाए तब नींबू वाली क्रीम व कटे मेवे डालकर अच्छी तरह फिर से मिलाएं, गैस हल्की ही रखें। 2 मिनट बाद गैस बन्द कर दें और हरे धनिया से सजाकर पुलाव पेश करें।

## केसरिया मीठा पुलाव

**सामग्री**—1/2 किलो बासमती चावल, 4 बड़े चम्म्च घी, 500 ग्राम चीनी, 250 ग्राम दूध, 8-10 धागे केसर, 100 ग्राम किशमिश, 10 बादाम गिरी, 5-6 दाने पिस्ता, 5 छोटी इलायची, 2 तेजपत्ते, 2 टुकड़े दालचीनी, 5-6 लौंग।

**विधि**—चावलों को धोकर एक घण्टा पहले भिगो दें। कुकर में घी डालकर उसमें लौंग, इलायची, तेजपत्ता डालकर भूनें, फिर चावल डालकर 3-4 मिनट हल्के हाथ से भूनें और पानी डालें। पानी चावलों से ड़ेढ़ इंच ऊपर होना चाहिए या जितने चावल हों उससे दुगुना पानी डालें। जब चावलों की एक कनी रह जाए तब पहले से चीनी केसर दूध में घुली हुई डाल दें और दुबारा 10 मिनट के लिए दम कर लें। ऊपर से सारे मेवे डाल दें जिससे वह नरम हो जाएँ। पुलाव तैयार है।

## बर्मीज चावल

**सामग्री**—2 कप चावल, 4 कप पानी, 1/2 चम्मच चीनी, 2 चम्मच तेल, डेढ़ कप मिक्स्ड सब्जी (पत्तागोभी, हरी मटर, गाजर) उबाल लें, 2 प्याज कटे हुए, 6 चम्मच टमाटर का रस, 2 चम्मच चिली सॉस, 2 चम्मच सफेद सिरका, एक बड़ी हरी मिर्च कटी हुई, नमक, 4 चम्मच तेल।

**मसाला**—1 चम्मच जीरा, एक इंच अदरक, 4 हरी मिर्च, एक इंच दालचीनी, 2 लौंग, 1/2 चम्मच लाल मिर्च पिसी।

**सजाने के लिए**—4 चम्मच हरा धनिया, 1 चम्मच खसखस।

**विधि**—चावल धोकर 20 मिनट के लिए भिगो दें, फिर पानी निकाल दें। शिमला मिर्च के कतले काट लें और सिरका, जीरा, अदरक, लौंग, लाल मिर्च में मिलाकर रखें।

दो चम्मच तेल सॉस पॉन में डालकर गर्म करें फिर उसमें चीनी डालें। जब चीनी पिघल जाए तो चावल डालकर दो मिनट फ्राई करें। अब नमक व पानी डालें। जब उबाल आ जाए तब गैस कम करके ढक्कन से ढँक दें। जब चावल पक जाए तब चिली सॉस मिला दें।

चार चम्मच तेल सॉस पॉन में गर्म करें। प्याज डाल कर फ्राई करें। उबली हुई सब्जियाँ व सिरका मिक्श्चर, टमाटर का रस, नमक डालकर तीन मिनट तक सब्जियाँ पकाएं।

बेकिंग डिश में चारों तरफ तेल लगाकर आधे चावल फैला दें, फिर सब्जियाँ फैला दें। इसके ऊपर फिर बाकी चावल फैला दें। ऊपर से धनिया सजाएं व खसखस के बीज छिड़क दें। चारों तरफ शिमला मिर्च काट कर सजा दें। गर्म ओवन में 20 मिनट तक बेक करें।

## मटर पुलाव

**सामग्री**—350 ग्राम बासमती चावल, 150 ग्राम मटर के दाने, 2 बड़ी इलायची, 2 टुकड़े दालचीनी, 10 काली मिर्च, 5 लौंग, 2 तेजपत्ता, 2 चम्मच देसी घी, नमक, 350 ग्राम पानी।

**विधि**—चावल धोकर भिगो दें। कुकर में घी गर्म करें; उसमें जीरा, दालचीनी, इलायची, लौंग, तेजपत्ता डालें और चटका लें। फिर चावल डालकर दो-तीन मिनट भून लें। नमक डालकर पानी मिला दें। प्रेशर आने पर गैस कम कर दें और 2-3 मिनट और पकने दें; फिर 3 मिनट के लिए कुकर को ठण्डा होने दें और कुकर को खोल लें व सर्व करें।

•••

## प्राकृतिक रूप से ब्लैकहैड हटाएँ

- नीबू के सूखे फूलों को थोड़े-से उबले हुए पानी में डालकर फेशल स्टीम के लिए मिश्रण तैयार कर लें। चेहरे को 10 मिनट के लिए भाप दें और इसके बाद रुई, टिशु पेपर व ब्लैकहैड रिमूवर की मदद से ब्लैकहैड को दबाकर निकाल दें।
- आधा कप डिस्टिल वाटर या उबले पानी में 28 ग्राम सोडा बाइकोर्बोनेट घोल लें। इस मिश्रण को चेहरे पर लगाएँ।
- नीबू के ताजा रस के इस्तेमाल से भी बहुत लाभ होता है।
- अच्छी तरह से पिसे हुए बादाम या जौ के आटे को पानी में मिलाकर उसका पेस्ट बनाएँ और चेहरे पर लगाएँ।
- 100 ग्राम पिसे बादाम, 50 ग्राम ग्लिसरीन साबुन, 25 ग्राम मुलतानी मिट्टी को थोड़े-से डिस्टिल्ड वाटर या उबले पानी में इन्हें मिलाकर पेस्ट तैयार करें और चेहरे पर मलें।

***(साभारः 'शरीर और सौन्दर्य'—श्रीमती राजकुमारी गुप्ता)***

# रायते व दही बड़े

## रायता की कुछ महत्त्वपूर्ण जानकारियाँ

*अगर आप अपने रायते को और भी ज्यादा पौष्टिक व स्वादिष्ट बनाना चाहती हैं तो यहाँ पर कई तरीक़े दिए जा रहे हैं, इन्हें अपना कर आप रायते को और भी अधिक पौष्टिक व स्वादिष्ट बना सकती हैं—*

1. *रायते को अधिक स्वादिष्ट बनाने के लिए इच्छानुसार हींग, जीरा, राई, मीठे नीम का छौंक लगा सकते हैं।*
2. *दही बड़े के लिए गाढ़ा दही जमाने के लिए बर्तन में यदि थोड़ी-सी फिटकरी मल दें तो दही अच्छा जमेगा।*
3. *दही बड़े बनाते समय यदि पीठी में थोड़े-से उबले हुए आलू मिलाकर फेंट लें तो वे अधिक मुलायम बनेंगे।*
4. *दही बड़े में से बचा हुआ दही अगर खट्टा हो गया हो तो उसे डोसे के घोल में मिला दें इससे घोल जल्दी तैयार होगा। इसी दही में सूजी मिलाकर इडली का मिश्रण तैयार कर सकती हैं।*
5. *दही बड़े बनाते समय एक चम्मच मैदा पीठी में मिलाकर फेंट लें तो दहीबड़े गोल व स्वादिष्ट बनेंगे।*
6. *दही अगर जल्दी जमाना है तो जमाते समय एक लाल मिर्च बीच में डाल दें, दही जल्दी जमेगा।*
7. *दही खट्टा न हो इसके लिए रायता आदि बनाते समय उसमें नमक न मिलाएँ। केवल परोसते समय नमक मिलाएँ।*

## सब्जियों का रायता

**सामग्री—**1 किलो दही, 2 खीरे, 2 टमाटर, नमक, लाल मिर्च, चाट मसाला, धनिया, जीरा पिसा सब स्वादानुसार।

**विधि—**सब्जियाँ छीलकर, बारीक-बारीक काटकर अलग रख दें। दही को अच्छी तरह फेंट लें। आधा कप पानी डालकर खूब अच्छी तरह फेंट लें। नमक, मसाला व सब्जियाँ इसमें खूब अच्छी तरह मिला दें। हरी धनिया ऊपर से सजावट कर दें।

## दही-चने का रायता

**सामग्री—**250 ग्राम दही, 2 कली लहसुन, थोड़ा पोदीना, 1 बड़ा चम्मच भुने हुए चने (छिलके निकाले हुए), 1 बड़ा प्याज, हरी मिर्च, हरी धनिया, मिर्च स्वादानुसार।

**विधि—**भुने हुए चनों को पीसें। दही को फेंट कर उसमें चने मिलायें। प्याज, हरी मिर्च व लहसुन को महीन कतर कर दही में मिला दें। पुदीना, हरी धनिया छिड़क दें। नमक मिला दें।

## डबलरोटी का रायता

**सामग्री—**¼ चौथाई डबलरोटी, 250 ग्राम दही, पिसी लाल मिर्च, जीरा, नमक स्वादानुसार, तलने हेतु घी।

**विधि—**डबलरोटी को पानी में भिगो दें। नर्म होने पर निचोड़ लें और हाथ से फेंट कर कड़ाही में घी गर्म कर मिश्रण को बूँदी वाली छानी में डालकर तलें। फिर इसे निकाल कर रख लें और दही में डाल दें। ऊपर से पिसा जीरा, मिर्च और नमक मिला दें।

## मीठा चाकलेट रायता

**सामग्री—**1 किलो दही, 50 ग्राम कतरे हुए काजू या बादाम, 100 ग्राम कसी हुई चाकलेट, 25 ग्राम किशमिश, 10 ग्राम खरबूजे की मिंगी, 5 ग्राम छोटी इलायची, डेढ़ कप चीनी।

**विधि—**मेवों को कड़ाही में डालकर हल्के गुलाबी होने तक भूनें। दही को फेंट कर उसमें मेवे, चीनी, इलायची पाउडर और कसी हुई चाकलेट मिलाकर ठंडा करके परोसें।

## लौकी के लच्छेदार दही बड़े

**सामग्री—**1 ताजा पतली लौकी, 150 ग्राम उड़द की दाल, 50 ग्राम चने की दाल, 50 ग्राम धुली मसूर की दाल, 50 ग्राम मेथी के पत्ते हरे या सूखे, आधा छोटा चम्मच जीरा, 1 गुच्छा पुदीना मोटा-मोटा पिसा हुआ, 10 ग्राम अदरक बारीक-बारीक कटी हुई, 50 ग्राम किशमिश, 50 ग्राम काजू, इच्छानुसार नमक, 1 छोटा चम्मच काला नमक, 1 छोटा चम्मच गरम-मसाला, ¾ किलो दही, 1 प्याज, इमली की सोंठ, 1 छोटा चम्मच लाल मिर्च, ½ किलो तेल, 1 हरी मिर्च, चुटकी भर हींग, 1 प्याला प्याज के लच्छे।

**विधि—**सब दालों को रात को भिगो दें। सुबह मेथी और हींग के साथ काफी बारीक पीस लें। लौकी को धोकर छीलकर कद्दूकस करके थोड़ा-सा कड़ाही में भूनकर पानी सुखा लें। फिर दाल में मिला दें। अदरक, काजू, किशमिश बारीक-बारीक काटकर थोड़े नमक के साथ दाल में मिला दें। कड़ाही में तेल गर्म करने के बाद धीमी आँच पर बड़े तल लें।

इसी बीच इमली उबालकर छानकर थोड़ी चीनी, अदरक का रस अथवा जीरा पाउडर के साथ पकाकर सौंठ तैयार कर लें। अब दही को अच्छी तरह मथ लें। काला नमक और पिसा हुआ पोदीना मिला दें। चौड़ी डिश में दही डालकर रख दें और बड़ों को गीला हाथ करके हथेलियों से दबाकर निचोड़ कर सजाते जाएँ। ऊपर लाल मिर्च, गरम-मसाला डालकर प्याज के लच्छों से सजावट कर दें। सजावट में धनिया अथवा हरी मिर्च का प्रयोग भी कर सकते हैं।

## भरवाँ ब्रेड-दही बड़े

**सामग्री**—ब्रेड 1, मध्यम आकार के आलू 4, बारीक कटी हरी मिर्च 2 छोटे चम्मच, अदरक बारीक पिसी हुई, 1 छोटा चम्मच पुदीना बारीक कटा हुआ, 1 बड़ा चम्मच सौंफ, 1 छोटा चम्मच तेल तलने के लिए, दही 500 ग्राम, नमक स्वादानुसार।

**छौंक के लिए**—आधा छोटा चम्मच जीरा, 1 छोटी चम्मच राई, साबुत लाल मिर्च 2, थोड़ा-सा करी पत्ता।

**विधि**—दही में 1 कप पानी डालकर मथ लें। नमक मिला लें। जीरा, राई, लाल मिर्च व करी पत्ता का छौंक दें और अच्छी तरह मिला दें व अलग रख दें।

आलू को उबाल लें। छिलका उतार कर मसल लें। एक छोटा चम्मच तेल गर्म करके उसमें सौंफ डाल दें। फिर अदरक व दही, मिर्च डालकर भून लें। फिर पुदीना भी डालकर 2 मिनट भून लें। उसमें मसले हुए आलू भी डाल दें। नमक मिलाकर नीचे उतार दें। ठंडा होने दें। ब्रेड के किनारे निकाल लें। ब्रेड को पानी में डुबोकर तुरन्त पानी निचोड़ दें। ब्रेड स्लाइस के बीचों-बीच आलू का थोड़ा-सा मिश्रण भरकर गोल आकार दें और खुले घी में सुनहरा होने तक तल कर दही में डुबो दें। 15 मिनट बाद परोसें।

## सोयाबीन के दही-बड़े

**सामग्री**—आधा कप सोयाबीन, आधा कप उड़द की दाल, आधा कप मूँग की दाल, अदरक, हरी मिर्च, हरी धनिया व नमक, घी, दही, भुना व पिसा हुआ जीरा, काला नमक, इमली की चटनी।

**विधि**—सोयाबीन, उड़द की दाल व मूँग की दाल को रात को भिगो दें। सुबह धोकर छिलका उतार कर सिल पर या मिक्सी में पीस लें (ज्यादा बारीक नहीं), उसमें नमक, अदरक, हरी मिर्च, हरी धनिया काटकर डाल दें, चाहें तो किशमिश भी डाल सकते हैं।

अब कड़ाही में घी गर्म कर लें। किसी कटोरी पर गीला कपड़ा कसकर बाँध लें और कपड़े को नीचे से पकड़ लें। अब उस पर गोल आकार के बड़े बना-बना कर तल लें। तलने के बाद उन्हें पानी में भिगो दें, जब परोसने हों तब हल्के हाथ से दबाकर प्लेट में लगा लें, ऊपर से दही, चटनी, नमक, मिर्च व जीरा डाल दें। खाने वाले तारीफ किए बिना नहीं रहेंगे।

## खोया पनीर के शाही दही बड़े

**सामग्री**—आलू 250 ग्राम, पनीर 250 ग्राम, बेसन 2 बड़े चम्मच, कसा हुआ कच्चा नारियल आधा कप, खोया 100 ग्राम, बादाम 10, काजू, किशमिश 25, नमक आधा चाय का चम्मच, गरम-मसाला एक चाय का चम्मच, दही 500 ग्राम, घी।

**विधि**—आलू उबालकर छील लें और पनीर के साथ मिलाकर इतना मसलें कि आलू और पनीर एक-से हो जाएँ। यदि आलू और पनीर को पहले कद्दूकस कर लिया जाए तो मसलने में आसानी रहती है। अब इसमें नमक और गरम-मसाला मिलाकर फिर मसलें ताकि नमक व मसाला भली प्रकार मिल जाए। अब बादाम, काजू, किशमिश को गर्म-गर्म पानी में 15 मिनट के लिए भिगो दें। जब बादाम और काजू मुलायम हो जाएँ और किशमिश फूल जाए, तब बादाम छीलकर व काजू बारीक-बारीक काट लें। किशमिश निकाल कर अलग रख दें। इसके बाद खोया, बादाम, काजू व कसा हुआ नारियल मिलाकर थोड़ा भून लें।

अब आलू और पनीर के मिश्रण की मध्यम आकार की गोलियाँ बनाएँ। एक गोली लेकर उसको ऊपर अंगुली से दबाकर थोड़ी जगह बना लें। इस जगह में खोए वाला मिश्रण और एक किशमिश रखें और अच्छी तरह से बंद कर दें। इसी प्रकार सारे बड़े तैयार कर लें।

इसके बाद बेसन में पानी डालकर पतला-सा घोल बनाएँ। इस घोल में बड़े डुबोकर घी में तलती जाएँ। ध्यान रहे घी तेज गर्म होना चाहिए। वरना बड़े टूटने लगेंगे। दही को अच्छी तरह मथ लें और ठंडे होने पर इन बड़ों को सावधानी से दही में डाल दें। थोड़ी देर डूबे रहने दें, फिर चटनी के साथ पेश करें।

●●●

# रोटी, नान और पूरी

## खमीरी रोटी

**सामग्री**—ताजे पिसे हुए आटे में दो चम्मच खमीर, 125 ग्राम गर्म घी, ¼ लीटर दूध, आधा चम्मच पिसी हुई मिश्री तथा आधा चम्मच पिसा हुआ नमक।

**विधि**—इन सबको अच्छी तरह गूँध लें और घंटा-दो घंटा रहने दें। अब हाथों में घी लगाकर चकले पर पटक-पटकर कर लसदार बना लें। अब छोटी-छोटी लोई लेकर रोटी बेल लें। फिर तवे पर धीमी आँच में सेंक कर फुला लें। खमीरी रोटी बड़ी स्वादिष्ट होती है, शीघ्र पचती भी है।

## सफारी रोटी

**सामग्री**—250 ग्राम आटा, 250 ग्राम मैदा, नमक स्वादानुसार, हरी धनिया 1 गड्डी, 200 ग्राम टमाटर, 100 ग्राम प्याज, 100 ग्राम घी, 5 हरी मिर्च।

**विधि**—आटा व मैदा छानकर थोड़ा नमक डालकर गूँध लें। प्याज व टमाटर को गोल-गोल काट लें। थोड़ा घी फ्राईपैन में गर्म करके हरी मिर्च, हरी धनिया भी डालें व बराबर चलाते हुए भून लें।

अब गुँधे हुए आटे की बराबर-बराबर दो लोइयाँ बनाकर रोटी बेल लें। पहले धनिया की तह लगाएँ फिर उस पर टमाटर व प्याज की परत लगाएँ और दूसरी बेली हुई रोटी को उसके ऊपर लगाकर चारों तरफ से सील कर दें एवं गर्म तवे पर डालकर पराँठे की तरह सेंकें। ठंडा या गर्म चटनी व सॉस के साथ परोसें।

## नॉन (तन्दूरी रोटी)

**सामग्री**—मैदा 2 कप, बेकिंग पाउडर 2 चाय का चम्मच, आधा कप ताजा दही, शक्कर 4 चम्मच, घी 2-4 चम्मच, नमक डेढ़ चम्मच, आधा कप दूध, सौंफ, खसखस, काला जीरा 1-1 चम्मच, 2 चम्मच गर्म घी।

**विधि**—मैदा छानकर शक्कर व नमक डाल दें। बीच में एक गड्ढा करके ऊपर से बेकिंग पाउडर व दही भर दें। आधा मिनट रुक कर दूध व पानी डालकर नर्म गूँध लें। फिर घी डालकर अच्छी तरह गूँधें। फिर गीले कपड़े से ढककर 3 घण्टे तक रखें। 3 घंटे बाद इन्हें तिकोनी नॉन की शक्ल में बेलकर ऊपर से बताई अन्य सामग्री का मिश्रण नॉन पर फैला कर तन्दूर में सेक लें। इन्हें मक्खन लगाकर गर्मा-गर्म परोसें।

## अमृतसरी नान

**सामग्री**—250 ग्राम मैदा, 100 ग्राम आटा, 50 ग्राम पिसी चीनी, 1 छोटा चम्मच पिसा नमक, 200 ग्राम दही, 50 ग्राम घी, 1 छोटा चम्मच खाने का सोडा, 2 छोटे चम्मच सौंफ, 1 छोटा चम्मच कलौंजी, 2 छोटे चम्मच खसखस, 20 ग्राम खमीर।

**विधि**—सबसे पहले मैदे और आटे को अच्छी तरह मिला लें। फिर उसमें नमक, चीनी, घी तथा दही को मिलाकर थोड़ा-थोड़ा पानी डालते हुए अच्छी तरह गूँधें। जब मैदा इस प्रकार गुँध जाए कि खिंचने लगे

तो उसे गीले कपड़े से ढककर रख दें। कुछ देर पश्चात् उसमें खमीर व खाने वाला सोडा पानी में घोलकर मिला दें और पुन: खूब अच्छी तरह गूँधें ताकि सोडे का पानी भी उसमें ज़ज्ब हो जाए और आटा रबड़ की भाँति लोचदार होकर खिंचने लगे। अब एक कटोरी में थोड़ा-सा घी और थोड़ा-सा दही मिलाएँ और दूसरी कटोरी में कलौंजी, सौंफ, खसखस और जीरा मिलाकर थोड़ा छींटा देकर गीला कर लें।

फिर उस मैदे में से लोइयाँ तोड़कर पहले उस पर घी व दही के मिश्रण का हल्का-सा हाथ चुपड़ दें और फिर थोड़ा-थोड़ा कलौंजी आदि का मसाला लगाकर उस लोई को खींच-खींच कर हाथों पर रोटी की भाँति बढ़ा लें और पर्याप्त बढ़ जाने पर एक ओर को खींचकर लम्बा दें तथा तंदूर में लगाकर सेक लें। किन्तु नान के लिए तंदूर में आँच बहुत हल्की होनी चाहिए। जब उस पर बिस्कुटी रंग के चकत्ते पड़े जाएँ तो उसे तंदूर से निकाल कर दाल या किसी भी सब्जी के साथ परोसें।

## खारी पूरी

**सामग्री**—2 कटोरी गेहूँ का आटा, 1 कटोरी बेसन, 2 कटोरी धुली मूँग की दाल, आधा चम्मच जीरा पाउडर, 1 चम्मच लाल मिर्च, 1 चम्मच अजवायन, आधा छोटा चम्मच हल्दी, नमक स्वाद के अनुसार, एक छोटा चम्मच पिसा अमचूर, तलने के लिए घी, 1 बड़ा चम्मच घी अलग से।

**विधि**—मूँग की दाल को चार घंटे भिगो दें। दाल के अच्छी तरह फूल जाने के बाद पानी निकाल दें और मिक्सी में पीस लें और दाल में थोड़ी लाल मिर्च, अमचूर, नमक मिलाकर दाल का मसाला तैयार करें।

अब आटा, बेसन, बाकी बचा नमक, मिर्च, हल्दी, अजवायन और जीरा मिलाकर उसमें एक चम्मच घी गर्म करके डाल दें व थोड़ा पानी डालकर सख्त गूँथ लें और आटे के छोटे-छोटे गोले बना लें। प्रत्येक गोले को रोटी की तरह पतला बेलें व किसी मध्यम आकार की कटोरी से गोल काट लें। प्रत्येक पूरी पर एक ही तरफ से पहले तैयार किया हुआ दाल का मसाला एक पतली परत में फैलाकर थोड़ा हाथ से दबाकर जमा दें। कड़ाही में तेल गर्म करके साधारण आँच पर एक-एक पूरी तलती जाएँ। पूरी तलते समय ध्यान रखें कि जिस भाग पर दाल की परत है वह भाग ऊपर रहे ताकि मसाला कढ़ाई में चिपके नहीं। एक तरफ से तलने के बाद उसे पलटकर दूसरी तरफ से तल लें। गर्म-गर्म पूरियाँ नाश्ते में चिलि सॉस या चटनी के साथ परोसें।

## बेसन की खट्टी पूरी

**सामग्री**—दो छोटे चम्मच सरसों का तेल, 200 ग्राम बेसन, एक चुटकी हींग, एक-चौथाई छोटा चम्मच कलौंजी, हरी धनिया, नमक, पिसी लाल मिर्च, 2 चम्मच अमचूर, तेल।

**विधि**—बेसन में दो चम्मच तेल डालकर अच्छी तरह मिला लें। अब बेसन को पानी के साथ बहुत कड़ा गूँध लें। गूँधते समय सब सूखे व हरे मसाले मिला दें। फिर छोटी-छोटी लोई बनाकर पूरी बना लें और तेल में करारी होने तक तलें।

## रंगीन ट्विस्ट

**सामग्री**—300 ग्राम मैदा, एक बड़ा चम्मच घी, आधा छोटा चम्मच जीरा, नमक स्वादानुसार, थोड़ा-सा खाने वाला रंग, तलने के लिए घी।

**विधि**—मैदे को घी का मोयन देकर कड़ा गूँध लें। गूँधते समय ही मैदे में नमक, जीरा, अजवाइन मिला दें। गूँधे मैदे को समान भागों में बाँट लें। एक भाग में लाल रंग अच्छी तरह मिला दें। अब एक रंग के मैदे से 4 इंच व्यास की आधा इंच मोटी पूरियाँ बेल लें। पूरियों को काट कर आधा इंच चौड़े व लम्बे-लम्बे टुकड़े कर लें। इसी तरह सफेद रंग की पूड़ियों के भी टुकड़े कर लें। एक-एक सफेद टुकड़े पर एक-एक लाल टुकड़ा लपेट दें। इन टुकड़ों को घी में हल्की आँच पर तल लें।

●●●

# पापड़

## दाल के पापड़

**सामग्री**—1 किलो मूँग और उड़द की धुली हुई दाल का पिसा हुआ आटा, 30 ग्राम गुलाबी सज्जी, 30 ग्राम बड़ी इलायची के दानों का दरदरा चूरा, 30 ग्राम काली मिर्च का दरदरा मोटा चूरा, 60 ग्राम बारीक पिसा नमक तथा सफेद जीरा, तेल या घी, दही आवश्यकतानुसार।

**विधि**—सर्वप्रथम सज्जी को भली प्रकार साफ करके बारीक पीसकर पानी में भिगो दें। अब इलायची व काली मिर्च का चूरा, जीरा, नमक, सज्जी का पानी, तेल या घी या दही का मोयन डालकर दाल के आटे को पानी की मदद से खूबकड़ा गूँध लें। फिर उस गूँधे आटे को ओखली में डालकर मूसल से खूब कूटें। दूसरे दिन उस कूटे हुए आटे की समान आकार की छोटी-छोटी लोइयाँ बनाकर उन्हें चकले-बेलन की सहायता से पतला बेलकर पापड़ बना लें और छाया में सुखाकर रख लें। आवश्यकतानुसार उन्हें भून या तल कर काम में लाया जा सकता है।

## साबूदाने के पापड़

**सामग्री**—पतीली में उबलते हुए पानी में साफ किए गए साबूदाने को डाल दें। साथ ही पिसी हुई काली मिर्च तथा नमक भी डाल दें। पानी मात्र इतना ही होना चाहिए कि घोल पतला न हो जाए। साबूदाने को उबालते समय कड़छी से निरन्तर चलाते रहना चाहिए ताकि उसमें गुठली न पड़ जाए। जब साबूदाने का मिश्रण गाढ़ा हो जाए तब आँच से पतीली को नीचे उतार कर उस मिश्रण को गर्म स्थिति में ही चम्मच में भरभर कर किसी साफ धुले हुए कपड़े या पॉलीथीन पर पापड़ की शक्ल में पतला करके फैला दें। सूख जाने पर इन्हें उतार कर रख लें और आवश्यकतानुसार तेल या घी में तल लें।

•••

*एक बड़ा चम्मच मसूर की दाल, आधा बड़ा चम्मच सरसों के बीज और 2-3 बादाम को एक साथ बारीक पीसकर इसमें नीबू का का रस मिला लें। इस पेस्ट को चेहरे पर लगाकर सूखने दें। इसके लगाने से आँखों से पानी निकलेगा। जिन युवतियों को बहुत अधिक **मुँहासे** निकलते हैं, उनके लिए यह पेस्ट अत्यन्त कारगर है। इस पेस्ट को दिन में एक या दो बार चेहरे पर लगाएँ। लगातार 6-7 महीनों तक इसके इस्तेमाल से **चेहरे के दाग-धब्बे भी गायब** हो जाएँगे।*

# अचार, चटनी एवं मुरब्बे

## अचार की कुछ महत्त्वपूर्ण जानकारियाँ

*अगर आप अपने अचार को और भी ज्यादा पौष्टिक व स्वादिष्ट बनाना चाहती हैं तो यहाँ पर कई तरीक़े दिए जा रहे हैं, इन्हें अपना कर आप अचार को और भी अधिक पौष्टिक व स्वादिष्ट बना सकती हैं—*

1. *अचार अनेक फल, फूल, सब्जियों के बनाए जाते हैं। जिस किसी चीज का भी अचार बनाना हो वह सड़ा, गला या कुचा-पिसा नहीं होना चाहिए।*

2. *अचार बड़ी सफाई से बनाना चाहिए। गन्दगी से बनाए हुए अचार अधिक दिनों तक टिकाऊ नहीं होते।*

3. *तेल, सिरका, मसाले आदि जो अचार में प्रयोग किये जाएँ वे बहुत साफ और ताजे होने चाहिए।*

4. *टिकाऊ आचार को शीशे या चीनी मिट्टी के बर्तनों के पात्रों में ढककर रखना चाहिए।*

5. *पात्रों में से अचार कभी हाथ से नहीं निकालना चाहिए। इसके लिए अलग से कलईदार चम्मच या लकड़ी का चम्मच काम में लेना चाहिए।*

6. *अचार में साफ व शुद्ध मसाले प्रयोग में लेने चाहिए।*

7. *अचार में तेल की कमी कभी नहीं होनी चाहिए। इसके लिए समय-समय पर आवश्यकतानुसार तेल भी डाल सकते हैं।*

## नौ-रतन अचार

**सामग्री**—300 ग्राम कच्चे आम, 300 ग्राम कटहल (हरी मिर्च, लसोड़े, कमल ककड़ी प्रत्येक 200 ग्राम), (काबुली चने, अदरक, प्याज प्रत्येक 125 ग्राम), (नमक 150 ग्राम, लाल मिर्च, हल्दी, राई, गरम-मसाला, धनिया, कलौंजी प्रत्येक 2 चम्मच), तेल 400 ग्राम, थोड़ी रतन-जोत, सिरका 2 प्याले, इमली का सत आधा प्याला।

**विधि**—सब तरकारियों को धो लें। आम, कटहल, कमल-ककड़ी को टुकड़ों में काट लें। मिर्चों को चीरा लगा दें। प्याज और अदरक को महीन-महीन काट लें। कटहल, चने, लसोड़ों तथा कमल-ककड़ियों को उबाल लें। फिर सभी तरकारियों एवं चनों में नमक, हल्दी, राई मिलाकर धूप में रख दें। दूसरे दिन इसमें सभी मसाले मिला दें। तेल में रतनजोत गर्म करके छान लें फिर उसी तेल में प्याज और अदरक भूनकर तेल सहित नमक लगे अचार में डाल दें। तेल ठंडा होने पर सिरका एवं इमली का सत मिलाकर 6-7 दिन धूप दिखा दें।

## आम लहसुन का अचार

**सामग्री**—1 किलो लहसुन, डेढ़ किलो कच्चे आम, 150 ग्राम पीली सरसों, 200 ग्राम नमक, 25 ग्राम हल्दी, 25 ग्राम पिसी मिर्च, 250 ग्राम तेल।

**विधि**—आम को दो घण्टे पानी में भिगो दें। इसके बाद पानी से निकालकर छीलकर कद्दू कर लें। लहसुन को छील लें फिर इन सबको सिल पर थोड़ा कूट लें। आम का कस, लहसुन, हल्दी, नमक मिलाकर पीली सरसों और मिर्च डालकर सारे दिन धूप में रख दें। शाम को तेल मिलाकर काँच के बर्तन में रख दें। यह अचार साल भर तक रह सकता है। यह खाने में बड़ा स्वादिष्ट होता है। वायु व गठिया वालों के लिए बहुत लाभदायक है।

## आम का अचार (गुजराती)

**सामग्री**—5 किलो कच्चे आम, 250 ग्राम मेथी, 250 ग्राम राई, 125 ग्राम लाल मिर्च, 1 किलो नमक, 250 ग्राम हल्दी, थोड़ी-सी हींग, 1 किलो तिल का तेल।

**विधि**—आमों को साफ करके चौ-फाँका कर लें, पर नीचे से जुड़े रखें। गुठली निकाल दें। अब एक हिस्सा हल्दी व 2 हिस्से नमक मिलाकर आमों में थोड़ा-थोड़ा भरकर उन्हें काँच के बर्तन में भरकर दो दिन धूप में रखें और फिर कपड़े पर सूखने को डाल दें। अब राई व नमक को छोड़कर बाकी सब मसाले एक थाली में मिला लें। आधा तेल कड़ाही में गर्म करें। तप जाने पर उसमें हींग डालें, फिर राई छोड़ दें और तुरन्त नीचे उतार दें। इस तेल में बाकी के सब मसाले मिलाकर ठंडा होने पर आमों में भरें। दो दिन तक आमों को धूप लगाने के बाद बाकी का तेल भी डाल दें व एक हफ्ता धूप में रखें।

## आम का मीठा सिरके वाला अचार

**सामग्री**—ढाई किलो आम, 250 ग्राम सिरका, 4 किलो चीनी, थोड़ी-सी सौंफ व मंगरैल, मेथी, 100 ग्राम मिर्च, 100 ग्राम इलायचियाँ, काला जीरा, सफेद जीरा, 1 चम्मच सोंठ, जायफल, काली मिर्च, दालचीनी, 250 ग्राम नमक, थोड़ी-सी केसर।

**विधि**—नमक को छोड़कर बाकी सब मसालों को जरा-सा घी डालकर भून लें और बारीक पीस लें। नमक भी मिला लें। आमों को छीलकर बड़ी-बड़ी फाँकें काट लें, फिर फाँकों में मसाला सान लें। केसर को थोड़ी चीनी मिलाकर पीस लें और उसके साथ ही बाकी चीनी भी आमों में डाल दें। किसी शीशे के मर्तबान में भरकर ऊपर से सिरका डाल दें। मर्तबान के मुँह पर कपड़ा बाँधकर पन्द्रह दिन तक धूप में रखें।

## गरम-मसाले वाला आम का अचार

**सामग्री**—4 किलो आम का गूदा, 35 ग्राम हींग, 150 ग्राम पिसा गरम मसाला, 35 ग्राम अजवायन, 375 ग्राम नमक, जरा-सा काला व सफेद जीरा, 65 ग्राम लाल मिर्च, थोड़ी-सी चीनी।

**विधि**—करीब पाँच किलो आमों को पानी में भिगो दें, फिर कपड़े से पोंछ कर छील लें और फाँके काटकर 4 किलो तोल लें। मर्तबान में फाँकें व 65 ग्राम नमक डालें और धूप व ओस में एक दिन पड़ा रहने दें, दूसरे दिन आम की फाँकों को निकाल कर धूप में रखें और उस पानी को फेंक दें। मर्तबान में दुबारा फाँकें डालें, फिर बाकी बचा नमक, गरम मसाला, अजवायन, जीरा, चीनी, लाल मिर्च मिलाकर तेज धूप में एक महीने तक रखें। यह अचार बड़ा पाचक होता है और साल भर तक चलता है।

## छिलकेदार आम का सूखा अचार (बिना तेल का)

**सामग्री**—5 किलो आम कड़ी गुठली और पतले छिलके का गूदेदार बिना रेशे का, 150 ग्राम सेंधा नमक, 200 ग्राम हल्दी, 200 ग्राम लाल मिर्च, 200 ग्राम सौंफ, 100 ग्राम मेथी, 50 ग्राम कलौंजी, 300 ग्राम पिसी राई, 10 ग्राम हींग, 100 ग्राम लाल साबुत मिर्च।

**विधि**—आमों को धोकर सूखे कपड़े से पोंछकर चार-चार फाँकें कर लें। गुठली निकाल कर नमक और हल्दी लगाकर रात भर रख दें। सूखी कड़ाही में अलग-अलग मेथी, सौंफ को भूनकर दरदरा पीस लें। राई बारीक पीस लें। कलौंजी केवल गर्म करें।

एक बड़े मर्तबान में आम की फाँकों को आम के छूटे पानी में से अलग करके रख लें। सब मसालों को आम के पानी में मिलाकर, आम की फाँकों में हींग सहित अच्छी तरह मिला दें। एक मर्तबान में हींग का धुआँ दें। आम की फाँकों को क्रम से दबा-दबाकर भरिए। आमों को बचा हुआ पानी ऊपर से डालकर ढक्कन बंद कर दें और महीने भर धूप दिखाएँ। यह अचार बारिश शुरू होने से पहले डाला जाता है जिससे धूप लग सके।

## भरवाँ आम

**विधि**—यह दुर्लभ होता है इसलिए कम डाला जाता है। आम कड़ी गुठली वाला व छोटा-छोटा होना चाहिए। भरने के लिए मसाले में सौंफ, मेथी, धनिया अंदाज से लेकर जरा-सा तवे पर भुन लें और मोटा-मोटा कूट लें। फिर उसमें कलौंजी, हल्दी, लाल मिर्च, पिसी हुई राई, हींग और मसाले के अंदाज से नमक डालकर सरसों के तेल से थोड़ा गीला करके रखिए।

आम को चार फाँकों में काटें परन्तु फाँकें अलग न हों, जुड़ी रहें और सावधानी से गुठली निकाल लें। अब आम के छठवें हिस्से के हिसाब से नमक और हल्दी लगाकर बारह घंटे तक रखें फिर पानी छूटने पर पानी में से आम निकाल दें और उसमें मसाला भर दें यानी एक-एक आम में मसाला भर कर मर्तबान में दबा-दबाकर भरती जाएँ। ऊपर से थोड़ा-सा तेल डाल दें। नमक वाला पानी डाल दें, मर्तबान ठीक से बन्द कर दें व एक महीने तक धूप में रखें जिससे आम पक जाएँ। एक महीने बाद यह अचार खाने योग्य हो जाएगा।

## आम का मीठा अचार

**सामग्री**—1 किलो कच्चे आम, 250 ग्राम चीनी, आधा किलो तिल्ली का तेल, 1 कप सिरका, थोड़ी-सी कढ़ी पत्ती, 20 साबुत लाल मिर्च, 2 कलियाँ लहसुन की, 1 टुकड़ा अदरक, डेढ़ चम्मच हल्दी, 2 चम्मच जीरा और 1 कप नमक।

**विधि**—आम काटकर आधा कप नमक मसल दें। लाल मिर्च, लहसुन, प्याज, हल्दी, जीरा, नमक—सभी को पीसकर मिला लें। अब तेल गर्म करें फिर उसमें कढ़ीपत्ता व मसाला डालकर 10 मिनट तक पकाएँ।

आखिर में चीनी डालें। जब चीनी गल जाए तब आम की फाँकें इसमें डालें और गैस बन्द कर दें। जब ठंडा हो जाए तब जार में भर दें। इस विधि से अचार उसी दिन खाने योग्य हो जाता है।

## आम-परवल का अचार

**सामग्री**—1 किलो परवल, 1 किलो कच्चे आम, 250 ग्राम हरी मिर्च, 100 ग्राम अदरक, 200 ग्राम पीली सरसों, 20 ग्राम लाल मिर्च, 25 ग्राम हल्दी, 200 ग्राम नमक, 200 ग्राम कड़वा तेल, 20 ग्राम सौंफ, 1 चम्मच कलौंजी, 10 ग्राम जीरा, 10 ग्राम मेथी।

**विधि**—परवलों को छीलकर महीन-महीन टुकड़े कर लें। इसी प्रकार आम भी छीलकर छोटे-छोटे टुकड़ों में काट लें। हरी मिर्च व अदरक के टुकड़े कर लें। सभी मसालों को दरदरा कूट लें। हल्दी महीन होनी चाहिए। अब परवल, आम, अदरक, हरी मिर्च, नमक, हल्दी को मिलाकर एक मर्तबान में भर दें और दो दिन धूप में रखें। उसके बाद सब मसाले मिलाकर तेल भर दें। यह अचार साल भर तक खराब नहीं होगा।

## आम के कतले

**सामग्री**—10 से 12 कच्चे आम, 1 बड़ा चम्मच खाने वाला चूना, 150 ग्राम तेल, 50 ग्राम मोटी हरी मिर्च (मिर्चों को बीच में से चीर लें)।

**विधि**—आमों को छीलकर गुठली निकाल कर लम्बे पतले-टुकड़े कर लें। आधे घण्टे तक चूने के पानी में रखकर फिर साफ पानी से अच्छी तरह धो लें। इन आमों को धूप में फैला दें। पानी अच्छी तरह सूख जाने पर चीनी मिट्टी के मर्तबान में आम को रखकर तेल, हल्दी, हरी मिर्च, नमक सब एक साथ मिला लें। पन्द्रह दिनों तक धूप में ढक कर रखें बीच-बीच में चलाती रहें। तेल कम होने पर थोड़ा-थोड़ा तेल डालती रहें। पन्द्रह दिनों बाद स्वादिष्ट चटनी तैयार हो जाएगी।

## आम-लसोड़े का अचार

**सामग्री**—1 किलो कच्चे आमों के टुकड़े, 1 किलो लसोड़े, 100 ग्राम नमक, 1 ग्राम हींग, 25 ग्राम पिसी हल्दी, 25 ग्राम लाल मिर्च, 50 ग्राम राई, 25 ग्राम मेथी, 25 ग्राम मंगरैल, 50 ग्राम सौंफ, डेढ़ किलो सरसों का तेल।

**विधि**—आमों के छोटे चौकोर टुकड़े काट लें और गुठली निकाल दें। लसोड़ों को उबलते पानी में डालें और उबाल आने पर उतारें। पानी से अलग करके धूप में आम के टुकड़े व लसोड़े रखकर उसमें नमक, हल्दी, हींग व दरदरी पिसी राई को मिलाकर चार-पाँच दिन धूप दिखाएँ, उसके बाद सौंफ, मेथी व मंगरैल भूनकर दरदरा कूट लें और अचार में मिला दें, लाल मिर्च भी डाल दें। ऊपर से गर्म किया हुआ तेल डालकर सभी मसालों को अच्छी तरह से मिलाकर धूप में 10-15 दिन रखें। स्वादिष्ट अचार तैयार हो जाएगा।

## आम और काले चनों का अचार

**सामग्री**—1 किलो कच्चे आमों के लच्छे, 250 ग्राम काले चने, 125 ग्राम नमक, 25 ग्राम राई, 1 ग्राम हींग, 20 ग्राम हल्दी, 20 ग्राम मेथी, 20 ग्राम मंगरैल, 50 ग्राम सौंफ, 20 ग्राम लाल मिर्च, 500 ग्राम सरसों का तेल।

**विधि**—आम को छीलकर कद्दूकस कर लें और काले चनों को धोकर सुखा लें। लच्छे तथा चने एक मर्तबान में रखें। मेथी, मंगरैल तथा सौंफ को भूनकर दरदरा कूट लें, लच्छों को मिला दें और साथ ही हींग, लाल मिर्च, हल्दी तथा नमक भी मिलाएँ। ऊपर से सरसों का तेल डालकर सभी मिश्रण को अच्छी तरह मिलाकर धूप में रखें। 8-10 दिन में लच्छों के रस से चने फूल जाएँगे और खट्टे भी हो जाएँगे। अचार तैयार है।

## आम का अचार (उत्तर-प्रदेशीय)

**सामग्री**—ढाई किलो कच्चे आम, 125 ग्राम सौंफ पिसी हुई, 50 ग्राम मेथीदाना, 50 ग्राम हल्दी, 50 ग्राम मिर्च पिसी हुई, 100 ग्राम मिर्च देशी, 25 ग्राम लाल मिर्च साबुत, 25 ग्राम कलौंजी, 5 ग्राम हींग, 250 ग्राम नमक और 750 ग्राम सरसों का तेल।

**विधि**—आमों को गीले कपड़े से पोंछकर साफ कर लें। उसके छोटे-छोटे टुकड़े कर लें। आधा तेल गर्म करके ठंडा कर लें, जब तेल में थोड़ी गर्माहट रह जाए तो हींग डालकर भून लें। फिर सारे मसाले डाल दें और हिलाती रहें, मसालों के भुनने से खुशबू आने लगेगी। अब परात में आम और मसाला (एकदम ठंडा हो जाना चाहिए) डालकर अच्छी तरह से मिला लें। आम के हर टुकड़े पर मसाला लपेटती जाएँ और मर्तबान में भरती जाएँ और धूप में रख दें तीसरे दिन बाकी तेल गर्म कर लें, जब तेल ठंडा हो जाए तब अचार में डाल दें व ढक्कन बन्द कर दें और 15-20 दिन धूप में रखें। अचार तेल में डूबा रहना चाहिए नहीं तो वह खराब हो जाएगा।

## नीबू का खट्टा-मीठा अचार

**सामग्री**—25 कागजी नीबू, 1 किलो चीनी, 250 ग्राम अदरक, 100 ग्राम जीरा, 100 ग्राम बड़ी किशमिश, 100 ग्राम मेथीदाना, एक चुटकी हींग, 2 चम्मच पिसी काली मिर्च, 1 छोटा चम्मच हल्दी और स्वादानुसार नमक।

**विधि**—नीबुओं को साफ कर लें व चार फाँकें इस तरह काटें कि नीबू जुड़ा रहे। आधा पतीला पानी लें और उस पर महीन कपड़ा ढीला-ढाला बाँध दें। कपड़े पर नीबुओं को रखकर पतीली के ऊपर ढकना ढक दें। अब पतीली को आँच पर चढ़ा कर नीबुओं का छिलका नर्म हो जाने तक पका लें। अदरक को कद्दू कर लें। किशमिश के बीज निकाल कर रख लें। चीनी की एक तार की चाशनी बना लें और ठंडा कर लें। हींग व जीरा—दोनों को थोड़े-से तेल में भून लें और ठंडा होने पर पीस लें। सूखे मसालों को भली-भाँति मिला लें तथा थोड़ा-थोड़ा मसाला नीबू की फाँकों के अन्दर भर दें, बाकी मसाला नीबुओं के चारों तरफ लपेट दें। फिर पिसी हुई अदरक और किशमिश मसाले में मिला दें। एक काँच के मर्तबान में नीबुओं और मसाले का मिश्रण डाल दें। ऊपर से चाशनी डालकर मर्तबान को हिलाकर धूप में रख दें। 4-5 दिन में अचार तैयार हो जाएगा।

**नोट**—*प्रेशर कुकर के सेपरेटर में भी नीबू पकाए जा सकते हैं।*

## नीबू का मीठा अचार

**सामग्री**—100 नीबू, 2 किलो गुड़, 4 कटोरी नमक, 4 चम्मच मेथीदाना, 1 कटोरी पिसी लाल मिर्च, लौंग, दालचीनी, हींग अंदाज से।

**विधि**—पहले नीबू धोकर सुखा लें। इसके पश्चात् उसके चार-चार टुकड़े कर दें और नमक मिलाकर मर्तबान में भर दें और ढक कर रख दें। उसे दो दिन तक धूप में रखें। दिन में दो बार मर्तबान घूमाकर हिला दें। तीसरे दिन नीबू बाहर निकालकर भगौने में डाल दें और उसमें गुड़ व मिर्च तथा लौंग और दालचीनी कूटकर मिला दें। अब भगौने को आग पर चढ़ा दें और 15-20 मिनट तक खौलने दें। अब इसे आग पर से उतार लें। मेथीदाना और हींग को एक चम्मच (चाय का) तेल डालकर तवे पर सेंक लें। मिश्रण के ठंडा होने पर मेथीदाना और हींग मिलाकर मर्तबान में भर दें। इसे दो दिन बाद आप इस्तेमाल कर सकती हैं और साल भर तक रख भी सकती हैं।

## नीबू का अचार

**सामग्री**—ढाई किलो बढ़िया कागजी नीबू, 50-50 ग्राम अजवाइन, छोटी पीपल, सफेद जीरा, सोंठ,

बड़ी इलायची, 25-25 ग्राम तेजपात, दालचीनी, लौंग, काला जीरा, 5 ग्राम भुनी हुई हींग तथा 300 ग्राम पिसा हुआ नमक।

**विधि**—सबसे पहले सभी मसालों को पीसकर रख लें, तत्पश्चात् नीबुओं को एक ओर से परस्पर जुड़ी हुई दशा में चार-चार फाँकों में काट लें। नीबू काटते समय इस बात का ध्यान रखें कि कटते हुए नीबूओं का रस पिसे तैयार मसाले पर ही टपके ताकि वे काम में आ सकें। फिर इस मसाले को नीबुओं में भरकर उन्हें बारीक धागे से बाँध दें ताकि मसाला बाहर न निकले और उन्हें शीशे के मर्तबान में भरकर ऊपर से नीबू का रस निचोड़ दें और मर्तबान के मुख पर बारीक कपड़ा बाँधकर धूप में रख दें। एक माह में सभी नीबू गल जाएँगे और अचार तैयार हो जाएगा।

## हरी मिर्च का खट्टा-मीठा अचार

**सामग्री**—1 किलो हरी मिर्च, डेढ़ बोतल सिरका, आधा किलो चीनी, आधा किलो सरसों का तेल, 2 चम्मच मेथीदाना, 2 चम्मच जीरा, 1 पीस लहसुन, थोड़ी-सी अदरक, 350 ग्राम इमली, नमक और हल्दी।

**विधि**—इमली को सिरके में 2-3 घण्टे के लिए भिगो दें। फिर छाननी से छान लें। हरी मिर्च, धोकर धूप में सूखा दें फिर इनको बड़े टुकड़ों में काट लें। अदरक व लहसुन छीलकर पीस लें। मेथीदाना व जीरा भी पीस लें। सरसों का तेल गर्म करें, उसमें अदरक व लहसुन गुलाबी होने तक सेंकें। अब इसमें मेथी व जीरा डालकर2-3 मिनट भूनें। हल्दी, नमक, चीनी, इमली का गूदा मिला दें व पाँच-दस मिनट पकाएँ। अन्त में हरी मिर्च डालें और 2-3 मिनट तक पकाएँ इसके बाद गैस बन्द कर दें। ठण्डा होने पर इसे जार में भर दें।

## लाल मिर्च का भरवाँ अचार

**सामग्री**—साबुत लाल मिर्च (अचार वाली) दो किलोग्राम, अमचूर 300 ग्राम, मेथी 50 ग्राम, पीली राई 200 ग्राम, सौंफ 50 ग्राम, हींग 20 ग्राम, नीबू का रस 1 कप, धनिया 100 ग्राम, मंगरैल 10 ग्राम, काला नमक 100 ग्राम, सफेद नमक 250 ग्राम, हल्दी 50 ग्राम, सरसों का तेल 600 ग्राम, 50 ग्राम गुड़ का चूर्ण।

**विधि**—मेथी, सौंफ, राई, धनिया को साफ करके तवे या कड़ाही पर हल्का गुलाबी भून लें, बारीक कूट लें। मंगरैल बिना भूने दरदरा कर लें। मिर्च को धोकर 2 घंटे धूप में रख दें, जिससे पानी सूख जाए। अब तेज धार के चाकू से सावधानीपूर्वक डंडी व अंदर के बीज निकालकर अलग रख दें। 100 ग्राम तेल में हल्दी, अमचूर, नमक, गुड़ का चूर्ण, धनिया, नीबू का रस, मेथी, मंगरैल, राई मिला दें। इसी में हींग भी भून-पीसकर मिलाएँ, मसाला तैयार है। इस मसाले को बीज निकाली हुई मिर्च में सावधानी से भर दें। मिर्च मर्तबान में डालती जाएँ तथा ऊपर से तेल डालकर एक सप्ताह तक धूप में रखें।

## अदरक-नीबू-मिर्च का मिक्स्ड अचार

**सामग्री**—अदरक 500 ग्राम, हरी मिर्च 500 ग्राम, नमक 250 ग्राम, नीबू 1 किलोग्राम, 1 चम्मच चीनी।

**विधि**—आधा किलो नीबू धोकर 4-4 टुकड़ों में काट लें और शेष आधा किलो नीबू को दो-दो टुकड़ों में काटकर रस निकालकर अलग रख लें। रस में 1 चम्मच चीनी भी मिला दें। अब हरी मिर्च और अदक के छोटे-छोटे टुकड़े करके नीबू के रस में डाल दें। एक मर्तबान में कटे नीबू, अदरक, मिर्च, नीबू का रस तथा नमक डालकर एक सप्ताह धूप में रखें। अचार तैयार है।

## मिक्स्ड अचार

**सामग्री**—अदरक 250 ग्राम, हरी मिर्च 250 ग्राम, लहसुन 250 ग्राम, अमचूर 250 ग्राम, पिसी राई 100 ग्राम, पिसी हल्दी 50 ग्राम, मेथी, मंगरैल, अजवाइन, सौंफ—चारों मिलाकर 75 ग्राम, नमक 200 ग्राम, सरसों का तेल 400 ग्राम, साइट्रिक एसिड 1 चम्मच या नीबू का रस 2 चम्मच।

**विधि**—अदरक, मिर्च, लहसुन को धोकर साफ खरल में अच्छी तरह कूट लें। सूखे तवे पर मेथी, मंगरैल, अजवाइन एवं सौंफ को हल्का भून लें। बाद में दरदरा कर लें। अब राई, हल्दी, नमक, मिर्च तेल में मिलाएँ। इसी में कूटा अदरक, मिर्च तथा लहसुन का पेस्ट भी मिक्स करें। अब इसमें मेथी, मंगरैल, अजवाइन और सौंफ (दरदरी की हुई) भी मिलाकर एक चाय चम्मच साइट्रिक एसिड या 2 बड़े चम्मच नीबू के रस को डालकर शीशे के जार में भरकर रख दें। तीन दिन तक धूप दिखाएँ।

## छूँदा

**सामग्री**—कच्चा आम, मिर्च पाउडर, नमक, मोटा पिसा जीरा, हल्दी, शक्कर सब अंदाज से।

**विधि**—कच्चा आम छीलकर कद्दूकस करें। इसके लिए बड़े-बड़े राजापुरी आम अच्छे होते हैं। कसी हुई कैरी में नमक व हल्दी लगाकर थोड़ी देर के लिए रख दें। जब अच्छी तरह पानी छोड़ दे तब हाथों से दबाकर उसके सारे पानी को निकालकर एक अलग बर्तन में रख लीजिए। यदि निकला हुआ पानी एक कटोरी है तो उससे दुगुनी शक्कर डालकर किसी स्टील अथवा काँच के बर्तन में कपड़ा बाँधकर आठ दिन तक धूप में रखें ताकि चीनी घुलकर चाशनी बन जाए। बीच-बीच में हिलाती जाएँ। कसे हुए आम के गूदे में पिसी मिर्च व मोटा पिसा जीरा डालकर दो दिन धूप में रखें। फिर किसी काँच के मर्तबान में भर कर रख लें। बचे हुए पानी में नमक, मिर्च व ककड़ी डालकर काम में लें।

## करेले का अचार

**सामग्री**—1 किलो करेले, 160 ग्राम गरम मसाला, 30 ग्राम कलौंजी, 30 ग्राम मेथी, 30 ग्राम धनिया, 30 ग्राम लाल मिर्च, जरा-सी हींग, 60 ग्राम पिसी राई, 100 ग्राम नमक, 125 ग्राम चीनी, 250 ग्राम नीबू, सरसों का तेल।

**विधि**—नरम-नरम करेले लेकर खुरच लें। बीच में चीरा लगाकर नमक लगा दें और धूप में रख दें। गरम मसाला, कलौंजी, मेथी, धनिया, लाल मिर्च और हींग मिलाकर थोड़े-से सरसों के तेल में भून लें, फिर इसमें राई, नमक और चीनी मिला दें। करेलों को कई बार पानी से धो लें और थोड़ी देर के लिए धूप में रख दें, फिर उनमें मसाला भर कर धागे से बाँधकर मर्तबान में डाल लें, ऊपर से नीबू का रस निचोड़ दें। तीन-चार दिन बाद इतना सरसों का तेल डाल दें कि करेले तेल में डूब जाएँ। एक हफ्ते तक धूप में रखने के बाद यह अचार खाने योग्य हो जाएगा।

## खरबूजे का अचार

**सामग्री**—2 किलो छोटे वाले खरबूजे, 125 ग्राम गरम मसाला, 60 ग्राम कलौंजी, 60 ग्राम मेथी, 60 ग्राम धनिया, 60 ग्राम लाल मिर्च, जरा-सी हींग, 125 ग्राम पिसी राई, 200 ग्राम चीनी, 200 ग्राम नमक, सरसों का तेल।

**विधि**—खरबूजे के ऊपर से चाकू की सहायता से टोपी उतार लें और अंदर से सारे बीज निकाल लें। फिर गर्म मसाला, कलौंजी, मेथी, धनिया, लाल मिर्च, हींग को थोड़े-से सरसों के तेल में भून लें। फिर नमक, राई व चीनी भी मिला दें। सारे मसालों को मिलाकर खरबूजों में भर दें। ऊपर से टोपी लगाकर धागे से बाँधती जाएँ जिससे मसाला बाहर न निकल सके। मर्तबान में खरबूजे रखकर ऊपर से तेल डाल दें। एक हफ्ते तक धूप में रखने के बाद अचार खाने योग्य हो जाएगा।

## सहिजन का अचार

**सामग्री**—1 किलो सहिजन का डोडा, 50 ग्राम लाल मिर्च, थोड़ा-सा अमचूर, हरा सोआ, सरसों, मेथी, सौंफ, जीरा, एक-एक चम्मच, थोड़ी अजवाइन, 250 ग्राम सरसों का तेल, नमक और हल्दी अंदाज से।

**विधि**—जीरा और धनिया धीमी आँच पर भूनकर, मसालों के साथ पीस लें। सहिजन का डोडा छोटे-छोटे टुकड़ों में काटलकर उबाल लें। फिर सहिजन को निचोड़ लें। अब पिसी हुई खटाई, सोआ, हल्दी, नमक मिलाकर धूप में सुखा दें। सूख जाने पर उसमें कड़वा तेल मिलाकर मर्तबान में रख दें। यह अचार साल भर चलता है तथा पेट के लिए बड़ा लाभदायक होता है।

## गलगल का अचार

**सामग्री**—2 किलो गलगल, आधा किलो अदरक, 250 ग्राम साबुत लाल मिर्च, 750 ग्राम नमक, 100 ग्राम लाल मिर्च, पिसी हुई हल्दी, सरसों का तेल।

**विधि**—गलगलों के चार-चार टुकड़े करके नमक डालकर किसी मर्तबान में भरकर दो-तीन दिन धूप में रखें। जब छिलके का रंग बदल जाए तो उसमें मिर्च, हल्दी, अदरक को छीलकर उसके लम्बे-लम्बे टुकड़े कर लें और तेल डालकर गलगल को धूप में रख दें। तेल में अचार डूब जाना चाहिए। सर्दियों में यह अचार बहुत अच्छा लगता है।

## मिरचौनी

**सामग्री**—5 किलो आम, 1 किलो नमक, 250 ग्राम लाल मिर्च, 10 ग्राम हींग, 200 ग्राम शक्कर, पर जरूरी नहीं।

**विधि**—आम धोकर पोंछ लें और फिर फाँकें काटकर गुठली निकाल दें, अब नमक, हल्दी लगाकर रात को भर कर रख दें। दूसरे दिन फाँकों को धूप में रख दें। रात को फिर नमक के पानी में डाल दें। दूसरे दिन फिर धूप में फाँकें सुखा दें। फिर हींग पीसकर और लाल मिर्च मिला दें। मर्तबान को हींग का धुआँ दें। आम की फाँकों में मसाला भर कर मर्तबान में दबा-दबाकर भर दें। बचा हुआ पानी ऊपर से डाल दें। थोड़े दिनों में फाँकें पानी पी जाएँगी। महीने की धूप दिखा कर रख लें।

## कचालू और बैंगन का अचार

**सामग्री**—500 ग्राम कचालू, 250 ग्राम लम्बे बैंगन, 1 चम्मच हल्दी, 3 चम्मच पिसी राई, 2 चम्मच लाल मिर्च, चौथाई कप सिरका, 250 ग्राम सरसों का तेल, 3 चम्मच नमक।

**विधि**—छोटे-छोटे कचालू लेकर उबाल लें। बैंगन भी छोटे वाले लें और बीच में से चीर लें, लेकिन वे डंठल से जुड़े रहने चाहिए। उबलते नमक मिले पानी में पाँच मिनट तक बैंगनों को डाल दें फिर छाननी से पलट कर बैंगनों को फरहरा कर लें। कचालू को छीलकर मोटे-मोटे टुकड़ों में काट लें, फिर थोड़ी देर के लिए बैंगनों व कचालू को धूप में रख दें, सूखने पर परात में बैंगन व कचालू डालें और पिसी हल्दी, मिर्च राई व नमक मिला दें। सिरका व थोड़ा-सा तेल भी मिला दें और मर्तबान में भर दें, धूप में रखकर रोज हिलाती रहें, तीसरे दिन बाकी बचा तेल भी मिला दें। एक हफ्ते बाद यह अचार खाने योग्य हो जाएगा।

## सेम का अचार

**सामग्री**—1 किलो सेम, 30 ग्राम लाल मिर्च, 30 ग्राम अमचूर, 2 चम्मच सूखी धनिया, 2 चम्मच सरसों, 2 चम्मच मेथी, 2 चम्मच सौंफ, 2 चम्मच जीरा, 30 ग्राम अजवायन, 250 ग्राम सरसों का तेल, 3 चम्मच हल्दी, 100 ग्राम नमक।

**विधि**—जीरा, मेथी और धनिया को धीमी आँच पर भूनकर बाकी मसालों के साथ पीस लें। सेम के धागे निकालकर काट लें और भाप दे दें। ठण्डी होने पर पानी निचोड़ दें फिर इसमें पिसा मसाला, हल्दी व नमक मिलाकर धूप में सुखा दें। सूख जाने पर सरसों का तेल मिलाकर मर्तबान में भर दें। यह अचार काफी दिन तक चलता है।

## खीरे का अचार

**सामग्री**—10 खीरे, 16 कप पानी, 4 कप सिरका, 1 कप चीनी, 1 टुकड़ा दालचीनी और 12 लौंग।

**विधि**—खीरे को छीलकर कड़वाहट निकालकर, इच्छानुसार टुकड़े काटकर नमक मिले पानी में 2 दिन के लिए भिगो दें। दो दिन बाद पानी निकाल दें। अब खीरे में सिरका, चीनी, पिसी दालचीनी और लौंग मिला दें। गैस पर पाँच मिनट के लिए पका लें। ठंडा होने पर रस-सहित जार में भर लें।

## पपीते का अचार

**सामग्री**—1 बड़ा पपीता (कच्चा), सरसों का तेल 200 ग्राम, 1 चम्मच सौंफ, 1 चम्मच काला नमक, 1 चम्मच सफेद नमक, 1 चम्मच लाल मिर्च, दो गाँठें अदरक, 1 चम्मच हल्दी, थोड़ी-सी लौंग।

**विधि**—पपीते को बिना छीले ही काट लें और बीज निकाल दें। अब इसके छोटे-छोटे टुकड़े काट लें। इन टुकड़ों को उबाल लें। जब हल्के गलने लगें तो पानी में से निकालकर कपड़े पर सुखा दें। जब ये सूख जाएँ तब तेल गर्म करें और उसमें बारीक कटा अदरक, पिसी हींग, हल्दी, सौंफ आदि डालकर गर्म कर लें। अब इस मसाले को ठंडा करके इसमें नमक मिला दें। पपीते के टुकड़ों को इस मसाले में डालकर अच्छी प्रकार से हिलाएँ। अब इसे मर्तबान में भरकर रख दें। एक दिन छोड़कर धूप दिखाती रहें। एक सप्ताह से लेकर 10 दिन तक में अचार तैयार हो जाएगा।

## गुड़ वाला मीठा अचार

**सामग्री**—10 किलो कच्चे आम, 25 ग्राम लौंग, काली मिर्च 120 ग्राम, बड़ी इलायचियाँ 50 ग्राम, जीरा 100 ग्राम, सौंफ 250 ग्राम, धनिया 250 ग्राम, हींग 10 ग्राम, डेढ़ किलो नमक, 5 किलो गुड़।

**विधि**—आमों को छीलकर पतली फाँकें काट लें। डेढ़ किलो नमक में इन फाँकों को मिलाकर 24 घण्टे तक रख दें। अगले दिन तक उन फाँकों में से पानी निकल जाएगा। अब फाँकें निचोड़ कर थोड़ी देर धूप में सुखा दें। उस बचे हुए पानी में गुड़ कूट कर डाल दें और आग पर चढ़ा दें। जब चाशनी तैयार हो जाए तब उबलती चाशनी में तैयार किया हुआ मसाला और फाँकों को मिला दें। इसे मर्तबान में भरकर रख दें। एक हफ्ते बाद अचार तैयार है।

## मेवेदार अचार

**सामग्री**—1 किलो आम,250 ग्राम चिरौंजी, 250 ग्राम किशमिश, 250 ग्राम छिले बादाम, 150 ग्राम कसी हुई गिरी, 250 ग्राम छुआरे, 2 किलो चीनी, 200 ग्राम दूध, 250 ग्राम सिरका।

**विधि**—बिना जाली वाले आम लें और छीलकर पतली-पतली फाँकें काट लें। सब चीजें मिलाकर आँच पर चढ़ा दें। थोड़ी देर में चला दें। आँच धीमी रहेगी। तीन घण्टे तक पकने दें। जब आमों में सुरखी पड़ने लगे तो 250 ग्राम सिरका डाल दें। थोड़ी देर और पकने दें। इसके बाद 1-1 ग्राम पिसे जायफल और दालचीनी डालकर घोट दें। ठंडा हो जाने पर मर्तबान में भरकर रख दें।

## मटर का अचार

**सामग्री**—2 किलो मटर, 4 नीबू, इमली अंदाज से, 1 कप सिरका, 2 बड़े चम्मच पिसी मिर्च, 1 चम्मच चीनी, नमक, 10 हरी मिर्च, 10 लाल मिर्च, थोड़ी अदरक, 1 कप सरसों का तेल, 1 चम्मच दानामेथी, 1 बड़ा चम्मच जीरा, 1 बड़ा चम्मच धनिया, 1 बड़ा चम्मच राई।

**विधि**—मटर के दाने छीलकर रख लें। 2 लीटर गर्म पानी में 2 चम्मच नमक डाल दें। इस पानी में मटर के दाने 2 घण्टे तक भिगो दें। पानी से निकाल कर दानों को सूखे कपड़े पर फैला दें। अगले दिन जब मटर का पानी सूख जाए, तब उसमें 4 नीबूओं का रस और नमक मिला दें। दिन भर धूप में रख दें।

उसके अगले दिन इमली को आधे कप सिरके में भिगोकर उसका गूदा निकाल लें। अदरक बारीक कतर लें। मटर में बाकी बचा हुआ सिरका, हल्दी और इमली मिला दें। लाल मिर्च, कतरी हुई अदरक और चीनी भी मिला दें। चार-पाँच दिन तक रोज धूप में रखें।

जीरा, धनिया और राई को गर्म तवे पर भून लें। फिर इन्हें पीस लें। तेल में मेथी तल लें। मेथी को निकाल कर तेल को ठंडा होने दें। अब मटर में पिसा मसाला, पिसी मिर्च और मेथी मिला दें। मर्तबान में भरकर ऊपर से ठंडा किया हुआ तेल डाल दें। 10-15 दिन तक अचार को धूप में रखने के बाद अचार तैयार हो जाएगा।

## फूल-गोभी और शलजम का अचार

**सामग्री**—1 किलो फूलगोभी, डेढ़ किलो शलजम, 125 ग्राम अदरक, 125 ग्राम लहसुन, 50 ग्राम हरी मिर्च, 125 ग्राम राई, 50 ग्राम गरम-मसाला, 200 ग्राम गुड़, 1 कप सिरका, 1 कप सरसों का तेल, स्वादानुसार नमक।

**विधि**—शलजम व गोभी दोनों को छीलकर टुकड़ों में काट लें। कटी हुई सब्जी को उबलते हुए पानी में आधे मिनट डालकर बाहर निकाल कर अलग रख लें। अदरक व लहसुन को पीस लें। फ्राइपैन में तेल गर्म करके पिसी हुई अदरक और लहसुन के मिश्रण को मिला लें। अब पैन में हरी मिर्च डालकर पैन को आँच पर से उतार लें। एक मोटे पैंदे की पतीली में सिरका और गुड़ डालकर मिला लें। पतीली को आँच पर चढ़ा कर चाशनी बन जाने तक पका लें। मसाले और तेल को अब इस चाशनी में डाल दें। पतीली में गरम-मसाला भी डाल दें। काली राई भूनकर दरदरा पीस लें। तेल और चाशनी के मिश्रण में मिला दें। स्वादानुसार नमक भी डाल दें। अब पतीली में सब्जियाँ डालकर सब चीजों को एक साथ मिला लें और मर्तबान में उलट दें। अचार को 8-10 दिन तक धूप में रखें, अचार तैयार है।

**नोट** 1. ध्यान रहे कि सब्जियाँ तेल की सतह के नीचे ही रहें, नहीं तो सब्जियाँ सड़ जाने का अन्देशा रहता है।

2. *समान भाग में लौंग, दालचीनी, बड़ी इलायचियाँ और काली मिर्चों को महीन पीस लें यह गरम-मसाला बन जाएगा।*

## टमाटर का अचार

**सामग्री**—2 किलो टमाटर, आधा बोतल सिरका, 1 कप सरसों का तेल, 200 ग्राम अदरक, 200 ग्राम हरी मिर्च, एक चुटकी हींग, 2 छोटे चम्मच पिसी मिर्च, 2 छोटे चम्मच पिसी हल्दी, 100 ग्राम मेथीदाना, 100 ग्राम काली राई के दाने, 200 ग्राम चीनी और स्वादानुसार नमक।

**विधि**—अदरक को महीन पीस लें व हरी मिर्चों को बारीक कतर लें। मेथीदाना और राई को तवे पर भून कर पीस लें। टमाटर को बारीक-बारीक काट लें। घी गर्म करें तथा उसमें हल्दी, मिर्च, नमक, पिसी राई, पिसा मेथीदाना और चीनी डालकर हल्की आँच पर इतनी देर सब चीजों को चलाती रहें कि मिश्रण से सौंधी खुशबू निकलने लगे। अब टमाटर लगातार इतनी देर तक पकाएँ जब तक कि तेल ऊपर सतह पर न आ जाए। अब सिरका डालकर दो मिनट और पका लें। पतीली को आँच पर से उतार कर ठंडा होने दें। शीशियों में भर लें। यह अचार एक महीने तक खराब नहीं होगा। यदि लहसुन पसंद हो तो मसालों के साथ डाल दें।

## हींग का अचार

**सामग्री**—1 किलो आमों का गूदा, 250 ग्राम मिर्च, 250 ग्राम नमक, 1 तोला हींग।

**विधि**—आमों को छीलकर उनके गूदे के छोटे-छोटे टुकड़े कर लें। (गूदा एक किलो होना चाहिए)।

आमों के टुकड़ों में नमक लगाकर एक दिन के लिए रख दें। तीसरे दिन हींग व मिर्च मिला दें और इसे बराबर 10 दिन धूप में रखें, 10 दिन बाद यह खाने लायक हो जाएगा। यह अचार पूरे साल चलता है।

## सोयाबीन की बड़ियों का अचार

**सामग्री**—500 ग्राम सोयाबीन की बड़ियाँ, काली मिर्च व बड़ी इलायची 15-15 ग्राम, 10 ग्राम जीरा, 5 ग्राम सोंठ, आधा जायफल, लौंग, दालचीनी, जावित्री आधा-आधा छोटा चम्मच, पिसी हल्दी, कड़वी मिर्च व रंग वाली मिर्च डेढ़-डेढ़ बड़ा चम्मच, 50 ग्राम राई, डेढ़ बड़ा चम्मच चीनी, चुटकी भर हींग, नमक व सरसों का तेल आवश्यकतानुसार।

**विधि**—सोयाबीन की बड़ियों को खौलते पानी में फूलने तक उबाल कर छन्नी में पलट दें। सभी मसाले महीन पीस लें और राई भी महीन पीस लें और तेज आँच पर कड़ाही चढ़ाएँ। लगभग दो सौ ग्राम तेल धुआँ उठने तक गर्म करें। हींग का बघार देकर सोयाबीन की बड़ियाँ डाल दें और सुर्ख होने तक तलें। आँच कम कर दें। सभी मसाले व चीनी तथा नमक मिलाएँ। कुछ देर सामग्री को उलटें-पलटें और फिर राई डालकर आँच पर से उतार लें। ठंडा होने पर शीशे के मर्तबान में डाल दें और ऊपर से सरसों के तेल से लबालब भर दें। 3-4 दिन धूप दिखाएँ।

## राजमा और काबुली चनों का अचार

**सामग्री**—250 ग्राम राजमा, 250 ग्राम काबुली चने।

**मसाले**—15 ग्राम काली मिर्च, बड़ी इलायची 15 ग्राम, जीरा 10 ग्राम, आधा जायफल, लौंग, दालचीनी, जावित्री आधा-आधा छोटा चम्मच, 5 ग्राम सोंठ, हल्दी, लाल मिर्च पिसी हुई डेढ़ बड़ा चम्मच, डेढ़ चम्मच खसखस, डेढ़ चम्मच चीनी, 2 प्याला सिरका, चुटकी भर हींग, नमक व सरसों का तेल।

**विधि**—राजमा व चना अच्छी तरह बीन लें और पानी में रात भर भिगोकर रख दें। सभी मसाले व खसखस को अलग से महीन पीस लें। अब फूले हुए चने, राजमा को आधी कटोरी पानी में थोड़े-से नमक के साथ कूकर में दो सीटियों तक प्रेशर दें। फिर कूकर आँच से उतार कर भाप निकाल दें और सामग्री को छन्नी में पलट दें। अब कड़ाही में तेल डालकर धुआँ उठने तक गर्म करें। हींग का बघार देकर कड़ाही आँच से उतार लें। खसखस व सभी मसाले, हल्दी व चीनी डालकर तेल को हिलाएँ, फिर राजमा, चने व नमक, सिरका डालकर सामग्री को कलछी से उलटें-पलटें और ठंडा होने पर मर्तबान में तेल डालकर भर दें।

## उड़द व मूँग की दाल का अचार

**सामग्री**—400 ग्राम मूँग की धुली हुई दाल, 100 ग्राम उड़द की धुली दाल, 15 काली मिर्च, 15 बड़ी इलायची, 10 ग्राम जीरा, आधा जायफल, लौंग, दालचीनी व जावित्री प्रत्येक आधी-आधी चम्मच, 5 ग्राम सोंठ, पिसी हल्दी, पिसी लाल मिर्च, व रंग के लिए लाल मिर्च डेढ़-डेढ़ चम्मच, अनारदाना 25 ग्राम, डेढ बड़ा चम्मच चीनी, चुटकी भर हींग, नमक व सरसों का तेल।

**विधि**—दोनों दालों को साफ करके मिलाकर आठ-दस बार ठण्डे पानी में मल-मलकर धो लें, खुले पानी में लगभग आधा घण्टा फूलने दें। सभी मसालों को इकट्ठा पीस लें। अनारदाना भी महीन पीस लें। फूली दालों में चार-पाँच चुटकी मेथीदाना डालकर पीठी पीस लें। पीठी को कपड़े की पोटली में बाँधें। अब कुकर में डेढ़ गिलास पानी डालकर पोटली डाल दें और ढक्कन बन्द करके तीन सीटियों तक प्रेशर दें। कुकर आँच से उतार कर ठंडा होने पर ढक्कन खोलें। पोटली से दाल का गोला ट्रे में निकाल लें और तेज चाकू से पीठी के छोटे-छोटे टुकड़े काट लें। तेज आँच पर कड़ाही चढ़ाएँ। लगभग दो सौ ग्राम तेल धुआँ उठने तक गर्म करें। हींग का बघार देकर दाल के टुकड़ों को सुर्ख होने तक तलें। आँच धीमी करके सभी मसाले, नमक व अनारदाना आदि डालकर सामग्री को अच्छी तरह उलटें-पलटें और आँच से उतार

लें। ठंडा होने पर मर्तबान में भर दें और ऊपर से तेल लबालब भर दें। तीन-चार दिन तक धूप में रखें। अचार तैयार हो जाएगा।

## बेसन के गट्टे का अचार

**सामग्री—**500 ग्राम बेसन, 25 ग्राम मिर्च, 20 ग्राम नमक, 10 ग्राम राई, 10 ग्राम सरसों, 2 चम्मच मेथीदाना, 2 चम्मच हल्दी, 1 चम्मच मीठा सोडा, 2 चम्मच जीरा, 10 ग्राम सौंफ, हींग अंदाज से, डेढ़ लीटर मीठा तेल।

**विधि—**सबसे पहले बेसन को छानकर उसमें दो चम्मच मिर्च, 2 चम्मच जीरा व अंदाज से नमक तथा पूरा खाने वाला सोडा डालकर मिला लें। फिर दो चम्मच तेल का मोयन देकर उनको पुड़ी के आटे जैसा गूँथ लें। पतले-पतले रोल बनाकर कड़ाही में गुलाबी-गुलाबी तल लें। उसके बाद इनके गट्टे काट लें। अब बाकी के मसाले को तेल में अच्छा भून लें, जब मसाला ठंडा हो जाए तो गट्टे उसमें मिलाकर बर्नी में भर लें। तेल उसमें ऊपर तक होना चाहिए। यह अचार साल भर तक खराब नहीं होता है।

## पत्तागोभी का अचार

**सामग्री—**500 ग्राम पत्तागोभी, 1 बड़ा चम्मच राई, 1 बड़ा चम्मच सरसों का तेल, आधा कप सिरका, नमक और मिर्च इच्छानुसार।

**विधि—**पत्तागोभी को अच्छी तरह धोकर पोंछ लें, अब छुरी से बारीक-बारीक काट लें। इसको धूप में दो घण्टे के लिए कपड़े पर फैला दें, बीच-बीच में उसे हिलाती रहें ताकि पानी हो तो सूख जाए। अब राई को पीस लें। स्टील की थाली में कटी हुई पत्तागोभी डालें, उसमें राई, तेल, नमक, मिर्च, हल्दी, सिरका डालकर अच्छी तरह मिक्स कर लें। अब इसे काँच के साफ मर्तबान में भर दें। दो-तीन दिन बाद अचार खाने लायक हो जाएगा। यह अचार जायकेदार तथा टिकाऊ होता है। यदि आप चाहें तो इसमें हरी मिर्चों के टुकड़े भी डाल सकती हैं।

## हरे बाँस का अचार

**सामग्री—**1 हरा बाँस, 1 बड़ा चम्मच मेथी, 50 ग्राम राई, 1 छोटा चम्मच कलौंजी, 1 चम्मच जीरा, 5 ग्राम जावित्री, 10 ग्राम पीपली, 5 ग्राम लौंग, 5-5 दाने छोटी व बड़ी इलायची, 250 ग्राम सरसों का तेल, 3 बड़े चम्मच सिरका, नमक, मिर्च और हल्दी इच्छानुसार।

**विधि—**हरा बाँस छील लें और 2 या 3 इंच के टुकड़ों में काट लें। उबले पानी में बाँस डूब जाए पानी इतना डालिए। अब निकाल कर सूखे तौलिए पर सुखा लें। नुकीले चाकू से बीच की गाँठें निकाल दें। गोल आकार में एक जैसे टुकड़े काट लें। सब मसाले पीस लें। तेल को आँच पर गर्म करें, जब धुआँ निकलने लगे तब सब मसाले मिला दें। अब सिरका मिलाकर मर्तबान में भर दें। सात दिन तक धूप लगाने के बाद यह अचार खाने योग्य हो जाएगा।

## अमरूद का अचार (पहली विधि)

**सामग्री—**कच्चा अमरूद 1 किलो, सरसों का तेल 250 ग्राम, नमक 50 ग्राम, जीरा 25 ग्राम, हींग अंदाज से, मेथी 20 ग्राम, सौंफ 20 ग्राम, कलौंजी 10 ग्राम, राई 25 ग्राम, पिसी हल्दी 4 छोटे चम्मच, पिसी लाल मिर्च इच्छानुसार।

**विधि—**कच्चे अमरूद को छोटे-छोटे टुकड़ों में काटकर, हल्दी, नमक, हींग लगाकर धूप में एक दिन के लिए रख दें। दूसरे दिन उपर्युक्त मसाले सूखे पीसकर मिला दें। ऊपर से सरसों का तेल मिलाकर मर्तबान में भर दें। तेल ऊपर तक भरा होना चाहिए। यह अचार साल भर तक खराब नहीं होता।

## अमरूद का अचार (दूसरी विधि)

**सामग्री**—कच्चा अमरूद 1 किलो, लहसुन 250 ग्राम, हरी मिर्च 100 ग्राम, अदरक 250 ग्राम, नमक 50 ग्राम, सरसों का तेल 200 ग्राम, हरी धनिया 50 ग्राम, पिसी लाल मिर्च 50 ग्राम, एसिटिक एसिड 4 छोटे चम्मच।

**विधि**—कच्चे अमरूद को कस लें। बीज न आने पाएँ। हरी मिर्च, हरी धनिया, लहसुन को सिल पर कुचल लें। नमक तथा कुचली हुई सभी चीजों को मिला लें। सरसों का तेल भी मिला दें। चार छोटे चम्मच एसिटिक एसिड गुनगुने पानी में घोलकर अचार में अच्छी तरह मिला दें।

## सेब का अचार

**सामग्री**—सेब 2 किलो, नमक 250 ग्राम, हल्दी 25 ग्राम, राई 50 ग्राम, सौंफ 25 ग्राम, लाल मिर्च 15 ग्राम, गरम-मसाला 15 ग्राम, लहसुन 25 ग्राम, अदरक 200 ग्राम, हरी मिर्च 100 ग्राम, एसिटिक एसिड 20 मि.ली., कड़ुवा तेल 250 ग्राम।

**विधि**—खट्टे किस्म वाले ताजे सेब लेकर अच्छी तरह छील लें, दो या चार टुकड़ों में काटकर बीच का बीज वाला हिस्सा काटकर अलग कर दें। छिले-कटे सेब को कपड़े में बाँधकर उबलते हुए पानी में 2 मिनट के लिए उबालकर हल्का-सा मुलायम कर लें। कपड़े पर फैलाकर फरहरा होने दें। अदरक, लहसुन छीलकर पतले टुकड़े में काट लें। हरी मिर्च को बीच में से चीरा लगा दें। अब एक बर्तन में तेल गर्म करें। उसमें कटा हुआ अदरक, हरी मिर्च, लहसुन, साबुत सौंफ, मोटी कुटी मेथी डाल दें। सौंफ का रंग गुलाबी होने पर सेब, पिसा नमक, हल्दी, राई, लाल मिर्च, गरम-मसाला मिलाकर आँच से हटा लें और एसिटिक एसिड मिला दें। मीठा अचार बनाने के लिए 500 ग्राम चीनी अथवा गुड़ मिलाया जा सकता है। तैयार अचार साफ जार में भरकर एक हफ्ते की धूप लगा दें।

## भिंडी का अचार

**सामग्री**—250 ग्राम भिंडी, 5 छोटे चम्मच राई पिसी हुई, 1 छोटा चम्मच हल्दी, आधा छोटा चम्मच मोटी सौंफ (दरी हुई), 1 छोटा चम्मच लाल मिर्च, 2 छोटे चम्मच अमचूर, नमक स्वादानुसार, एक छोटा टुकड़ा हींग, सरसों का तेल।

**विधि**—भिंडी को अच्छी तरह से कपड़े से पोंछ लें। पहले गीले से फिर सूखे से पोछें। थोड़ी-देर तक धूप दिखा लें। अब भिंडी के करीब 1 इंच के टुकड़े काटकर उसमें सभी मसाले तथा तेल मिला दें। हींग भी चूरकर मिला दें। किसी मर्तबान में भर लें, तेल इतना रहे कि भिंडी के बराबर आ जाए। मर्तबान को धूप में आठ-दस दिन रखें। बस आपका भिंडी का अचार तैयार है।

## परवल का अचार

**सामग्री**—250 ग्राम परवल, दो या ढाई चम्मच राई, ढाई चम्मच सौंफ, डेढ़ चम्मच जीरा, 1 छोटा चम्मच हल्दी, 1 छोटा चम्मच मिर्च, थोड़ी-सी हींग, 3 कच्चे आम, सरसों का तेल, नमक स्वादानुसार।

**विधि**—परवल को खुरच कर गोलगोल टुकड़ों में काट लें। राई महीन पीस लें तथा सौंफ को दरदरी पीस लें। एक पतीले में पानी उबलने दें। जब पानी उबलने लगे तो परवल के टुकड़े उसमें डालकर बस 2 मिनट में उतार लें। जिससे परवल हल्का नर्म हो जाए। इसे अब धूप में कपड़े पर सूखने डाल दें। 3-4 घंटे बाद परवल में सारे मसाले तथा तेल मिला दें। आम कद्दूकस करके डालें।

यदि आम न हो तो अमचूर का प्रयोग कर सकती हैं। इस मिश्रण को मर्तबान में भर दें। यदि तेल कम हो तो ऊपर से डाल दें तथा दस दिन धूप में रखें। हींग चूर कर ही डालें। बस लोगों को खिलाइए, आपकी तारीफ ही तारीफ होगी।

## टिकलिंग सैलरी पिकल

**सामग्री—**15–20 हरी सैलरी स्टिक्स, 100 ग्राम पिसा अदरक, 10–12 पिसी लहसुन की कलियाँ, 100 ग्राम कोई भी खाद्य तेल, 100 ग्राम पिसी राई, 25 ग्राम हल्दी, लाल मिर्च स्वादानुसार, 1 बड़ा चम्मच सिरका, 1 बड़ा चम्मच चीनी।

**विधि—**सैलरी स्टिक्स के पत्ते काटकर अलग कर दें और स्टिक्स को पानी में धोकर पोंछ लें। इसके डेढ़ या 2 इंच लम्बे टुकड़े कर लें।

अब सारी सामग्री अच्छी तरह मिलाएँ और मर्तबान या जार में भर कर धूप में रखें। 3–4 दिन तक रोजाना एक–दो बार हिलाएँ और धूप में रखा रहने दें, चौथे–पाँचवें दिन खाने लायक खट्टा अचार तैयार हो जाएगा।

स्वादिष्ट, टिकलिंग सैलरी पिकल को पुलाव, बिरयानी, ब्रेड, बन, पराँठा किसी के भी साथ पेश करें। चाहें तो सलाद में भी मिला सकती हैं।

## टमाटर गाँठगोभी की लौंजी

**सामग्री—**1 बड़ी गाँठगोभी, 2 हरी मिर्च, 1 प्याज, 500 ग्राम टमाटर, 1 चम्मच नमक, 50 ग्राम दालचीनी, चुटकी भर लाल मिर्च, 300 ग्राम सिरका, 4 चम्मच चीनी।

**विधि—**गाँठगोभी को छीलकर अच्छी तरह साफ कर लें। मिर्च के बीज निकाल कर काट लें। प्याज को छोटा–छोटा काट लें। गाँठगोभी, मिर्च और प्याज को पतीले में रखें। इसमें टमाटर, नमक, चीनी, दालचीनी, कुटी मिर्च और सिरका मिलाएँ। इसे लगभग दो घंटे तक धीमी आँच पर पकाएँ। अच्छी तरह गलने पर उतार लें। स्वादिष्ट लौंजी तैयार है।

## मोटे सेब का अचार

**सामग्री—**200 ग्राम मोटा सेब (डकोली), 100 ग्राम तेल, 1 छोटा चम्मच राई, 1 छोटा चम्मच मेथीदाना, 1 छोटा चम्मच सौंफ, आधा छोटा चम्मच काला जीरा, 1 छोटा चम्मच हल्दी, 2 छोटे चम्मच पिसी लाल मिर्च, 2 या 3 छोटे चम्मच अमचूर, नमक स्वादानुसार, हींग चुटकी भर व पिसा गरम–मसाला 1 छोटा चम्मच।

**विधि—**सेब को उबलते हुए पानी में डालकर ढक्कन लगा दें। 2–4 मिनट बाद देखें। जब नर्म हो जाए तब पानी से निकालें। सेब का पानी सूख जाए तब उसमें राई मिला दें। सौंफ व मेथीदाना भूनकर पीस लें। अचार में हींग व गर्म मसाले को छोड़कर उपर्युक्त सभी मसाले अच्छी तरह मिला दें। भगौना या कड़ाही में तेल गर्म करके हींग डालें व तैयार अचार उसमें डाल दें। अच्छी तरह भूनकर नीचे उतार लें और पिसा गरम–मसाला मिला दें। ठंडा होने पर मर्तबान में ऊपर से सोडा व तेल और डाल दें। 3–4 दिन धूप में रखें। स्वादिष्ट अचार तैयार है।

## इमली की चटनी

**सामग्री—**100 ग्राम पकी इमली, 250 ग्राम गुड़, 1 चम्मच पिसी सोंठ, 2 छुआरे, 20 ग्राम किशमिश, एक चुटकी हींग, 1 चम्मच भुना जीरा, थोड़ी–सी कटी हुई अदरक, सफेद व काला नमक।

**विधि—**इमली को चार–पाँच घण्टे पानी में भिगोने के बाद हाथ से मसलकर बीज निकाल दें व छलनी से छान कर सारा गूदा मसल कर निकाल दें। कलईदार बर्तन में हींग, जीरा, अदरक, सोंठ, नमक, मिर्च और इमली का घोल, गुड़ मिलाकर गैस पर रख दें। बारीक कटा छुआरा चाहें तो मिला दें। जब चटनी गाढ़ी होने लगे तब किशमिश मिला दें, ठण्डी होने पर बोतल में भर कर फ्रिज में रख दें, फिर यह चटनी बहुत दिनों तक खराब नहीं होती है।

## हरे धनिए की चटनी

**सामग्री**—250 ग्राम धनिया, 1 चम्मच नमक, 4-5 हरी मिर्च, ½ चम्मच जीरा, 2 चम्मच अमचूर या एक नीबू का रस, आधी चुटकी हींग, एक चुटकी चीनी।

**विधि**—धनिया की पत्तियाँ तोड़ लें और खूब पानी से धो लें जिससे मिट्टी निकल जाए। मिक्सी में धनिया पत्ती, नमक, कटी हरी मिर्च, हींग, अमचूर, चीनी डालकर खूब बारीक पीस लें। नमक कम लगे तो और डाल लें। यह चटनी पकौड़ों के साथ खाने में बहुत स्वादिष्ट लगती है।

## आम की खट्टी-मीठी चटनी

**सामग्री**—5 ताजे कच्चे आम, 5 ग्राम पिसी हल्दी, 20 ग्राम पिसी सरसों, 10 ग्राम पिसी अदरक, नमक व चीनी थोड़ी-सी, एक चाय का चम्मच, खाने वाला चूना, ½ चम्मच साबुत सरसों, 150 ग्राम सरसों का तेल।

**विधि**—आम छीलकर बीच में से काट लें, गुठलियाँ निकाल कर लम्बी-लम्बी फाँकें काट लें। चूना लगाकर आधे घण्टे रखने के बाद आम अच्छी तरह से धो लें। इसमें नमक, हल्दी लगाकर आधा घण्टा रख दें इससे आम का पानी निकल जाएगा। पानी में से आम अलग निकाल कर रख लें।

कड़ाही में थोड़ा-सा तेल गर्म करें, उसमें मेथी व सरसों डाले, आम भी मिला दें, कलछी से एक-दो बार चला कर ढँक दें, थोड़ी देर बाद नमक, हल्दी, सरसों, पिसी अदरक आदि सभी मसाले मिला दें। आम पूरी तरह गल जाने पर उतार लें और मिट्टी के बर्तन में ढँक कर रख दें। यह चटनी काफी दिनों तक चलती है।

## हरी या लाल मिर्च की चटनी

**सामग्री**—100 ग्राम लाल या हरी मिर्च, 100 ग्राम तिल, 100 ग्राम नारियल का चूरा, 100 ग्राम मूँगफली के दाने, 10 ग्राम हींग, 10 ग्राम काली मिर्च, 10 ग्राम इमली, 10 ग्राम गुड़, 25 ग्राम नमक।

**विधि**—नारियल, मूँगफली व तिल को अलग-अलग भून लें। उसके बाद एक साथ मिर्च, हींग, काली मिर्च, इमली, गुड़ और नमक को पीस लें। फिर इसमें गिरी, मूँगफली और तिल को मिला दें। लाल मिर्च के पानी के कारण चटनी में गीलापन आ जाएगा।

## आम का मुरब्बा

**सामग्री—**1 किलो कच्चे आम, डेढ़ किलो चीनी, 750 ग्राम पानी।

**विधि—**आमों को छीलकर उबलते पानी में दो-तीन मिनट उबालें, थोड़ा उबल जाने पर छानकर ठण्डे पानी में डाल दें (ब्लीचिंग विधि)। अब आमों को गोद लें, चीनी व पानी को एक उबाल आने तक गर्म करें व गर्म चाशनी को छान लें फिर आम मिलाकर उसे 10 मिनट तक उबालें फिर उतारकर ठण्डे पानी में रख दें। दूसरे दिन फिर पन्द्रह मिनट तक उबालें तथा उतार कर पानी में रख कर ढक दें। तीसरे दिन फिर पकाएँ और एक तार की चाशनी बनने पर उतार कर ठंडा कर लें व मर्तबान में भर लें।

**नोट—***आम स्वयं खट्टा होता है इसलिए साइट्रिक एसिड डालने की जरूरत नहीं होती। इसी तरह अमरी सेब का मुरब्बा बनता है पर मीठे सेब को पहले चूने के पानी में भिगोना चाहिए।*

## अदरक का मुरब्बा

**सामग्री—**अदरक 500 ग्राम, चाशनी के लिए चीनी 250 ग्राम, चीनी 150 ग्राम।

**विधि—**अदरक को छीलकर पतले कपड़े में लपेटकर उबलते पानी में करीब एक घंटे डालकर रखें। गल जाने पर कपड़ा हटा कर काँटे से गोद लें। चीनी में 100 ग्राम पानी डालकर दो तारों की चाशनी बना

लें। फिर अदरक डालकर पुन: आग पर रखें जब चाशनी चार तार की बन जाए तब टुकड़ों को इसमें से निकालकर खुश्क चीनी में लपेट लें तथा ठंडा होने दें।

## सेब का मुरब्बा

**विधि**—सेबों को छीलकर टुकड़ों में काट लें तथा उनके बीजों को अलग कर दें। उन टुकड़ों को पानी में उबालकर चाशनी में डाल दें और पुन: आँच पर चढ़ा कर उन्हें पका लें। जब चाशनी गाढ़ी हो जाए तो उतार कर ठंडी हो जाने पर मर्तबान में भरकर रख लें। बिक्री के लिए माल तैयार है।

**विशेष**—*साबुत सेबों को छीलकर और गोद कर भी मुरब्बा तैयार किया जा सकता है।* चाशनी में सेब डालते समय साइट्रिक एसिड डाल दिया जाए तो और भी अच्छा रहता है। तैयार मुरब्बे पर इलायची के दाने भी डाल देने चाहिए।

## नाशपाती का मुरब्बा

**सामग्री**—बढ़िया पकी नाशपाती 1 किलो, 2 किलो चीनी, बड़े नीबू 2, गुलाबजल 2 छोटे चम्मच, किशमिश 100 ग्राम।

**विधि**—नाशपाती को खूब अच्छी तरह से धोकर छील लें। काँटे से इन्हें गोदकर, चार-चार टुकड़ों में काट लें। बीच का बीजवाला कड़ा हिस्सा निकाल दें। एक भगौने में आधी दूर तक पानी भरकर आँच पर चढ़ाएँ। दो किलो चीनी में से 100 ग्राम चीनी पानी में डालकर उबाल लें। जब पानी उबलने लगे तो नाशपाती के टुकड़ों को उसमें डालकर 5 मिनट तक पकने दें। इसके पश्चात् आँच से उतारकर छन्नी से छानकर, पानी निकाल दें। अब बाकी की चीनी की एक तार की चाशनी तैयार करें और नाशपाती के टुकड़ों को चाशनी में डालकर पकाएँ। जब टुकड़े गल जाएँ तो नीबू का रस निचोड़कर आँच से उतार कर चाशनी में किशमिश व गुलाबजल डालकर ठंडा होने के लिए रख दें। जब ठंडा हो जाए तो काँच के मर्तबान में भरकर रख दें।

## करौंदे का मुरब्बा

**सामग्री**—पके हुए करौंदे 1 किलो, चूना 150 ग्राम, मुल्तानी मिट्टी 100 ग्राम, चीनी 2 किलो, छोटी इलायची पाउडर 1 छोटा चम्मच, पिसी काली मिर्च 1 छोटा चम्मच, केसर आधा छोटा चम्मच, गुलाबजल 2 छोटे चम्मच।

**विधि**—करौंदों को सावधानी से छीलें। छिलका महीन-महीन उतारना चाहिए। पहले से ही एक बर्तन में चूना व मुल्तानी मिट्टी पानी में घोलकर तैयार रखें। पानी इतना डालना चाहिए, कि करौंदे उसमें डूब जाएँ। अब करौंदों को काँटे से गोदकर चूने व मुल्तानी मिट्टी घुले पानी में डालकर दो घण्टे के लिए रख दें। दो घण्टे बाद करौंदों को चूने के पानी से निकालकर साफ पानी से धो लें। जब वे हल्के-से-सूख जाएँ तो भगौने में डालकर ऊपर से इतना पानी डालें कि करौंदे डूब जाएँ। अब इस भगौने को आँच पर चढ़ाएँ व करौंदों को हल्का-सा उबाल लें। करौंदों को पानी से निकाल कर हल्का-सा सुखा लें। अब दो किलो चीनी की एक तार की चाशनी तैयार कर लें और करौदें डालकर पकाएँ। जब करौंदे गल जाएँ, तो सबसे पहले पिसी काली मिर्च उसमें डालें। 1-2 मिनट तक पकने के बाद इलायची पाउडर, केसर व गुलाबजल भी करौंदों में डाल दें व आँच से उतार लें। मुरब्बा जब ठंडा हो जाए तो शीशे के मर्तबान में भर दें। यह मुरब्बा खाने में बड़ा स्वादिष्ट होता है।

## गाजर का मुरब्बा

**सामग्री**—आधा किलो मध्यम आकार की लाल-लाल गाजर, करीब 750 ग्राम चीनी।

**विधि**—गाजर छीलकर धो लें और उसको चीरकर लम्बाई में करीब तीन इंच के टुकड़े कर लें। फिर उसमें करीब एक गिलास पानी डालकर उबालने के लिए रख दें। गाजर हल्की-सी गलने पर उसमें चीनी

डाल दें। एक तार की चाशनी बनने तक उसे पकाएँ। यह देख लें कि गाजर के टुकड़ों में चमक आ जाए। फिर ठंडा होने पर मर्तबान में (जार में) भर दें, बस मुरब्बा तैयार है। हाँ, खाने और खिलाने से पहले उसमें कुछ बूँदें नीबू की डालना ना भूलें।

## आँवले का मुरब्बा

**सामग्री**—2 किलो आँवला, ढाई या तीन किलो चीनी, 25 ग्राम फिटकरी, 2 चम्मच साइट्रिक एसिड।

**विधि**—बगैर रेशे वाले (जिसमें दाग-धब्बा न हो), अच्छी किस्म के आँवले लेकर एक दो दिन के लिए पानी में भिगो दें। इन आँवलों को सावधानी से गोद लें परन्तु टूटने न पाएँ। अब आँवलों को ढाई लीटर पानी में फिटकरी डालकर 8-10 मिनट उबालकर हल्का मुलायम कर लें। एक पतीले में चीनी के बराबर पानी डालकर हल्का-सा गर्म करके चाशनी बनाएँ। चाशनी में उबाल आने के बाद साइट्रिक एसिड डालकर कपड़े से छान लें। अब इसमें आँवले डालकर 15-20 मिनट उबाल लें। दूसरे दिन मुरब्बा थोड़ा गर्म करके आँवले सावधानी से बाहर निकाल लें और चाशनी 15-20 मिनट पकाएँ फिर आँवले डालकर 15 मिनट पकाएँ। यही क्रिया 4-5 दिन तक करें, जब चाशनी शहद की तरह गाढ़ी हो जाए तो समझिए कि मुरब्बा तैयार है। अब इसे काँच के जार में भर दें। प्रतिदिन आँवले के मुरब्बे का इस्तेमाल स्वास्थ्यवर्धक होता है।

## बेल का मुरब्बा

**सामग्री**—5 किलो कच्चा बेल, 5 किलो चीनी, 50 ग्राम चूना, 5 लीटर पानी, 30 ग्राम साइट्रिक एसिड।

**विधि**—औसत आकार के अच्छे किस्म के कच्चे बेल सावधानी से गोल-गोल फाँकों में काटकर चाकू से छिलका हटा दें। बेल काटने के लिए लोहे की आरी का प्रयोग सुविधाजनक होता है। इन फाँकों को (एक लीटर में 20 ग्राम के हिसाब से) चूने के पानी में 5-6 घण्टे के लिए डाल दें।

चूना साफ करके इन फाँकों को उबलते हुए पानी में 10-12 मिनट उबालकर मुलायम कर लें और बीज आदि निकाल लें। अब काँटे से अच्छी तरह गोद लें, चीनी के बराबर पानी लेकर चाशनी बनाएँ। चाशनी में उबाल आने पर साइट्रिक एसिड डालकर चाशनी छान लें। तैयार फाँकों को चाशनी में 15 मिनट पकाकर रखें।

दूसरे दिन चाशनी थोड़ी गर्म करके सावधानी से फाँकें बाहर निकाल कर चाशनी आधा घण्टे तक पकाएँ, फिर फाँकें डालकर 10-15 मिनट पकाएँ। पकाने की यह विधि 3-4 दिन तक दोहराएँ। जब यह चाशनी शहद की तरह गाढ़ी हो जाए तो मुरब्बा तैयार समझिए। इसे साफ चौड़े मुँह के जार में भरकर रख दें। बेल के मुरब्बे में औषधीय गुण होने के कारण गर्मियों में पेट की बीमारियों से बचने के लिए इसका प्रयोग करें।

## पेठे का मुरब्बा

**सामग्री**—2 किलो पेठा, थोड़ा-सा चूना, डेढ़ किलो चीनी।

**विधि**—पेठा काट लें फिर बीज तथा गूदा अलग कर लें और छिलका भी उतार लें। लम्बे-लम्बे टुकड़े काट करके काँटे से गोद लें फिर चूने के पानी में डाल दें। कुछ देर बाद साफ पानी से धो लें। पानी में पेठा डालकर उबाल लें, गलने पर उतार लें, फिर एक तार की चाशनी बनाकर इन टुकड़ों को डाल दें। पेठे को जितना सुखाना हो उतनी ही कड़ी चाशनी में बनाएँ। ऊपर से केवड़ा छिड़क दें।

•••

# स्वादिष्ट मिठाइयाँ

## मिठाइयाँ बनाने के लिए कुछ ध्यान देने योग्य बातें

1. गाढ़ी चाशनी बनाने के लिए 1 भाग पानी व 4 भाग चीनी लेनी पड़ती है।
2. खीर बनाते समय यदि दूध पतला लगे तो उबालते समय थोड़ा-सा पिसा हुआ खसखस मिला लें, खीर गाढ़ी व स्वादिष्ट बनेगी।
3. खोया बनाते समय चुटकी भर फिटकरी डाल देने से वह अधिक सफेद व दानेदार बनता है।
4. बची हुई रसगुल्ले की चाशनी में आटा व दूध मिला देने से मालपुए का मिश्रण तैयार हो जाएगा।
5. बेसन के लड्डू बनाते समय बेसन के साथ थोड़ी-सी सूजी भी भून लें, इससे लड्डू अच्छे बनेंगे।
6. खरबूजे के सफेद भाग को भूनकर चीनी डालकर हलवा बना लें, स्वादिष्ट लगेगा।
7. घी बनाने के बाद जो खोया बचता है उसमें चीनी डालकर हलवा बना लें या आटे में नमक, हरी मिर्च, जीरा, अजवायन मिलाकर रोटी बना लें खस्ता बनेगी।
8. चीनी में अगर चींटियाँ आती हों तो थोड़ी-सी लौंग डाल दें, चींटियाँ भाग जायेंगी।
9. रसमलाई बनाने के लिए टिन वाले रसगुल्लों का प्रयोग कर रही हों तो उन्हें 1 घंटे के लिए पानी में डुबो दें जिससे वे नरम हो जाएँगे और साथ ही साइज में भी डबल हो जाएँगे फिर इन्हें दूध में डालकर रसमलाई बना लें।
10. गुलाब जामुन में यदि मैदे की मात्रा कम हो और बेकिंग पाउडर की मात्रा ज्यादा होगी तो वह बनते समय टूट जाएँगे, इसलिए 100 ग्राम खोये में 100 ग्राम पनीर, डेढ़ छोटा चम्मच मैदा व चुटकी भर बेकिंग पाउडर मिला कर गूँथें। गुलाब जामुन टूटने से बच जायेंगे।
11. पनीर को गाढ़ा जमाने के लिए दूध को फाड़ने के बाद एकदम ठण्डे पानी में डाल दें गाढ़ा हो जाएगा।

12. गाजर का हलवा अगर तुरन्त बनाना हो तो कद्दू की गाजर को प्रेशर की भाप में पका लें फिर हल्का-सा घी में भून लें और पहले से बनी हुई चाशनी में मिला दें, ऊपर से कसा हुआ खोया, बादाम व काजू मिला दें, हलवा तैयार है।
13. बंगाली मिठाई बनाते समय रीठे के पानी को दो-तीन बार ही इस्तेमाल करें। ज्यादा डालने से मिठाई कड़वी हो जाएगी।
14. साधारणतया गाय के एक किलो दूध में 10-12 रसगुल्ले बनते हैं।
15. पनीर को ताजा बनाए रखने के लिए मलमल के छोटे टुकड़े पर सिरके की बूँदें डालकर पनीर लपेट दें।
16. रसगुल्ले बनाने के लिए पनीर को कपड़े में बाँधकर लटका दें, पानी अपने आप निचुड़ने दें, हाथ से न दबाएँ। फिर 250 ग्राम पनीर में एक छोटा चम्मच सूजी डालकर हाथ से अच्छी तरह से मसल लें ताकि पनीर मुलायम हो जाए। 10-15 मिनट तक पनीर को मसलने के बाद पनीर की गोलियाँ बनाकर चाशनी में उबाल लें। इस प्रकार रसगुल्ले टूटेंगे नहीं और स्पंजदार बनेंगे।
17. हलवा बनाते समय जब वह आधा भुन जाए तब उसमें गर्म पानी का थोड़ा-सा छींटा दें फिर पूरा भून लें इससे हलवे का रंग अच्छा आएगा।
18. सूजी का हलवा बनाते समय यदि ऐसा लगे कि सूजी ज्यादा भुन गई है तो उसमें एक चम्मच बेसन मिला दें, हलवा सुनहरा बनेगा।
19. सूजी का हलवा यदि आप सुनहरा बनाना चाहती हैं तो उसमें चीनी की जगह चीनी की गर्म चाशनी डालें और पानी की जगह दूध डालें। चीनी व पानी ठण्डा नहीं डालें।
20. गुलाब जामुन को नरम बनाने के लिए उनको चाशनी सहित कुकर में बन्द करके जरा-सा गरम कर लें। या खोये में थोड़ी-सी चीनी मिला दें, जब आप उन्हें तलेंगी तो चीनी पिघलने से वे नरम बनेंगे।
22. दूध के किसी पकवान में नीबू के स्वाद के लिए आप दूध में बूँद-बूँद करके नीबू का रस डालें, इससे दूध फटने का भय नहीं रहेगा।
23. चाशनी बढ़िया तैयार करनी हो तो कड़ाही को चिकनी कर लें।
24. गिरी की बरफी में दो-तीन बूँद नीबू की डाल दें तो वह सफेद बनेगी।
25. बरफी किसी भी चीज़ की बनानी हो तो पहले एक हिस्सा चाशनी थोड़ी देर उबलते ही अलग निकाल दें। शेष चाशनी में बरफी का मिश्रण डालने के बाद उसमें फिर धीरे-धीरे निकाली हुई चाशनी डालें। इससे बरफी न तो नरम जमेगी और न ही सख्त।
26. सिंवई बनाते समय यदि उसमें एक-दो बूँदें नीबू के रस की डाल दी जाएँ तो सिंवई का स्वाद बढ़ जाएगा।

## मोती-चूर के लड्डू

**सामग्री**—आधा किलो बेसन, 1 किलो शक्कर, 750 ग्राम घी, गुलाब का इत्र, 4-5 बूँदें गुलाब जल, 4 ग्राम पिसी इलायची, पीला रंग, बारीक कटे थोड़े-से पिस्ते, बादाम के टुकड़े, केसर, 50 ग्राम सफेद बूरा और इलायची दाने।

**विधि**—बेसन को फेंट कर पोला कर लें, इसमें इतना पानी डालें कि बेसन झर में से टपक जाए। यदि बेसन का घोल पतला होगा तो बूँदी चपटी बनेगी। इसका ध्यान रखिए कि दाना गोल निकले।

अलग एक कड़ाही में शक्कर की एक तार की चाशनी बनाकर अलग एक कटोरे में थोड़ी-सी चाशनी रख दीजिए। गुलाब जल में पीला रंग घोलकर चाशनी में डाल दीजिए।

चाशनी तैयार होने पर आग पर कड़ाही चढ़ाएँ। घी भरा होना चाहिए। बस दो अंगुल कड़ाही खाली रखें। घी में धुआँ निकलने पर तेज आग में ही कड़ाही के ऊपर बूँदी का झारा रखकर कटोरी से घोल झारे पर डालें। कड़ाही के ऊपर बूँदी आते ही फौरन एक बड़ी झरनी से उतारकर चाशनी में डालती जाएँ और एक ओर सरकाती जाएँ ताकि और बूँदी के लिए रस बचा रहे।

बूँदी निकालते समय गैस कम रखें और डालते समय तेज। इसी तरह सारी बूँदी बना लें। सब चाशनी में डालने के बाद गुलाब का इत्र शक्कर में टपका कर अंदाज से चाशनी में डूबी हुई बूँदी में मिलाएँ। पिसी हुई इलायची भी मिला दें। बूँदी के सब चाशनी सोख लेने पर कटोरे में जो आपने चाशनी बचाकर रखी थी उसे आग पर चढ़ाकर गर्म करें। केसर घोलकर उसमें मिला दें।

फिर उसे बूँदी में मिलाकर लड्डू बनाएँ। 1 थाली में मोटा बूरा शक्कर का, पिस्ते, बादाम के टुकड़े, इलायची मिलाकर लड्डुओं में मिला दें और लड्डू बाँध लें। ऊपर से चाँदी के वरक लगाकर लड्डुओं को सजा दें।

## घीया के लड्डू

**सामग्री**—250 ग्राम चीनी, दूध आधा किलो, घीया आधा किलो, नारियल कसा हुआ 250 ग्राम, इलायची, बादाम, काजू, चिरौंजी।

**विधि**—घीया को छीलकर कसकर उबाल लें। एक पतीले में घी गर्म रखें। उसमें उबली हुई घीया डालकर भून लें। जब लाल हो जाए तो उसमें दूध डाल दें। दूध जब खोया बन जाए तब चीनी डालकर फिर चलाएँ। जब चीनी की चाशनी बन जाए और सारा मिश्रण घी छोड़ने लगे तब नीचे उतार कर सूखा मेवा डाल दें। थोड़ा ठंडा होने पर छोटे-छोटे गोले बना लें तथा नारियल में चारों तरफ घुमा लें ताकि अच्छी तरह से लग जाए, लीजिए लड्डू तैयार हैं।

## तिल के लड्डू

**सामग्री**—आधा किलो सफेद तिल, 250 ग्राम खोया, आधा किलो चीनी, एक-चौथाई कप किशमिश, 50 ग्राम चिरौंजी, 15-20 बादाम, आधा कप नारियल का बुरादा, 5-6 छोटी इलायची।

**विधि**—तिल को धीमी आँच पर भून लें, तिल ठण्डे होने पर मिक्सी में दरदरा पीस लें, चीनी को थोड़ा-सा बारीक कर लें। फिर खोये को भी कड़ाही में भून लें। ठण्डा होने पर खोये में तिल, चीनी, इलायची, कटी बादाम, किशमिश व चिरौंजी मिला दें और लड्डू बाँध लें। नारियल के बुरादे में लपेट कर रखती जाएँ। जाड़ों के मौसम में यह लड्डू बहुत स्वादिष्ट लगते हैं।

## मगद के लड्डू

**सामग्री**—आधा किलो बारीक सूजी, आधा किलो बारीक बेसन, 400 ग्राम घी, 1 किलो शक्कर का बूरा, पिसी इलायची।

**विधि**—सूजी व बेसन एक साथ मिला लें व घी डालकर भून लें। मंदी आँच में भूनें एवं गुलाबी होने पर उतारें। ठंडा होने पर पिसी इलायची और बूरा मिलाकर लड्डू बनाएँ।

## बेसन के कुड़कुड़े लड्डू

**सामग्री**—1 किलो बेसन, 400 ग्राम घी, 1 किलो बूरा, इलायची।

**विधि**—बेसन में थोड़ा-सा मोयन देकर दूध से जरा गीला कर दबा दें। एक घंटे बाद घी में भूनिए। आधा भुनने पर फिर से छाननी से छानकर फुटकी निकाल कर दुबारा भूनें। खूब भूरे रंग का भुन जाने पर ठंडा होने दें। फिर बारीक बूरा व इलायची दाना मिलाकर लड्डू बाँध लें।

## सूजी-नारियल के लड्डू

**सामग्री**—1 किलो सूजी, 1 नारियल, 250 ग्राम खोया, 1 किलो शक्कर, घी अंदाज से।

**विधि**—तवे पर नारियल कद्दूकस कर डालकर भूनें। खोया अलग भून कर मिला दें। सब मिश्रण तैयार होने पर एक तार की चाशनी बनाकर सब सामान मिला दें। सूजी भुनने पर सफेद ही रहनी चाहिए। ठंडे होने पर लड्डू बाँध लें।

## उड़द की दाल के लड्डू

**सामग्री**—आधा किलो छिलके की दाल (उड़द) लेकर भिगो दें। 375 ग्राम घी, 750 ग्राम बूरा।

**विधि**—भीगी हुई दाल का छिलका निकाल लें व बारीक पीस लें। हल्की आँच पर घी डालकर गुलाबी-गुलाबी सेंक लें। फिर भुना हुआ खोया मिला दें। बूरा मिलाकर ठंडा होने पर लड्डू बाँध लें।

## नारियल के लड्डू

**सामग्री**—250 ग्राम नारियल का बुरादा, 250 ग्राम खोया, 200 ग्राम चीनी, 2-3 बूँदें पीले रंग की।

**विधि**—मंद आँच में खोये को भून लें लेकिन खोया सफेद रहना चाहिए और सिकने के बाद थोड़ा भुरभुरा हो जाए। ठण्डा होने पर पिसी चीनी, इलायची और नारियल का बुरादा मिला दें, थोड़ा-सा बुरादा अलग रख लें। मिश्रण को खूब अच्छी तरह से मिलायें और लड्डू बना लें। बचे हुए नारियल के बुरादे में रंग मिलायें और लड्डू को इसमें रोल करें और प्लेट में सजाकर सर्व करें। ये लड्डू व्रत में खाने के काम में आते हैं।

## मूँगफली-मूँग लड्डू

**सामग्री**—2 प्याले मूँगफली के दाने (भुने और छिले), 2 प्याले मूँग की धुली दाल (भुनी हुई), 3 प्याले फूलमखाने, 1 प्याला खरबूजे की गिरी, 1 प्याला चिरौंजी, 1 प्याला कसा हुआ नारियल, 5 प्याले चीनी, आधा प्याला देशी घी, 2 छोटे चम्मच इलायची पाउडर।

**विधि**—मखानों के ऊपर से छिलका हटा कर कैंची से काट लें तथा एक चम्मच घी में हल्का-सा भूनकर पाउडर बना लें। मूँगफली व दाल का अलग-अलग पाउडर करके घी में धीमी आँच पर गुलाबी होने तक भूनकर निकाल लें, चिरौंजी, खरबूजे की गिरी तथा कसा हुआ नारियल भी अलग-अलग भून कर, सब मेवों को आपस में मिलाकर लड्डू बनाइए।

## मेथी के लड्डू

**सामग्री**—200 ग्राम मेथी के दाने, 300 ग्राम सूजी, 250 ग्राम देशी घी, 400 ग्राम पिसी चीनी (चीनी ज्यादा या कम भी कर सकती हैं), 100 ग्राम मिला-जुला कटा मेवा, 1 छोटा चम्मच इलायची पाउडर, 250 मिलीलीटर दूध (मेथी भिगोने के लिए)।

**विधि—**मेथी को चुनकर साफ करके हल्का-सा भूनकर दूध में तीन-चार घंटे के लिए भिगो दें। फिर मेथी पीस लें। घी में सूजी भूनकर हल्की गुलाबी होने पर मेथी की पीठी डालकर बादामी होने तक भूनकर थोड़ा ठंडा होने रख दें, फिर पीसी चीनी, मेवा, इलायची पाउडर डालकर मिला लें और छोटे-छोटे लड्डू बनाकर हवाबंद (एयरटाईट) डिब्बों में भर कर रखें।

सुबह-शाम दूध के साथ जच्चा को खाने के लिए दें, उसके शरीर के दर्द वगैरह में लाभ होगा। वैसे मेथी के लड्डू अन्य सदस्य भी जाड़ों में खा सकते हैं। ये लड्डू गरम और शरीर के दर्द में लाभदायक होते हैं।

**ध्यान दीजिए—***मेथी को बिना भिगोए भी लड्डू बना सकती हैं। उसके लिए मेथी को अच्छी तरह से भूनकर, पाउडर बनाकर, भूनी सूजी के साथ मिलाकर लड्डू बनाएँ।*

## मूँग के लड्डू

**सामग्री—**1 किलो मूँग की दाल छिलके वाली, 1 किलो देशी घी, 2 किलो चीनी, 1 तोला इलायची, कुछ बूँदें केवड़ा, पिस्ता, चिरौंजी, किशमिश मर्जी के अनुसार।

**विधि—**मूँग की दाल को चार घंटे के लिए भिगो दें। जब दाल फूल जाए तब उसका छिलका उतार लें और मिक्सी में बारीक-बारीक पीस लें। फिर कड़ाही में घी डालकर अच्छी तरह भून लें। जब पिट्ठी बादामी रंग की हो जाए और वह घी छोड़ने लग जाए तब नीचे उतार लें। ठंडा करके और उसमें चीनी मिलाकर फिर गैस पर रख दें। कुछ देर बाद उसमें इलायची दाना और केवड़ा मिला दें। साथ में मर्जी हो तो पिस्ता, बादाम, चिरौंजी और किशमिश मिला दें और लड्डू बाँध लें।

## खोए की बर्फी

**सामग्री—**पिसी चीनी 400 ग्राम, खोया 1 किलो, 4 बूँद गुलाब जल, 8-10 पिस्ते।

**विधि—**शक्कर की खूब गाढ़ी चाशनी बनाकर सूखा बूरा बना लें या बाजार से बुरा लें आएँ, और पिस्तों को भिगोकर छील व काट लें। एक चुटकी शक्कर में दो बूँद गुलाब-जल टपका दें, अब हल्की आग पर कड़ाही में खोए को भूनें। जब उसमें चिकनाई आ जाए यानी घी छोड़ने लगे तो जरा-सा हाथ से गोली बनाकर देख लें, गोली बनने लगे तो कड़ाही उतार लें और उसमें बुरा और गुलाब के इत्र वाली शक्कर हल्के से मिला लें और स्टील की थाली में घी का हल्का हाथ लगाकर जमा दें। बारीक कटे पिस्ते उस पर छिड़क दें। इच्छानुसार बर्फी काट लें।

## श्रीखंड बर्फी

**सामग्री—**1 किलो दूध का दही जमा लें, 500 ग्राम चीनी, थोड़े-से पिस्ते, बादाम, चिरौंजी और केसर।

**विधि—**दही को एक महीन साफ कपड़े से बाँधकर लटका दें। जब सारा पानी निकल जाए तब दही को एक बर्तन में डालें व चीनी, बादाम, केसर और पिस्ते डाल दें, फिर बर्तन को आँच पर चढ़ाएँ, आँच धीमी रखें। जब चीनी मिल जाए और दही गाढ़ा हो जाए तब उसे घी लगी थाली पर फैला दें और बाकी बचे पिस्ते और बादाम छिड़क दें, थोड़ी देर में उसकी छोटी-छोटी बर्फी काट लें।

## खसखस की बर्फी

**सामग्री—**1 कप खसखस, आधा कप चीनी, आधा कप खोया, दो छोटे चम्मच चिरौंजी, तीन छोटी इलायचियाँ, दो चम्मच कद्दू किया हुआ नारियल।

**विधि—**खसखस को इमामदस्ते में पीस लें, चीनी की कड़क चाशनी बनाकर उसमें खोया और पिसी हुई खसखस मिला दें। धीमी आँच पर पकाएँ तथा घी लगी थाली में इस मिश्रण को फैला दें और ऊपर से इलायची व कद्दू किया नारियल बुरक दें।

## काजू की बर्फी

**सामग्री—**1 किलो खोया, 125 ग्राम काजू, 250 ग्राम चीनी, 1 चम्मच घी।

**विधि—**काजू को मिक्सी में बारीक पीस लें, खोया को धीमी आँच पर गुलाबी होने तक भून लें, चीनी में थोड़ा-सा पानी डालकर गाढ़ी चाशनी बना लें, फिर उसमें काजू व खोया मिला दें और कलछी से अच्छी तरह मिलाती रहें। एक थाली में घी लगा दें फिर उसमें काजू वाला मिश्रण फैला दें। बरफी जम जाने पर चाकू की सहायता से बरफी काट लें। चाहें तो चाँदी के वरक भी लगा दें।

## पिस्ते की बर्फी

**सामग्री—**250 ग्राम पिस्ता, 1 किलो खोया, 1 किलो चीनी, हरा मीठा रंग, चाँदी के वरक।

**विधि—**पिस्ता गर्म पानी में भिगो दें। थोड़ी देर बाद निकालकर छिलका साफ कर उसको सिल पर पीस लें। दरदरा पीसें। थोड़े दूध में पिस्ता उबालकर पकाएँ। जब पिस्ता और दूध गाढ़े हो जाएँ तो उसमें खोया डालकर भूनें। इसमें थोड़ा-सा घी भी डाला जा सकता है। चीनी की तीन तार की चाशनी बनाकर रंग डालकर चाशनी को पहले से तैयार रखें। जब पिस्ता व खोया भुन जाए तो चाशनी को उसमें डालें। जब दोनों खूब अच्छी तरह मिल जाएँ तो घी लगी थाली में जमा दें। वरक लगाकर थोड़ी देर में बर्फी काटें।

## आम की बर्फी

**सामग्री—**आधा किलो खोया, 1 किलो पके आमों का गूदा, पीला रंग, 1 किलो चीनी, बूरा, इलायची, पिस्ते।

**विधि—**खोए को सुनहरा भून लें, आमों का गूदा निकालकर रंग मिला दें और आग पर चढ़ा दें। जब यह गाढ़ा हो जाए तो इसमें खोया व बूरा मिला दें व चलाती जाएँ, बनने पर उतारें फिर घी लगी थाली में इस मिश्रण को फैला दें। जब ठंडा हो जाए तो ऊपर से कटे पिस्ते व इलायची बुरक दें।

## नारियल की बर्फी

**सामग्री—**750 ग्राम खोया, 400 ग्राम चीनी, 2 नारियल।

**विधि—**खोया भून लें। थोड़े-से पानी में चीनी डालकर खोए में डालें और चलाएँ। जब यह जरा गाढ़ा हो जाए तब उतार लें। इसमें ताजा कद्दू किया नारियल डालें। यदि कच्चा नारियल न मिले तो सूखे नारियल का बूरा डाल लें तथा थोड़ा-सा खाने वाला लाल रंग मिलाकर थाली में घी लगाकर इस मिश्रण को डालें। ठंडा होने पर चाँदी के वरक लगाकर काटें। यह बर्फी स्वादिष्ट बनती है।

## मूँग की दाल की बर्फी

**सामग्री—**1 किलो मूँग की छिलके वाली दाल, 400 ग्राम घी, 250 ग्राम खोया, 750 ग्राम बूरा, इलायची और पिस्ते।

**विधि—**दाल को भिगो दें और नर्म होने पर छिलका उतार कर मिक्सी में पीस लें। कड़ाही में घी डालें और गर्म होने पर पीठी डालकर भून लें। पीठी को बराबर चलाती रहें। जब पीठी घी छोड़ने लगे तब खोया मिला दें व दो मिनट भूनें, फिर बूरा मिला दें और घी लगी थाली में फैला दें। ऊपर से कुचली हुई इलायची व पिस्ते डाल दें।

## मूँग मलाई बर्फी

**सामग्री—**धुली मूँग की दाल 1 कप, मलाई 2 कप, चीनी 1 कप, खाने वाला पीला रंग चुटकी भर, लाल रंग की टूटी फ्रूटी 1 छोटा पैकेट, 3 बड़े चम्मच घी।

**विधि—**मूँग की दाल को 4-5 घण्टे भिगोकर पीस लें। 2 बड़े चम्मच घी कड़ाही में गर्म होने को रखें। पिसी दाल डालकर गुलाबी होने तक भूनें। मलाई और चीनी डाल दें। जब तक पीठी कड़ाही न छोड़ने लगे, मिश्रण को चलाती रहें। इसके पश्चात् नीचे उतार कर उसमें छोटी इलायची पीसकर मिला दें। एक चिकनाई लगी थाली में मिश्रण को पलट कर बराबर से फैला दें। जब मिश्रण जमने लगे तो शीशी के ढक्कन या बिस्कुट के साँचे से गोल-गोल बर्फी काट लें। ऊपर से प्रत्येक बर्फी पर 1-2 टूटी फ्रूटी सजा दें। पेस्ट्री कप (पेपर वाले) में एक-एक बर्फी रखकर सर्व करें।

## बर्फी आलू मटर की

**सामग्री—**250 ग्राम आलू उबले एवं मसले हुए, 200 ग्राम खोया, मटर के दाने 250 ग्राम, 200 ग्राम चीनी, 5 बड़े चम्मच घी, दो छोटी इलायची, आधा कप कतरे हुए काजू, नारियल एवं किशमिश, आधा कप नारियल का बुरादा।

**विधि—**सर्वप्रथम मटर के दानों को थोड़ा-थोड़ा सिल पर डालती जाइए और बट्टे से दरदरा कर लीजिए। इससे उनके ऊपर का छिलका अलग हो जाएगा। इसी तरह सारे दानों के छिलके को अलग करके उनकी दाल को अलग कर महीन पीस लीजिए। कड़ाही में घी गर्म करके मसले हुए आलू को तब तक धीमी आँच पर भूनें जब तक कि हल्के गुलाबी न हो जाएँ। अब इसमें आधा खोया डालकर कुछ देर चलाएँ। फिर पिसी इलायची एवं कतरे हुए आधे मेवे डालकर तब तक चलाएँ जब तक कि मिश्रण कड़ाही में घी न छोड़ने लगे। इसी तरह पिसे हुए मटर को भी कड़ाही में भून लें। बचा हुआ खोया, चीनी व मेवे मिलाकर अलग रख लें। अब एक चिकनाई लगी ट्रे में आलू वाले मिश्रण की आधी परत जमाएँ उसके ऊपर फिर मटर वाले मिश्रण को डालकर जमा दें। अब ऊपर से नारियल के बुरादे को छिड़कर हल्के हाथ से दबा दें। इसे फ्रिज में ठंडा होने के लिए रख दें। जमने पर बर्फी के चौकोर टुकड़े काट लें।

## बादाम की बर्फी

**सामग्री—**1 किलो बादाम की गिरी, केवड़ा जल, 2 किलो शक्कर, 250 ग्राम घी।

**विधि—**बादाम की गिरी को पानी में भिगो दीजिए। छिलका फूल जाने पर उतार कर निकाल दें। गिरियों को सिलबट्टे पर पीस लें। उसके बाद पिट्ठी को घी में आग पर सुर्ख होने तक भूनिए। चीनी की कपासी चाशनी तैयार कीजिए। आग से उतार कर चाशनी को चलाइए। जब चाशनी जमने लगे, तो बादाम की भूनी हुई पिट्ठी को केवड़े की कुछ बूँदों के साथ उसमें डालकर अच्छी तरह मिलाइए और एक थाली में जमा दीजिए। जम जाने पर काटकर खाइए और खिलाइए। यह सभी को पसंद आएगी।

## अरारोट की बर्फी

**सामग्री—**1 कप अरारोट, 1 कप चीनी, आधा कप घी, आधा कप कसा हुआ नारियल का बुरादा, 1 चम्मच किशमिश, आधा कप कटे हुए काजू, 10 छोटी इलायची, आधा चम्मच पीला रंग, चाँदी का वरक आवश्यकतानुसार।

**विधि—**अरारोट के आटे को हल्की आँच पर सुनहरे रंग का भून लें। अब इसे ठंडा कर लें। आटा ठंडा हो जाने पर उसमें चीनी और 4 कप पानी डालकर तब तक फेंटें जब तक कि चीनी का रवा घुल न जाए। अब इस घोल को आग पर चढ़ाकर लगातार चलाती रहें।

जब घोल थोड़ा गाढ़ा होने लगे, तब उसमें सब कटे हुए मेवे और छोटी इलायची पीसकर डाल दें, बाकी 5 इलायची पीसकर रख लें। अब एक थाली में थोड़ा-सा घी लगा दें और उस पर थोड़ी-सी पिसी इलायची छिड़क कर उस पेस्ट को उसमें जमा दें। बाकी बची इलायची ऊपर से छिड़क दें। चाँदी के वरक चिपका कर चौकोर टुकड़ों में काट लें। स्वादिष्ट बर्फी तैयार है।

## मिल्कमेड चाकलेट बर्फी

**सामग्री**—1 टिन मिल्कमेड, 100 ग्राम कतरी हुई गिरी, आधा कप कोको, 50 ग्राम मक्खन, एक-तिहाई कप चीनी।

**विधि**—1 मोटे तले वाली कड़ाही में मिल्कमेड डालकर मक्खन और चीनी मिला दें। कोको और गिरी डाल दें। धीमी आँच पर तब तक चलाती रहें, जब तक यह घोल कड़ाही के किनारों से अलग न होने लगे। एक तश्तरी पर मक्खन लगाकर घोल को इसमें डालकर बराबर फैला दें। इसे ठंडा होने दें। जमने पर चौकोर काट लें।

## डबलरोटी की बर्फी

**सामग्री**—आधी बड़ी डबलरोटी, आधा कप नारियल का बूरा, जैम, एक चम्मच पिसी हुई छोटी इलायची, थोड़े-से कतरे हुए बादाम व पिस्ता।

**विधि**—डबलरोटी को बर्फी के आकार में काटकर तल लें। अब हर टुकड़े पर नारियल का बूरा बुरक दें। फिर इन पर थोड़ा-सा जैम गोलाकार रूप में लगाएँ। ऊपर से पिसी इलायची, कतरे बादाम व पिस्ता डालकर परोसें।

## गाजर का हलवा

**सामग्री**—2 किलो गाजर, 400 ग्राम चीनी, 2 किलो दूध, आधा किलो खोया, 200 ग्राम घी, पिस्ता, बादाम, काजू, छोटी इलायची।

**विधि**—गाजरों को धोकर छील लें तथा कद्दू कस कर लें। अब दूध में गाजर डालकर धीमी आँच पर पकाएँ। जब दूध गाढ़ा हो जाए तब खोया मिला दें। गाजर के रस में यह नर्म पड़कर घुल-मिल जाएगा। पकाते समय इसे बीच-बीच में चलाती रहें ताकि हलवा तले में न चिपके। जब गाजर में सारा दूध सूख जाए तब घी डालकर अच्छी तरह भून लें। भुनने की यह निशानी है कि गाजर का रंग कुछ सुर्खी पर आ जाएगा और घी छोड़ देगा तब चीनी डालें और फिर भूनें। इसी प्रकार भुन जाने पर काजू वगैरह डालकर उतार लें। यह हलवा जाड़ों में 10-12 दिन तक खराब नहीं होता, जब खाना हो तब उतना ही गर्म करें जितनी जरूरत हो।

## चने और मूँग की दाल का हलवा

**सामग्री**—250 ग्राम मूँग की दाल या चने की दाल, 250 ग्राम चीनी, 200 ग्राम घी, 100 ग्राम खोया, मेवा, बादाम, चिरौंजी, गिरी और किशमिश।

**विधि**—दाल को 3-4 घंटे के लिए भिगो दें जब फूल जाए तब उसे मिक्सी में पीस लें। फिर कड़ाही में घी छोड़कर उसमें दाल की पीठी भूनें और बराबर चलाती रहें ताकि नीचे न लगने पाए। भुनकर जब लाल हो ज़ाए और सोंधी-सोंधी महक आने लग जाए तो उसमें चीनी डालें और अन्दाज से इतना पानी डालें कि हलवा कुछ गीला रहे और दाल के कण फूलकर एक दिल हो जाएँ। अब खोया भुरभुरा करके डालकर भूनें। फिर नीचे उतार कर मेवा बारीक कतरकर डाल दें।

## पनीर का हलवा

**सामग्री**—1 कप कद्दू किया हुआ पनीर, 1 कप चीनी, 6-8 दाने बादाम, चुटकी भर केसर, सजावट के लिए 2 या 3 चेरी फैट, चाँदी के वरक।

**विधि**—घर के पनीर से बना हलवा बाजार के पनीर से बने हलवे की अपेक्षा अधिक स्वादिष्ट होता है। पनीर बनाने के लिए एक लीटर दूध में एक या दो नीबू रस निचोड़ कर दूध फाड़ लें, इस फटे हुए

दूध को पतले मुलायम कपड़े में बाँध लें, अब इसे नल की धार के नीचे करके पकड़े रहें, इस कपड़े को हल्के हाथों से दबाती रहें, जब यह ठंडा हो जाए तो इसे कसकर निचोड़ दें, फिर इस पोटली को भारी दबाव के नीचे लगभग दो घंटे के लिए रख दें।

दो घंटे बाद इसे निकालकर हाथ से मसल कर इसके छोटे-छोटे टुकड़े कर लें। एक छोटे बर्तन में 1/3 कप पानी में चीनी को पकाकर एक तार की चाशनी बना लें। एक छोटे बर्तन में केसर को गर्म करें ताकि केसर भरभरा-सा हो जाए लेकिन ध्यान रहे कि जलने न पाए। अब अपनी उंगलियों से इस गर्म केसर को मसल लें और फिर इस पाउडर को एक चम्मच पानी में मिलाकर चीनी के रस में मिला दें।

अब इस मिश्रण को एक उबाल और दे दें। अब सावधानी से पनीर के टुकड़ों को इस उबाले हुए रस में डाल दें। पनीर को कुछ देर ऐसे ही डूबा रहने दें ताकि पनीर रस सोख ले। लेकिन यह इतना गाढ़ा न हो जाए कि चीनी के क्रिस्टल ही बन जाए। अब इसे किसी सुंदर प्लेट में डाल दें और इसके ऊपर चाँदी का वरक लगाकर ऊपर से बारीक कटे बादाम बिखेर कर सजा दें।

## चने की दाल का हलुवा

**सामग्री**—चने की दाल 1 कप, दूध 3 कप, घी 1 कप, चीनी 1 कप, इलायची 3-4 छोटी (पिसी हुई), केवड़ा, केसर एसेंस, बादाम 6-7 (बारीक कतरे हुए)।

**विधि**—चने की दाल को दूध में डालकर पकाएँ। जब सूखी हो जाए तो ठंडा करके बारीक पीस लें। कड़ाही में घी डालकर दाल को हल्की आँच पर गुलाबी होने तक भूनें। चीनी में थोड़ा-सा पानी डालकर पकाएँ, जिससे गाढ़ी चाशनी बन जाए। भुनी दाल डालकर गाढ़ा होने तक पकाएँ। उतार कर केवड़े और केसर की एसेंस मिलाएँ, पिसी इलायची मिलाएँ। डिश में परोस कर कटे बादाम से सजाएँ।

## फूलमखाने का हलुवा

**सामग्री**—मखाने 250 ग्राम, दूध आधा लीटर, चीनी 200 ग्राम, देशी या वनस्पति घी 3 बड़े चम्मच, किशमिश 50 ग्राम, छोटी इलायची पाउडर आधा छोटा चम्मच, गुलाब जल 1 छोटा चम्मच, कतरे सूखे मेवे (ऐच्छिक) 2 बड़े चम्मच, दूध डेढ़ कप (अलग से)।

**विधि**—सर्वप्रथम मखानों को कूट लें और 2-3 घंटे के लिए दूध में भिगो दें। जब मखाने फूल जाएँ तो सिल पर या मिक्सी में डालकर पीस लें। अब भारी तले की कड़ाही आँच पर चढ़ाएँ व उसमें घी डालकर गर्म करें। गर्म घी में पिसे हुए मखाने छोड़ दें व मंदी आँच पर इन्हें भून लें। अब डेढ़ कप दूध में 200 ग्राम चीनी घोल लें। जब मखाने हल्के गुलाबी भुन जाएँ तो चीनी का घोल डालकर तेज-तेज चलाएँ। हलवे को मंदी आँच पर पकने दें व बीच-बीच में करछुल से चलाती रहें। जब पकते-पकते गाढ़ा हो जाए तो किशमिश व मेवे डालकर आँच से उतार लें। गुलाब जल व इलायची पाउडर भी हलुवे में डाल दें व ठंडा होने के लिए रख दें। ठंडा हो जाने पर खाने के काम में लाएँ। बड़ा ही स्वादिष्ट है ये हलुवा।

## लौकी का हलवा मूँग की दाल के साथ

**सामग्री**—200 ग्राम ताजी कच्ची लौकी, 100 ग्राम मूँग की दाल, 100 ग्राम दूध, 5 ग्राम काजू, 5 ग्राम किशमिश, 5 ग्राम चारों मगज, 10 गुलाब की लाल पखुंड़ियाँ, 50 ग्राम खोआ, चार बूँदें गुलाब जल, 100 ग्राम पिसी हुई चीनी, 100 ग्राम देशी घी, चुटकी भर इलायची दाना।

**विधि**—दूध में मूँग की दाल भिगो दें, चार घंटे पश्चात् उसे पीस लें। दूध उसी में समा जाएगा, लौकी को छीलकर कस लें। कड़ाही में देशी घी डालकर पहले से कसी हुई लौकी को धीमी आँच पर भून लें। जब गुलाबी हो जाए तो निकाल लें। उसी घी में दाल भूनें, जब दाल भी लाल होने लगे तब पिसी चीनी डालकर मिलाएँ और एक मिनट बाद लौकी डालकर 1 प्याला उबला हुआ पानी डालकर हिलाकर उतार

लें। उतारने के पश्चात् खोआ चूर कर ऊपर से डाल दें और सूखे मेवे काटकर पिसी हुए इलायची के दाने के साथ हलवा सजा दें।

गर्मियों में यह हलवा खाने से दिमाग ठंडा और ताजा रहता है।

## मिल्कमेड गाजर का हलवा

**सामग्री—**750 ग्राम गाजर, 750 ग्राम दूध, 1 टिन मिल्कमेड, 2 बड़े चम्मच घी, 50 ग्राम गिरी किशमिश।

**विधि—**गाजर को कस लीजिए। दूध में डालकर उबलने तक गर्म कीजिए। मिल्क मेड मिलाइए और धीमी आँच पर सूखने तक पकाइए। (करीब 25-30 मिनट)।

घी मिलाइए तथा 10 मिनट तक और पकाइए। गिरी आदि से सजाकर गर्म-गर्म परोसिए।

## बेक्ड लौकी हलवा

**सामग्री—**कसी हुई लौकी 1 कप, सूजी 1 कप, बारीक कसा नारियल 1 कप, चीनी आधा कप, दही आधा कप, भुनी व पिसी खसखस 1 बड़ा चम्मच, छोटी इलायची पाउडर $\frac{1}{4}$ चम्मच, बेकिंग पाउडर आधा छोटा चम्मच, घी 2 बड़े चम्मच, किशमिश 1 बड़ा चम्मच।

**विधि—**कड़ाही में घी गर्म करें व लौकी डालकर एक मिनट भूनें। फिर बेकिंग पाउडर व दही को छोड़कर शेष सामग्री मिलाएँ और दो-तीन मिनट तक चलाएँ। अब आँच बंद कर दें। दही और बेकिंग पाउडर अच्छी तरह मिलाएँ। चिकनाई लगी बेकिंग-ट्रे में एक इंच की तह में फैला दें। मध्यम आँच के ओवन में बेक होने के लिए रखें।

दस मिनट बाद ऊपर से ढक दें, ताकि ऊपर से सख्त न हो जाए। 30-40 मिनट तक अथवा सेट होने तक छोड़ दें फिर छोटे-छोटे टुकड़े काट लें।

## मक्का के आटे का हलवा

**सामग्री—**250 ग्राम मक्का का आटा, 250 ग्राम चीनी, 150 ग्राम घी, 200 ग्राम खोया, पाँच-छः इलायची के दाने और मेवा इच्छानुसार।

**विधि—**कड़ाही में घी डालकर आटे को बादामी रंग का भून लें और कड़ाही से निकाल लें। अब उसी कड़ाही में खोया भी हल्का-सा भून लें, फिर उसे मक्की के आटे में अच्छी तरह मिला दें, अब चीनी की चाशनी बनाएँ, उसमें इलायची दाने डालें व उसे इस मिश्रण में मिलाकर धीमी आँच पर पाँच मिनट तक हिलाते हुए पकाएँ। इसमें सभी मेवे भी मिलाएँ व आँच से उतारकर गर्म-गर्म परोसें। गर्मियों की सुबह हो या शाम, बच्चे-बड़े सभी इसे चाव से खाएँगे।

## आम की खीर

**सामग्री—**4 पके आम, 50 ग्राम उबले हुए बादाम, 1 लीटर दूध, ¼ चम्मच केसर, 1 कप चीनी, 1 चम्मच छोटी इलायची, 25 ग्राम पिस्ता।

**विधि—**आम छीलकर गूदा निकाल लें तथा फेंट कर मुलायम कर लें। अब दूध में इलायची, बादाम मिला दें और गैस पर दूध गाढ़ा होने पर चीनी मिला दें। केसर को थोड़े-से पानी में पीस लें और दूध में मिला दें तथा आग पर से उतार लें। आम का गूदा इसमें मिला दें। अन्त में पिस्तों से सजाकर परोसें।

## लौकी की खीर

**सामग्री—**1 किलो दूध, आधा किलो घीया, 6 चमचे चीनी, दो बड़े चम्मच दूध का मसाला, डेढ़ चम्मच घी।

**विधि**—दूध उबाल लें। घीया कस लें। घी में इसे गुलाबी रंग में भून लें। चीनी व दूध मिला दें। जब मिश्रण खूब गाढ़ा हो जाए तब गैस पर से हटा लें। ठंडा होने पर दूध का मसाला बुरक कर परोसें।

## अंकुरित मूँगफली के दूध की खीर

**सामग्री**—250 ग्राम कच्ची मूँगफली के दाने, 50 ग्राम चावल, 250 ग्राम चीनी, 25 ग्राम किशमिश, 200 ग्राम नारियल का चूरा, 2 इलायची पिसी हुई, 4 बूँद केवड़ा।

**विधि**—मूँगफली के दाने सुबह इतने पानी में भिगोएँ कि एक इंच पानी ऊपर रहे। रात को एक भीगे हुए मोटे कपड़े में इन दानों को बाँध दें और एक भगौने से ढककर रख दें। अगले दिन दोपहर तक ये अंकुरित हो जाएँगे। इनको पीस कर छान लें। अब चावलों को पानी में पकाइए। गलने पर मूँगफली का दूध डालकर दस मिनट तक पकाएँ। चीनी, किशमिश डालकर आँच से उतारिए। प्लेट में परोसिए। इलायची पाउडर व नारियल का चूरा डालकर सजाइए ऊपर से केवड़ा एसेंस डालिए।

अम्लता (एसिडिटी) के कष्ट में यह खीर बिल्कुल ठंडी करके लीजिए, इससे अम्लता शांत होगी।

## खीर मोहिनी

**सामग्री**—1 लीटर दूध का ताजा छेना, 5-6 रीठे, 40 ग्राम चिकना खोआ, 100 ग्राम पिसी चीनी, आधा छोटा चम्मच इलायची पाउडर खुशबू के लिए, 100 ग्राम नारियल का बुरादा, कुछ बूँदें हरा या पीला रंग, आधा किलो चीनी, आधा लीटर पानी, 2 प्याले उबला पानी, कुछ गुलाब जल।

**विधि**—सबसे पहले रीठे को आधा प्याला पानी में भिगोकर मसलें और छानकर रस निकाल लें।

एक थाली में छेना रखकर हथेली पर मसलें और करीब 20-25 छोटी-छोटी गोलियाँ बना लें।

अब एक पतीले में चीनी और पानी को मिलाकर आँच पर चढ़ाएँ। जब एक तार की चाशनी तैयार हो जाए तो थोड़ा-थोड़ा करके आधा रीठे का पानी डालकर हिलाएँ। इससे चाशनी फूलने लगेगी। अब इसमें छेने की तैयार गोलियाँ डाल दें। 10 मिनट तक पकाएँ। ध्यान रहे छेने की गोलियाँ चाशनी में डूबी रहनी चाहिए। यदि चाशनी कम हो तो रीठे का बचा पानी और डालें। जब चाशनी डेढ़ तार की हो जाए तो समझें कि गोलियाँ पक गई हैं। अब इसमें करीब दो प्याले उबलता हुआ पानी डाल दें। इससे चाशनी एक तार से भी हल्की हो जाएगी। गोलियों को इसी चाशनी में पड़ा रहने दें और आँच से उतार कर गुलाब जल डालें और अलग रख दें।

इस बीच खोए को हल्की आँच पर पिसी चीनी के साथ बराबर हिलाते हुए भूनें जिससे मिश्रण एकसार हो जाए। जब खोआ मिश्रण गोली बंधने के लायक तैयार हो जाए तो आँच से उतार कर ठंडा होने दें।

अब छेने की गोलियों को चाशनी में से निकाल लें। प्रत्येक गोली पर उपयुक्त खोए के मिश्रण की पतली परत चढ़ाकर बड़ी गोली बना लें। इसके लिए थोड़ा-सा खोआ मिश्रण लेकर हथेली पर फैलाएँ, बीच में एक छेने की गोली रखें और अच्छी तरह लपेट दें। इसी तरह सभी गोलियों पर खोआ मिश्रण चढ़ा कर खीर मोहिनी तैयार कर लें।

अथवा पहले नारियल के बुरादे में तीन-चार बूँद हरा रंग मिलाएँ और थाली में फैला लें। प्रत्येक खीर मोहिनी को नारियल के बुरादे में लपेट कर रखती जाएँ।

**ध्यान दें**—*यदि खीर मोहिनी को कुछ और ज्यादा स्वादिष्ट बनाना चाहती हैं तो इसे पिस्ते के चूरे में भी लपेट सकती हैं।*

## खोए की गुझिया

**सामग्री**—500 ग्राम मैदा, 100 ग्राम सूजी, 150 ग्राम चीनी, खोया 250 ग्राम, भरने के लिए सूजी 125 ग्राम, इलायचियाँ 5 ग्राम, थोड़ा-सा नारियल का चूरा और घी।

**विधि**—मैदे में 100 ग्राम घी का मोयन दें तथा साथ में सूजी मिलाकर गूँध लें। 125 ग्राम सूजी को छन्नी से छानकर थोड़े-से घी में भूनें। इच्छानुसार इलायची, नारियल का चूरा व चीनी मिला दें। थोड़ा-सा मैदा घोलकर अलग रख लें। मैदे की छोटी लोई लें। उसकी पूरी बेलकर उसमें सूजी का भराव भरें और दोहरा करें। गुझियों के चारों किनारे पर गीली मैदा लगा दें ताकि भराव न निकले और बारीक-बारीक किनारे मोड़ दें, फिर घी गर्म करके इन्हें धीमी आँच पर तलें।

## रस मलाई

**सामग्री**—छेना 200 ग्राम, मैदा 15 ग्राम, सूजी 15 ग्राम, सोडा खाने वाला 1 चुटकी, चीनी डेढ़ किलो, दूध डेढ़ लीटर, छोटी इलायचियाँ पिसी 1 चम्मच, चिरौंजी 15 ग्राम, 12 रीठों से तैयार पानी।

**विधि**—छेने में मैदा व सूजी मिलाकर हल्के हाथ से फेंट लें। बहुत सख्ती से मिलाने पर छेना कड़ा हो जाएगा। चीनी में 1 किलो पानी मिलाकर उबालने के लिए चढ़ा दें। जब उबाल आने लगे तो उसमें 3-4 चम्मच दूध डाल दें, उससे चीनी का मैल ऊपर आ जाएगा जिसे बाहर निकाल दें।

फिर इस चाशनी को 2 बराबर भागों में कर लें। पतली चाशनी को अलग रख दें व दूसरी वाली चाशनी को आँच पर चढ़ाएँ व उसमें दो चम्मच रीठे का पानी डाल दें। अब छेने की गोलियाँ बनाकर पतली चाशनी में डालकर लगभग बीस मिनट उन्हें उबालें। जब गोलियाँ फूल जाएँ तो उन्हें निकाल कर गाढ़ी चाशनी में डाल दें व दो घंटे भीगने दें। दूध को इतना उबालें कि वह खूब गाढ़ा होकर आधा रह जाए।

दूध में इलायची व केसर मिला दें व चाशनी में भीगी गोलियों को भी दूध में 2 घंटे के लिए भिगो दें। ऊपर से चिरौंजी डालकर चाँदी के वरक से सजाकर पेश करें। आप बाजार से 'छेना' कह कर खरीदें, 'पनीर' नहीं, ताकि गोलियाँ कड़ी न हों, मुलायम रहें। अच्छा तो यह है कि आप छेना घर पर ही बना लें।

## वनीला फ्रूट डिलाइट

**सामग्री**—दो बड़े चम्मच कार्नफ्लोर, दो कप दूध, दो बड़े चम्मच चीनी, दो बूँद लाल रंग, आधा चम्मच वनीला एसेंस।

**विधि**—थोड़े-से दूध में कार्नफ्लोर को इतना फेंटें कि मुलायम और गाढ़ा घोल बन जाए। बाकी दूध को चीनी मिलाकर उबालें। दूध इतनी देर उबालें ताकि चीनी गल जाए। अब इस दूध में रंग और वनीला एसेंस मिलाकर आँच से उतार लें। दूध को अब कार्नफ्लोर के घोल में थोड़ा-थोड़ा करके खूब फेंट-फेंट कर मिलाती जाएँ। इस मिश्रण को अब पाँच मिनट तक उबालें। उबालते समय भी कलछी से चलाती रहें। फिर इस मिश्रण को एक साँचें में डालकर ठंडा होने को रख दें। बाद में इसे फ्रिज में रख दें। जब खूब ठंडा हो जाए तब प्लेट पर उलट कर ताजे फलों से सजाकर परोसें।

## शकरकंदी के मीठे पेड़े

**सामग्री**—500 ग्राम शकरकंदी, 25 ग्राम मैदा, आधा चम्मच मीठा सोडा, घी, 500 ग्राम चीनी, 250 ग्राम पानी।

**विधि**—शकरकंदी को धोकर अच्छी तरह उबाल लें। शकरकंदी का छिलका न फटे, नहीं तो इसमें सारा पानी भर जाएगा। उबालने के बाद उन्हें पानी से तुरन्त निकाल लें। छीलकर मसल लें। मसली हुई शकरकंदी में मैदा और सोडा अच्छी तरह मिला दें। इस मिश्रण से छोटे-छोटे पेड़े बना लें। पेड़े बनाते समय उसमें बताशा, किशमिश या बर्फी का टुकड़ा अन्दर भर दें। इन पेड़ों को मध्यम आँच पर घी में भूरा होने तक तलें। चीनी की दो तार की चाशनी बनाकर ठंडी कर लें। ठंडी चाशनी में ठंडे पेड़े डालें और कुछ घंटों के बाद परोसें। गर्म चाशनी में गर्म पेड़े डालने से पेड़े पिचक जाते हैं और फूलते नहीं हैं।

## शाही टुकड़े

**सामग्री**—8 ब्रेड के पीस, 8 चम्मच कन्डेन्स्ड दूध, ¼ चम्मच जायफल का चूरा, 4 इलायचियाँ, आधा किलो दूध, 50 ग्राम मेवा (बादाम, पिस्ते, चिरौंजी, मुनक्का, काजू, अखरोट), घी, चीनी 2 चम्मच।

**विधि**—ब्रेड के दोनों तरफ से किनारे निकाल दें व तरह-तरह के आकार में ब्रेड काट लें। फिर टुकड़ों को घी में भूरा होने तक तलें। दूध में कन्डेन्स्ड दूध मिलाकर गैस पर रखें, धीमी आँच पर पकाएँ। चीनी भी मिला दें। जब दूध गाढ़ा हो जाए तो ब्रेड के टुकड़े उसमें डाल दें, जब सारा दूध सूख जाए तो इन्हें प्लेट में सजा दें। ऊपर से बादाम और पिस्तों का चूर्ण बुरक दें, ठंडा या गर्म परोसें।

## अंगूरी पेठा

**सामग्री**—सफेद कद्दू (पेठा) 4 किलो, चीनी ढाई किलो, चूना 50 ग्राम, केवड़ा या गुलाब जल 50 मिलीलीटर, साइट्रिक एसिड 2 चम्मच।

**विधि**—पेठा लेकर लम्बाई में फाँकों में काटकर अच्छी तरह छिलका हटा दें। पेठे के बीच का मुलायम वाला हिस्सा भी बिल्कुल हटा दें। अब चूने के पानी में इन फाँकों को 8-10 घंटे के लिए डालें, फिर चूना अच्छी तरह धोकर इन फाँकों को गोद लें अथवा चौकोर टुकड़ों में काट लें तथा पानी में उबालकर मुलायम कर लें। एक पतीली में चीनी के बराबर पानी लेकर चाशनी बनाएँ। चाशनी में उबाल आने पर साइट्रिक एसिड डालकर छान लें। फिर साफ चाशनी में पेठा डालकर 20 मिनट तक पकाएँ। दूसरे दिन फिर गर्म करें। फिर टुकड़े बाहर निकाल कर चाशनी 20 मिनट पकाएँ। फिर टुकड़े चाशनी में डालकर 15 मिनट पकाएँ। पकाने का कार्य इसी प्रकार 3-4 दिन करते रहें। इसके बाद जब पेठा तैयार हो जाए तब ऊपर से गुलाब जल छिड़क दें।

## मीठी इडली

**सामग्री**—1 कप दूध, 1 कप दही या मट्ठा, 1 कप चीनी, आधा चम्मच वनीला एसेंस, छोटी इलायची, थोड़ी-सी किशमिश और थोड़ा-सा कतरा हुआ काजू, डेढ़ कप सूजी, 1 बड़ा चम्मच घी।

**विधि**—1 फ्राईपैन में सूजी को घी में हल्की आँच पर भूरा होने तक भूनें और ठंडा होने के लिए रख दें। एक खुले मुँह के बर्तन में दूध, दही, चीनी, सोडा बाई कार्ब और वनीला एसेंस डालकर सब चीजों को जब तक चीनी घुल न जाए तब तक भली-भाँति मिलाती रहें। अब इस घोल में भुनी हुई सूजी, काजू, किशमिश डालकर फिर अच्छी तरह मिला दें। इस मिश्रण को थोड़ा-थोड़ा लेकर साँचों में डाल दें। मिश्रण इतना डालें कि इडली के फूलने की जगह रहे। अब इडली को भाप में 20 मिनट तक पका लें। इतने समय में इडली तैयार हो जाएगी। इस इडली का रूप और स्वाद केक जैसा होता है।

## चावल की फिरनी

**सामग्री**—1 किलो दूध, 125 ग्राम चावल, 125 ग्राम चीनी, बादाम, पिस्ता और इलायची का चूरा, केवड़े का अर्क, केसर।

**विधि**—भीगे हुए चावलों को बारीक पीस लें फिर दूध को कड़ाही में उबालकर चावलों वाला आटा इसमें डाल दें तथा कलछी से बराबर चलाती रहें। जब पकते-पकते खूब गाढ़ी हो जाए तब चीनी डालकर नीचे उतार लें किसी छिछले बर्तन में इसे डालकर पिस्ता, बादाम वगैरह से सजा दें और ठंडा होने पर थोड़ी देर के लिए फ्रिज में रख दें, फिरनी को सैट होने पर परोसें।

## बाजरे का मीठा दलिया

**सामग्री**—1 किलो बाजरा, 250 ग्राम घी, 250 ग्राम चीनी, 1 किलो दूध, इलायची।

**विधि**—ओखली में कूटकर बाजरे की भूसी अलग करके दलिया बनाएँ। कढ़ाई में घी डालकर दलिए को धीमी आँच पर भूनें। भुन जाने पर दूध और चीनी डालकर बराबर चलाती रहें जिससे तली में न लगे। गाढ़ा होने पर नीचे उतारें और ऊपर से इलायचियाँ बुरक दें।

## इमरती

**सामग्री**—250 ग्राम उड़द की दाल, 1 किलो चीनी, 50 ग्राम दूध, 25 ग्राम मैदा, घी, नारंगी रंग खाने वाला।

**विधि**—दाल को अच्छी तरह धोकर भिगो दें। दाल कम-से-कम 4 घंटे भीगी रहने दें ताकि वह अच्छी तरह से फूल जाए। इसके बाद दाल का छिलका निकालकर उसे खूब महीन पीस लें। पिसी हुई दाल व मैदा व रंग मिलाकर एक परात में डालकर काफी देर तक फेंटें जिससे दाल में हल्कापन आ जाए।

एक समतल कढ़ाई में घी गर्म करें। फेंटी हुई दाल को एक कपड़े के टुकड़े में भरिए जिसमें एक छोटा-सा छेद हो, इसे लतना कहते हैं। इस छेद में से सावधानी से फिंटी दाल को हाथ से दबाकर कंगन के आकार में बनाती जाएँ और सीधे घी में ही डालती जाएँ। मध्यम आँच पर इमरती सेकिए व सिक जाने पर घी में से निकालकर चाशनी में डालती जाएँ। जब इमरती चाशनी पी ले तो उन्हें निकाल कर एक थाल में सजा दें।

## गुलाब जामुन

**सामग्री**—100 ग्राम छेना, 40 ग्राम मैदा, 500 ग्राम खोया, 500 ग्राम घी, 6-7 छोटी इलायची, 1 चुटकी खाने वाला सोडा, 500 ग्राम चीनी।

**विधि**—छेने को हाथ से खूब अच्छी तरह से मथ लें। फिर इसमें सोडा, खोया, मैदा मिलाकर हाथ से अच्छी तरह से मथ लें ताकि मिश्रण एकसार हो जाए। इस मिश्रण के लगभग 15-16 गुलाब जामुन तैयार होंगे, इसलिए 15-16 भाग करके गोल-गोल गोलियाँ बना लें। चीनी की दो तार की चाशनी बनाकर तैयार कर लें। कड़ाही में घी गर्म करें।

फिर गोलियों को चपटा करके उसमें 2-3 इलायची के दाने डालकर दुबारा गोल-गोल गोलियाँ तैयार कर लें। आँच न ज्यादा तेज न ज्यादा कम रखें, गोलियों को लाल-लाल तल लें और चीनी की चाशनी में डालती जाएँ। 4-5 घण्टे तक गुलाब जामुनों को चाशनी में रखें। उसके बाद ही गर्म-गर्म सर्व करें।

## गाजर के गुलाबजामुन

**सामग्री**—500 ग्राम खोया, 500 ग्राम गाजरें, 100 ग्राम पनीर, चार-पाँच बड़े चम्मच मैदा, 25 ग्राम किशमिश, 25 ग्राम काजू, चुटकी भर बेकिंग पाउडर, दो बड़े चम्मच पिसी हुई चीनी तथा तलने के लिए घी।

**चाशनी के लिए**—आधा किलो चीनी, 2 गिलास पानी, 5-7 बूँदें गुलाब जल तथा पाँच छोटी इलायची।

**विधि**—गाजरों को धोकर छील लें तथा बारीक कस लें, एक बर्तन में एक छोटा चम्मच घी गर्म करके कसी हुई गाजरों को भली-भाँति भून लें, जब गाजरों का पानी पूरी तरह सूख जाए तो इन्हें आँच से उतार दें। खोए और पनीर को पीसकर पकी हुई गाजरों में मिला दें, अन्त में इस मिश्रण में मैदा, पिसी हुई चीनी और बेकिंग पाउडर मिलाकर गूँध लें और काजुओं को काट लें तथा किशमिश साफ कर लें। चीनी में पानी मिलाकर आँच पर रखें।

जब चीनी अच्छी तरह घुल जाए तो छोटी इलायची पीसकर मिलाएँ तथा गुलाब जल डालकर आँच से उतार लें। अब खोए और गाजर के मिश्रण की गोलियाँ बनाएँ, प्रत्येक गोली के बीच में मेवों के टुकड़े

रख दें, इन गोलियों को गर्म घी में सुनहरे भूरे रंग की होने तक तल लें, घी में से निकालकर इन्हें चाशनी में डाल दें, जब चाशनी गुलाबजामुनों में भर जाए तो इन्हें प्लेट में डालकर परोसें।

## रसगुल्ला

**सामग्री**—छेना 400 ग्राम, चीनी 3 किलो, रीठा 4-5, मैदा 25 ग्राम, सूजी 15 ग्राम, पानी 3 लीटर, दूध 50 मिलीलीटर, सोडा ¼ चाय का चम्मच।

**विधि**—छेना, मैदा, सूजी व सोडा सबको एक में मिलाकर बहुत हल्के हाथ से मथें। जोर से मथने से छेना कड़ा हो जाएगा। चीनी में पानी डालकर चाशनी बनाएँ व दूध डालें। ऊपर से मैल हटा दें। आधी चाशनी निकाल कर अलग गाढ़ी कर लें। लगभग दो तार की बची चाशनी आँच पर चढ़ाकर उसमें रीठे का पानी (रीठा भिगोकर उसका पानी निकाल लें) डालें। जब उबलने लगे तो इसमें छेने की गोलियाँ डाल दें व बीस मिनट तक पकाएँ और निकालकर गाढ़ी चाशनी में डाल दें। छः घण्टे भिगोने के बाद निकाल कर परोसें।

## उड़द की दाल के रसगुल्ले

**सामग्री**—150 ग्राम उड़द की दाल, 250 ग्राम घी, आधा चम्मच खाने का सोडा, थोड़ा-सा खाने वाला पीला रंग, 4-5 बूँदें केवड़ा।

**विधि**—उड़द की दाल धोकर और पीसकर रात भर एक खुले बर्तन में रखें। दूसरे दिन सोडा और पीला रंग डालकर थोड़ा-सा पानी मिलाकर मथानी से घोट लें, जिससे दाल का घोल पकौड़ी के घोल जैसा हो जाएगा। इससे रसगुल्ले स्पंज जैसे बनेंगे। अब घी में गोल-गोल रसगुल्ले भूरे होने तक तलें। एक तार की चाशनी बनाकर केवड़े की कुछ बूँदें डाल दें। इसमें सभी रसगुल्ले डाल दें। इसी तरह मूँग की दाल के भी रसगुल्ले बना सकती हैं।

## आलू के रसगुल्ले

**सामग्री**—300 ग्राम आलू, 2 छोटे चम्मच खसखस, 2 छोटे चम्मच मैदा, 2 छोटे चम्मच पिसी चीनी।

**भरने का मसाला**—2 बड़े चम्मच टूटी-फ्रूटी (पेठे के मुरब्बे के रंगीन छोटे-छोटे टुकड़े), 2 छोटी इलायची पिसी हुई, एक छोटा चम्मच सूखे नारियल का चूरा, 2 छोटे चम्मच पिसी हुई चीनी।

**चाशनी के लिए**— $\frac{1}{4}$ कप चीनी, व $\frac{1}{4}$ कप पानी।

**लपेटने का मसाला**— $\frac{1}{4}$ कप सूखे नारियल का चूरा, पिसी हुई छोटी इलायची व टूटी-फ्रूटी के कुछ रंगीन छोटे-छोटे टुकड़े ऊपर से सजावट के लिए, 8 कागज के पेस्ट्री केसेस, तलने के लिए घी।

'फ्रूट केक' की जगह 'टूटी-फ्रूटी' या पेठे के मुरब्बे के छोटे-छोटे रंगीन टुकड़ों का प्रयोग करें।

**विधि**—आलू गलने तक उबालें, छीलकर, उसमें आलू का मसाला मिला दें, घी का हाथ देकर ठीक करें, बराबर आठ भाग करें।

भरने का मसाला मिलाएँ, इसके भी आठ भाग कर लें, आलू के हर भाग में मसाला भरकर मुँह बंद करें, हथेली पर घी लगाकर गोल आकार दें। गर्म घी में मंदी आँच पर सुनहरा तलें।

चीनी व पानी की पतली चाशनी बनाएँ, फिर नीचे उतार लें, तला रसगुल्ला चाशनी में दो मिनट डुबोएँ, फिर निकाल लें, सूखे नारियल के चूरे में लपेटें। प्लेट में रख पिसी इलायची व फ्रूट केक से सजा दें, पेस्ट्री केस में रखकर परोसें।

## जलेबी

**सामग्री**—आधा किलो मैदा, 100 ग्राम दही, 1 किलो चीनी की केसरी चाशनी, आधा किलो घी।

**विधि**—मैदे को दही में डालकर थोड़े-से पानी से घोलकर एक दिन बन्द अलमारी में रख दें ताकि उसमें खमीर उठ आए। दूसरे दिन उसमें केसरी रंग मिलाकर खूब फेंटें। चाशनी बनाकर गर्म रखें। तवी पर घी डालें। मैदे को, किसी कपड़े में जिसमें छेद हो, भर लें और तवी पर छेद से गिराकर जलेबी बनाएँ। जलेबी को लोहे की सींक से उलट-पलट कर सेंक कर गर्म चाशनी में छोड़ती जाएँ। जब जलेबियाँ रस में भर जाएँ, उन्हें लोहे की सींक से उठाकर थाल में सजा दें।

## इन्स्टैंट जलेबी

**सामग्री**—जलेबी के घोल के लिए मैदा 100 ग्राम, बेसन 1 चम्मच, दही घोल बनाने के लिए 1 कप, ईनो फ्रूट साल्ट आधा छोटा चम्मच, 1 प्लास्टिक की मोटी थैली, तलने के लिए घी आवश्यकतानुसार।

**चाशनी**—चीनी 2 कप, पानी 2 कप, खाने वाला केसरिया रंग चुटकी भर।

**विधि**—चीनी व पानी मिलाकर उबाल लें। एक तार की चाशनी बन जाने पर उतार लें व उसमें केसरिया रंग मिला दें।

जलेबी का घोल बनाने के लिए मैदा व बेसन मिलाकर गाढ़ा घोल लें। घोल इतना गाढ़ा हो कि चम्मच से गिराने पर जल्दी न गिरे। अंत में ईनो फ्रूट साल्ट मिलाकर मिश्रण को प्लास्टिक की थैली में भर दें। थैली के नीचे के एक कोने को थोड़ा-सा काटकर छेद कर दें। फ्राईपेन में आधा तक घी डालकर गर्म करें। अब इसमें मिश्रण भरी प्लास्टिक की थैली को हाथ से दबाकर गोल-गोल जलेबी छोड़ दें। लोहे की सींक अथवा खाने के कांटे से उलट-पुलट कर जलेबी गुलाबी तल लें। घी से निकाल कर तुरन्त चाशनी में डाल दें। पाँच मिनट बाद चाशनी से निकाल कर प्लेट में सजाती जाएँ। इन्हें बनाकर गर्म ही खाएँ।

## गुड़ की जलेबी

**सामग्री**—1 कटोरी आटा, 1 कटोरी मैदा, आधा प्याला दही, आधा किलोग्राम गुड़।

**विधि**—आटा और मैदा दही में मिलाकर पानी से घोलकर एक बर्तन में 24 घंटे रखें। 24 घंटे बाद जलेबी बनाने वाली चपटी छिछली कड़ाही (तवी) को गर्म करके उसमें घी या तेल डालें। अब गुड़ में दो कटोरी पानी डालकर दो तार की चाशनी बना लें। एक मोटे कपड़े में छोटा-सा छेद बनाकर काज बना लें और गर्म घी में जलेबी के आकार में मिश्रण डालकर तलें। गुलाबी होने पर गर्म-गर्म गुड़ की चाशनी में डालें। लीजिए, गुड़ की जलेबी तैयार है।

## छेने की जलेबी

**सामग्री**—1 किलो छेना, चुटकी भर सोडा, मैदा 250 ग्राम, चीनी 1 किलो।

**विधि**—यदि तैयार छेना बाजार से न लेना हो तो 4 लीटर दूध को हल्का गर्म करके 3-4 नीबूओं से फाड़ लें और कपड़े से बाँध लें तथा लटका दें, पानी निकलने पर छेने में मैदा और सोडा मिलाकर अच्छी तरह से मल लें। एक बर्तन में चीनी लेकर चाशनी बना लें। इसमें पानी कम डालना चाहिए जिससे चाशनी गाढ़ी बने। कड़ाही में घी गर्म करके उसमें जलेबी तलें, लाल हो जाने पर उतारें तथा चाशनी में डाल दें। 7-8 घंटे भीगा रहने दें।

## खोया भरे परवल

**सामग्री**—1 किलो परवल, 850 ग्राम चीनी, 250 ग्राम खोया, बादाम, पिस्ते, वरक।

**विधि**—परवलों को कुचर लें। बीच में से काटकर बीज निकाल दें और 250 ग्राम चीनी में थोड़ा-सा पानी डालकर परवल उसमें भिगो दें। खोए में पिस्ते, बादाम, इलायची डालें, साथ ही 125 ग्राम चीनी भी डाल दें। चीनी मिश्रित परवलों को आँच पर रखें, जब ये नर्म हो जाएँ तो उतारें। ठंडे होने पर परवलों में

खोया भर दें और धागे से बाँध दें। बाकी बची हुई चीनी की दो तार की चाशनी बना लें और खोए भरे परवल उसमें डाल दें। जब चाशनी रच जाए तो निकालें। लिपटा हुआ धागा निकाल दें तथा चाँदी के वरक लगा दें।

## सूजी की मीठी कचौरी

**सामग्री**—500 ग्राम मैदा, 500 ग्राम घी, 200 ग्राम सूजी, 100 ग्राम नारियल का चूरा, 10 ग्राम छोटी इलायची, 100 ग्राम मावा, 250 ग्राम चीनी तथा 100 ग्राम किशमिश।

**विधि**—सूजी को छानकर रख लें। अब बादाम की बारीक गिरी काट लें। इलायची बारीक पीस लें। अब भरने वाली सामग्री को भून लें। मैदा में घी का मोयन देकर दूध डालकर गूँध लें। फिर मैदे की छोटी-छोटी लोइयाँ बनाकर पूरी के आकार की बेल लें। भरने की सामग्री को बीच में भरकर चारों तरफ से मोड़कर अंगूठे से दबाकर जोड़ लें। कड़ाही में घी डालकर गर्म करें। कचौरियाँ डालकर धीमी आँच में भूरे रंग की सेक लें।

## मिश्रित फलों की मिठाई

**सामग्री**—2 लीटर दूध, 100 ग्राम मिश्रित फल (अंगूर, सेब, अनन्नास), 200 ग्राम चीनी, कुछ बूँदें वनीला एसेंस, चाँदी के वरक दो।

**विधि**—फलों को धोकर छील लें तथा जो काटने योग्य हों, उन्हें बारीक-बारीक टुकड़ों में काट लें, एक बर्तन में दूध डालकर पकने के लिए आँच पर रख दें। जब दूध पक कर काफी गाढ़ा हो जाए तो इसमें काटे हुए फल मिला दें और थोड़ी देर पकाएँ। जब मिश्रण जमने लायक हो जाए तो आग से उतार कर इसमें वनीला एसेंस मिला दें। ठंडी होने पर मिठाई को चिकनी की हुई प्लेट में निकाल लें, जब मिठाई अच्छी तरह से जम जाए तो इसे मनचाहे आकार में काट कर परोसें।

## पनीर रोल्स

**सामग्री**—दस स्लाइसें बड़ी डबल रोटी, 250 ग्राम पनीर, 200 ग्राम चीनी, घी, थोड़ा-सा नारियल का चूरा, दो-चार इलायची, थोड़ा-सा मेवा, और एक चुटकी पीला रंग।

**विधि**—पनीर को हाथ से अच्छी तरह मसल लें। अब इसमें मेवा, खाने वाला पीला रंग, पिसी इलायची और 50 ग्राम चीनी को दो कप पानी में डालकर बड़े बर्तन में उबालने के लिए रख दें, तीन-चार उबाल आने पर उतार लें। डबल रोटी स्लाइस के चारों किनारे काटकर निकाल दें, एक-एक स्लाइस लेकर पानी में भिगोकर हथेली पर रखकर दूसरी हथेली पर धीरे से निचोड़ दें इसमें पनीर भरकर रोल कर लें। कड़ाही में घी गर्म करके एक-एक रोल सुनहरा होने तक तलें और तले हुए एक-एक रोल को तैयार चाशनी में डालती जाएँ।

एक प्लेट में नारियल का चूरा फैला दें और चाशनी में से रोल निकाल कर नारियल के चूरे पर डालकर हर ओर से घुमा दें। इस तरह हर रोल के चारों ओर चूरा लग जाएगा, अब ठंडे होने तक इन्हें प्लेट में रखें उसके बाद जैसे भी चाहें सजा सकती हैं।

## मूँगफली की मिठाई

**सामग्री**—250 ग्राम कच्ची मूँगफली, 125 ग्राम चीनी, एक कप काजू (दरदरा पिसा हुआ), 1 बड़ा चम्मच गुलाब का एसेंस, 2 चाँदी के वरक।

**विधि**—मूँगफली को आधे घंटे तक भिगोकर रखें, फिर इनका छिलका उतार लें, फिर इसे बारीक पीस लें और कपड़े में बाँधकर दूध निकाल लें। एक बर्तन में दूध व चीनी मिलाकर आँच पर पकने के लिए

रखें। आँच हल्की रखें। इसमें बची हुई सामग्री मिलाकर लगातार हिलाते हुए तब तक पकाएँ जब तक मिश्रण गाढ़ा होकर जमने लायक न हो जाए। फिर इसे आग से उतारकर घी लगी थाली में फैला दें व ठंडी हो जाने पर तेज चाकू से टुकड़ों में काटकर परोसें।

## मोहन-थाल

**सामग्री**—1 किलो बेसन, 750 ग्राम चीनी, 750 ग्राम घी, डेढ़ कप दूध, पाँच-छ: छोटी इलायची, 10 बादाम, 1 छोटा चम्मच केसर या पीला रंग, थोड़ी-सी किशमिश तथा दो-तीन चाँदी के वरक।

**विधि**—एक बर्तन में आधा कप दूध तथा आधा कप घी मिलाकर गर्म करें। इस मिश्रण को बेसन में डालकर अच्छी तरह मिला दें। बाकी बचा हुआ घी बर्तन में डालकर गर्म कर लें। इसमें बेसन का मिश्रण डालकर लगातार हिलाते हुए सुनहरे रंग का होने तक पकाएँ। जब बेसन अच्छी तरह पक जाए तो इसे आग पर से उतार लें।

बाकी बचे हुए एक कप दूध में चीनी डालकर आग पर रखें। 2 तार की चाशनी बनने पर इसमें बेसन वाला मिश्रण मिला दें। इसे लगातार हिलाती रहें ताकि यह बर्तन के तले में न लगे। इसमें थोड़ा-सा इलायची पाउडर, बादाम तथा केसर डालकर आग से उतार लें। इस मिश्रण को घी लगी थाली में फैलाकर ठंडा कर लें, बाकी बचे इलायची, बादाम के टुकड़े, किशमिश व चाँदी के वरक लगाकर परोसें।

## मावे की कचौड़ी

**सामग्री**—250 ग्राम मैदा, 1 चम्मच घी, पाँच या छ: छोटी इलायची, 500 ग्राम मावा, आधा चम्मच केसर, आधा जायफल, 500 ग्राम चीनी, 10 ग्राम कटे हुए पिस्ते व बादाम, दो-तीन चाँदी के वरक, तलने के लिए घी।

**विधि**—मैदे में घी का मोयन डालकर गूँध लें, इसकी छोटी-छोटी लोइयाँ बना लें। अब जायफल, इलायची व केसर को एक साथ पीस लें, इन्हें मावे में मिलाकर छोटी-छोटी गोलियाँ बना लें। मैदे की प्रत्येक लोई में मावे की एक-एक गोली भरकर अच्छी तरह बंद कर दें और घी में सुनहरी होने तक तलें। अब एक तार की चाशनी बनाकर कचौरियाँ डुबोती जाएँ, अच्छी तरह रस भर जाने पर प्लेट में निकाल कर परोसें। ऊपर से चाँदी के वरक लगा दें।

## बालूशाही

**सामग्री**—बालूशाही के लिए मैदा 1 किलो, घी डेढ़ किलो, चीनी डेढ़ किलो, दही 100 ग्राम, खाने वाला सोडा।

**विधि**—मैदा में बराबर का घी डालकर मोयन दें व सोडा डाल दें। दही को खूब मथ लें और मैदे को गूँध लें, फिर छोटी-छोटी गोलियाँ बना लें, अंगुलियों से बालूशाही का आकार देकर दबायें। कड़ाही में घी डालकर बालूशाही को हल्की-हल्की आँच में सेंक लें। लाल हो जाने पर निकाल लें। फिर तीन तार की चाशनी बनाकर उसमें थोड़ी देर डुबोकर उसके बाद निकाल लें।

## टूटी फ्रूटी

**सामग्री**—1 कप खोया, आधा कप कैस्टर शूगर, 1 बड़ा चम्मच रंगीन पेठे के कटे टुकड़े, तीन बड़े चम्मच दूध, 2 छोटे चम्मच पिघला हुआ घी।

**विधि**—पेठे के टुकड़ों को काटकर कपड़े से पोंछ लें। भारी तले की कड़ाही में खोया, दूध और घी डालकर आग पर रख दें। तब तक चलाएँ जब तक कि मिश्रण लगभग सूख न जाए, अब इसमें पेठे के टुकड़े डाल दें।

जब मिश्रण काफी सूख जाए तब उसमें चीनी मिलाकर दो मिनट तक चलाती रहें और फिर आग से उतार लें।

मिश्रण के हल्का ठंडा हो जाने पर इसको ईंट का आकार या केक की तरह गोलाकार रूप दे दें और एक सुंदर प्लेट में रख दें।

**सजावट के लिए सामग्री**—दो कप आइसिंग शुगर, एक छोटा चम्मच वनीला एसेंस, 3 बड़े चम्मच क्रीम, रंगीन मीठी गोलियाँ, या रंगीन सौंफ, चुटकी भर नमक।

**विधि**—आइसिंग शुगर और नमक को एक साथ मिलाकर छान लें। इसमें वनीला एसेंस मिला दें। थोड़ी-थोड़ी क्रीम मिलाते हुए इस मिश्रण के साथ-साथ अच्छी तरह फेंटती जाएँ। क्रीम इतनी ही मिलाएँ कि मिश्रण पतला न होने पाए पर फैलने योग्य हो जाए, (ज्यादा पतला होने पर मिश्रण टिकेगा नहीं), इस मिश्रण को ईंटनुमा या गोलाकार तैयार किए गए खोए के ऊपर डाल दें व इसे अपने आप फैलने दें। मिश्रण इस तरह फैलना चाहिए कि पिंड पूरी तरह ढक जाए।

जब मिश्रण हल्का-हल्का जमना शुरू हो जाए तब रंगीन गोलियाँ या रंगीन सौंफ से उस पर सजावट कर दें।

## बसंत बहार

**सामग्री**—1 पका केला कद्दूकस किया हुआ, 1 कप पनीर कद्दूकस किया हुआ, तीन-चौथाई कप गोले का बुरादा, आधा कप पिसी चीनी, 1 चुटकी खाने वाला पीला रंग, 4-6 छोटी इलायची (पिसी हुई)।

**भरने के लिए**—3 बड़े चम्मच मलाई, 1 बड़ा चम्मच पिसी चीनी, थोड़े-से कटे हुए मेवे, 8-10 धागे केसर (दूध में भीगी)।

**सजाने के लिए**—पाइनएपल फ्लेवर के आइसक्रीम वेफर्स।

**विधि**—गोले के बुरादे को पीले रंग में जरा-सा पानी मिलाकर रंग लें। केला, पनीर, चीनी तथा आधा कप बुरादा, पिसी इलायची मिला लें। बाकी बचे बुरादे को थाली में फैला दें। पनीर के मिश्रण की छोटी-छोटी नावें बना लें तथा बुरादे में लपेट दें। मलाई, चीनी, केसर, मेवा मिलाकर थोड़ा-थोड़ा मिश्रण नावों में भर कर पाइनएपल फ्लेवर के आइसक्रीम वेफर्स को तिरछा काटकर नावों में पाल की तरह लगा दें।

## पेठे का पर्ती मीठा कस्टर्ड

**सामग्री**—1 किलो पेठा (छीलने व बीच का हिस्सा निकालने के बाद), आधा छोटा चम्मच पिसी छोटी इलायची, 200 ग्राम शक्कर, थोड़ा-सा हरा रंग, 1 बड़ा चम्मच पिस्ता व चेरी सजाने के लिए 50 ग्राम कस्टर्ड पाउडर, आधा लीटर दूध, 2 बड़े चम्मच कतरे काजू, 10-12 दाने पिस्ता, कुछ बूँद वनीला एसेंस।

**विधि**—पेठे को धोकर कद्दूकस में कस लें। उसे आँच पर रखकर पानी सुखा लें। फिर उसमें 125 ग्राम शक्कर डालें और तब तक पकाएँ जब तक वह सूख न जाए। साथ ही उसमें 2 बूँद हरा रंग भी डालें। अब थोड़ी-सी पिसी छोटी इलायची भी मिला दें और पानी सूख जाने पर उतार लें व ठंडा होने के लिए रख दें।

थोड़े-से दूध में 50 ग्राम कस्टर्ड पाउडर मिला दें और कुछ दूध में शक्कर को घोल लें। बाकी दूध गर्म करने के लिए आग पर रख दें। फिर उसमें कस्टर्ड और चीनी मिला दें, गाढ़ा होने तक पकाएँ। कुछ बूँद वनीला एसेंस डाल दें। अब जेली रिंग मोल्ड में चिकनाई लगा दें और उसमें पिस्ते व काजू को बारीक काट कर छिड़क दें। इस रिंग मोल्ड में एक पर्त कस्टर्ड की डालें व दूसरी पेठे की। तीसरी कस्टर्ड की व चौथी पेठे की। फिर ठंडा होने के लिए फ्रिज में रख दें। अब रिंग मोल्ड को सर्विंग डिश में पलट दें। चैरी और काजू से सजा दें।

## मीठे बड़े

**सामग्री**—1 कप उड़द दाल, आधा कप चावल, आधा कप चीनी, तलने के लिए तेल आवश्यकतानुसार।

**विधि**—उड़द की धुली हुई दाल और चावल को पानी में अच्छी तरह भिगोकर 2 घंटे तक रखें। पूरा पानी निकाल दें। चीनी मिलाकर इस मिश्रण को दरदरा पीसें। पानी नहीं मिलाएँ, तेल गर्म करें और आग धीमी करें। इस मिश्रण की छोटी-छोटी गोलियाँ बनाएँ। उन्हें हाथ से दबाकर बीच में छिद्र बनाएँ। अपनी हथेली पर तेल लगाएँ ताकि बड़े हाथ पर चिपकें नहीं।

बड़ों को भूरा होने तक तलें। निकाल कर गर्म-गर्म खाने के लिए परोसें।

## लवंग लतिका

**सामग्री**—250 ग्राम मैदा, 250 ग्राम चीनी (चाशनी के लिए), आधा चम्मच नीबू का रस, ढाई बड़ा चम्मच चीनी, 15 लवंग, 40 किशमिश, 75 ग्राम खोया, 10 काजू, 4 इलायची, 20 पिस्ता, एक चुटकी जायफल, आधा बड़ा चम्मच चिरौंजी, 75 ग्राम सूखा नारियल, तलने के लिए घी।

**विधि**—किशमिश को धोकर सुखाएँ। काजू को तोड़कर छोटे-छोटे टुकड़े कर लें। पिस्ता छीलकर काटें। इलायची के दाने निकालें। चिरौंजी को मसल कर साफ करें। सभी मेवे एक ओर रखें।

खोया, नारियल, ढाई चम्मच चीनी मिलाकर धीमी आँच पर रखें। मिश्रण को बराबर चलाती रहें। मेवे और जायफल का पाउडर मिलाएँ और आग पर से उतारें।

**चाशनी बनाने के लिए**—चीनी को तीन-चौथाई कप पानी डालकर गाढ़ा होने तक पकाएँ। नीबू का रस डालें। डेढ़ बड़े चम्मच घी आटे में डालकर पानी का छींटा देकर मैदा सानें। इसे 15 बराबर के भागों में बाँटें और गोलियाँ बनाएँ।

घी लगे चकले पर पूरी के समान जितना पतला हो सके बेलें, खोया और नारियल का मिश्रण इसके बीच में रखें। इसके ऊपर पर्त के ऊपर पर्त मोड़ते हुए चौकोर आकार दें। लवंग से बंद करें। इसी प्रकार सभी गोलियाँ बेलकर बनाएँ और गीला कपड़ा ढककर रख दें।

गर्म घी में सभी लवंग-लतिका को भूरा होने तक धीमी आँच पर तलें व निकाल कर तैयार चाशनी में डालें। अच्छी तरह भीग जाए तो पेश करें।

## राजभोग

**सामग्री**—गाय के दूध का ताजा छेना 250 ग्राम, मैदा 1 छोटा चम्मच, सूजी 1 छोटा चम्मच, गुलाब जल 1 छोटा चम्मच, भरावन के लिए खोया 60 ग्राम, इलायचीदाना आवश्यकतानुसार।

**विधि**—दूध को गर्म करके ठंडा होने को रख दें। सारी मलाई उतारकर दूध को पुनः गर्म करें। खौलते दूध में नीबू का रस या साइट्रिक एसिड डालकर पनीर अलग कर लें। पनीर अलग करने के लिए फटे दूध को छाननी पर डालकर ऊपर से ठंडा पानी डाल दें। चाहें तो कपड़े में बाँधकर निचोड़ दें। इस बीच छोटे कुकर में चीनी व पानी खौलाएँ। एक चम्मच दूध डालकर चाशनी का मैल काटकर अलग निकाल दें।

पनीर के 10-12 गोले बनाएँ व प्रत्येक में थोड़ा-थोड़ा खोया व इलायचीदाना का मिश्रण भर दें। खौलती चाशनी में गोले डालकर कुकर का ढक्कन लगा दें। यदि एक साथ सारे रसगुल्ले बनाना संभव न हो तो आधे रसगुल्ले ही एक बार में चाशनी में डालें, क्योंकि रसगुल्लों के लिए फूलने के लिए जगह चाहिए। वेट लगाएँ व पहली सीटी आने पर तुरन्त आँच बंद कर दें। थोड़ा ठंडा होने पर कुकर का ढक्कन खोलें। जब ि ल्कुल ठंडा हो जाए तो गुलाबजल मिला दें। 4-6 घंटे बाद परोसें।

**नोट**—*यदि पहली बार बनाने पर राजभोग चपटे हो जाएँ तो उन्हें गाढ़े दूध में डालकर व ऊपर से मेवे डालकर सर्व करें।*

## बादाम संदेश डिलाइट

**सामग्री—**40 बादाम गिरी, घर का बना हुआ 250 ग्राम छेना, 100 ग्राम पिसी हुई चीनी स्वादानुसार, कुछ बूँद बादाम एसेंस, चाँदी का वरक।

**विधि—**बादाम को रात भर भिगोइए, उसका ऊपरी पीला भाग छील दीजिए तथा पीसकर पेस्ट बना लीजिए। एक थाली में चीनी लेकर हथेली से खूब मिला लीजिए जब तक कि यह हल्का न हो जाए। अब इसमें बादाम का पेस्ट और बादाम एसेंस मिला लीजिए। अब छेने को चौकोर और चपटा आकार में बनाकर 5-6 मिनट के लिए फ्रिज में रख दीजिए। जब तक कि यह कड़ा न हो जाए। इसके ऊपर चाँदी का वरक लगाइए और किसी भी आकार में काट लीजिए।

## मैंगो रोल स्पेशल

**सामग्री—**छेना बनाने के लिए दूध 2 लीटर, 2 बड़े आम, चीनी का बूरा 6 बड़े चम्मच, छोटी इलायची 4 (इलायची का पाउडर बना लें), सख्त खोया 100 ग्राम, केसर 2 धागे, गुलाब जल एक छोटा चम्मच, नीबू एक।

**विधि—**दूध को किसी बर्तन में डालकर आँच पर चढ़ा दें। उबाल आने पर उसमें एक नीबू का रस छोड़ दें। जब दूध भली-भाँति फट जाए तो उसका पानी छन्नी से छान कर निकाल दें और छेने को महीन कपड़े से बाँधकर आधे घंटे के लिए लटका दें। इसके पश्चात् छेने को कपड़े से निकालकर थाली में रखें और हाथ से मसल-मसल कर एकसार कर लें। अब इसमें चीनी का बूरा, केसर और गुलाब जल मिलाकर अच्छी तरह से मल लें।

अब दोनों आमों का छिलका उतारकर आम के गूदे वाले हिस्से को पतला काट लें। एक मोटा पॉलीथीन का टुकड़ा लेकर छेने को उसके ऊपर पतला-पतला फैला दें। उस पर आम के टुकड़ों को फैला दें और छेने को एक किनारे से रोल करना शुरू करें। जब रोल पूरा हो जाए तो पॉलीथीन के टुकड़े को बाँधकर फ्रिज के फ्रीजिंग चेम्बर में रखें। कड़ा हो जाने पर रोल को फ्रीजिंग चेम्बर से निकाल लें।

अब सख्त खोए को कद्दूकस से कसकर महीन चूरा बना लें। आम के रोल को खोये के चूरे में रोल कर दें। खोया का बूरा रोल के चारों ओर भली-भाँति चिपक जाएगा। स्वादिष्ट आम का रोल तैयार हो गया। काटकर पेश करें।

## केले की रसमलाई

**सामग्री—**4 केले, 1 अंडा, 1 किलो ताजा दूध, 3 चम्मच दूध पाउडर, 2 बूँदें केवड़ा एसेंस, 100 ग्राम चीनी, 1 बड़ा चम्मच खरबूजे के बीज, 1 छोटा चम्मच गुलाबजल, चुटकी भर बेकिंग पाउडर।

**विधि—**दूध को उबालकर गाढ़ा कर लें। जब आधा रह जाए तब चीनी मिला दें। केले के चार-चार टुकड़े करके दूध पाउडर और अंडे में लपेट लें (एक चम्मच दूध पाउडर और आधा अंडा प्रयोग में लाएँ), पाँच मिनट रख दें। फिर आधा अंडा दो चम्मच दूध पाउडर में फेंट कर चुटकीभर बेकिंग पाउडर मिलाकर अंडे की गंध को दूर करने के लिए गुलाबजल मिलाकर केले के टुकड़ों को फिर उनमें डुबोकर गाढ़े दूध में डाल दें। धीमी आँच पर पकने दें। जब दूध और सब रसमलाई एकसार हो जाए तो उतार कर ठंडा कर लें और केवड़ा एसेंस तथा खरबूजे के बीज डालकर फ्रिज में रख लें। एक-दो घंटे बाद इनका लुत्फ उठाइए, यह किसी समय भी खाई जा सकती है।

## सिंदूरी पाइनएपल डोनट

**सामग्री—**250 ग्राम तेल तलने के लिए, 250 ग्राम मैदा, 1 अंडा, 1 बड़ा चम्मच मक्खन, 2 बड़े चम्मच अनन्नास का रस, चुटकी भर केसर, 1 बड़ा चम्मच दूध, 1 छोटा संतरे का रस, आधा छोटा चम्मच अदरक

का रस, 1 बड़ा चम्मच सूजी, 1 बड़ा चम्मच दही, 3 बड़े चम्मच चीनी बूरा, आधा छोटा चम्मच बेकिंग पाउडर।

**विधि**—मैदा छान लें। उसमें एक चुटकी भर नमक अथवा बेकिंग पाउडर मिला दें। दूध में केसर भिगो दें। अब अंडा फेंट कर उसमें बूरा चीनी और मक्खन मिला दें। उसमें अदरक का रस, संतरे का रस और केसर वाला दूध मिला दें। सूजी और मैदे को मिला दें।

अब मैदा मिली सूजी को अंडे के मिश्रण से धीरे-धीरे गूँध लें। अच्छी तरह मसल लेने के बाद छोटी-छोटी लोइयाँ बनाकर बेलकर डोट मोल्ड से काटते जाएँ और साथ ही कड़ाही में तेल गर्म करके तलते जाएँ। ठंडे होने पर नारियल के बूरे से अथवा टूटी-फ्रूटी के एक-एक छोटे टुकड़े से सजा दें।

## त्रिवेणी संदेश

**सामग्री**—450 ग्राम घर का बना पनीर, 250 ग्राम पिसी चीनी, 3 बड़े चम्मच बादाम की गिरी (महीन कटी), 2 बड़े चम्मच पिस्ते की हवाइयाँ, 2 बड़े चम्मच किशमिश या चिरौंजी, कुछ बूँदें खाने वाले पीले व लाल रंग की, 1 छोटा चम्मच इलायची पाउडर।

**विधि**—पनीर में थोड़ी-थोड़ी चीनी डालकर चिकना होने तक मसलें। जब पनीर में सारी चीनी मिल जाए और पनीर चिकना भी हो जाए तो सारे पनीर को बराबर तीन भागों में बाँट लें। एक भाग में पीला रंग मिलाएँ, दूसरे भाग में लाल रंग और तीसरा भाग सफेद ही रखें। ट्रे को चिकना करके लाल पनीर की परत फैलाएँ। परत ज्यादा पतली न हो।

इसके ऊपर बादाम की कतरनें और थोड़ा-सा इलायची का पाउडर फैलाएँ। बादाम की कतरनों के ऊपर पीले भाग को फैलाकर पिस्ते की कतरनें और इलायची का पाउडर छिड़कें। फिर सफेद पनीर का भाग फैला कर किशमिश या चिरौंजी फैलाएँ और हल्के हाथ से पनीर की परतों को दबाकर फ्रिज में जमने के लिए रख दें। परोसने से पहले कटर से मनचाहे आकार में काटकर पेश करें।

## शरबती फेनी

**सामग्री**—10-12 छोटे आकार की फीकी फेनी (हलवाई की दुकान पर उपलब्ध), 1 प्याला कोई मनपसंद गाढ़ा शरबत, 200 ग्राम चीनी, 250 ग्राम खोआ, 100 ग्राम पिसी चीनी, $\frac{1}{4}$ छोटा चम्मच इलायची पाउडर, 1 बड़ा चम्मच मिला-जुला कटा हुआ मेवा, कुछ कतरे पिस्ते सजावट के लिए।

**विधि**—खोए को कड़ाही में डालकर आँच पर चढ़ाएँ। एक-दो मिनट तक हल्का-सा भूनें और आँच से उतार कर पिसी चीनी, इलायची तथा कटा मेवा मिलाकर कड़ाही में से निकाल लें और ठंडा होने दें।

इसी कड़ाही में चीनी और पानी मिलाकर दो तार की चाशनी बनाएँ। आँच से उतार कर चाशनी में मनपसंद शरबत अच्छी तरह मिला दें।

अब सावधानी से एक-एककर सारी फेनियाँ चाशनी में डुबोएँ। एक मिनट तक उलट-पुलट करें और निथार कर थाली में रखती जाएँ। तीन-चार मिनट में फेनी थोड़ी मुलायम हो जाएँगी। अब थोड़ा-थोड़ा खोए का मिश्रण मीठी फेनियों के बीच में रखें और फेनी को आधा मोड़ कर दबा दें। इसी तरह सारी शरबती फेनियाँ तैयार करके रख दें। ऊपर से कतरे पिस्ते आदि से सजावट कर दें। परोसते समय तेज चाकू से प्रत्येक फेनी को बीच में से काट कर दो भाग करें। प्लेट में सजाएँ और पेश करें।

## डेलीशस डिलाइट क्रीमा मैंगो बॉल्स

**सामग्री**—(10 बॉल्स के लिए) मलाई डेढ़ कप, ब्रेड 5 बड़े स्लाइस, पनीर 10 ग्राम, चीनी पिसी हुई एक कप, आम 2 मध्यम आकार के, सूखे मेवे 50 ग्राम मिले-जुले, छोटी इलायची 5, नारियल का बुरादा $\frac{1}{4}$ कटोरी, टूटी-फ्रूटी 2 बड़े चम्मच, चेरी दस (कटी हुई)।

**विधि**—आम को छीलकर बारीक काट लें। इलायची को छीलकर, सूखे मेवे, चेरी के साथ मिला लें। फिर इन सब को आम सहित मिक्सर में डालकर पेस्ट बना लें। अब एक बर्तन में ब्रेड का चूरा कर लें व इसमें आम का पेस्ट, पनीर, टूटी-फ्रूटी, नारियल का बुरादा और आधा कप चीनी को छोड़कर बाकी की चीनी डाल लें। सभी चीजों को भली प्रकार से मिला लें ताकि एकसार हो जाएँ।

1 कप मलाई में बची चीनी डालकर फेंट लें।

सभी चीजों के बनाए गए एकसार घोल की मध्यम आकार की गोलियाँ बनाएँ। प्रत्येक में छेद करके, चम्मच की सहायता से मलाई भर के मुँह बंद कर दें। फिर सभी गोलियों को सावधानीपूर्वक एक चौड़ी तली के बर्तन में रचनात्मक ढंग से सजा दें। बची हुई मलाई को बॉल्स के ऊपर अच्छी तरह फैला दें और सबसे अंत में आम के सुन्दर शेप में टुकड़ों की मदद से उनकी सजावट कर दें। सजावट हो जाने पर बर्तन को ढाई-तीन घंटे के लिए फ्रीजर में रख दें। फिर पेश करें।

## शाही रोल्स

**सामग्री**—ब्रेड के 8 स्लाइस, 2 कप खोया, आधा कप कतरा हुआ सूखा मेवा, आधा कप दूध, 2 कप चीनी, आधा कप तलने के लिए घी।

**विधि**—खोये को गुलाबी होने तक भून लीजिए। अब इसमें मेवे को मिलाकर मिश्रण तैयार कर लीजिए।

एक गहरी प्लेट में दूध लीजिए। प्रत्येक स्लाइस को दूध में भिगोकर निकाल लीजिए। हथेली में दबाकर दूध निचोड़िये। फिर खोये के मिश्रण को स्लाइस में भरकर गोल लपेटिए और हाथ से दबाकर रोल बनाइए। चीनी में पानी डालकर एक तार की चाशनी बना लीजिए। एक कड़ाही में घी गर्म कीजिए और रोल्स को सुनहरा होने तक तल लीजिए। फिर सारे रोल्स चाशनी में डाल दीजिए। 10 मिनट बाद वरक लगाकर पेश कीजिए।

## नरगिसी छेना (कतली)

**सामग्री**—250 ग्राम ताजा मुलायम छेना, 250 ग्राम अंगूरी पेठा, कतरे हुए पिस्ते एक छोटा चम्मच, कतरे हुए बादाम एक छोटा चम्मच, कुछ धागे केसर के, चार छोटी इलायची बारीक पिसी हुई, 2 बड़े चम्मच नारियल का बुरादा (यदि कच्चा नारियल मिल सके तो छीलकर कस लें), चाँदी के चार वरक।

**विधि**—पेठा रस से निकाल कर कस लें। अब पेठे में अच्छी तरह मसलकर छेना, बादाम, इलायची, केसर एवं नारियल का बुरादा मिलाएँ और एक जान कर लें। अब इस तैयार मसाले को एक किनारेदार थाली में कुछ मोटा फैला दें। अब थाली के नाप के मुँह वाले भगौने में पानी (लगभग 2 गिलास) उबालनें चढ़ाएँ। उबलने पर मिश्रण वाली थाली मुँह पर ढक कर ऊपर से दूसरे बर्तन ढक दें। इस प्रकार मिश्रण को भाप में लगभग 10 मिनट पकने दें। अब उतार कर चाँदी के वरक लगाकर पिस्ता बुरक दें। ठंडा होने पर फ्रिज में रखें। फिर मनचाहे आकार की कतली काटकर परोसें।

## आम का छेना पायस

**सामग्री**—छेना बनाने के लिए दूध ढाई लीटर, पके आम 2, चीनी का चूरा 200 ग्राम, केसर दो धागे, दूध एक गिलास या चौथाई लीटर, महीन कटा हुआ पिस्ता एक चाय का चम्मच, पिसी छोटी इलायची आधा चाय का चम्मच, गुलाबजल एक चाय का चम्मच, नीबू 2।

**विधि**—दूध को बर्तन में डालकर आँच पर चढ़ाएँ। उबाल आने पर दो नीबू का रस डालकर दूध को फाड़ें। फटे हुए दूध के पानी को छलनी से छानकर निकाल दें और छेने को महीन कपड़े से बाँधकर टाँग दें।

चौथाई लीटर दूध को बर्तन में डालकर आँच पर पकाएँ। जब दूध आधा रह जाए तो उसमें छेना

डालकर 2 मिनट तक पकाएँ। आँच से उतारकर ठंडा हो जाने पर उसमें चीनी का चूरा और कटे हुए पिस्ते डाल दें।

अब आम को छील लें और उसके गूदे को गोलाकार चम्मच की सहायता से गोलियाँ-सी काट लें। गूदे की इन गोलियों को छेने के घोल में डाल दें। बचे हुए आम के गूदे को मसलकर उसे भी छेने के घोल में डाल दें।

केसर और इलायची को गुलाबजल में डालकर अच्छी तरह घोट लें और छेना पायस में भली प्रकार मिला दें। यदि चाहें तो थोड़ा-सा कटा हुआ पिस्ता लेकर छेना पायस में ऊपर से बुरक दें।

## शकरकंद की मीठी पूरी

**सामग्री—**1 प्याला मलाई, आधा किलो मैदा, 200 ग्राम शकरकंद, 50 ग्राम महीन पिसी चीनी, कुछ बूँदें एसेंस, ढाई प्याले चीनी, 1 बड़ा चम्मच (मोयन के लिए), तलने के लिए घी अलग से।

**विधि—**मैदे को छानकर उसमें 1 चम्मच घी का मोयन देकर अच्छी तरह मसलें। अब शकरकंद को उबालें और उबले हुए शकरकंद को मसल कर मैदे में मिला दें और मैदे को सख्त गूँध लें। फिर उसकी छोटी-छोटी लोइयाँ बनाकर पूरी की तरह छोटी-छोटी बेल कर तल लें।

चीनी की तीन तार की चाशनी बनाएँ। चाशनी में एसेंस मिला दें। प्रत्येक पूरी को चाशनी में डुबोएँ और थाली में बिछाकर उस पर मलाई और पिसी चीनी फेंट कर सजावट कर दें।

## पेठे व पनीर की मिठाइयाँ

**सामग्री—**आधा किलो पनीर, 300 ग्राम पेठे की मिठाई (बाजार में उपलब्ध), कच्चा नारियल, 500 ग्राम मिले-जुले मेवे बादाम, किशमिश व चेरी आदि।

**विधि—**सबसे पहले पेठे की मिठाई को तथा नारियल को कद्दूकस से कस लें। पनीर को भी मसल लें। मेवों समेत अब सभी चीजों को आपस में मिला दें व फ्रिज में ठंडा होने के लिए रख दें।

लीजिए, बिना ज्यादा मेहनत किए व आँच जलाए तैयार है मिनटों में स्वादिष्ट मिठाई।

## सोहन पपड़ी

**सामग्री—**1 गिलास बेसन, 1 कप सूजी, आधा गिरी गोला, डेढ़ कप काजू, तीन कप चीनी, 1 कप घी, केसर और चार इलायची।

**विधि—**चीनी की एक तार की चाशनी तैयार कर लें। कड़ाही में घी डालकर सूजी और बेसन को धीमी आँच पर भूनें, गिरी को कद्दूकस कर लें और काजुओं को अलग से घी में तल लें। अब तले काजुओं को कूट लें। कद्दूकस किए नारियल और कटे हुए काजुओं व थोड़ी-सी केसर को सूजी और बेसन में डालकर धीमी आँच पर भूनें। जब यह सारा मिश्रण इकट्ठा होकर घी छोड़ने लगे तो इसमें चाशनी मिलाकर उतार कर घी लगे थाल में डाल दें।

ठंडा होने पर इस पर पिसी इलायची बुरक कर मनचाहे आकार में काट लें।

## खस्ता रोल्स

**सामग्री—**2 कप मैदा, आधा कप घी, आधा चम्मच नमक, $\frac{1}{4}$ छोटा चम्मच बेकिंग पाउडर, 1 कप बूरा या चीनी।

**विधि—**मैदे को घी में मिलाइए। अब थोड़े-से पानी की सहायता से उसे सख्त गूँधिए। छोटे-छोटे पेड़े बनाइए। इनकी पूरियाँ बेलिए। अब एक पूरी लीजिए। इस पर थोड़ा-सा घी फैलाइए और जरा-सा मैदा छिड़किए। इसके ऊपर एक और पूरी डालिए और इस प्रक्रिया को तब तक दोहराएँ, जब तक आप 6-

7 पूरी की तह न बना लें। अब इन्हें सावधानी से इकट्ठा लपेटिए। इस तरह एक बड़ा गोल आकार बन जाएगा। इसे एक बार फिर लपेटिए और लपेटती जाइए। जब तक कि इसका आकार बेलन की तरह न हो जाए। आधा इंच के टुकड़े काटती जाएँ, नीचे रखकर ऊपर से अपने हाथ से दबाइए। फिर चकले पर रखकर थोड़ा-सा बेलिए। इन टुकड़ों को घी में तलिए। बूरा या चीनी और थोड़े घी को मिलाकर क्रीम जैसा कर लीजिए और फिर हर टुकड़े पर थोड़ी-थोड़ी फैलाइए। यदि आप चाहें तो इसे अन्य आकार भी देकर बना सकती हैं।

## मिल्क मेड सेवई

**सामग्री**—1 टिन मिल्कमेड, 50 ग्राम सेवई, आधा कप किशमिश और गिरी (इच्छानुसार), 2 कप दूध, 2 बड़े चम्मच मक्खन।

**विधि**—सेवई को मक्खन में हल्का भूरा होने तक भूनिए। दूध और मिल्कमेड मिलाकर काफी गाढ़ा होने तक पकाइए। किशमिश और गिरी आदि से सजाकर गर्म या ठंडा परोसिए।

## डबलरोटी के शक्करपारे

**सामग्री**—आधी डबलरोटी, 1 कप चीनी, 1 चम्मच पिसी हुई इलायची और तलने के लिए घी।

**विधि**—एक स्लाइस के चार-चार टुकड़े करके गर्म घी में धीमी आँच पर तलें। चीनी में थोड़ा-सा पानी डालकर तीन तार की चाशनी बना लें। इसमें पिसी हुई इलायची मिलाकर डबलरोटी के तले हुए टुकड़े डाल दें। ठंडी होने पर चीनी डबलरोटी के टुकड़ों में लग जाएगी।

## डबलरोटी की रसमलाई

**सामग्री**—1 बड़ी डबलरोटी, 150 ग्राम चीनी, 750 ग्राम दूध, 50 ग्राम कसा हुआ नारियल, कतरे हुए बादाम व किशमिश, आधी चम्मच पिसी हुई छोटी इलायची, 1 चम्मच गुलाब जल और तलने के लिए घी।

**विधि**—दूध को तब तक आँच पर रखें जब तक आधा न रह जाए। फिर उसमें चीनी और गुलाब जल मिलाकर ठंडा होने के लिए रख दें। थोड़ा दूध अलग कर लें, उसमें डबलरोटी के स्लाइस डाल दें। नर्म होने पर हथेलियों से निचोड़ कर छोटी-छोटी गोलियाँ बनाकर हल्के हाथ से दबाकर भूरे रंग की होने तक तलें। फिर इन तली हुई गोलियों को पके हुए दूध में डालती जाएँ। कतरे हुए किशमिश, बादाम व नारियल ऊपर से डाल दें, ठंडा होने पर परोसें।

## डबलरोटी के चमचम

**सामग्री**—दस डबलरोटी के स्लाइस, दो बड़े चम्मच सूजी, आधा कप मीठा दूध, 50 ग्राम खोया, 25 ग्राम नारियल का चूरा, 250 ग्राम चीनी, आधा छोटा चम्मच खाने वाला लाल रंग तथा तलने के लिए घी।

**विधि**—डबलरोटी के स्लाइस के चारों ओर से भूरा भाग उतार कर उन्हें मीठे दूध में डुबोएँ। भिगोए हुए स्लाइसों में सूजी और नारियल का चूरा मिलाकर अच्छी तरह मलें ताकि गाँठें न पड़ें। खोए में रंग मिलाकर अच्छी तरह मसल लें। डबरोटी के मिश्रण की गोलियाँ बनाकर बीच में थोड़ा-थोड़ा खोए का मिश्रण भर दें। इन्हें बंद कर गर्म घी में सुनहरे भूरे रंग की होने तक तलें।

चीनी की एक तार की चाशनी बनाकर उसमें तली हुई गोलियाँ डाल दें। आधा घंटा चाशनी में डुबोने के बाद तेज चाकू से काटकर परोसें।

## बादाम की पकौड़ियाँ

**सामग्री**—75 ग्राम बादाम की गिरी, आधा प्याला चीनी, 1 प्याला मैदा, डेढ़ बड़ा चम्मच दूध, डेढ़ छोटा

चम्मच मक्खन, 1 छोटा चम्मच वनीला एसेंस, एक-चौथाई चम्मच पिसा हुआ जायफल, 2 छोटी इलायची, चुटकी भर नमक, ऊपर छिड़कने के लिए, बूरा चीनी, तलने के लिए घी।

**विधि—**बादाम भिगोकर छील लें। थोड़ी देर धूप में रखकर सुखा लें। बादाम और चीनी को दूध के साथ बारीक पीस लें। इस पिसे हुए मिश्रण को धीमी आँच पर लगातार हिलाते जाएँ। जब गाढ़ा हो जाए तो आँच से उतार लें। वनीला एसेंस, पिघला हुआ मक्खन, और चुटकी भर नमक, पिसी इलायची भी मिला दें। अब धीरे-धीरे मैदा मिलाएँ ताकि मिश्रण में कोई गाँठ न पड़े। यदि अधिक गाढ़ा हो तो थोड़ा-सा गुनगुना पानी मिलाकर बराबर कर लें। कड़ाही में घी गर्म कर लें। आँच को धीमा कर दें, एक छोटे चम्मच से मिश्रण गर्म घी में डालते जाएँ। जब गोलियाँ सुनहरे रंग की हो जाएँ तो निकाल कर ऊपर से बूरा छिड़कर घुमा दें ताकि गोलियाँ बूरे में लिपट जाएँ।

## तिल के शाही कुरमुर

**सामग्री—**सफेद तिल 500 ग्राम, पिस्ता, बादाम, अखरोट, चिरौंजी आवश्यकतानुसार, खाने वाला गोंद 50 ग्राम, चीनी 700 ग्राम, थोड़ा केवड़ा।

**विधि—**सर्वप्रथम तिल को अच्छी तरह भून लें, अखरोट, बादाम, पिस्ता, काजू को बारीक कतर लें। गोंद को भी भूनकर महीन पीस लें। चिरौंजी को भी भून लें। अब दो तार की चाशनी बनाकर इन सभी चीजों को एक साथ मिला लें और आग से उतार लें फिर जल्दी-जल्दी कलछी से चलाएँ जिससे उनके टुकड़े-टुकड़े हो जाएँ। फिर इनको एक थाली में निकाल लें। बस तिल के शाही कुरमुर तैयार हैं।

•••

**प्रायः कमर का पतला व इकहरा, छरहरा होना ही सौन्दर्य की परिभाषा माना जाता है।** विशेषकर स्त्रियों में तो कमर का पतला होना विशेष अर्थ रखता है। कमर की आकृति ही नारी सौन्दर्य में चार चाँद लगाती है। इकहरी व पतली कमर वाली लड़की ही तन्वंगी, सुन्दर व सुडौल कहलाती है। लचीली कमर अपने-आपमें ''सोने में सुहागा'' वाली बात कहलाती है। नारी सौन्दर्य की पहली पहचान ही पतली व छरहरी कमर है।

पुरुषों में भी आजकल सौन्दर्य का जज्बा काफी प्रबल हो रहा है। पतली कमर हेतु लड़के भी बहुत प्रयासरत रहते हैं। पुरुषों में कमर का इकहरापन सौन्दर्य का सूचक माना जाता है। पतली कमर व विशाल छाती पुरुष सौन्दर्य की कुंजी है जो कि योगासनों द्वारा सहज संभव है।

निरन्तर योगाभ्यास द्वारा कमर पतली, इकहरी व छरहरी हो जाती है। कमर में लचीलापन आ जाता है। कमर पर चढ़ी हुई अतिरिक्त चर्बी नित्य आसनों के अभ्यास से समाप्त हो जाती है। सिर्फ आवश्यकता है सही आसन चुनकर नित्य सतत् अभ्यास व प्रयास की। कमर हेतु नित्य चार योगासन जरूर अपनावें व उनमें कुछ देर स्थिर होने का प्रयास करें—1. अर्द्धवक्र आसन, 2. पक्षी आसन, 3. वृश्चिक आसन, 4. सौन्दर्य आसन। *(साभार—**'योग द्वारा सौन्दर्य'**—श्रीमती सुशीला गहलोत)*

# नमकीन व नाश्ते के व्यञ्जन

## नमकीन की कुछ महत्त्वपूर्ण जानकारियाँ

*अगर आप अपने नमकीन को और भी ज्यादा पौष्टिक व स्वादिष्ट बनाना चाहती हैं तो यहाँ पर कई तरीक़े दिए जा रहे हैं, इन्हें अपना कर आप नमकीन को और भी अधिक पौष्टिक व स्वादिष्ट बना सकती हैं—*

1. *आलू की टिक्की बनाते समय यदि आलू उबाल कर मसलने के बाद दो चम्मच सूजी मिला दें तो टिकियाँ फटती नहीं हैं व कुरकुरी भी बनती हैं।*
2. *चाट मसाला बनाते समय यदि उसमें थोड़ी-सी सूखी पुदीना मिला दें तो वह अधिक स्वादिष्ट बनेगा।*
3. *पकौड़ियाँ कुरकुरी बनाने के लिए बेसन फेंटते समय उसमें थोड़ा-सा गर्म घी मिला दें।*
4. *अगर दाल-मोठ बना रही हों तो मसूर भिगोते समय उसमें एक चम्मच दूध अवश्य डाल दें इससे दालमोठ खस्ता व फूले हुए बनेंगे।*
5. *डोसा ज्यादा कुरकुरा बनाना हो तो आप तवे पर नमक मिले पानी के छींटे हर बार दें। परिणाम आपके सामने होगा।*
6. *बेसन की सेव बनाते समय यदि उसमें थोड़ा-सा चावल का आटा मिला दें तो सेव अधिक खस्ता बनेगी।*
7. *भुजिया के लिए मिश्रण बनाते समय बेसन में एक प्याला दही मिला दें इससे भुजिया खस्ता व कुरकुरे बनेंगे।*
8. *तवे पर चिकनाई के साथ थोड़ा-सा नमक मिलाकर तवा पोंछ लें, फिर डोसा फैलाएँ तो डोसा तवे पर चिपकेगा नहीं।*

## ब्रेड रोल्स

**सामग्री**—आधा किलो आलू, 6 ब्रेड की स्लाइसें, नमक, मिर्च, गरम-मसाला, घी तलने के लिए, हरी धनिया।

**विधि**—आलू को उबाल कर पीस लें, उसमें ब्रेड मसलकर मिला दें। अब इसमें मसाले भी मिला दें। किसी भी प्रकार का आकार बनाकर तल लें।

## मूँगफली रोल

**सामग्री**—मूँगफली के दाने 50 ग्राम, मक्खन 100 ग्राम, पनीर 50 ग्राम, नमक, काली मिर्च, मस्टर्ड पाउडर एक छोटा चम्मच, डबलरोटी (बिना कटी), $\frac{1}{4}$ कप कसी हुई गाजर, हरी धनिया।

**विधि**—मूँगफली के दानों को भूनकर छिलका उतारकर दरदरा पीस लें। पनीर को कस लें। मक्खन और पनीर को खूब अच्छी तरह मिला लें। इस मिश्रण में कुटी हुई मूँगफली, मस्टर्ड पाउडर, नमक, काली मिर्च मिलाकर गाढ़ा पेस्ट तैयार कर लें। डबलरोटी को लम्बाई की दिशा में काटकर लम्बे-लम्बे स्लाइस बना लें। हरेक स्लाइस पर मूँगफली वाला पेस्ट लगाकर हल्के हाथ से रोल करके टूथ पिक लगा दें, जिससे रोल खुल न जाए। इसी प्रकार सभी रोल तैयार कर लें और घी में धीमी आँच पर सेंकें।

## सरप्राइज रोल

**सामग्री**—आलू 500 ग्राम, अरारोट 2 बड़े चम्मच, खसखस 2 बड़े चम्मच, लाल मिर्च एक छोटा चम्मच, कतरी हुई हरी धनिया एक बड़ा चम्मच, कतरी हुई हरी मिर्च एक बड़ा चम्मच, कतरी हुई अदरक एक बड़ा चम्मच, आम या इमली की गाढ़ी चटनी एक बड़ा चम्मच, अमूल मक्खन 50 ग्राम, मलाई 2 बड़े चम्मच, घी, नमक।

**विधि**—आलू उबालकर, छीलकर मैश कर लें। मैश किए हुए आलुओं में नमक, मिर्च, हरी धनिया, हरी मिर्च, अदरक व अरारोट मिला दें। अमूल को बर्फ पर रखकर खूब कड़ा कर दें। मलाई को भी फ्रीजर में रख दें। खसखस को एक थाली में छितरा कर फैला दें। कड़ाही में घी गर्म होने के लिए चढ़ाएँ। थोड़े-थोड़े आलू की एक-एक टिकिया-सी हाथ पर बनाएँ, बीच में बहुत थोड़ी-सी चटनी, जमे हुए मक्खन का एक छोटा-सा टुकड़ा व बहुत थोड़ी-सी मलाई रखकर उसे रोल का आकार दें। छितरी हुई खसखस के ऊपर रोल करके खूब गर्म घी में तलकर उतार लें। ज्यादा न तलें व तुरंत परोसें।

## मूँग के खट्टे रोल

**सामग्री**—250 ग्राम मूँग की धुली दाल, 15 ग्राम अनारदाना (पानी में भिगोया हुआ), 15 ग्राम सुखी धनिया, 2 प्याज, पिसी लाल मिर्च स्वाद के अनुसार, 2 इंच टुकड़ा अदरक, नमक अंदाज से।

**चटनी के लिए सामग्री**—100 ग्राम इमली, नमक व काला नमक स्वादानुसार, गुड़ 50 ग्राम, सूखा पोदीना, 2 चम्मच तेल।

**विधि**—दाल को 4-5 घंटे भिगोकर रख दें। पानी निथारकर स्वादानुसार नमक व पिसी लाल मिर्च डालकर पीस लें। इमली के बीज निकालकर 2 गिलास पानी के साथ उबालें। नमक, गुड़, डाल दें। मिश्रण गाढ़ा होने पर छान लें। सूखा पोदीना छिड़ककर चटनी तैयार कर लें। प्याज, अनारदाना, मिर्च, अदरक पीस लें। गीली हथेली पर पिट्ठी रखें, बीच में मसाला भरें। लपेटकर गर्म तेल में तल लें। इसी तरह सारे रोल तैयार कर लें। चटनी के साथ परोसें।

## अंकुरित दाल व पापड़ रोल

**सामग्री**—1 प्याला मूँग अंकुरित, 1 छोटा प्याज बारीक कटा हुआ, आधा छोटा चम्मच लहसुन व

अदरक पिसी हुई, आधा छोटा चम्मच हल्दी, एक छोटा चम्मच गरम-मसाला, आधा छोटा चम्मच नीबू का रस, आधा प्याला हरी चटनी, 12 बड़े, पापड़, 6 डबलरोटी के टुकड़े, नमक व काली मिर्च स्वादानुसार, तेल तलने के लिए।

**विधि**—अंकुरित दाल को नमक वाले पानी में उबाल लें, पीसकर पेस्ट (पीठी) बना लें। थोड़ा तेल गर्म करके प्याज, हल्दी व गरम-मसाला भून कर उसमें यह पीठी डाल दें। नमक, काली मिर्च व नीबू का रस मिला दें। डबलरोटी के स्लाइस के दो-दो टुकड़े काट लें। एक तरफ हरी चटनी लगाकर बनी हुई पीठी लगा दें। अब पापड़ को पानी में भिगोकर एक प्लेट पर फैला दें। डबलरोटी को इस पर रखकर लपेट दें और तलकर चटनी के साथ पेश करें। ये रोल तल कर रखे नहीं जा सकते, इसलिए फौरन ही गर्मागर्म पेश करें।

## आलू रोल

**सामग्री**—2 छोटे कटोरे उबले हुए (मसले हुए) आलू, आधा कटोरा बेसन, 5-6 हरी मिर्च, आधा चम्मच हल्दी, 1 चम्मच पिसा जीरा, 1 चम्मच पिसी धनिया, आधा कटोरा ताजे नारियल का चूरा, हरी धनिया कटी हुई, 2-3 चम्मच खसखस, नमक, घी।

**विधि**—आलू को उबालकर छील लें और मसल कर दो पूरे कटोरे भर लें।

हरी मिर्च पीस लें फिर इसमें नमक, बेसन, हल्दी, जीरा, धनिया को एक कटोरे वाले आलुओं में मिला दें, साथ में हरी धनिया, नारियल का बुरादा व खसखस भी मिला दें। अब यह अंदर भरने का मसाला तैयार हो गया।

अब सादे मसले हुए आलू को प्लास्टिक की शीट पर बिछा दें, व उसके ऊपर दूसरी शीट बिछा कर बेल लें, बहुत पतला न करें। अब इस पर मसाले वाला आलू बिछा दें, व प्लास्टिक की शीट की सहायता से आलू को रोल कर लें। रोल होने के बाद घी का हाथ चारों तरफ लगा दें। एक प्लेट लें, उसमें चारों तरफ घी लगा दें। अगर रोल बड़ा हो तो टुकड़े कर लें और प्लेट में रख कर दें। प्रेशर कुकर में प्रेशर दे दें। ठंडा होने पर आधा-आधा इंच की स्लाइस काट लें।

तवा गर्म करके उसमें घी डालें। टिक्की की तरह सारी स्लाइस सेक लें। सॉस के साथ गर्मा-गर्म पेश करें।

## सब्जियों के कटलेट

**सामग्री**—250 ग्राम आलू, एक गोभी, 250 ग्राम मटर, 1 बंदगोभी और जो भी सब्जियाँ चाहें डाल सकती हैं।

**विधि**—सब्जियों को काटकर आलू के साथ उबालें, पानी इतना ही डालें कि उसी में ही सूख जाए और तब पीस लें। इसमें हरी धनिया, हरी मिर्च, अदरक, कतरा प्याज, नीबू, गरम-मसाला, नमक मिला दें। अगर कुछ गीला हो तो थोड़ा-सा बेसन भूनकर मिला दें। फिर टिकिया बनाकर डबलरोटी के चूरे में लपेट कर तल लें।

## आलू के कटलेट

**सामग्री**—2 कप मसले हुए आलू, 1 प्याज, 2 हरी मिर्च, 1 टमाटर, 1 गुच्छी हरी धनिया, 1 चम्मच खसखस, हल्दी, नमक, काली मिर्च, थोड़ा-सा ब्रेड का चूरा, 1 चम्मच चीज़ पाउडर, घी।

**विधि**—हरी धनिया, टमाटर, प्याज, हरी मिर्च सभी को बराबर बारीक-बारीक काट लें। हल्दी मिला दें। चीज़ पाउडर, काली मिर्च, खसखस, नमक भी मिला दें। मसले हुए आलू इसमें मिला दें। अगर मिक्सचर सूखा हो तो थोड़ा-सा दूध मिलाकर नर्म कर लें। किसी भी आकार के कटलेट बना लें और ब्रेडक्रम में लपेट कर धीमी आँच में तल लें। ऊपर से टमाटर, खीरा, प्याज के टुकड़े लगा दें।

## सूजी के भरवाँ कटलेट

**सामग्री**—8 कटलेट के लिए—सूजी 1 कप, पानी 2 कप, नमक आधा चाय का चम्मच, लाल मिर्च पिसी हुई आधा चाय का चम्मच, ब्रेडक्रम एक कप।

**भरने के लिए**—मटर के दाने आधा कप (उबले हुए), फ्रेंचबींस कटी हुई आधा कप, गाजर कटी हुई आधा कप (बींस व गाजर न मिले तो आलू व शिमला मिर्च ले लें), एक बड़ा प्याज कतरा हुआ, हरी मिर्च कतरी हुई, मिला-जुला मेवा, एक बड़ा चम्मच तेल तथा तलने के लिए तेल अलग से।

**विधि**—एक टेबिल स्पून तेल में प्याज हल्का बादामी होने तक तलें, फिर सब सब्जियाँ, नमक व हरी मिर्च मिला दें। मंदी आँच पर गलने तक पकाएँ। अतिरिक्त पानी निकाल कर ठंडा होने के लिए रख दें।

एक दूसरे बर्तन में दो कप पानी में एक बड़ा चम्मच तेल, अंदाज से नमक व लाल मिर्च डालकर उबालें। मंद आँच करके थोड़ी-थोड़ी सूजी डालते हुए बराबर चलाते रहें। गाढ़ा होने पर नीचे उतार कर हल्का गर्म रहते ही इसकी समान आकार की 8 गोलियाँ बना लें। गोलियाँ चपटी करके भरने वाली सामग्री भरकर मनचाही आकृति (गोल, लम्बी) बना लें। ब्रेडक्रम में लपेट कर तलें तथा चटनी के साथ परोसें। सूजी को ठंडा न होने दें, ठंडी होने पर कटलेट बिखर जाएँगे।

## चटपटे कटलेट

**सामग्री**—आधा किलो बड़े आलू, 250 ग्राम फीकी खील, 1 छोटा चम्मच सौंफ, 4 चम्मच हरी धनिया कटी हुई, 4 हरी मिर्च कटी हुई, नमक स्वादानुसार, तेल तलने के लिए।

**विधि**—आलू छीलकर पानी के भरे बर्तन में कद्दूकस कर लें। फिर कस कर निचोड़ लें। खीलों को पानी से धोकर निचोड़ कर सभी सामग्री के साथ आलुओं में अच्छी तरह से मिला लें। अब हथेली पर बड़े के आकार में बनाकर गर्म घी में तल लें। टमाटर की चटनी व मूली या पत्ता गोभी की कतरन के साथ पेश करें।

## पपीते के कोफ्ते

**सामग्री**—बेसन 125 ग्राम, दही 125 ग्राम, पपीता 1 किलो, गरम-मसाला, नमक, मीठा सोडा, हरी धनिया, घी 125 ग्राम।

**विधि**—पपीते को छीलकर टुकड़े कर लें फिर उबालकर पीस लें। पिसे पपीते में सारे मसाले, सोडा तथा बेसन मिला दें। फिर लम्बे व गोल आकार के बनाकर तल लें।

## घीया के कोफ्ते

**सामग्री**—आधा किलो घीया, बेसन 100 ग्राम, 1 चम्मच पिसी मिर्च, एक चुटकी काली मिर्च, एक चुटकी जीरा, नमक, घी।

**विधि**—घीया को छील कर कस लें। उसे उबाल लें। उबालने के बाद पानी निचोड़ लें। अब बेसन का गाढ़ा घोल बनाकर उसमें मिर्च, जीरा, कालीमिर्च, और नमक डाल दें। बेसन को घोलने के बाद घीया के छोटे-छोटे गोले बना लें। इन्हें घोल में डुबोकर कड़ाही में घी डालकर गुलाबी-गुलाबी तल लें।

## चिवड़े के कोफ्ते

**विधि**—जितने चिवड़े के कोफ्ते बनाने हों उन्हें पानी में भीगने के लिए रख दें तथा उसी के हिसाब से थोड़ा-सा बेसन भून लें। दस मिनट बाद चिवड़े को पानी में से निकालकर निचोड़ लें तथा भुने हुए बेसन को उसमें मिलाकर खूब मसल लें। इसमें अदरक, हरी मिर्च, हरी धनिया, लाल मिर्च व नमक मिलाकर छोटे-छोटे गोले बना लें। यदि मिश्रण कुछ सूखा हो और गोले आसानी से न बन रहें हो तो पानी

के थोड़े छींटे डालकर बनाएँ तथा घी या तेल में तल लें। इन्हें आप चाय के साथ भी खा सकती हैं और शोरबे की सब्जी भी बना सकती हैं।

## गूजरी कचौरी

**सामग्री—**आधा किलो मैदा, 300 ग्राम मूँग की धुली दाल, 25 ग्राम साबुत धनिया, तेल, नमक, बारीक पिसी लाल मिर्च, दो चम्मच बेसन, अमचूर, इच्छानुसार गुड़।

**विधि—**सर्वप्रथम मैदे में मोयन देकर आटा सख्त गूँध लें, शेष सब तैयार होने तक गीले कपड़े से ढक दें ताकि सूख न जाए। अब मूँग की दाल को खुले पानी में भगौने में उबाल लें। गल जाने पर उसका पानी निकाल कर अलग रख लें। कुछ समय तक छलनी में ही रहने दें ताकि ठंडी हो जाए और नमी दूर हो जाए। अब इसे सिल पर बिना पानी के पीस लें। तत्पश्चात् इसमें साबुत धनिया शेष मसाले व गुड़ को काट कर डाल दें। अब एक सॉस पैन में थोड़ा-सा तेल डालकर उसमें गर्म होने पर बेसन डालें व तुरंत ही दाल व मसाले की पीठी को भी उसी में डालकर मंदी आँच पर दो मिनट भून लें फिर उतार कर उसे ठंडी करने के लिए रख दें। अब मैदे में से गोलियाँ तोड़ती जाएँ। इसे बेलने की जरूरत नहीं है। इन्हें अंगुलियों में दबाकर चपटा कर लें। पीठी ठंडी हो जाने पर इसमें भर कर बंद कर दें (गुजराती कचौरी लड्डू की तरह गोल होती है या फिर हल्का-सा दबाव दें)। अब कड़ाही में तेल डालकर उसमें एक साथ बहुत-सी कचौरियाँ छोड़ दें। आँच मंदी रखें व घुमा-घुमाकर तलती जाएँ। गुलाबी होने पर उतार लें। इसे चाय के साथ गर्मा-गर्म परोसें। यह तीन-चार दिन रख भी सकते हैं।

## बेसनी खस्ता कचौड़ी

**सामग्री—**मैदा 1 कप, बेसन 1 कप, मोयन के लिए घी या रिफाइंड तेल 2 बड़े चम्मच, बेकिंग पाउडर आधा छोटा चम्मच, नमक आधा छोटा चम्मच या स्वादानुसार, तलने के लिए रिफाइंड तेल आवश्यकतानुसार।

**भराव के लिए—**धुली उड़द या चने की दाल आधा कप, हींग चुटकी भर, मिर्च 1 (महीन-महीन कतर लें), पिसा गरम-मसाला आधा छोटा चम्मच, अदरक 1 इंच का टुकड़ा (महीन कतर लें तथा सिल पर पीस लें), कतरी हुई हरी धनिया 1 बड़ा चम्मच, नमक स्वादानुसार, घी-तेल 1 बड़ा चम्मच।

**विधि—**दाल को 3-4 घंटे के लिए पानी में भिगो दें। बेसन और मैदा छन्नी से छान लें। बेकिंग पाउडर, नमक व मोयन वाला घी या तेल आटे में डालकर हथेली से मलें। जब बेसनी मैदा भुरभुरा हो जाए तो पानी के छींटे दे-देकर मुलायम व कड़ा सान लें। बहुत कड़ा नहीं होना चाहिए। सने बेसनी मैदा को हल्के, गीले कपड़े से ढककर 15-20 मिनट के लिए रख दें।

दाल का पानी निकाल दें व सिल पर दरदरा पीस लें। एक बड़ा चम्मच तेल या घी गर्म करके दाल की पीठी को मंदी आँच पर 3-4 मिनट तक भूनें। आँच से उतार कर सभी मसाले खूब अच्छी तरह पीठी में मिला दें। आटे की छोटी-छोटी लोइयाँ काट लें। प्रत्येक लोई को 2 इंच बेलकर बीच में दाल का मसाला भरकर हल्के हाथ से दबा दें। इसके पश्चात् कचौड़ी बेल लें। बेलते समय कचौड़ी फटें नहीं, इसलिए बहुत पतली बेलने की कोशिश न करें। घी या तेल गर्म करके एक-एक करके कचौड़ियों को कुरकुरा तल लें। इन्हें हरी धनिया व टमाटर की चटनी के साथ गर्मा-गर्म ही सर्व करें।

## राजस्थानी कचौरी की चाट

राजस्थान के लोग तो चटपटा खाने के लिए बहुत ही प्रसिद्ध हैं। जोधपुर की स्पेशल कचौरी की चाट खाने के बाद दिनों तक उसका स्वाद याद आता रहता है। आप भी बनाकर उसका आनंद लीजिए।

**सामग्री—**मैदा 250 ग्राम, धुली मूँग की दाल 100 ग्राम (1 घंटा भिगोइए), हरी मिर्च तथा अदरक कटी हुई एक-एक बड़ा चम्मच, जीरा एक चम्मच, हींग एक चुटकी, पिसी लाल मिर्च, स्वादानुसार नमक,

स्वादानुसार अमचूर आधा चम्मच, मोटा कुटा हुआ गरम-मसाला आधा छोटा चम्मच, मोयन व तलने के लिए तेल।

**भरने की सामग्री**—4-5 उबले आलू छोटे टुकड़ों में कटे हुए, प्याज, हरी मिर्च, अदरक, हरी धनिया कटी हुई, चाट मसाला, हरी चटनी, इमली की सोंठ, बीकानेरी भुजिया, फेंटा हुआ दही, नमक मिलाकर रखें।

**विधि**—मैदा को छानकर एक बड़ा चम्मच तेल, नमक मिलाकर नर्म गूँध लें व ढककर रख दें। हींग, जीरे का तड़का लगाकर दाल को कड़ाही में छौंक दें। नमक, लाल मिर्च डालकर कम पानी में गलने तक पकाएँ। गलने के बाद यदि पानी रह गया हो तो सुखाकर भली-भाँति मैश करें। गरम-मसाला व अमचूर मिलाएँ। थोड़ा हरा मसाला भी मिला दें। मैदे की छोटी लोइयाँ बनाकर बीच में मूँग का मिश्रण भरकर हर ओर से मोड़कर गोलाई में बंद करें। हथेली से दबाकर कचौड़ी बनाएँ व गर्म तेल में छोड़ें। मंदी आँच पर करारी होने तक तलें। कचौड़ी फूलनी अवश्य चाहिए। ठंडी होने दें।

**तैयारी**—कचौड़ी को ऊपर से थोड़ा फाड़कर उसमें कटे आलू, हरा मसाला व चाट मसाला अपने स्वाद के अनुसार डालें। ऊपर से प्याज, हरी मिर्च और बीकानेरी भुजिया डाल दें, इमली की सोंठ, दही व नमक छिड़क कर पेश करें।

## चीज़ व चने की दाल के बरगर्स

**सामग्री**—100 ग्राम कसी हुई अमूल चीज़, 50 ग्राम कसा हुआ पनीर, दो बड़े चम्मच एट बाई एट का डिपीज सॉस, हरी मिर्च 2-3 (महीन कतर लें), स्वादानुसार नमक, ताजा ब्रेडक्रम 125 ग्राम, तेल 3 बड़े चम्मच।

**विधि**—चने की दाल रात में भिगो दें। सुबह कुकर में थोड़ा पानी डालकर हल्का-सा उबाल लें व पीस लें। तेल को छोड़कर शेष सारी सामग्री एक साथ मिला लें। इस मिश्रण को बराबर-बराबर 12 हिस्सों में बाँटकर गोल-गोल आकार का बना लें। फ्राइपेन में थोड़ा-थोड़ा तेल गर्म करके, दोनों तरफ से हल्का सुनहरा सेंक लें। बन्स में भरकर सर्व करें।

## गाजर और अखरोट के बरगर्स

**सामग्री**—आधा किलो गाजर, (खुरचकर टुकड़ों में काट लें), एक मंझोले आकार का प्याज (छिलका उतार कर महीन काट लें), 100 ग्राम मशरूम (धोकर काट लें), 100 ग्राम अखरोट गिरी (महीन कतरी हुई), 165 ग्राम ब्रेडक्रम, मगरैल एक छोटा चम्मच, पिसी काली मिर्च आधा छोटा चम्मच, नमक स्वादानुसार, अजवाइन आधा छोटा चम्मच, तेल 4 बड़े चम्मच।

**विधि**—गाजर को दस मिनट तक उबालकर पानी से निकाल दें। फिर उसे काँटे या हाथ से मसल दें। एक फ्राइपेन में दो बड़े चम्मच तेल गर्म करके, उसमें प्याज और मशरूम को हल्का-सा भून लें। एक बर्तन में गाजर और सारी सामग्री को अच्छी तरह से मिला लें। ईस मिश्रण से टिकिया बना लें। एक फ्राइपेन में बचे हुए तेल को गर्म करके दोनों तरफ से 3-4 मिनट सेंक लें। बन्स में भरकर पेश करें।

## मसालेदार आलू राजमा बरगर्स

**सामग्री**—250 ग्राम उबले आलू (छीनकर मैश कर लें), 250 ग्राम राजमा (रात में पानी में भिगोकर, दूसरे दिन उबाल लें व मैश कर लें), आधा बड़ा चम्मच पिसी हुई लाल मिर्च, दो बड़े चम्मच तेल, 165 ग्राम ब्रेडक्रम, नमक स्वादानुसार।

**विधि**—तेल छोड़कर शेष सारी सामग्री एक बर्तन में मिला लें। फिर इस मिश्रण को 12 बराबर-बराबर हिस्सों में बाँटकर सॉसेज के आकार का बनाकर चपटा कर दें। एक बर्तन में थोड़ा-थोड़ा तेल डालकर दोनों तरफ से 4-5 मिनट तक या भूरा हो जाने तक धीरे-धीरे सेंक लें। बन्स में भरकर पेश करें।

## पौष्टिक कबाब

**सामग्री**—न्यूट्रीनगेट ग्रेन्यूल्स 2 कप, मथा हुआ दही आधा कप, अंकुरित मूँग 2 बड़े चम्मच, हरा प्याज 1, टमाटर एक, छोटी हरी मिर्च 3-4 कटी, हरी धनिया एक चम्मच, मक्खन एक बड़ा चम्मच, लौंग 2-3, दाल चीनी एक छोटा टुकड़ा, लहसुन 2-3 कलियाँ, स्वादानुसार नमक व लाल मिर्च, तलने के लिए घी।

**विधि**—न्यूट्रीनगेट ग्रेन्यूल्स को दही में दस मिनट तक भिगोएँ। लहसुन व अदरक को पीस लें। हरी मिर्च, प्याज व टमाटर को बारीक कर लें। भीगी न्यूट्रीनगेट को पिसी लौंग, दाल चीनी, लहसुन, अदरक तथा नमक-मिर्च मिलाकर कुकर में पाँच मिनट के लिए पका लें और फिर इस मिश्रण को दरदरा पीस लें।

एक चम्मच मक्खन गर्म करके कटे हरे प्याज को हल्का-सा भूनें। अब अंकुरित मूँग और हरी मिर्च डालकर पाँच मिनट के लिए ढककर पकाएँ। साथ में कटी धनिया, मिर्च और टमाटर डालें। यह मिश्रण कबाब में भरने के लिए है। हथेली चिकनी करके न्यूट्रीनगेट वाले मिश्रण की गोल टिकियाँ बनाएँ और मूँग की दाल वाला मिश्रण बीच में भरकर कबाब बना लें व तवे पर घी डालकर आँच पर सेकें। पोदीना की चटनी के साथ खाएँ।

## उपमा

**सामग्री**—1 कप दलिया या साबूदाना, 1 पाव आलू, गाजर, मटर, परवल, मूँगफली दो बड़े चम्मच (छिलके उतार कर टुकड़े कर लें), नारियल पाउडर 1 चम्मच, राई, मीठे नीम के पत्ते, नमक, हल्दी,घी 2 बड़े चम्मच।

**विधि**—दलिये को 4 घंटे व साबूदाना को 2 घंटे भिगोएँ। फिर छालनी में निकाल दें। सब्जियों को आधा उबालकर छोटे-छोटे टुकड़े करें। घी गर्म करें, राई डालें व प्याज भूनें, मीठे नीम के पत्ते डालें। जब राई फूटने लगे तो हल्दी व सब्जियाँ डालें। इन्हें ढककर पकाएँ। इसमें नमक व मूँगफली डालें। फिर इसे प्लेट में निकालकर ऊपर से नारियल, हरी मिर्च इत्यादि से सजाएँ।

## डबलरोटी का उपमा

**सामग्री**—1 डबलरोटी, 2 बड़े प्याज, 2 टमाटर, 1 चम्मच सरसों के दाने, एक चम्मच पिसी धनिया, स्वाद के अनुसार नमक व लाल मिर्च, ऊपर से डालने के लिए हरी मिर्च व हरी धनिया।

**विधि**—डबलरोटी को भिगोकर फूलने दें। फिर निचोड़ लें। कड़ाही में घी गरम करके सरसों डालें तथा कटा हुआ प्याज डालकर भूनें। अन्य मसाले भी डाल दें और डबलरोटी अच्छी तरह मिला दें। थोड़ा-सा भून कर हरी मिर्च व हरी धनिया बारीक काट कर मिलाएँ व उतार लें। गरमा-गरम परोसें।

## चावल का ढोकला

**सामग्री**—1 कप चावल का आटा, आधा कप बेसन, 1 चुटकी सोडा, अंदाज से नमक, मिर्च, हरी धनिया, हल्दी, हींग एवं राई, तेल।

**विधि**—चावल के आटे को बेसन में मिला दें। इसमें थोड़ा-सा दही मिलाकर गूँध लें। आठ घंटे तक उस मिश्रण को खमीर उठाने के लिए रख दें। नमक, मिर्च, सोडा, हल्दी एवं हरी धनिया भी खमीर उठने के पहले ही मिला देना चाहिए। प्रेशर-कुकर में पानी डालकर मिश्रण को किसी बर्तन से ढक कर भाप में पकाएँ। इसे कतलों में काट लें। अब इसे घी में तल लें या इनपर हींग, राई, घी में तड़का कर घी समेत डाल दें।

# बेसन के त्रिकोण

**सामग्री**—आधा किलो बेसन, 375 ग्राम चीनी पिसी, डेढ़ पाव घी, थोड़ी-सी चिरौंजी, पिस्ता और इलायची।

**विधि**—कड़ाही में घी डालकर बेसन भून लें। जब बादामी रंग का हो जाए, तब थाली में फैलाकर एक दिन रख लें। अब दूसरे दिन इस जमे बेसन को हथेली से दबाकर फैलाना आरंभ कर दें। जब गाँठ न रहे तब इसमें चीनी व इलायची मिला दें। हाथ में लोई लेकर अंगुलियों से इस प्रकार उठावें कि त्रिकोण बन जाए। इस पर मेवा लगाती जाएँ। सब बन जाने पर एक घंटा रख दें ताकि वे कड़े हो जाएँ। इसके पश्चात् खाने के काम में लाएँ।

# मठरी

**विधि**—आधा किलो सूजी, आधा किलो मैदा, 250 ग्राम घी मोयन के लिए, 125 ग्राम दही, घी 25 ग्राम, अजवायन 25 ग्राम, गोल मिर्च, नमक, तलने के लिए घी।

**विधि**—मैदे व सूजी को मिलाकर उसमें नमक, अजवायन मिलाकर घी का मोयन देकर मसल लें। दही मिलाकर गर्म पानी का छींटा देकर खूब दबा कर खूब कड़ा सान लें। यदि पतली मठरियाँ बनानी हों तो उसी प्रकार बेल लें और चाकू से गोद लें। और घी में डालकर धीमी आँच पर सेंक लें। यदि छोटी व मोटी मठरी बनानी हो तो बीच में काली मिर्च दबा दें और बेलन से केवल दो बार दबाकर घी में तलें।

# समोसे

**सामग्री**—1 किलो मैदा, आधा किलो घी, आधा किलो आलू, हरी मिर्च, धनिया, अदरक, मिर्च, खटाई, हींग, जीरा, मटर।

**विधि**—मैदे में नमक एक चम्मच मिलाकर 200 ग्राम घी का मोयन दें, फिर पानी डालकर मैदे को गूँध लें। मैदा सख्त गूँधें। घी का हाथ लगाकर मलें। आलू उबालकर छील लें। कड़ाही में घी डालकर हींग व जीरे का तड़का लगाकर आलुओं को डाल दें। ऊपर से नमक, मिर्च, खटाई, अदरक डालकर भूनें। लोई बनाकर पतली पूड़ी की तरह बेल लें। उसे बीच में दो टुकड़ों में काटकर तिकोने बना लें। मसाला भर के पानी से कोने चिपका दें और बादामी सेंक लें।

# पापड़ी समोसे

**सामग्री—समोसों के लिए**—आधा किलो बेसन, 2 बड़े चम्मच सरसों का तेल, 1 बड़ा चम्मच प्याज का रस, 1 छोटा चम्मच लहसुन का रस, आधा चम्मच खसखस, पिसी मिर्च व नमक।

समोसों के भराव के लिए—200 ग्राम आलू उबले हुए, 1 बड़ा चम्मच कतरी मिर्च, 1 बड़ा चम्मच कतरी हुई अदरक, 100 ग्राम हरी मटर के दाने, 1 बड़ा चम्मच हरी धनिया, 1 चम्मच घी, तलने के लिए घी।

**विधि**—बेसन में सब मसाला मिलाकर सरसों के तेल से मोयन देकर खूब कड़ा सान लें। सने बेसन की छोटी-छोटी लोइयाँ बनाकर पापड़ की तरह पतली गोल पूरियाँ बना लें। एक-एक पूरी को बीच में से काट कर दो-दो अर्ध-चन्द्राकार टुकड़े कर एक-एक को लेकर अंगुलियों से मोड़कर समोसे के आकार के बना लें और मिश्रण भर दें। मिश्रण इस प्रकार बनेगा—उबले हुए आलुओं को दरदरा मसलें। भरने की सब सामग्री मिला दें। एक कड़ाही में घी गर्म करके उसमें आलू, मटर के मिश्रण को बगैर पानी के दस मिनट मध्यम आँच पर भून लें। मिश्रण भरके समोसे के ऊपर के भाग को हाथ से मोड़कर बंद कर दें व धीमी आँच पर तलें।

## चीज़ समोसा

**सामग्री**—समोसे के मैदे के लिए दूध पौना कप, मैदा 250 ग्राम, कुकिंग चीज़ 75 ग्राम, बेकिंग पाउडर चौथाई छोटा चम्मच, नमक स्वादानुसार (चीज़ में भी नमक होगा इसका ध्यान रहे) तलने के लिए घी या रिफाइंड तेल, रिफाइंड तेल मोयन के लिए 2 बड़े चम्मच।

**भरने की सामग्री**—(1) मूँग की दाल बिना छिलके वाली 100 ग्राम (3-4 घंटे भीगी हुई), पिसा गरम-मसाला पौन छोटा चम्मच, पिसी खटाई 1 बड़ा चम्मच, हींग चुटकी भर, चीज़ 100 ग्राम (क्यूब की चीज़ लें), 2 कतरी हरी मिर्च, कतरा अदरक आधा बड़ा चम्मच, रिफाइंड तेल 1 बड़ा चम्मच।

(2) उबले हुए आलू 250 ग्राम, चीज़ 100 ग्राम (क्यूब की चीज), कटी हरी धनिया 1 बड़ा चम्मच, कतरी हुई हरी मिर्च 2, कतरा अदरक आधा बड़ा चम्मच, महीन कतरा प्याज एक बड़ा चम्मच, नमक स्वादानुसार, रिफाइंड तेल पौन बड़ा चम्मच

**विधि**—पहले समोसों के लिए मैदा तैयार करके रख लें। मैदे में बेकिंग पाउडर मिलाकर छन्नी से छान लें। अब इसमें चीज़ पाउडर मिला लें। दूध के छींटे देकर और रिफाइंड तेल (मोयन का) मिलाकर कड़ा-सा गूँध लें। यदि आवश्यक समझें तो हल्का नमक व थोड़ा-सा पानी मिला लें। कड़ा मैदा सानकर, ढककर अलग रख दें। अब भरने की सामग्री तैयार करें।

**पहली सामग्री बनाने के लिए**—दाल में से पानी निथारकर मोटा-मोटा पीस लें। अब कड़ाही में 1 चम्मच तेल डालकर हींग का छौंक लगाएँ। पिसी दाल को तेल में हल्का भून लें। जब गुलाबी भुन जाए तो गरम-मसाला, खटाई, एक चुटकी भर नमक, अदरक, हरी मिर्च सब डाल दें। उलट-पलट कर उतार दें। चीज़ के छोटे-छोटे टुकड़े काट लें, अलग रखें।

**भरने की दूसरी सामग्री**—कड़ाही में तेल गर्म करें। उसमें आलुओं को मसलकर डाल दें। फिर ऊपर से कटा प्याज, हरा मसाला व एक चुटकी नमक डालकर पानी का छींटा देकर उलट-पलट कर आँच से उतार लें। चीज़ के छोटे-छोटे टुकड़े करके रखें।

समोसों को सर्व करने से पहले मैदे की छोटी-छोटी गोलियाँ बनाएँ और पतला-पतला, गोल बेल लें। आधा काटकर समोसों को भरने का कोन बना लें। पानी से मैदे के किनारे चिपका दें। अब थोड़ी-थोड़ी भरने की तैयार सामग्री को कोन में भर दें, साथ में चीज़ के छोटे-छोटे टुकड़े भी दो-तीन डाल दें। गर्म तेल या घी में डालकर सुनहरा होने तक तलें।

## केले की कुरकुरी

**सामग्री**—1 किलो कच्चा केला, घी।

**विधि**—केले को कच्चा छीलकर गोलाकार आकार में पतले-पतले टुकड़ों में काट लीजिए। इन टुकड़ों को धूप में सुखा लीजिए। एक कड़ाही में घी गर्म कर लीजिए और केले के टुकड़ों को धीमी आँच पर करारा हो जाने पर निकाल लें। तली हुई कुरकुरी को कागज पर रख दें ताकि फालतू घी निकल जाए। तेल निकल जाने पर सूखी बोतल में भरकर रख दें। इन कुरकुरियों को जब खाना हो तब नमक डालकर खाएँ।

## चिवड़ा

**सामग्री**—100 ग्राम चिवड़ा, 50 ग्राम मूँगफली, 30 ग्राम काजू, 10 ग्राम सूखा गोला, 1 हरी मिर्च, 10 ग्राम काला नमक, सफेद नमक, आधा चम्मच हल्दी, आधा चम्मच मिर्च, 1 चम्मच चिवड़ा मसाला, 1 चम्मच कढ़ी पत्तियाँ, 2 लहसुन की टुकड़ी, 1 चम्मच सोंठ, आधा चम्मच चीनी।

**विधि**—घी गर्म करके चिवड़े को तल लें और हल्दी मिला दें। काजू भी तल लें। बाकी चीजें भी अलग-अलग तल लें। अब सारी चीजें चिवड़े में मिला दें तथा मिर्ची व मसाला भी मिला दें। ठंडे होने पर नमक मिला दें।

**चिवड़ा मसाला**—1 चम्मच खटाई, थोड़ा-सा जीरा, थोड़ी-सी पिसी मेथी, 4 काली मिर्च, आधा टुकड़ा दाल चीनी, थोड़ी-सी अजवाइन, लाल मिर्च, इन सबको मिला दें।

## मुरकुल

**सामग्री**—चावल का आटा 350 ग्राम, उड़द की दाल 150 ग्राम, नारियल 1, काली मिर्च दो चम्मच, लहसुन 10 ग्राम, जीरा 2 चम्मच, मक्खन 100 ग्राम, नमक और घी।

**विधि**—चावल के आटे को अच्छी तरह छान कर हल्का-सा भून लें। उड़द की दाल को भून कर सूखा पीस लें। लहसुन, कालीमिर्च, जीरा पीस लें। नारियल को कद्दूकस करके पानी डालकर उबालें और छानकर दूध निकाल लें। चावल का आटा, दाल का आटा, पिसे मसाले और नमक एक साथ मिलाकर उसमें मक्खन का मोयन देकर मल लें। अब नारियल के दूध से इसको गूँध लें। अच्छी तरह गूँध कर एक घंटे के लिए रख दें। इसे मुरकुल के साँचे से गर्म घी में सीधे डालकर तल लें। इनका आकार कांटे-दार सेवों जैसा होता है। नाश्ते के समय इसे परोसें।

## पोहा

**सामग्री**—200 ग्राम चिवड़ा, 200 ग्राम आलू, प्याज, धनिये की गुच्छी, 1 चम्मच जीरा, 1 चम्मच सरसों का तेल, हींग, 1 चम्मच हल्दी, 2 चम्मच घी, नमक, 30 ग्राम कसा गोला, थोड़ी-सी हरी मिर्च।

**विधि**—आलू को छीलकर छोटे टुकड़ों में काट लें। प्याज काट लें और धनिया भी। घी गर्म करें। प्याज भूनें और चिवड़े को छोड़कर सब चीजें फ्राई कर लें। धीमी आँच में करें ताकि आलू गल जाएँ। अगर पानी की जरूरत पड़े तो डाल दें। फिर चिवड़े को आधे मिनट पानी में डालकर निकाल लें और आलू में मिला दें। 10 मिनट तक पकाएँ, ऊपर से कसा हुआ गोला व धनिया की पत्ती छिड़क दें। हरी चटनी से खाएँ।

## आलू की पैटीज

**सामग्री**—आधा किलो आलू (उबालकर पीस लें), 25 काजू, हरी धनिया, 2 चम्मच खसखस, ब्रेडक्रम, थोड़ी-सी अदरक, 2 ब्रेडस्लाइसें, 20 किशमिश, 2 चम्मच सौंफ, कटी हरी मिर्च, नमक, 150 ग्राम मटर, आधा नारियल, आधा चम्मच गरम-मसाला, 1 चुटकी शक्कर।

**विधि**—ब्रेड को पानी में भिगोकर निचोड़ लें और नमक तथा आलू के साथ मिला लें। भरने के लिए थोड़ी मटर दरदरी कर लें। काजू तल लें। मटर मिलाकर धीमी आँच में तलें और फिर सौंफ, मिर्च, अदरक, किशमिश, खसखस को मिला दें। आँच से उतारकर नीबू का रस, धनिया, चीनी, गरम-मसाला मिला दें व ठंडा होने दें। आलू की छोटी टिकिया बना लें और मसाला भरकर चपटी कर लें और ब्रेडक्रम लगाकर दोनों तरफ से तवे पर घी डालकर फ्राई कर लें व चटनी के साथ खाएँ।

## आलू की डलिया

**सामग्री**—आलू 500 ग्राम, मटर का दाना 250 ग्राम, हींग एक चुटकी, जीरा आधा छोटा चम्मच, नमक, लाल मिर्च, 1 छोटी चम्मच हरी धनिया, हरी मिर्ची 3-4, अमचूर 1 छोटा चम्मच, तेल।

**विधि**—थोड़े-से तेल को गर्म करके हींग, जीरा डालें। जब चटक जाए तो मटर के दाने डालकर नमक व पानी डालकर गलने दें। जब गल जाएँ तो उसमें अमचूर, हरी मिर्च, हरी धनिया मिलाकर एक तरफ रख दें। आलू छीलकर, कद्दूकस करके नमक के पानी में भिगो दें व लोहे की छन्नी के चारों ओर (छन्नी छोटी और छिद्रेदार) लगाकर हाथ से किनारे दबाएँ जिससे आलू एक डलिया का आकार ले लें। गर्म तेल से छन्नी समेत आलू की डलिया को तल लें। छन्नी के हैंडल को तेल के बाहर रखें और एक-एक करके

डलिया को कुरकुरी तल लें। फिर उसे सावधानी से बाहर निकाल लें। जब सारी डलियाएँ तल जाएँ तो मटर भर दीजिए और नाश्ते की मेज पर सजाएँ।

## भाकर बड़ी

**सामग्री**—1 किलो बेसन, 1 किलो मूँगफली का तेल, नमक भरने के लिए, 100 ग्राम हरी धनिया (कटी हुई), चौथाई कटा नारियल, 125 ग्राम खसखस, 50 ग्राम चिरौंजी, 50 ग्राम काजू, 2-3 कटे प्याज, थोड़ी-सी अदरक, घी, सरसों के दाने, थोड़ी-सी हींग, थोड़ी-सी हल्दी व मिर्ची।

**विधि**—बेसन के आटे को नमक व दो चम्मच तेल के साथ गूँधें। मसाला भरने के लिए थोड़ा-सा तेल गर्म करें, फिर उसमें हींग, सरसों, हल्दी, मिर्च डालें, चिरौंजी, काजू, प्याज, नारियल मिला दें। इस मिश्रण को भूरा होने तक तलें, धनिये की पत्तियाँ मिला दें व नमक डालकर अच्छी तरह मिला दें।

आटे की छोटी-छोटी गोलियाँ बना लें और रोटी की तरह बेल लें और उसमें ऊपर बनाया हुआ मसाला भर लें। रोटी को रोल कर लें और दोनों किनारे बंद कर दें। घी में तल लें और तलने के बाद छोटे-छोटे टुकड़े कर लें, गर्म-गर्म परोसें।

## हांडवा

**सामग्री**—150 ग्राम चावल का मोटा पिसा आटा, 50 ग्राम चने की दाल का मोटा पिसा आटा, 200 ग्राम दही या 300 ग्राम छाछ, हरी मिर्च, अदरक, नमक, 75 ग्राम तेल, राई, 50 ग्राम तिल, हींग।

**विधि**—हांडवा बनाने के लिए बाजार में हांडवा पात्र मिलता है। यह हांडवा पात्र एल्यूमिनियम का बना होता है। बीच के छेद के नीचे एक छेद वाली प्लेट में इसे पकाने से पहले बालू रख दी जाती है जिससे इसका ताप अधिक न बढ़े व पूरे पात्र में सम ताप रहे। इसका उपयोग केक बनाने के लिए भी किया जा सकता है।

हांडवा बनाने से पाँच-छ: घंटे पूर्व ही चावल व दाल का आटा, छाछ या दही में भिगो देना चाहिए। यदि इच्छा हो तो इसमें थोड़ी अरहर या उड़द की दाल या मोटी पिसी मूँगफली या 150 ग्राम कसी हुई लौकी भी डाल सकते हैं। लौकी सामग्री को छौंकते समय ही डालते हैं।

पाँच-छ: घंटे बाद इस सामग्री में हरी मिर्च, अदरक और नमक डाल दें। आप 75 ग्राम तेल में राई, हींग छौंक दें व तेल में ही तिल डाल दें। इसके बाद हांडवा की सामग्री छौंक कर उतार लें।

हांडवा पात्र में खूब अच्छी तरह तेल लगाकर यह सारी सामग्री उसमें डाल दें। नीचे छेद वाली प्लेट में बालू भरकर पूरे पात्र को गैस पर रख दें। एक-डेढ़ घंटे में हांडवा तैयार हो जाएगा। जिन्हें खट्टी चीज़ अच्छी लगती हो वे खूब खट्टा दही लें या फिर एक नीबू निचोड़ लें।

## मसाला ट्रैगलर

**सामग्री**—डेढ़ कप बेसन, 2 हरी मिर्च, 3 कली लहसुन, 1.25 से.मी. अदरक, 2 चम्मच कसा हुआ गोला, हल्दी, 1 चम्मच धनिया, जीरा पाउडर, नमक, हरी धनिया, आधा कप चावल का आटा, 2 चम्मच खसखस, 1 चम्मच गरम-मसाला, 1 चम्मच लाल मिर्च।

**विधि**—खसखस व गोले को तवे पर भूरे रंग में सेंक लें, उसको पीस लें, इसमें गरम-मसाला, लाल मिर्च व नमक मिला दें। हरी मिर्च, लहसुन, अदरक, हल्दी, धनिया, जीरा का पेस्ट बना लें। बेसन के आटे में 4 कप पानी के साथ मिला लें। फ्राईपेन में सारा सामान डालकर हल्की आँच पर चलाते रहें जब तक कि वह किनारे न छोड़ने लगे। थाली पर एक गीला कपड़ा बिछा दें। गर्म पेस्ट को थाली पर 25 से.मी. ऊँचाई में बिछा दें। गीले कपड़े के साथ सबको रोल कर लें और ठीक-ठीक आकार के टुकड़े काट लें। चावल के आटे का पेस्ट बना लें, फिर टुकड़ों को इसमें डुबोकर तवे पर भूरा होने तक तलें और सॉस के साथ खाएँ।

## चना जोर गरम

**सामग्री—**250 ग्राम चना, 1 बड़ा चम्मच पिसा अमचूर, एक बड़ा चम्मच घी छौंकने के लिए, नमक, मिर्च।

**विधि—**चनों को साफ करके धो लें। चनों को अब एक चम्मच घी में थोड़ा-सा नमक डालकर छौंक दें। थोड़ा-सा पानी डालकर चनों का छिलका फूल जाने तक और पानी सूख जाने तक पकने दें। थोड़ा ठंडा हो जाने पर लोहे की गुगरी से चनों को चपटा कूट लें। कूटे चनों को सुखा लें। सुखे चनों को घी में तल लें। नमक, मिर्च, पिसा अमचूर मिलाकर नाश्ते के समय परोसें।

## बटाटा बड़ा

**सामग्री—**पीठी 250 ग्राम आलू, 2 नीबू, 8 हरी मिर्च, अदरक, हरी धनिया, नमक, 2 कप पानी।

**घोल—**250 ग्राम बेसन, मिर्च, हल्दी, धनिया, जीरा, सोडा, मूँगफली का तेल, नमक, 2 कप पानी।

**विधि—**नमक, मिर्च, अदरक को पीसकर पेस्ट बना लें। धनिया काट लें। गहरी पतीली में हल्दी, मिर्च, धनिया, जीरा, नमक, सोडा, एक छोटा चम्मच तेल डाल दें और पानी डालकर घोल बना लें।

कुकर में पानी डालकर आलू उबाल लें। आलू छीलकर मसल लें और इसमें मसाला, धनिया, नीबू का रस मिला दें और गोलियाँ बनाकर घोल में डुबोकर तल लें।

## मसाला डोसा

**सामग्री—सांभर—**अरहर की दाल 1 कप, पानी 4 कप, सांभर पाउडर 2 चम्मच, इमली 50 ग्राम (रात में भिगोकर सुबह मसल कर पानी निकाल लें), टमाटर 1 छोटे-छोटे टुकड़े काट लें, प्याज 1 लच्छे काटें. नमक, मिर्च, हल्दी, अंदाज से। कुकर में इमली के सिवा सब कुछ डाल दें। उबाल आने पर उतारें फिर इमली का पानी डालें।

**छौंक की सामग्री—**सब्जी के टुकड़े, भिंडी, कद्दू, बैंगन जो भी डालने हों, डालें। एक प्याज काट लें। राई 2 चाय के चम्मच, मेथी एक चाय का चम्मच, कढ़ीपत्ता छः-सात, हींग चने के बराबर।

कड़ाही में घी डालें फिर मेथी जब चटकने लगे तब हींग व कढ़ी पत्ता डालें, बाद में प्याज भुनने पर सब्जियाँ डालकर भूनें, सब्जी ढक कर रखें तथा दो मिनट पकाएँ। अब सारा सामान प्रेशर कुकर में रखे सांभर में उलट दें।

**चटनी की विधि—**कच्चा नारियल छीलकर कद्दू कर लें। 1 कप भूने हुए चने की दाल, पौन कप खट्टा दही, हरी मिर्च 2, राई एक चम्मच, कढ़ी पत्ता 4-5, तेल 1 चाय का चम्मच, साबुत लाल मिर्च 2।

हरी मिर्च बारीक काटें। कद्दू किया बारीक नारियल और चने की दाल को साथ पीस लें। इसमें दही डालती जाएँ और नमक भी डालें, जब बारीक पिस जाए तब इसमें छौंक इस तरह लगावें—

छोटे फ्राईपेन में तेल डालकर गर्म होने पर साबुत लाल मिर्च और राई डाल दें। फिर कढ़ीपत्ता, लाल मिर्च और राई डाल दें। जब चटकना बंद हो जाए तब बर्तन में रखी चटनी पर यह छौंक उलट दें।

**डोसा बनाने की विधि—**उड़द की दाल धुली हुई 1 कप, चावल 3 कप, घी, नमक, बेसन 1 बड़ा चम्मच। दाल और चावल को अलग-अलग भिगो दें। सुबह इन दोनों को अलग-अलग पीस लें। अब दोनों को खूब मिला लें। नमक डालकर खूब फेंट लें। अब इसे ढक कर रख दें। यह खट्टा होकर दुगुना हो जाएगा इसलिए इसे बड़े बर्तन में रखें। खट्टा होने पर फिर इसे दुबारा फेंट लें। इसमें बेसन मिला दें और दुबारा फिर फेंट लें और तवे पर मसाला डालकर डोसा बना लें।

**भरने का मसाला—**आलू 4, प्याज 1, राई 1 चम्मच, कढ़ीपत्ता, नमक, मिर्च, हल्दी, नीबू आधा, घी 2 चम्मच।

कड़ाही में घी और राई डालकर बघार लें फिर आलू डालें। फिर नीचे उतारकर नीबू निचोड़ दें।

## इडली

**सामग्री**—दाल उड़द 1 कप, चावल 2 कप, नमक।

**विधि**—दाल, चावल अलग-अलग रात को भिगो दें। सुबह दोनों दालें, अलग-अलग पीस लें। नमक डालकर खूब फेंटें और बड़े बर्तन में खट्टा होने के लिए रख दें, दुगुना होने पर फिर दुबारा फेंटें।

कुकर में 1 कप पानी डालें। इडली के साँचे में घी लगाएँ और साँचें में मिश्रण तीन-चौथाई भरें। कुकर में रखकर बंद कर दें पर वेट नहीं लगाएँ। पाँच मिनट पकने के बाद उतार लें। कुकर ऐसे ही रखा रहने दें। जब खाना हो तब निकालें। सांभर के साथ परोसें।

## मसाला इडली

**सामग्री**—3 प्याले इडली का घोल, 4 बड़े आलू उबले हुए, 1 छोटा प्याज, आधा छोटा चम्मच हल्दी, आधा चम्मच लाल मिर्च, 1 छोटा चम्मच नमक, 2 हरी मिर्च, 1 गुच्छी करी पत्ता, 1 छोटा चम्मच पिसी हुई धनिया, 1 छोटा चम्मच उड़द की दाल, 1 छोटा चम्मच चने की दाल, 1 छोटा चम्मच राई, 1 बड़ा चम्मच तेल।

**विधि**—आलू को छीलकर एकदम बारीक-बारीक चौकोर आकार में काट लें। प्याज, हरी मिर्च को भी बारीक काट लें। कड़ाही में तेल खूब गर्म करें व राई डालें। राई फूटने पर उड़द व चने की दाल डालें। दालें सुनहरी होने पर करी पत्ता और प्याज व हरी मिर्च डालकर थोड़ी देर भूनें। जब प्याज हल्का भूरा हो जाए तो हल्दी, धनिया, लाल मिर्च को कड़ाही में डालकर कुछ देर भूनें। उसके बाद नमक और आलू डालकर अच्छी तरह मिलाएँ। हल्की आँच करके आलू के मसाले को ढक दें और दस मिनट बाद आँच से उतार लें।

इडली बनाने वाले बर्तन को घी या तेल से चिकना कर लें और एक कलछी इडली के घोल को डालें और उस पर एक चम्मच आलू वाला मसाला डालें और उसमें इडली के घोल का दूसरा चम्मच डाल कर ढक दें। इटली को दस मिनट पकाएँ।

## तीन रंग की इडलियाँ

**सामग्री**—100 ग्राम पनीर, आधा प्याला हरी चटनी, आधा प्याला टमाटर की सॉस, आधा छोटा चम्मच खाने का पीला रंग, 3 प्याले इडली का घोल, आधा छोटा चम्मच नमक।

**विधि**—पनीर को कस लें, इसमें खाने का रंग व नमक मिला दें। इडली के साँचे में सबसे पहले आधा बड़ा चम्मच इडली का घोल फैलाएँ, इसके ऊपर हरी चटनी डालें उसके ऊपर घोल का एक चम्मच और डालें, फिर पनीर का एक चम्मच डालें, इसे इडली के घोल से पूरी तरह ढक दें। इसके ऊपर टमाटर के सॉस से कोई भी आकर्षक डिजाइन बना दें। दस मिनट तक इडली के साँचे को भाप में पकने दें। ये इडलियाँ देखने में बहुत ही आकर्षक लगती हैं। पार्टी के लिए ये विशेष रूप से सराहनीय हैं।

## इडली अप्पम

**सामग्री**—1 कप चावल से 12 टुकड़े इडली अप्पम बनेंगे। इसे बनाने के लिए आप को इडली बर्तन की जरूरत पड़ेगी।

**विधि**—चावलों को चार घंटे के लिए भिगो दीजिए। इन्हें अच्छी तरह से निचोड़ कर बारीक पीस लीजिए। मिक्सी में या सिलबट्टे से पिसे हुए पाउडर को छलनी से छान लें। आधा चम्मच तेल कड़ाही में डालकर यह पाउडर थोड़ी देर के लिए भून लें। फिर इसमें इतना पानी डालें कि नर्म आटे की तरह गुँध जाए।

अब इडली बनाने के बर्तन को चिकना करके चावलों का आटा सिवैया बनाने वाली मशीन के छेदों में से निकाल कर इडली के बर्तनों को भर दीजिए। इडली अप्पम को उसी तरह भाप द्वारा पकाएँ, जिस तरह इडली पकाई जाती है।

इन्हें नारियल स्टू या सांभर के साथ परोसें।

## नमकीन गजक

**सामग्री—**250 ग्राम आलू, 50 ग्राम छिली हुई मूँगफली, 50 ग्राम साबूदाना, घी, पिसी काली मिर्च, नमक।

**विधि—**साबूदाने को अच्छी तरह धोकर सूखने दें। आलुओं को उबालकर छील लें और अच्छी तरह से मथ लें। मूँगफली के दानों को साफ करके घी में भून लें। भूनने के बाद उसे पीस लें। तब तक साबूदाना भी सूख जाएगा। आलू की पिट्ठी, साबूदाने तथा मूँगफली के चूरे में नमक, मिर्च मिलाकर गूँध लें। घी को गर्म करने के लिए रख दें। अच्छी तरह घी के गर्म होने पर गूँधे हुए सामान के छोटे-छोटे पेड़े बनाकर कचौरियों की तरह तल लें। अच्छी तरह सिक जाने पर उतार लें। आप चाहें तो इस गजक को टमाटर की सॉस या पोदीने की चटनी के साथ भी खा सकते हैं।

## पके केले की नमकीन

**सामग्री—**3 पके केले, 150 ग्राम मैदा, 2 छोटे चम्मच मक्खन, आधा चम्मच जीरा, आधा छोटा चम्मच सौंफ, घी, नमक।

**विधि—**केलों को छीलकर हाथ से मसल लें। मैदे में नमक, जीरा, सौंफ, मक्खन डालकर सब चीजों को मिला लें। अब मैदे में मसला हुआ केला डालकर पानी के छींटे देकर खूब कड़ा सान लें। इस कड़े मिश्रण से आधा इंच मोटे और एक इंच चौकोर टुकड़े काट लें और घी में सुनहरा होने तक तल लें। सिरके की चटनी के साथ गर्मा-गर्म परोसें।

## सप्तदाल पकौड़ी

**सामग्री—**50 ग्राम सोयाबीन, 50 ग्राम सूखे मटर, 50 ग्राम मूँग धुली, 50 ग्राम उड़द की दाल, 50 ग्राम चने की दाल, 50 ग्राम मसूर की दाल, अरहर की दाल 50 ग्राम, 2 प्याज, 1 छोटा चम्मच जीरा (भूना व पिसा), 1 छोटी चम्मच लाल मिर्च, स्वाद के अनुसार लाल मिर्च, नमक तथा तलने के लिए घी।

**विधि—**सोयाबीन व मटरों को साफ करके रात को भिगो दें, बाकी पाँच दालों को भी साफ करके तीन-चार घंटों के लिए भिगो दें, अब पानी में से निकाल कर दालों को महीन पीस लें तथा पिसे हुए मिश्रण में स्वाद के अनुसार नमक मिला कर रख दें। प्याज छील कर बारीक कतर लें तथा दो बड़े चम्मच घी में भून लें, लाल मिर्च तथा भुना हुआ जीरा एक-दो मिनट भून लें और पिसी हुई दालों में मिला दें, इस मिश्रण को कुछ देर पकाएँ ताकि गाढ़ा हो जाए। कड़ाही में घी गर्म करके मिश्रण की छोटी-छोटी पकौड़ियाँ तल लें जब पकौड़ियाँ सुनहरे रंग की हो जाएँ तब उन्हें घी से निकाल कर गर्मा-गर्म चटनी के साथ परोसें।

## नारियल के कबाब

**सामग्री—**1 कच्चा नारियल, 50 ग्राम बेसन, आधा चम्मच गरम-मसाला, थोड़ी-सी कतरी हुई हरी धनिया, 1 चम्मच महीन कतरी हुई अदरक, 6 या 7 किशमिशें, 2 हरी मिर्च, नमक स्वाद के अनुसार, घी।

**विधि—**कच्चा नारियल निकालकर पीस लें। तत्पश्चात् कड़ाही में थोड़ा-सा घी डालकर बेसन भूनें। अब गरम-मसाला, हरी धनिया, हरी मिर्च, अदरक, किशमिश व नमक पिसे हुए नारियल में मिला दें और भुना हुआ बेसन भी मिला दें। इसके बाद इस मिश्रण की मध्यम आकार की टिकियाँ बना लें। तवे पर थोड़ा-

सा घी डालकर इन टिकियों को धीमी आँच पर सेकिए। नारियल के कबाब तैयार हैं। प्याज के लच्छों और चटनी के साथ परोसें।

## आम के पकौड़े

**सामग्री—**दो आम पके (आधे पके), आधा चम्मच गरम-मसाला, 1 छोटा चम्मच जीरा, आधा चम्मच पिसी लाल मिर्च, 1/8 छोटा चम्मच अजवायन, 2 कप बेसन, डेढ़ कप पानी, स्वाद के अनुसार नमक, 4 टुकड़े अदरक, 3 हरी मिर्च, एक बड़ा प्याज, पोदीना व धनिया के पत्ते, तलने के लिए तेल।

**विधि—**बेसन में नमक मिलाकर पानी की सहायता से गाढ़ा घोल बना लें। बेसन के घोल को अच्छी तरह फेंट लें। प्याज व अदरक को छीलकर बारीक पीस लें। हरी मिर्च, पोदीना व धनिया के पत्ते भी बारीक-बारीक काट कर रख लें। आम को छीलकर उसके बारीक टुकड़े काट लें। सारी कटी हुई सामग्री बेसन के घोल में मिला दें। तेल गर्म करके एक-एक चम्मच मिश्रण डालकर सुनहरे रंग के तल लें। गर्मा-गर्म पकौड़े चटनी या सॉस के साथ परोसें।

## आलू ढोकला

**सामग्री—**आधा कप चने की दाल, 2 आलू (उबले तथा कद्दूकस किए हुए), आधा कप दही, 4-5 हरी मिर्च, 2 चम्मच तेल, नमक स्वादानुसार, 1 चम्मच बेकिंग पाउडर, 1 टुकड़ा अदरक थोड़े-से सरसों के दाने।

**विधि—**दाल को 3-4 घंटे पानी में भिगो दें। अब इसे एक हरी मिर्च व अदरक के साथ पीसें। इसमें दही मिलाकर 5-6 घंटे के लिए रख दें। थोड़ा-सा दही आलुओं में मिलाकर दोनों को पीस लें और दाल वाले मिश्रण में मिला दें। इसमें तेल, बेकिंग पाउडर और नमक मिलाकर 25-30 मिनट तक भाप द्वारा पकाएँ, ठंडा होने पर चौकोर काट लें।

थोड़ा-सा तेल एक बर्तन में गर्म करें और इसमें सरसों डाल दें। इस तेल को ढोकले के ऊपर डाल दें। इसे हरी धनिया तथा हरी मिर्च से सजाएँ।

## मशरूम टोस्ट

**सामग्री—**10-12 हुक्म के पत्ते के आकार के कटे डबलरोटी के टुकड़े, 4-5 बड़ी मशरूम (खुंगी), नमक और काली मिर्च इच्छानुसार।

**विधि—**डबलरोटी के टुकड़ों को तलकर, कागज पर निचुड़ने के लिए रख दें। मशरूम के लम्बाई में बारीक-बारीक टुकड़े काट लें। गर्मा-गर्म घी में तल लें। इसमें नमक व मिर्च मिलाकर तली हुई डबलरोटी पर परोसें। मशरूम को बारीक काटकर 1 छोटा चम्मच मक्खन में भूनें। फिर 3-4 चम्मच सफेद सॉस डालकर नमक, मिर्च और सरसों का पाउडर डालकर मिलाएँ। इस मिश्रण को तली हुई डबलरोटी पर परोसें।

## मसूर का कबाब

**सामग्री—**300 ग्राम मसूर, 100 ग्राम प्याज, 15 कली लहसुन, अदरक।

**भरने के लिए—**150 ग्राम प्याज, पाँच हरी मिर्चें, दो छोटे चम्मच अमचूर।

**विधि—**साबुत मसूर प्रेशर कुकर में एक कटोरी पानी, लहसुन, प्याज, हरी धनिया और अदरक डालकर करीब 20 मिनट तक के लिए उबालें। पानी सुखाकर नीचे उतार दें। ठण्डी होने पर पीस लें। अब नमक, गरम मसाला डाल दें। प्याज बारीक-बारीक काट लें। हल्के से घी में आधा भून लें। उसमें धनिया, मिर्च काटकर डाल दें। आधा चम्मच नमक, अमचूर डाल दें।

अब पीसे हुए मिश्रण में ऊपर वाला मसाला भर कर कबाब बना लें। तथा गर्म करके घी डालकर लाल होने तक सेंके।

## नमकीन खस्ता

**सामग्री—**1 कप सूजी, 1 कप मैदा, 1 छोटा चम्मच अजवाइन, नमक अंदाज से।

**भरने के लिए—**1 कप बेसन, 4 बड़े चम्मच पिघले हुए घी के, आधा चम्मच खाने का सोडा, 1 चुटकी भर हींग, 1 छोटा चम्मच लाल मिर्च, नमक अंदाज से, तलने के लिए घी।

**विधि—**पहले बिना घी के बेसन भून लें। फिर अंदाज से नमक, हींग, मिर्च, खाने का सोडा घी के साथ मिला कर पीठी बना लें।

अब अंदाज से नमक और अजवाइन डालकर मैदा गूँध लें। छोटी-छोटी लोई बना कर बेलन से थोड़ा बेल लें। फिर उसमें अच्छी तरह पीठी फैला दें और दुबारा लोई बना लें। अब पीठी भरी लोई को हथेली पर बेल लें। इसको हथेली पर बेलना ही इसकी खासियत है। आपने तम्बाकू खाने वालों को हथेली पर तम्बाकू या चूना मलते देखा होगा। ठीक उसी तरह लोई को एक हथेली पर रखकर दूसरी हथेली से दबाएँ। उसी तरह चारों ओर घुमाकर दबादबा कर छोटी मठरी के आकार का कर लें। हल्की गुलाबी आँच पर घी में छोड़ दें। धीरे-धीरे उलट-पुलट कर सिंकने दें। खस्ता को आप चटनी के अलावा आलू की सब्जी के साथ भी खा सकती हैं।

## चावल का पकौड़ा

**सामग्री—**1 कप पके हुए चावल, 1 बड़ा चम्मच बेसन, आधा चम्मच नमक, आधा चम्मच अमचूर, एक बड़ा प्याज, हरी कतरी हुई मिर्च, थोड़ी हरी धनिया, तलने के लिए तेल।

**विधि—**प्याज, हरी धनिया और हरी मिर्च को बारीक कतर लें। चावल, बेसन, नमक, अमचूर कटा हुआ प्याज, हरी मिर्च और हरी धनिया को मिला दें। इसमें थोड़ा-सा पानी भी मिला दें ताकि अच्छी तरह लड्डू बन जाएँ।

अब गुँधे हुए मिश्रण की टिकिया बना लें। तेल को कड़ाही में गर्म करें। फिर हल्की आँच पर टिकियों को भूरे रंग की तल लें।

## खोए के शामी कबाब

**सामग्री—**125 ग्राम खोया, 1 प्याज, 2 हरी मिर्च, थोड़ी-सी हरी धनिया, चार छोटे चम्मच मैदा, 10 दाने काली मिर्च, 2 दाने लौंग, 2 इंच टुकड़ा दालचीनी, 4 छोटी इलायची, 10-12 दाने किशमिश, 1 छोटा चम्मच चिरौंजी, स्वाद के अनुसार नमक, डबलरोटी का चूरा तथा तलने के लिए घी।

**विधि—**काली मिर्च, लौंग, छोटी इलायची व दालचीनी को महीन पीस लें। प्याज, हरी मिर्च और हरी धनिया अलग-अलग कतर लें। खोए को अच्छी तरह मसलें। मसले हुए खोए में दो छोटे चम्मच मैदा मिला दें और पिसा हुआ मसाला व नमक डालकर पुन: मिलाएँ।

अब इस में कतरा हुआ प्याज, हरी धनिया, मिर्च और चिरौंजी भी मिला लें, इस मिश्रण की छोटी-छोटी गोलियाँ बनाएँ और प्रत्येक गोली में एक-एक किशमिश का दाना रखकर इन्हें हाथ से दबाकर चपटी कर लें।

बचे हुए दो छोटे चम्मच मैदा में चुटकी भर नमक मिलाकर पानी की सहायता से पतला घोल बना लें। प्रत्येक टिकिया को इस घोल में डुबोकर तथा डबलरोटी के चूरे में लपेट कर गर्म घी में सुनहरे रंग की होने तक तलें। गर्मा-गर्म चटनी के साथ परोसें।

## राजस्थानी कुबली

**सामग्री—**500 ग्राम चावल, 250 गाम शुद्ध घी, 250 ग्राम फूलगोभी, 250 ग्राम रतालू, 250 ग्राम मटर,

2-2 नग आलू व प्याज, 4 स्लाइस डबलरोटी, 1 गाँठ अदरक, 1 कटोरी दूध, काजू, दाख 10-15 नग, साबुत गरम-मसाला, हरी धनिया, मिर्च, पोदीना सब आवश्यकतानुसार।

**विधि**—सबसे पहले उबलते पानी में चावल डालकर पका लें और पानी निकाल कर अलग रख दें। कड़ाही में घी डालकर गोभी के टुकड़े, आलू व प्याज के गोल-गोल टुकड़े, डबलरोटी स्लाइस के 4-4 टुकड़े करके गुलाबी होने तक तलें। इसी प्रकार मटर के दाने भी तल कर सब्जी के थाल में रख लें। कड़ाही के बचे हुए घी में खड़ा गरम-मसाला, छौंक कर सब सब्जी डालकर आलू, काजू व दाख डाल दें। एक कटोरी पानी में नमक, मिर्च, हल्दी, धनिया मिलाकर कड़ाही में मिला दें और हिलाएँ। सब्जी व मसाला पकने पर अदरक के टुकड़े करके हरी धनिया, मिर्च काटकर और पोदीने की साबुत पत्तियाँ डाल दें। डबलरोटी के टुकड़े सबसे अन्त में डालें।

अब एक बड़े भगौने में तली में चावल की एक परत बिछाकर सब्जी को एक परत में बिछा दें (मसाले सहित)। इसके बाद फिर चावल की परत बिछाकर सब्जी की परत बिछा दें। इस प्रकार चावल व सब्जी की परतें बिछा कर ऊपर से चारों तरफ दूध फैला दें और ढक कर रख दें। बस राजस्थानी कुबली तैयार है। इसे परोसते समय स्पून से इस तरह निकालें कि किसी भी परत का कोई भी भाग बिखरने न पाए और सब्जी व चावल का अलग-अलग स्वाद आ सके। यह शाम का हल्का भोजन भी है और स्वाद में निराला भी है।

## पान पनीर

**सामग्री**—2 कप पनीर, 1 कप कद्दूकस किया हुआ अमुल चीज़, 3-4 मिर्च, 2 कलियाँ लहसुन, एक इंच टुकड़ा अदरक, 2 चाय का चम्मच गरम-मसाला, हरी धनिया, नीबू का रस, नमक स्वादानुसार, 2 मध्यम आकार की गाजर, 20-25 फ्रेंचबीन की फलियाँ, 1 आलू।

**विधि**—सब्जियों को छोटी-छोटी काट लें। लहसुन, हरी मिर्च और अदरक को पीस लें। घी गर्म करके उसमें कटी सब्जियाँ, पिसी हुई अदरक, हरी मिर्च, लहसुन, गरम-मसाला और नमक डालकर हल्की आँच पर दस मिनट तक पकाएँ। जब गल जाए तब इसमें नीबू का रस, हरी धनिया और चीज़ मिला दें। एक या दो मिनट आँच पर रखने के बाद उतार दें।

अब पनीर के 3-3 इंच के दो टुकड़े कीजिए। एक हिस्से में बनाई हुई सब्जी डालिए और दूसरा हिस्सा उसके ऊपर रखिए। अब इसे पान का आकार दीजिए। इसी तरह बाकी की भी टिकियाँ बनाइए। इन्हें तवे पर थोड़े-थोड़े घी में तल लें।

परोसते समय एक प्लेट पर रखकर ऊपर कटा हुआ प्याज व धनिया और नीबू का रस डाल दें। पोदीने की चटनी या टमाटर सॉस के साथ परोसें।

## पिट्ज़ा बेस (क्रस्ट)

**सामग्री**—एक बड़ा चम्मच सूखा खमीर पाउडर, आधा छोटा चम्मच चीनी, पौना कप हल्का गर्म पानी, 200 ग्राम मैदा, 25 ग्राम सूजी, दो बड़े चम्मच रिफाइंड ऑयल, नमक स्वादानुसार।

**विधि**—(1) खमीर पाउडर और चीनी को गर्म पानी में मिलाकर हल्का-सा फेंटिए और झाग आने पर अलग रख दें।

(2) मैदे व सूजी को मिलाकर उसमें नमक और तेल डालकर अच्छी तरह से गूँध लें। अब इसमें धीरे-धीरे करके खमीर डालकर खूब मसल कर गूँध लें। एक चिकनाई लगे हुए बर्तन में सने हुए मिश्रण को डालकर हल्के गीले कपड़े से ढक कर फूलने के लिए रख दें।

(3) जब मिश्रण फूलकर दुगुना हो जाए तो एक बार फिर हल्का-सा गूँध लें। मिश्रण को अब चार समान भागों में बाँट लें। हर भाग की गोल पेड़ी बना लें। बेलन से हर एक पेडी को गोल आकार की छोटी-छोटी रोटियों में बेल लें। एक 30 से.मी. व्यास के पिट्ज़ा बनाने वाले पैन में एक रोटी को रखकर फैलाएँ,

पैन के किनारों तक ले आएँ और पैन के किनारों से लगाकर रोटी के किनारों को थोड़ा ऊपर की ओर उठा दें ताकि बेक करने के बाद क्रस्ट के बीच में सामग्री भरने की जगह रहे।

## टमाटर पनीर पिट्ज़ा

**सामग्री**—1 बड़ा चम्मच रिफाइंड ऑयल, 2 बड़े चम्मच मक्खन, 6 टमाटर, 200 ग्राम पनीर गोल कतलों में कटा हुआ, एक बड़ा चम्मच सोया साग की नर्म पत्तियाँ, 7-8 कली लहसुन, नमक और काली मिर्च या लाल मिर्च।

**विधि**—ओवन गर्म करें। पहले पिट्ज़ा बेस पर रिफाइंड ऑयल चुपड़ कर पाँच मिनट बेक करके निकाल लें। अब टमाटर और पनीर को बेस पर सजाकर ऊपर से पिघला मक्खन फैला दें। सबके ऊपर से नमक, काली मिर्च व सोया साग की पत्तियों को बुरक कर पिट्ज़ा को इतनी देर बेक करें कि पनीर पर सुनहरापन आ जाए।

## चीज़ की पकौड़ियाँ

**सामग्री**—25 ग्राम मक्खन, 50 ग्राम मैदा, आधा प्याला पानी, चौथाई छोटा चम्मच लाल मिर्च, चुटकी भर नमक, 40 ग्राम बारीक कसा हुआ चीज।

**विधि**—पानी में मक्खन डाल दें और पकने के लिए रख दें, जैसे ही उबाल आने लगे एकदम-से सारा मैदा डाल दें और लगातार घुमाते जाएँ जब तक कि बिल्कुल बराबर मुलायम न हो जाए। अब ठंडा होने दें। लगातार हिलाते हुए एक-एक करके कसा हुआ चीज़ और नमक, मिर्च मिला दें। कड़ाही में तेल खूब गर्म कर लें, मैदे और चीज़ के मिश्रण को एक छोटे चम्मच से गिराते जाएँ और पकौड़ियाँ सुनहरे रंग की तल लें। ऊपर से कसा हुआ चीज़ बुरक दें और गर्मा-गर्म पेश करें।

## वेजिटेबिल पैटीज

**सामग्री**—225 ग्राम आटा, 1 चम्मच नीबू का रस, 50 ग्राम नमक, 150 मि.ग्रा. पानी, 20 ग्राम घी और 150 ग्राम घी अलग से (मक्खन हो तो अच्छा है)।

**भराव के लिए**—2 प्याज, 2 टमाटर, 1 कप मटर, 200 ग्राम आलू, आधा कप पत्तागोभी, 1 चम्मच अदरक, 2-3 मिर्च नमक स्वादानुसार।

**बनाने की विधि**—आटे में नमक डालकर छान लें। आटे में 20 ग्राम घी मिला दें और खूब मसल लें। अब इसमें नीबू का रस मिला दें और पानी से गूँध लें। 10 मिनट के लिए फ्रिजर में रख दें।

लोई को निकाल कर सूखे आटे के साथ बेल लें।

50 ग्राम घी बेली हुई रोटी पर फैला दें। अब रोटी को फोल्ड करें। अब इसे ढक दें और 10 मिनट के लिए डीप फ्रीजर में रख दें।

अब रोल को निकालकर सूखे आटे के साथ बेल लें। उस पर घी लगा दें और दुबारा फोल्ड कर लें और दुबारा डीप फ्रीजर में 10 मिनट के लिए रख दें। एक बार यही प्रक्रिया दुबारा करें परन्तु अब ठंडा नहीं करें। दुबारा आटा लगाकर फिर बेल लें और बिना घी लगाए फोल्ड कर लें। फिर एक बार रोटी बेल लें और दुबारा फोल्ड कर लें इस तरह कुरमुरी पैटीज तैयार हो जाएगी। तिकोने आकार में पैटीज काट लें।

**भराव के लिए**—प्याज बारीक काट लें, टमाटर भी काट लें, मटर छील लें व अदरक के बारीक टुकड़े कर लें। एक भारी पैंदे में घी डालें और सामान्य फ्राई कर लें। नमक व हरी मिर्च भी डाल दें। जब मसाला तैयार हो जाए तब आलू व पत्ता गोभी मिला दें और देर तक पका लें।

पैटीज के दो हिस्से के बीच में भराव भर दें व तीनों साइड चिपका दें।

400-425 सेंटीग्रेड पर 20-30 मिनट तक के लिए पैटीज बेक करें। अब ओवन की हीट कम करके 10-15 मिनट बेक करें और ब्राउन होने पर बाहर निकाल लें।

## इंस्टैन्ट ढोकला

**सामग्री**—1 कटोरी सूजी, 1 कटोरी बेसन, 1 कटोरी खट्टा दही (सादा दही भी ले सकती हैं), नमक हल्दी स्वादानुसार, ईनो फ्रूट-साल्ट, राई, तेल, हरी मिर्च अंदाज से छौंक के लिए, थोड़ा-सा पानी तथा नीबू का रस।

**विधि**—(1) सबसे पहले एक बर्तन में सूजी-बेसन छानकर दही के साथ थोड़ा-सा पानी डालते हुए मिलाएँ। घोल ज्यादा पतला नहीं होना चाहिए। इसमें स्वादानुसार नमक व हल्दी मिला लें।

(2) अब एक अलग बर्तन में लगभग आधा घोल डालें और एक चम्मच ईनो फ्रूट साल्ट डालकर अच्छी तरह से फेंटें। 2 मिनट के लिए छोड़ दें।

(3) एक कुकर में थोड़ा-सा पानी डालकर गैस पर चढ़ा दें। तथा इडली के साँचें में थोड़ा-थोड़ा सा तेल लगाकर घोल डालें।

(4) धीमी आँच पर इडली स्टैंड को कुकर में रखकर बिना सीटी लगाए कुकर को बंद कर दें तथा 15 मिनट तक मध्यम आँच पर रखें।

(5) 15 मिनट के बाद चाकू या सलाई डालकर देख लें कि पका है या नहीं।

(6) पकने पर स्टैंड निकाल कर ठंडा होने दें। सारे साँचों में से ढोकला निकालें तथा लम्बे-लम्बे टुकड़े काटें। बाकी के घोल को भी इसी तरह बनाएँ।

(7) अब छौंक तैयार करें। एक कड़ाही में थोड़ा-सा तेल डालकर राई चटकाएँ तथा हरी मिर्च डालकर पकाएँ। 2 कटोरी पानी डालकर तथा नीबू का रस मिलाकर एक उबाल दें तथा ढोकले के टुकड़ों पर डालकर अच्छी तरह से मिलाएँ।

(8) ढोकला नर्म हो जाएगा। ठंडा करके हरी चटनी के साथ परोसें।

## ग्रीन टिट-बिट्स

**सामग्री**—साबुत हरी मूँग 250 ग्राम, ताजा गाढ़ा दही 1 कप, हरी धनिया आधा कप, हरी मिर्च 1 छोटा चम्मच, अदरक का पेस्ट आधा छोटा चम्मच, कसा नारियल 1 बड़ा चम्मच, सफेद तिल 2 छोटे चम्मच, खाने का सोडा चुटकी भर, लाल मिर्च चौथाई छोटा चम्मच, गरम-मसाला आधा छोटा चम्मच, नमक स्वादानुसार, रिफाइंड तेल 2 बड़े चम्मच, राई आधा छोटा चम्मच, जीरा आधा छोटा चम्मच, हींग चुटकी भर, नीबू का रस 1 छोटा चम्मच।

**सजाने के लिए**—टमाटर 2, प्याज 1।

**विधि**—साबुत मूँग को साफ करके धो लें और रात भर पानी में भिगो दें। सुबह फूली हुई मूँग को निथार लें जिससे बिना भीगे कड़े मूँग बर्तन में नीचे ही पड़े रह जाएँ। मूँग छलनी में डालकर अतिरिक्त पानी भी निकाल लें।

भीगे मूँग, आधी हरी धनिया, हरी मिर्च तथा हींग मिलाकर मिक्सी में पीस लें। इसमें दही तथा नमक मिलाकर करीब 8-10 घंटे या खमीर उठने तक ढककर रख दें।

खमीर उठने पर लाल मिर्च, अदरक का पेस्ट तथा चुटकी भर खाने वाला सोडा मिलाएँ और मिश्रण को फेंटें। चिकनाई लगी गहरी चौकोर ट्रे या कुकर के डिब्बे में मिश्रण को पलट दें। पकने या जमने तक भाप में पकाएँ। ठंडा होने पर कुकर का ढक्कन खोल दें व तेज चाकू से जमे हुए मिश्रण के 1-1 इंच के चौकोर टिट-बिट्स काट लें। अब इन टुकड़ों को सावधानी से ट्रे से बाहर निकालें।

एक कड़ाही में तेल गर्म करें। राई, जीरा और सफेद तिल का छौंक तैयार करें। सभी सूखे मसाले व ग्रीन टिट-बिट्स तेल में डालकर 2-4 मिनट तक उलटें-पलटें। हल्का भुन जाने पर आँच से उतार लें व सर्विंग ट्रे में पलट लें। ऊपर से नीबू का रस छिड़क दें। कटी हरी धनिया, कसा हुआ नारियल, प्याज और टमाटर की स्लाइस से सजाकर गर्मा-गर्म सर्व करें।

# व्हील सैंडविच

**सामग्री**—6 टुकड़े ताजी डबलरोटी, आधा प्याला ताजा चीज़ कद्दूकस किया हुआ, आधा बड़ा चम्मच नीबू का रस, आधा प्याला टमाटर की चटनी, आधा चम्मच काली मिर्च, स्वादानुसार नमक, 1 बड़ा चम्मच मक्खन।

**विधि**—पहले डबलरोटी के तीन टुकड़े लेकर उनके चारों तरफ से किनारे काट लें। अब एक टुकड़े को बेलन से बेलते हुए किनारे पर पानी लगाकर दूसरा डबलरोटी का टुकड़ा चिपका दें। फिर तीसरा और लंबा टुकड़ा बना लें। अब एक बड़े डोंगे में कद्दूकस किया चीज़, टमाटर की चटनी, नमक, कालीमिर्च मिलाकर इस मिश्रण को बड़े लंबे डबलरोटी के टुकड़े पर लगा कर उसे रोल कर कपड़ा गीला करके उसमें लपेट कर आधे घंटे के लिए फ्रिज में रख दें। निकाल कर उन्हें गोल-गोल पहिए के आकार के काटें। व्हील सैंडविच तैयार हैं।

# पापड़ी-मटर की चाट

**सामग्री**—बाजार में उपलब्ध सूखे मटर 250 ग्राम, गोल गप्पों से बची कुछ पापड़ियाँ, उबले आलू 250 ग्राम, 1 बड़ा चम्मच महीन कतरा हुआ अदरक, हरी मिर्च 2-3, हरी धनिया एक गड्डी बहुत महीन कटा हुआ, नमक चाट मसाला, पिसी लाल मिर्च सब स्वादानुसार, इमली की चटनी, हरी चटनी, तेल-आवश्यकतानुसार।

**विधि**—मटर रात को भिगोएँ। सुबह थोड़ा-सा नमक व खाने का सोडा एक चुटकी मिलाकर खूब गलने तक पकाएँ। गैस पर एक भारी तवा रखें व उसमें हल्का-सा तेल चुपड़ें। दो बड़े चम्मच उबले मटर, दो-तीन टुकड़े उबले आलू के लेकर भली प्रकार से मैश करें। इसमें स्वाद के अनुसार मसाले मिलाएँ। तीन-चार पापड़ी का मोटा-मोटा चूरा करके मिलाएँ। एक बड़ी टिक्की बनाकर गर्म तवे पर दोनों ओर सेंक लें।

प्लेट या पत्तल की प्याली में निकाल कर पल्टे से चार-पाँच जगह तोड़कर फैला दें। हरे मसाले छिड़क कर सोंठ और चटनी डालें। एक बार में दो-तीन टिक्की बनाएँ। मंदी आँच पर सेकें तो अधिक स्वादिष्ट व सोंधी बनेंगी।

# केले मेथी की भजिया

**सामग्री**—3 मध्यम आकार के पके हुए केले, एक प्याला बेसन, आधा प्याला गेहूँ का आटा, एक प्याला दही, एक चुटकी हींग, एक बड़ा चम्मच धनिया साबुत (दरदरा कूट लें), एक चुटकी बेकिंग सोडा, 2 छोटा चम्मच पिसी हुई हरी मिर्च, तीन-चौथाई कप कटी हुई मेथी पत्ती, तलने के लिए तेल, नमक स्वादानुसार।

**विधि**—केले को छीलकर मसल लें। बेसन व गेहूँ के आटे को नमक मिलाकर छानें। दही, मसले हुए केले में मसाले और पिसी हुई हरी मिर्च मिलाएँ और आटे को इस मिश्रण के साथ मिलाएँ। मेथी पत्तियों को पानी में अच्छी प्रकार से साफ करें। पानी निकाल कर मेथी को मिश्रण में मिलाएँ। घोल गाढ़ा होना चाहिए। तेल को गर्म करें। मिश्रण का एक बड़ा चम्मच भरकर तेल में डालें और सुनहरा होने तक मंदी आँच पर अच्छी प्रकार से तलें। तेल से निकाल कर गर्म-गर्म चटनी या सॉस के साथ खाने के लिए दें।

# कोकोनट टिक्की

**सामग्री**—400 ग्राम सूजी, 100 ग्राम मैदा, 250 ग्राम शक्कर, एक कप घी (मोयन के लिए), 150 ग्राम नारियल का बूरा, 3-4 इलायची पिसी हुई, तलने के लिए घी, इलायचीदाना 100 ग्राम।

**विधि**—सबसे पहले सूजी, मैदा में घी का मोयन डालें। पानी डालकर पूड़ी के आटे की तरह माँड लें।

100 ग्राम नारियल बूरा में पिसी इलायची मिला लें। शेष नारियल बूरा दूसरी थाली में फैलाकर रखें। अब सूजी के आटे की छोटी-छोटी लोईयाँ काटकर थोड़ा फैलाकर अंदर 1-2 चम्मच नारियल बूरा व 2 इलायचीदाना भरकर बंदकर हाथों से ही गोलाई में घुमाते हुए चपटा कर लें। कड़ाही में घी गर्म करके धीमी आँच पर दोनों तरफ से गुलाबी रंगत होने तक तलें।

अब शक्कर की 2 तार की चाशनी बना लें और तली हुई भरवाँ टिकिया चाशनी में 3-4 मिनट डूबे रहने दें। चाशनी से निकालकर नारियल बूरा दोनों तरफ अच्छी तरह लपेटें। लीजिए कोकोनट टिक्की तैयार है। यह काफी समय तक खराब नहीं होती।

## बम्बई की भेलपूरी

**सामग्री**—चावल के मुरमुरे (लइया) 200 ग्राम, बारीक सिवइयाँ नमकीन 1 कप या बीकानेरी भुजिया, उबले आलू छोटे टुकड़े में कटे 250 ग्राम, पापड़ियाँ चाटवाली (प्रति व्यक्ति 4-5), प्याज, हरी मिर्च, अदरक 1 इंच का टुकड़ा, हरी धनिया—सारी सामग्री कतरी हुई, नीबू 3-4, इमली की सोंठ, हरी चटनी, नमक, मिर्च चाट का मसाला सब स्वादानुसार।

**विधि**—यह सबसे आसान व सस्ती चाट है। सारी सामग्री तैयार करके रखें। एक स्टील के भगौने में एक मुट्ठी भर मुरमुरे, 3-4 पपड़ी का चूरा, नमकीन सिवइयाँ, दो बड़े चम्मच आलू के टुकड़े, नमक, मिर्च, चाट का मसाला स्वादानुसार मिलाएँ। सबसे अंत में हरे मसाले, दोनों प्रकार की चटनी डालकर भली प्रकार से मिलाकर तुरंत ही प्लेट में डालकर खाने को दें। मुरमुरे पापड़ी, सिवइयाँ करारी ही रहनी चाहिए। एक पापड़ी चम्मच की जगह लगा दें। उसी से खाने को कहें। अंत में वह चम्मच वाली पापड़ी खा लें।

**नोट**—*गर्मी के मौसम में इसमें खीरा बारीक छोटा काटकर, कच्ची अमियाँ बहुत महीन काटकर डालें यह और भी स्वादिष्ट लगेगी। सर्दी के मौसम में उबले मटर मिलाएँ। अपनी कल्पना एवं स्वाद से सामग्री बढ़ा सकती हैं।*

## स्वादिष्ट पनीर बेक

**सामग्री**—मध्यम आकार के गोल बैंगन 2 (स्लाइसें काटकर नमक के पानी में डूबो दें), रिफाइंड ऑयल 2 बड़े चम्मच, लाल प्याज 2 (पतली स्लाइसें काट लें), नीबू का रस 2 बड़े चम्मच, कद्दूकस किया हुआ पनीर एक कप, मटर के दाने एक कप (एक छोटे चम्मच तेल में फ्राई कर लें), टमाटर 2 (स्लाइसें काट लें), लहसुन 2-3 जवा (कुचले हुए) मक्खन 50 ग्राम, उबला राजमा एक कप, उबले आलू 2 (स्लाइसें काट लें), पिसा गरम-मसाला एक छोटा चम्मच, नमक व पिसी काली मिर्च स्वादानुसार।

**टॉपिंग के लिए**—मैदा 25 ग्राम, दूध 300 ग्राम, अण्डे 2 (फेंट लें), कद्दूकस की हुई चीज़ एक कप, नमक व पिसी काली मिर्च स्वादानुसार।

**विधि**—एक फ्राइपेन में रिफाइंड तेल गर्म करें व बैंगन की स्लाइसों को हल्का-सा तल लें। ऊपर से नमक छिड़क दें। ओवन 375 फॉरेनाइट पर सेट करें। सॉसपैन में 25 ग्राम मक्खन गर्म करें व उसमें प्याज तलें। जब प्याज नर्म पड़ जाए तो उबला राजमा व आलू की स्लाइसों को हल्का-सा फ्राई कर लें। मटर के दाने व पनीर भी डाल दें।

आँच से नीचे उतार कर पिसा गरम-मसाला, पिसी काली मिर्च व नीबू का रस सब्जियों में मिला दें। इन सब्जियों को बैंगन की स्लाइसों पर बराबर से फैला दें। ऊपर से टमाटर की स्लाइसें बिछा दें।

अब एक दूसरे फ्राइपेन में 25 ग्राम मक्खन गर्म करें व लहसुन के पेस्ट के साथ मैदा को हल्का-सा भूनें। 1-2 मिनट बाद आँच से उतार लें। थोड़ा-थोड़ा करके दूध मैदा में डालती जाएँ व बराबर चम्मच से हिलाती रहें। स्वादानुसार नमक व पिसी काली मिर्च डालकर मैदा के मिश्रण को पुनः आँच पर चढ़ाएँ। जब मिश्रण गाढ़ा होने लगे तो आँच से उतार कर 10 मिनट तक ठंडा करें। इसके पश्चात् मिश्रण में फेंटा हुआ अण्डा मिलाएँ व धीरे-धीरे इस मिश्रण को सब्जियों पर उंडेल दें। इस मिश्रण से सब्जियाँ पूरी तरह

ढक जानी चाहिए। कद्दूकस किया हुआ चीज़ ऊपर से बुरक कर डिश को ओवन में बेक होने के लिए रख दें। जब टॉपिंग सुनहरा बेक हो जाए तो ओवन से निकाल लें। ब्रेड के साथ सर्व करें।

## स्टफ पॉव भाजी

**सामग्री**—4 प्याले मैदा, 2/3 प्याला दूध, 2 बड़े चम्मच दही, 1 बड़ा चम्मच सूखा खमीर (यीस्ट), 1 चम्मच चीनी, 3 बड़े चम्मच मक्खन या घी, 3-4 छोटे चम्मच खसखस।

**पाव भरने के लिए**—5-6 बड़े आकार के उबले आलू, 200 ग्राम पनीर, 1 टुकड़ा अदरक बारीक कटा, 3-4 हरी मिर्च, थोड़ी हरी धनिया, नमक व अन्य मसाले स्वादानुसार।

**भाजी के लिए**—500 ग्राम कम उबले आलू, 250 ग्राम मटर, 250 ग्राम टमाटर, 2-3 प्याज, 500 ग्राम फूलगोभी, गाजर, बींस इत्यादि मिली-जुली सब्जियाँ नमक स्वादानुसार, 1 चम्मच सूखा धनिया, 1 बड़ा चम्मच पॉव भाजी का मसाला, 2-3 हरी मिर्च बारीक कटी, थोड़ी-सी हरी धनिया बारीक कटी, 3 बड़े चम्मच मक्खन।

**विधि**—(पॉव बनाने के लिए) खमीर (यीस्ट) व चीनी को गर्म दूध में भिगोकर 15-20 मिनट के लिए छोड़ दें। आटे व नमक को उस बर्तन में छान कर बीच में एक गड्ढा-सा बना लें। इसमें दही, घी, खमीर का मिश्रण डालें तथा नर्म आटा गूँधें। ढककर 4-5 घंटे के लिए गर्म स्थान पर छोड़ दें। इस आटे से आठ लोइयाँ बनाकर 10 मिनट के लिए छोड़ दें।

इसी बीच भाजी तैयार कर लें। मटर तथा अन्य सब्जियों को प्रेशर कुकर में अलग-अलग हल्का-सा उबालें। उबले आलुओं को छीलकर थोड़ा मसल लें। अन्य उबली सब्जियों को भी कड़छी से थोड़ा मसल दें। कड़ाही में मक्खन गर्म करें। उसमें कटा हुआ प्याज डालें। कटा टमाटर डालकर नमक डालें। भुनने के बाद इस मिश्रण में सारी सब्जियाँ, आलू तथा मटर डालें। पॉव भाजी का मसाला डालें। एक बड़ा चम्मच मक्खन और डालकर सब्जियों को अच्छी तरह भूनें। कटी हुई हरी धनिया डालें।

पॉव में भरने का मसाला बनाने के लिए उबले आलू तथा पनीर को मसलें। उसमें बहुत बारीक काटकर अदरक, हरी धनिया व हरी मिर्च मिलाएँ। नमक व अन्य मसाले मिलाकर मिश्रण को एकसार कर लें।

अब तक आपका पॉव बनाने का आटा फूलकर तकरीबन दो गुना हो गया होगा। चकले पर थोड़ी-सी खसखस फैलाएँ। एक लोई बेल कर लंबी रोटी बनाएँ। भरने के मिश्रण के भी आठ हिस्से करके एक हिस्सा बेली गई रोटी में लम्बाई में भरें। दोनों किनारों को मोड़ कर बीच में लाते हुए एक लम्बा रोल बना लें। रोल के दोनों सिरों को भी मोड़ कर बंद करें। तैयार पॉव पर थोड़ा मक्खन लगाएँ तथा उसे पहले से गर्म ओवन में सिकने तक रखें। ओवन का तापमान अधिक न हो नहीं तो पॉव ऊपर से सिका होने के बाद भी अंदर से कच्चा रह जाएगा।

तैयार भाजी के साथ पॉव को परोसें।

## भरवाँ गोले

**सामग्री**—2 कटोरी चावल, 2 बड़े चम्मच कॉर्नफ्लोर, 1 बड़ा खीरा, 3 टमाटर, 1 पत्तागोभी, 1 छोटा चम्मच राई, 1 छोटा चम्मच अनारदाना, नमक व मिर्च स्वादानुसार, 4-5 हरी मिर्च, 1 टुकड़ा अदरक, थोड़ी-सी हरी धनिया, घी या तेल तलने के लिए।

**विधि**—चावलों को साफ करके धो लें। एक चम्मच घी में डालकर उन्हें उबाल लें। उबले चावलों को अच्छी तरह मसल लें। उनमें कॉर्नफ्लोर मिलाएँ। बारीक कटी हुई मिर्च, हरी धनिया तथा अदरक डालें। नमक व मिर्च डालकर मिश्रण तैयार करें। पत्तागोभी को धोकर पतली लम्बी काटें। टमाटर, खीरा भी छील कर छोटे टुकड़ों में काटें।

कड़ाही में एक बड़ा चम्मच तेल गर्म करें। गर्म तेल में राई डालकर चटकाएँ। मिर्च व अन्य मसाले

भी डालें। पत्तागोभी डालकर नर्म होने तक पकाएँ। टमाटर डालें। दो मिनट और भूनकर नमक डालें। खीरा डालकर आँच बंद कर दें। अनारदाना थोड़ा-सा दरदरा कूट कर मिला दें। चावल के मिश्रण का एक हिस्सा चिकनाई लगी हथेली पर फैलाएँ। उसमें तैयार की हुई सब्जियों का एक हिस्सा भरें। उसे गोल आकार दें। गोले को भूनी हुई सूजी में लपेट कर सुनहरी होने तक गर्म घी में तलें।

## पके चावल का मसाला बड़ा

**सामग्री**—150 ग्राम पके चावल, 3 बड़े चम्मच बेसन, 2 बड़े चम्मच चावल का आटा, 2 बड़े प्याज, 6 हरी मिर्च बारीक कटी हुई, 1 छोटा चम्मच जीरा, 2 उबले हुए आलू, 100 ग्राम उबले हुए मटर के दाने, नमक व मिर्च स्वादानुसार, थोड़ी-सी अदरक, हरी धनिया बारीक कटी हुई, 8-10 काजू बारीक कटे हुए, 250 ग्राम घी या तेल (तलने के लिए), सलाद के पत्ते सजाने के लिए, 3 बड़े चम्मच पिसी चने की दाल।

**विधि**—पके चावलों में बेसन, चावल का आटा, चने की दाल (पिसी हुई) मिलाकर हाथ से अच्छी तरह मसल लें। उबले आलू का छिलका उतार कर उन्हें अच्छी तरह मसल लें। अब चावल के मिश्रण में आलू, उबले हुए मटर के दाने मिला दें।

प्याज को बारीक-बारीक काट लें, हरी मिर्च, अदरक, हरी धनिया भी मिलाकर बारीक-बारीक काटकर चावल के मिश्रण में मिला दें। इसी में नमक, लाल मिर्च, जीरा सब मिला दें।

इसके बाद हथेली पर थोड़ा पानी लगाकर मिश्रण को हाथ में लेकर उसे कोई भी मनचाहा आकार दे दें—चपटा या गोल अथवा पान जैसा। घी या तेल गर्म करके उसमें तल लें। आँच मंदी ही रखें। सलाद के पत्तों में इन चपटे गर्मागर्म बड़ों को चटनी के साथ परोसें।

## कलमी बड़ा

**सामग्री**—100 ग्राम चने की दाल, 100 ग्राम उड़द की दाल, 1 टुकड़ा अदरक बारीक कसा हुआ, 2 हरी मिर्च, थोड़ी-सी हरी धनिया बारीक कटी हुई, आधा छोटा चम्मच सूखा धनिया पिसा हुआ, आधा छोटा चम्मच जीरा, 1 छोटा चम्मच लाल मिर्च, नमक स्वादानुसार, 200 ग्राम तेल।

**विधि**—चने की दाल व उड़द की दाल को बीन कर रात भर के लिए भिगो दें। सुबह अदरक को बारीक-बारीक काट लें। हरी धनिया, हरी मिर्च बारीक काट लें। जीरा भी पीस लें। दोनों दालों को बारीक पीस लें और अच्छी तरह फेंट लें। नमक, बारीक कटी अदरक, सूखी धनिया, लाल मिर्च, हरी धनिया, हरी मिर्च सब अच्छी तरह से मिला लें। पिसी दाल के गोल लम्बे आकार के बड़े बनाकर गर्म तेल में हल्के लाल होने तक तल लें। एक बड़े के लम्बे चार टुकड़े काटकर दोबारा लाल होने तक तल लें। चटनी के साथ गर्मागर्म ही परोसें।

## खोया मखाना

**सामग्री**—100 ग्राम खोया, 100 ग्राम मखाने, 3 टमाटर, 2 कसे हुए प्याज, डेढ़ छोटे चम्मच पिसा अदरक, 2 कटी हुई हरी मिर्च, चौथाई छोटा चम्मच पिसी हल्दी, आधा छोटा चम्मच पिसी धनिया, एक छोटा चम्मच गरम-मसाला, आधा कप ताजा दही, 3 बड़े चम्मच घी, नमक स्वादानुसार।

**विधि**—खोये को बिना घी के थोड़ा-सा भूनें। मखानों को घी में हल्का-सा सुनहरा तल लें। टमाटरों को बारीक टुकड़ों में काट लें। पतीली में एक कप पानी और टमाटर के टुकड़े मिलाकर आँच पर चढ़ाएँ। टमाटर जब पककर नर्म हो जाएँ, तो आँच से उतारकर छान लें। अब एक बर्तन में घी गर्म करके प्याज को सुनहरा होने तक तल लें। उसमें अदरक, हरी मिर्च मिलाकर पकाएँ। फिर उसमें टमाटर की प्यूरी, दही व खोया मिलाएँ। अब नमक व मखाने मिलाकर कुछ मिनट तक और पकाइए। फिर गर्म-गर्म परोसें।

## यम-यम दलिया

**सामग्री**—1 कप गेहूँ का दलिया, मिली-जुली सब्जियाँ, छोटे-छोटे टुकड़ों में कटी हुई व उबली हुई (फूलगोभी, मटर, फ्रेंच बीन व गाजर) 2 कप घी या मक्खन 2 बड़े चम्मच, अमूल चीज़ की टिकिया 25 ग्राम, कद्दूकस की हुई चीज़, आधा नीबू, 1 टमाटर व कुछ हरी धनिया की पत्ती, नमक व काली मिर्च स्वाद के अनुसार।

**विधि**—प्रेशर कुकर में घी डालकर उबली हुई सब्जियों को हल्का भूनकर निकाल लें। बाकी बचे घी में दलिया डालकर गुलाबी भूनें। जब अच्छी सुगंध आने लगे तो चार कप चीनी (उबली सब्जी का बचा पानी भी उपयोग में लाएँ) व इच्छानुसार नमक डालकर प्रेशर कुकर में बंद करके दलिया थोड़ा गलने के अंदाज से प्रेशर लगाएँ। कुकर खोलें व उसमें सब सब्जियाँ डालकर कुछ देर तक खुले कुकर में ही पकाएँ। एक डोंगे में डालकर ऊपर से कसी चीज़ व नीबू का रस छिड़क दें। टमाटर की पतली-पतली स्लाइसें व कटी हुई हरे धनिए की पत्तियों से सजा दें। ऊपर से कुछ नमक व काली मिर्च बुरक दें। इसे आप दही, हरे धनिए की हरी चटनी या अचार के साथ खाइए। जिसका खाने का मजा ही और है।

## स्पेशल चिवड़ा-पीज

**सामग्री**—1 किलो हरे मटर के दाने, 200 ग्राम थोड़ा मोटा चिवड़ा, 100 ग्राम शुद्ध घी, 1 कप कच्चा दूध, 4 बड़े चम्मच पिसा गरम-मसाला, नमक स्वादानुसार, 2 प्याज, 4 आलू, 2 बड़े टमाटर, लहसुन, अदरक, मिर्च स्वादानुसार, 2 गड्डी हरी धनिया की पत्ती, फूलगोभी के कुछ टुकड़े, काजू व किशमिश इच्छानुसार।

**विधि**—सर्वप्रथम मटर के दानों को 2 कप पानी में पाँच मिनट उबाल लें। कड़ाही में शुद्ध घी और थोड़ा-सा जीरा डालकर भून लें। जब जीरा सुनहरे रंग का हो जाए, तो उसमें गरम-मसाला, अदरक, लहसुन, प्याज, हरी मिर्च, आलू तथा गोभी के छोटे-छोटे टुकड़े काटकर कड़ाही में डाल दें। अब इसको तब तक भूनती रहें जब तक कि कड़ाही मसाला न छोड़ दें। अब चिवड़े को दूध में धोकर उबले हुए मटर के साथ ही कड़ाही में डाल दे, तथा स्वादानुसार नमक डालकर अच्छी तरह मिलाकर पाँच मिनट धीमी आँच पर भूनें। उसके पश्चात् गैस से उतार लें। टमाटर के छोटे-छोटे टुकड़े कर लें, धनिया की पत्ती को काट लें। टमाटर तथा धनिए की पत्ती, काजू, किशमिश को ऊपर से छिड़क कर गर्मा-गर्म ही मेहमानों के सामने पेश करें।

●●●

# केक व बिस्किट

## बेकिंग के समय कुछ ध्यान देने योग्य बातें

1. केक बनाने से पहले सारी सामग्री एक जगह एकत्र कर लें।
2. केक को हमेशा एल्यूमिनियम के बर्तन में ही बेक करें और बेक करने के पहले बर्तन में चिकनाई जरूर लगा लें।
3. केक को एल्यूमिनियम के बर्तन में फेंटने से काला हो जाएगा इसलिए हमेशा स्टील के बर्तन में ही फेंटें।
4. केक बेक करने के पाँच मिनट पहले ओवन को गर्म कर लें।
5. केक को बेक करते समय ओवन को बार-बार न खोलें, ऐसा करने से केक बीच में से दब जाएगा और स्पंज अच्छा नहीं आएगा।
6. केक में मिलाने वाला मक्खन या घी फ्रिज में रखा ठण्डा होना चाहिए।
7. केक में हमेशा पिसी चीनी का इस्तेमाल करें।
8. केक बनाते समय मिश्रण को हमेशा एक ही दिशा में फेंटें। जब बुलबुले उठने लगें तब समझें कि मिश्रण तैयार हो गया है।
9. केक में अगर मेवा डालना हो तो वह बिल्कुल सूखा होना चाहिए तथा इसे तली में डालें।
10. अण्डों के व्यंजनों को देर तक न पकाएँ। व्यंजन खराब हो जाएगा।
11. उबले हुए अण्डे को उबलते पानी में से निकालकर तुरन्त ठंडे पानी में डालने से अण्डे के पीले भाग के चारों ओर कालापन नहीं आता है।
12. मक्खन यदि बासी हो गया हो तो उसे थोड़ी देर खाने का सोडा मिले पानी में रखें, मक्खन की बदबू दूर हो जाएगी।
13. आमलेट बनाते समय यदि एक चम्मच दूध मिला दें, तो आमलेट खूब फैलेगा।
14. चीज़ में अगर फफूँदी लग गई हो तो उसे फेंकें नहीं, चाकू से खुरच कर फफूँद निकाल देने से वह पहले जैसा हो जाएगा और इसे हमेशा एल्युमिनियम फाइल में लपेट कर रखें।
15. घी व चीनी को फेंटने के बाद मैदा को थोड़ी-थोड़ी करके डालें जिससे मिश्रण में गाँठ न पड़े।
16. केक में बेकिंग पाउडर ठीक मात्रा में डला होना चाहिए नहीं तो वह फट जाएगा या बीच में से पिचक जाएगा।

17. मिश्रण ऐसा हो जो उंडेलते समय बँधी धार से गिरे, अगर कट-कटकर गिरे और लगे कि वह गाढ़ा है तो उसमें थोड़ा-सा दूध मिला दें।
18. केक पूरी तरह से बेक हो गया है, इसके लिए उसमें सलाई डालकर देखें, अगर सलाई पर मिश्रण चिपके तो समझें कि केक तैयार नहीं है।
19. केक बनाने के बाद उसे तुरन्त न काटें और न ही पंखे के नीचे रखें।
20. केक अगर टिन में से बाहर नहीं निकल रहा हो तो उसे गैस पर हल्का-सा गर्म कर लें। केक आसानी से बाहर निकल आएगा।
21. केक ठण्डा हो जाने पर ही आइसिंग करें।
22. आइसिंग के लिए क्रीम तथा मक्खन ठोस जमा हुआ होना चाहिए। केक को आइसिंग करते समय उसमें आइसिंग शुगर के साथ निचोड़ा हुआ नीबू डाल दें। उसका स्वाद और गंध भी बहुत अच्छी हो जाएगी।
23. केक की आइसिंग के लिए हमेशा आइसिंग शुगर का ही प्रयोग करें।
24. आइसिंग करने के बाद केक को फ्रिज में रख दें तथा थोड़ी देर बाद निकाल कर काटें।
25. चाकू को गीला करके केक को काटें तो केक अच्छी तरह से कटेगा।
26. अगर केक बनाते समय केक बीच में से फटने लगे तो आप एक नैपकिन को गुनगुने पानी में डूबोकर निचोड़ लें और केक के ऊपर बिछा दें, इससे केक का फटना बंद हो जाएगा।
27. केक के ऊपर से फटने के कई कारण होते हैं, जैसे—ओवन पहले से ज्यादा गर्म हो, टिन में ज्यादा मिश्रण भरा हुआ हो, मिश्रण ज्यादा गीला या ज्यादा सूखा हो, केक ओवन के ऊपरी हिस्से के ज्यादा नजदीक हो।
28. केक में पड़ने वाले घी अथवा मक्खन की मात्रा यदि ज्यादा होगी तो केक सख्त बनेगा।
29. केक बनाने में यदि चीनी, मक्खन व मैदा की फिंटाई ठीक से न हो तो केक तैयार होने पर टूट जाएगा।
30. बेकिंग पाउडर और मैदा को अच्छी तरह छानना चाहिए जिससे केक न टूटे।
31. सूखे मेवे व फल काटते समय चाकू के किनारे थोड़ा-सा घी लगा देने से वे चिपकेंगे नहीं।
32. केक बनाते समय क्रीम प्रक्रिया तेज करने के लिए चिकनाई और शक्कर की क्रीम बनाने से पहले कटोरी को गर्म पानी से गर्म कर लें।
33. केक या बिस्किटों के ऊपर सजाने के फल या बादाम चिपकाने हों तो पहले उन्हें दूध में डुबो लें। इससे पकाते समय वे केक से अलग नहीं होंगे।
34. केक के अंदर किशमिश के दाने नीचे न बैठें इसकी रोकथाम के लिए उन पर आटे की एक परत चढ़ा दें और उन्हें मिश्रण में मिला दें, पकते समय नीचे नहीं जाएँगे।

# विविध प्रकार की आइसिंग

## रॉयल आइसिंग

**सामग्री**—2 अंडों की सफेदी, 1 चाय का चम्मच नीबू का रस, 500 ग्राम आइसिंग शुगर, ½ चाय का चम्मच ग्लिसरीन।

**विधि**—शुगर को छान लें, फिर अण्डे की सफेदी को हल्का-सा फेंट लें, आइसिंग शुगर धीरे-धीरे करके डालें और फेंटती जाएँ। फेंटते-फेंटते जब सफेद रंग आ जाए तब ग्लिसरीन डालकर मिलाएँ। ग्लिसरीन आइसिंग को कड़कदार बनाए रखेगी। अब नीबू का रस डालकर अच्छी तरह मिलाएँ। यदि तुरन्त ही आइसिंग का प्रयोग न करना हो तो उसे गीले कपड़े से ढँक कर रखें। इससे आइसिंग हल्की बनी रहेगी।

**विभिन्न स्वादों के लिए बेसिक आइसिंग में मिलाएँ—**

**1. काफी ग्लेज आइसिंग**—½ चाय का चम्मच कॉफी पाउडर।

**2. ऑरेंज ग्लेज आइसिंग**—2 टेबल स्पून पानी की जगह संतरे का छना हुआ रस मिलाएँ और कुछ बूँदें ऑरेंज एसेंस तथा रंग की मिलाएँ।

**3. लेमन ग्लेज आइसिंग**—पानी की जगह 2 चम्मच छना हुआ नीबू का रस मिलाएँ तथा लेमन एसेंस व रंग मिला दें।

**4. चाकलेट ग्लेज आइसिंग**—½ चाय का चम्मच कोको पाउडर और ½ कप आइसिंग शुगर और 2 बड़े चम्मच गर्म पानी मिलाकर बनाएँ।

**5. स्ट्रॉबेरी ग्लेज आइसिंग**—1 चाय का चम्मच पानी में, ½ चाय का चम्मच स्ट्रॉबरी एसेंस और कुछ बूँदें लाल रंग की मिलाकर प्रयोग में लाएँ।

## बेसिक ग्लेज आइसिंग

**सामग्री**—200 ग्राम आइसिंग शुगर, 2 बड़े चम्मच गर्म पानी, स्वाद के लिए एसेंस व रंग।

**विधि**—आइसिंग शुगर को छानकर काँच के वाउल में रखें, फिर इसे गर्म पानी के बर्तन में रखें। अब धीरे-धीरे करके 2 बड़े चम्मच गरम पानी इसमें डालें और चलाती जाएँ, जब तक शुगर घुल न जाए और आइसिंग गर्म होकर मुलायम न हो जाए तब तक हिलाती रहें। आइसिंग ज्यादा गर्म न होने पाए वरना इसकी चमक खत्म हो जाएगी, अब मनपसंद रंग व खुशबू डालकर तब तक मिलाएँ जब तक मनपसंद रंग न आ जाए। आइसिंग इतनी गाढ़ी होनी चाहिए कि चम्मच के पीछे की तरफ लिपट सके। अगर आइसिंग पतली लगे तो सूखी आइसिंग शुगर और मिला लें, अगर ज्यादा गाढ़ी लगे तो थोड़ा पानी और मिला दें। आइसिंग को हल्का-सा ठण्डा करें और तुरन्त ही प्रयोग में लाएँ।

## बेसिक बटर आइसिंग

**सामग्री**—60 ग्राम मक्खन, 100 ग्राम आइसिंग शुगर, ऐसेंस व रंग इच्छानुसार।

**विधि**—मक्खन को फेंटें, फिर इसमें धीरे-धीरे करके, आइसिंग शुगर मिलाकर तब तक फेंटें जब तक हल्का और क्रीम जैसा न हो जाए, फिर रंग व ऐसेंस मिला दें।

**विभिन्न स्वादों के लिए बेसिक बटर आइसक्रीम में मिलाएँ—**

**बादाम बटर आइसिंग**—¼ चाय का चम्मच बादाम का एसेंस मिलाएँ।

**चाकलेट बटर आइसिंग**—1 बड़ा चम्मच पानी में एक चाय का चम्मच कोको पाउडर और कुछ बूँदें वनीला एसेंस की या 1 चम्मच पीने वाला चाकलेट पाउडर घोलकर मिलाएँ। ¼ कप मक्खन, ½ कप आइसिंग शुगर मिलाकर पेस्ट बना लें।

**कॉफी बटर आइसिंग**—1 चाय के चम्मच पानी में 1 चाय का चम्मच कॉफी एसेंस या ½ चाय का चम्मच कॉफी पाउडर घोल कर मिलाएँ।

**जैम बटर आइसिंग**—2 चाय के चम्मच स्ट्रॉबेरी या रसभरी जैम मिलाएँ।

**लेमन बटर आइसिंग**—1 चाय का चम्मच छना नीबू का रस, पीला रंग व एसेंस मिलाकर फेंट लें।

**वनीला बटर आइसिंग**—¾ चाय का चम्मच वनीला एसेंस मिलाएँ।

**वॉलनट बटर आइसिंग**—1 टेबल स्पून अखरोट के छोटे टुकड़े और ½ चाय का चम्मच कॉफी एसेंस, फेंटें और मिलाएँ।

**ऑरेंज बटर आइसिंग**—1 चाय का चम्मच छना हुआ संतरे का रस, संतरी रंग तथा एसेंस फेंटें और मिलाएँ।

**रम बटर आइसिंग**—2 चाय के चम्मच रम मिलाएँ।

**स्ट्रॉबेरी बटर आइसिंग**—½ चाय का चम्मच स्ट्राबेरी एसेंस और कुछ बूँदें लाल रंग की मिलाएँ।

**ब्रांडी बटर आइसिंग**—1 चाय का चम्मच ब्रांडी मिलाएँ।

**कैशो बटर आइसिंग**—1 टेबल स्पून काजू का चूरा और ½ चाय का चम्मच बादाम का एसेंस तथा ½ चाय का चम्मच गुलाब एसेंस फेंटें तथा मिलाएँ।

## सफेद व चाकलेट लाइनों वाला गोल केक

स्पंज केक बनाकर पाँच से.मी. के गोल कटर या छोटी कटोरी से गोल-गोल टुकड़े काट लें, प्रत्येक टुकड़े पर जैम की पतली-पतली तह बिछाएँ। आइसिंग शुगर और पानी से मिश्रण बनाकर जैम लगे केक में टुकड़ों पर फैला दें। बाकी बचे मिश्रण में कोको पाउडर डालकर चाकलेट रंग का मिश्रण बनाएँ। इससे केक पर चाकलेट रंग के मिश्रण की पतली-पतली लाइनें बनाएँ।

## बिना अण्डे का चाकलेट का केक

**सामग्री**—कंडेंस्ड मिल्क 200 ग्राम (आधा टिन), मैदा डेढ़ प्याला, बेकिंग पाउडर 2 चाय के चम्मच, सोडा आधा चाय का चम्मच, कोको 2 टेबिल स्पून, पिघला फीका मक्खन या रिफाइंड तेल साढ़े तीन टेबिल स्पून, वनीला एसेंस 1 चाय का चम्मच, यदि इच्छा हो तो आधा प्याला मेवा (अखरोट, बादाम, काजू)।

**विधि**—मैदा, बेकिंग पाउडर, सोडा तथा कोको एक साथ छान लें। कन्डेंस्ड मिल्क मक्खन या तेल पानी तथा वनीला एसेंस मिलाकर झाग आने तक फेंटें। यदि मेवा प्रयोग में ला रहे हों तो मेवा छोटे-छोटे टुकड़ों में काट लें। मैदे में से एक टेबिल स्पून मैदा कटी मेवा में मिला दें। बाकी मैदा थोड़ी-थोड़ी कर कंडेंस्ड मिल्क के घोल में मिला दें। हर मिलाने के बाद फेंटती जाएँ। ऐसा तब तक करें जब तक कि सब मैदा प्रयोग में न आ जाए। अब आखिर में मेवा भी घोल में मिला दें और चिकनाई लगे टिन में पलट दें। पहले से 100° सेंटीग्रेट या 379° फॉरेनहाइट पर गर्म ओवन में बेक होने को रखें। कोई 30 से 35 मिनट या बेक होने तक बेक करें। ओवन से निकाल कर थोड़ा ठंडा कर टिन से निकाल दें।

## चाकलेट कुकी

**सामग्री**—1 टिन कंडेंस्ड मिल्क, 250 ग्राम सूखे नारियल का चूरा, आधा प्याला चाकलेट पाउडर, 16 मीठे बिस्किट, 2 छोटे चम्मच वनीला एसेंस, थोड़ा स्ट्राबेरी जैम, 10-12 अखरोट।

**विधि**—एक बड़े डोंगे में कंडेंस्ड मिल्क, नारियल का चूरा अच्छी तरह मिलाएँ। अब उसमें आधा प्याला चाकलेट पाउडर मिलाएँ। बिस्किट का चूरा बना लें व इसे भी इस मिश्रण में मिला दें। अब उसमें एक चम्मच वनीला एसेंस मिलाएँ। इस मिश्रण को अच्छी तरह गूँध लें। इसमें से नीबू की छोटी-छोटी टिकियाँ बनाकर तश्तरी में रखती जाएँ, जब सारी टिकियाँ बन जाएँ तो उन पर आधा-आधा अखरोट रखें। कागज की

बनी कीप में भरकर इन टिकियों पर थोड़ा-थोड़ा जैम लगाएँ। आधे घंटे तक फ्रिज में रखें। चाकलेट कुकी तैयार है।

## चाकलेटी अखरोट

**सामग्री**—300 ग्राम चाकलेट, 200 ग्राम अखरोट की गिरी, आधा प्याला नारियल का बुरादा।

**विधि**—एक बड़े बर्तन में पानी उबालें। उबलते हुए पानी पर एक बर्तन में चाकलेट डालकर पिघलाएँ। अखरोट की गिरी को तवे पर फ्राईपेन में सूखा भून लें। साबुत गिरी को टुकडों में काटें। पिघले चाकलेट में अखरोट तथा नारियल डालें। अच्छी तरह मिलाएँ ताकि सभी अखरोटों पर चाकलेट चढ़ जाए। एक ट्रे में कागज बिछाकर उस पर चाकलेट अखरोट तोड़ें (जैसे बड़ियाँ तोड़ते हैं)। सेट होने पर ठंडा करें।

## चाकलेट चिप्स एण्ड आमण्ड कुकीज

**सामग्री**—मैदा 225 ग्राम, मक्खन 25 ग्राम, वनस्पति घी 25 ग्राम, कतरी बादाम की गिरी 2 बड़े चम्मच, कोको पाउडर 40 ग्राम, कैस्टर शुगर 75 ग्राम, दूध 10 बड़े चम्मच, बेकिंग पाउडर 1 छोटा चम्मच, छोटी चाकलेट बार एक।

**विधि**—मैदे में बेकिंग पाउडर मिलाकर छन्नी से छान लें। एक बर्तन में मैदा, घी और मक्खन एक साथ मिलाकर हाथों से मसल-मसल कर मिलाएँ। एक बड़ा चम्मच बादाम गिरी व कैस्टर शुगर को भी मिश्रण में भली-भाँति मिला दें। अब कोको पाउडर को दूध में घोलकर पेस्ट जैसा बना लें और मैदे के मिश्रण में मिला दें। सब चीजों को अच्छी तरह सान लें।

जब मिश्रण मुलायम हो जाए तो छोटी-छोटी गोलियाँ जैसा बना लें। अब चाकलेट बार को चने के बराबर छोटे-छोटे टुकड़ों में काट लें। प्रत्येक गोली को बीच में हलका-सा दबा-दबाकर 4-5 टुकड़े चाकलेट चिप्स के रख दें व फिर से गोली जैसा बना लें। अब एक बेकिंग ट्रे में चिकनाई लगाकर गोलियों को 3-3 इंच की दूरी पर लाइन से रख दें और हथेली से हल्का-सा दबा-दबाकर चपटा कर दें। ऊपर से बचे चाकलेट के टुकड़े व कतरी बादाम गिरी को थोड़ा-थोड़ा सारी कुकीज पर डाल दें।

ओवन को 425° फॉरेनहाइट पर सेट करके कुकीज को 15-20 मिनट तक बेक करें। ठंडा होने पर हवा बंद डिब्बे में रख दें।

## चाकलेट खजूर

**सामग्री**—खजूर 200 ग्राम (गुठली निकले व कटे हुए), मैदा 175 ग्राम, बेकिंग पाउडर एक छोटा चम्मच, नमक आधा छोटा चम्मच, चीनी 200 ग्राम, मक्खन सादा 115 ग्राम, खौलता हुआ पानी 230 मिलीमीटर, सोडा बाइकार्ब एक छोटा चम्मच, मेवे (अखरोट, किशमिश) 50 ग्राम, वनीला एसेंस आधा छोटा चम्मच, कन्डेंस्ड मिल्क 2 बड़े चम्मच।

**सजावट के लिए**—भूरी चीनी 3 बड़े चम्मच, मक्खन 60 ग्राम, क्रीम 85 मिलीलीटर, कसा हुआ नारियल 3 बड़े चम्मच, अखरोट 3 बड़े चम्मच (दरदरे पिसे हुए)।

**विधि**—कटे हुए 200 ग्राम खजूर में एक चाय का चम्मच सोडा बाइकार्ब डालकर उसमें खौलता हुआ पानी डालकर 30 मिनट तक रख दें।

मक्खन व चीनी को खूब फेंटें। जब बिल्कुल हल्का हो जाए तो उसमें दो चम्मच कन्डेंस्ड मिल्क मिला दें। अब बारी-बारी से खजूर का मिश्रण व मैदा मिलाएँ। सारा मेवा भी मिला लें। बेकिंग ट्रे में डालकर 375 डिग्री फॉरेनहाइट ओवन में लगभग 40 मिनट तक पकाएँ।

चाकलेट खजूर को सजाने के लिए भूरी चीनी और मक्खन को मिलाकर गर्म करें। जब चीनी घुल जाए और मिश्रण ठंडा हो जाए तो क्रीम मिलाकर हल्का-सा फेंट लें। इस क्रीमी मिश्रण को बेक की हुई खजूरों पर डाल दें व ऊपर से अखरोट व कसा नारियल डाल दें।

## बटर आइसिंग

**सामग्री**—1 बड़ा केक, 2 छोटे केक, 100 ग्राम सफेद मक्खन, 200 ग्राम आइसिंग शुगर, 1 पैकेट केडबरी जैम, संतरा, एसेंस व रंग, चपटा चाकू, आइसिंग सिरिंज या पॉलिथिन के कोण।

**विधि**—मक्खन और आइसिंग शुगर अच्छी तरह चम्मच की मदद से मिला दें। अब इस मिश्रण को दो भागों में बाँटें, एक भाग में संतरी रंग मिला दें, एक भाग में सफेद रंग रखें। अब बड़े केक पर आइसिंग कर दें फिर उसके ऊपर छोटे केक रख दें और उस पर सजावट के लिए आइसिंग कर दें।

## रॉयल आइसिंग

**सामग्री**—200 ग्राम आइसिंग शुगर, 4 बूँद वनीला एसेंस, सिल्वर बॉल्स (छोटी गोलियाँ), केडबरी जैम, चौथाई चम्मच ग्लिसरीन, हरा एसेंस, 4 बूँदें नीबू का रस।

**विधि**—मैदा को अच्छी तरह फेंटें। आइसिंग शुगर छानकर थोड़ी-थोड़ी देर में मैदा डालकर फेंटते रहें। जब अच्छी तरह फिंट जाए तब एसेंस तथा नीबू का रस और दो बूँदें हरा रंग मिलाएँ। जब मिश्रण अच्छी तरह मिल जाए तब ग्लिसरीन मिलाएँ। अब चाकू की सहायता से तैयार पेस्ट केक के ऊपर लगाएं। थोड़ा आइसिंग शुगर का पेस्ट अलग कर उसमें हरा रंग और मिलाएँ और इसकी पत्तियाँ बनाएँ। ऊपर से सिल्वर बॉल्स, केडबरी जेम तथा लाल-लाल छोटी-छोटी पीपरमेंट की गोलियाँ चिपका दें।

## ग्लेज आइसिंग

**सामग्री**—100 ग्राम आइसिंग शुगर, 8 चम्मच कुनकुना पानी, 4 बूँद गुलाब एसेंस, गहरा या हल्का मनपसंद एसेंस रंग, केडबरी जैम, बारीक सौंफ की गोलियाँ, नारियल चूरा।

**विधि**—केक ठंडा होने पर उसके आस-पास नारियल का चूरा बिखेर दें, तथा उसके चारों तरफ यानी साइड में भी नारियल के चूरे में क्रीम मिलाकर लगा दें। अब आइसिंग शुगर में 6 चम्मच कुनकुना पानी अच्छी तरह मिला दें, उसी में वनीला एसेंस मिला दें और केक के ऊपर फैला दें। फिर इसमें पीला, हरा इत्यादि रंग मिलाकर कोण की सहायता से सजावट कर दें। बीच-बीच में टूटी-फ्रूटी, लाल-सफेद गोलियाँ चिपका कर डिजाइन बना दें।

## पाइनएपल पेस्ट्री

**सामग्री**—1 बिना अंडे का कंडेंस्ड केक, 7×7 नाप के टिन में बना हुआ। ताजी क्रीम 250 ग्राम, पाइनएपल स्लाइस का 1 छोटा टिन, पाइनएपल एसेंस 4 बूँद, पिसी चीनी स्वाद के अनुसार, पेस्ट्री रखने के कागज के केस।

**विधि**—अनन्नास की फाँकें निकाल कर अलग रख लें। केक को चौड़ाई में दो हिस्सों में काट लें। क्रीम में स्वादानुसार चीनी तथा एसेंस मिलाकर गाढ़ा होने तक फेंटें। स्पंज का ऊपर का हिस्सा अलग रख दें। अब नीचे वाले हिस्से पर अनन्नास का रस (केक के हल्के नम होने तक) छिड़कें, एक-चौथाई क्रीम की तह इस केक पर बिछा दें। इस क्रीम के ऊपर अनन्नास के टुकड़े समतल एक तह में फैला दें। अब इस पर केक का ऊपरी हिस्सा रखें और अनन्नास का रस इस पर भी फैला दें।

पूरी क्रीम का आधा हिस्सा इस ऊपरी केक पर अच्छी तरह से फैला दें। अब इस केक को अपनी इच्छानुसार निशान लगाकर तेज छुरी से पेस्ट्री के रूप में काट लें। हर पेस्ट्री के ऊपर एक अनन्नास का टुकड़ा रखें। फेंटी क्रीम को आइसिंग बैग में भरकर हर पेस्ट्री के किनारे सजा दें, प्रत्येक को पेस्ट्री केस में रखें। फ्रिज में ठंडी कर परोसें।

## पेस्ट्री

**सामग्री**—250 ग्राम मैदा, 50 ग्राम घी, 125 ग्राम चीनी, 1 चम्मच वनीला एसेंस, 1 चम्मच बेकिंग पाउडर।

**विधि**—चीनी पीसें, घी फेंटें और वनीला एसेंस मिला दें। मैदे में बेकिंग पाउडर छानकर मिलाएँ। घी और चीनी के मिश्रण में मैदा, बेकिंग पाउडर मिला कर अच्छी तरह फेंट लें। अब पेस्ट्री के प्यालों को घी से चुपड़ कर उनमें और मैदा डालकर कर पेस्ट्री का मिश्रण डालें और आधे घंटे तक बेक करें। ठंडा होने पर इच्छानुसार अपनी सूझबूझ से आइसिंग करें।

## चाकलेट पेस्ट्री

**सामग्री**—मक्खन या डालडा 4 टेबिल स्पून, पिसी चीनी 5 टेबिल स्पून, मैदा आधा प्याला, कोको 1 टेबिल स्पून, दूध 1 या 2 टेबिल स्पून, बेकिंग पाउडर आधा चाय का चम्मच, वनीला एसेंस आधा चाय का चम्मच।

**विधि**—मक्खन तथा चीनी खूब फेंटें, जब पानी में डालने पर तैरने लगे तो समझ लें कि फिंट गया है। मैदा, बेकिंग पाउडर तथा कोको साफ छान लें, और फेंट लें। अब चीनी तथा मक्खन के घोल में मैदा मिलाएँ। अंत में दूध मिलाकर घोल गर्म करें। अब इस घोल को पेपर के पेस्ट्री केसिज में आधा भर दें। पहले से गर्म ओवन में 200° सेंटीग्रेड या 400 फॉरेनहाइट पर गर्म करें, कोई 10 से 15 मिनट तक बेक कर लें, ठंडी होने पर ग्लेज आइसिंग व बटर आइसिंग से सजाएँ।

## अदरक व अखरोट की पेस्ट्री

**सामग्री**—200 ग्राम अदरक के बिस्कुट, 200 ग्राम ताजी क्रीम, 2 बड़े चम्मच जमा हुआ मक्खन, 50 ग्राम अखरोट, 1 डिब्बा कंडेस्ड दूध का, थोड़ी-सी चेरी।

**विधि**—बेलन से बिस्कुट का चूरा कर लें। इसमें मक्खन अच्छी तरह मिला दें। इस चूरे को गोल पाई डिश में डालकर ओवन में दस मिनट तक पकाएँ, फिर इसे बाहर ठंडा होने के लिए रख दें। क्रीम को अच्छी तरह फेटें, फिर उसमें कंडेस्ड दूध मिलाएँ। इस घोल को पेस्ट्री के ऊपर डाल दें। सजावट के लिए चेरी और अखरोट के बारीक टुकड़े डालें। इस तैयार पेस्ट्री को सारी रात फ्रिज में पड़ा रहने दें। दूसरे दिन खाने के बाद परोसें।

## वन टार्ट

**सामग्री**—500 ग्राम मैदा, 3 छोटे चम्मच यीस्ट (खमीर) पाउडर, पौन कप दूध, चौथाई कप गर्म पानी, आधा कप ठंडा जमा हुआ मक्खन, आधा कप चीनी, 1 छोटा चम्मच नमक, चौथाई छोटा चम्मच पिसी दालचीनी, 2 अण्डे, 1 छोटा चम्मच कद्दूकस किया हुआ नीबू का छिलका, थोड़ी-सी पिसी हुई चीनी सजाने के लिए, जैम।

**विधि**—एक कटोरी में गर्म पानी लेकर यीस्ट पाउडर को घोलकर अलग रख लें। एक बर्तन में दूध, मक्खन, चीनी व नमक मिलाकर इतना गर्म करें कि मक्खन पिघल जाए।

एक बड़े बर्तन में आधा मैदा, दूध, मक्खन का मिश्रण, दालचीनी, यीस्ट, अण्डे और नीबू का छिलका डालकर अच्छी तरह फेंट लें। इस मिश्रण में धीरे-धीरे करके बाकी बचे हुए मैदे में से इतना मैदा मिलाएँ कि गूँधने पर मिश्रण की मुलायम लोई बन सके। मैदे को 15 मिनट गूँधिए ताकि लोच आ जाए। एक चिकनाई लगे हुए बर्तन में मैदे को रख दें। मैदे के ऊपर बहुत हल्की चिकनाई चुपड़ दें, ऊपर एक हल्के गोल कपड़े से ढक दें। जब मैदा फूल कर दुगनी हो जाए तब मैदे को निकाल कर पुनः अच्छी तरह गूँध लें। इस मैदे के दो हिस्से कर लें और अलग-अलग बर्तनों में रख कर ढक दें और दस मिनट के लिए रख दें।

3
REBECCA

सने हुए मैदे की छोटी-छोटी गोलियाँ बनाकर हाथ से चपटा कर लें, चिकनाई लगी बेकिंग ट्रे में रख दें। बेकिंग ट्रे को कपड़े से ढककर एक गर्म जगह में लगभग 45 मिनट तक रख दें, तब तक गोलियाँ आकार में फूलकर दुगनी हो जाएँगी। अंगुलियों से हर गोली के बीच में गड्ढा कर दें तथा जैम भर दें। पहले ही से गर्म किए हुए ओवन में सुनहरा हो जाने तक बेक करें। बेक हो जाने पर वन को निकालकर ठंडा करें तथा ऊपर से चीनी बुरक दें।

## मेवा केक (बिना अण्डे का)

**सामग्री**—2 कप गेहूँ का आटा, डेढ़ कप चीनी, 1 कप मक्खन, 2 छोटे चम्मच बेकिंग पाउडर, 1 कप किशमिश, 500 ग्राम कतरे काजू, अखरोट, 1 कप फेंटा हुआ मीठा दही, चौथाई कप कसा नारियल, आधा कप भूरी शक्कर, 2 बड़े चम्मच बादाम का सत, चौथाई चम्मच लौंग का चूरा, चौथाई चम्मच पिसा जायफल, चौथाई चम्मच नमक।

**विधि**—चीनी, मक्खन, दही और बादाम के सत को मिलाकर अच्छी तरह फेंट लें। आटे को बेकिंग पाउडर के साथ मिलाकर छान लें, पहले वाले मिश्रण को इसमें डालकर चम्मच से मिलाएँ, साथ ही लौंग, जायफल और नमक डाल लें। अब इसमें किशमिश, अखरोट, काजू, नारियल डालकर अच्छी तरह फेंटें और ओवन में रख दें (धीमी आँच में), 1 घंटे पकाएँ।

ओवन न हो तो कुकर में बनाएँ। केक के मिश्रण को कुकर के एक या अधिक डिब्बों में डालकर एक के ऊपर एक रखें। कुकर में पानी की जगह एक कप मूँगफली का तेल डाल दें। ऊपर ढक्कन न लगाकर थाली से ढक दें।

## स्पंज केक (बिना अण्डे का)

**सामग्री**—2 कप मैदा, 1 कप सूजी, 2 चम्मच बेकिंग पाउडर, 4 बड़े चम्मच स्ट्राबेरी कस्टर्ड, 3 कप दूध, 2 बड़े चम्मच बादाम का सत, आधा कटा नारियल, डेढ़ कप मक्खन, $\frac{1}{4}$ चम्मच नमक, डेढ़ स्ट्राबेरी जैम, डेढ़ कप चीनी (आधी भूरी), 1 बड़ा चम्मच घी।

**विधि**—सूजी, मैदा, नमक, बेकिंग पाउडर को एक साथ छान लें। अब मक्खन चीनी को मिलाकर चम्मच से फेंट लें। छनी सूजी मैदा में मक्खन को डालकर चम्मच से चलाएँ। थोड़ा-सा दूध डालकर उसे नर्म कर लें। अब कसे नारियल को एक चम्मच घी में भूरा कर लें। अब जो दूध बच गया है उसमें स्ट्राबेरी कस्टर्ड तैयार कर लें। कस्टर्ड और नारियल को इस मिश्रण में डालकर खूब अच्छी तरह से फेंट लें। अब इस मिश्रण को कुकर के तीन डिब्बों में रखें। धीमी आँच में सेंकें। सिकने के बाद तीनों सतहों को ऊपरी हिस्से पर जैम लगाकर छोड़ दें। ऊपर से भूरी चीनी छिड़क दें।

## केक की सुन्दर बर्फी

**सामग्री**—70 ग्राम मैदा, 2 अंडे, 50 ग्राम पिसी चीनी, 30 ग्राम पिघला हुआ मक्खन तथा दो-तीन बूँदें वनीला एसेंस।

**विधि**—20 से.मी. × 20 से.मी. केक टिन को अंदर से चिकना करके उसमें चिकने कागज की एक परत बिछाएँ। अब अंडों को तोड़ लें तथा अंडों व चीनी को एक बर्तन में डालकर हल्के गर्म पानी के ऊपर रखकर अच्छी तरह फेंटें ताकि घोल गाढ़ा हो जाए। फिर इसमें वनीला एसेंस की कुछ बूँदें मिलाएँ। मैदे को छानकर आधा मैदा इसमें (फोल्ड एंड कट) तरीके से मिलाएँ। पिघला हुआ मक्खन मिलाकर बाकी बचा हुआ मैदा भी (फोल्ड एण्ड कट) विधि से मिला दें।

अब इस घोल को तैयार किए हुए केक टिन में डाल दें। गर्म-गर्म ओवन में 15-20 मिनट तक बेक करें, ओवन में से निकाल कर केक को ठंडा करें तथा टिन में से निकाल लें।

**सामग्री—सजावट के लिए**—225 ग्राम आइसिंग शुगर, दो बड़े चम्मच पानी, थोड़ा-सा हरा रंग (खाने वाला), एक बड़ा चम्मच जैम।

**विधि**—तेज चाकू से केक को बर्फी की भाँति चौकोर में काट लें, कटे हुए टुकड़ों पर जैम की पतली-पतली परत बिछा दें। अब आइसिंग शुगर में पानी मिलाकर घोल बनाएँ और चीनी के मिश्रण को गर्म पानी के बर्तन में रखकर लगातार हिलाते हुए गाढ़ा घोल बनाएँ। चीनी के इस घोल को बर्फी के ऊपर फैलाएँ। बचे हुए घोल में खाने वाला हरा रंग मिलाएँ और केक पर सजावट करके परोसें।

## नानखताई

**सामग्री**—200 ग्राम मैदा, 100 ग्राम घी, 120 ग्राम शक्कर, 2 बड़े चम्मच दही, 4 इलायची, 2 ग्राम जायफल, आधा छोटा चम्मच अमोनियम बाईकार्बोनेट।

**विधि**—घी और शक्कर को अच्छी तरह से फेंट लें। अमोनियम बाईकार्बोनेट, दही, इलायची व जायफल को डालकर अच्छी तरह मिलाएँ। फेंटे हुए मिश्रण में मैदा डालकर अच्छी तरह मिलाएँ। मैदा अच्छी तरह गूँध कर उसे 20 बराबर भागों में बाँटें। हर भाग को नानखताई के आकार में बनाकर घी लगी बेकिंग ट्रे में रखें। 300 डिग्री फॉरेनहाइट पर 25 मिनट सेंकें। नानखताई तैयार है।

## मिल्कमेड स्टीम्ड केक

**सामग्री**—200 ग्राम मैदा, 2 छोटे चम्मच बेकिंग पाउडर, 150 ग्राम मक्खन, घी चुटकी भर, 4 अंडे, डेढ़ टिन मिल्कमेड, 1 छोटा चम्मच वनीला एसेंस।

**विधि**—8 इंच के पतीले में हल्की-सी चिकनाई लगाएँ। मैदा बेकिंग पाउडर और नमक को मिलाकर दो बार छान लीजिए। कटोरे में मक्खन को अच्छी तरह फेंटिए, जब तक मलाई जैसा हल्का न हो जाए। मक्खन में एक बार में एक अंडा मिलाइए। हर बार अच्छी तरह फेंटिए। मिल्कमेड और वनीला एसेंस मिलाइए।

इस मिश्रण में मैदे को धीरे-धीरे मिलाइए अब इसे पतीले में डालकर तेज आँच पर 50 मिनट तक स्टीम कीजिए। धीमी आँच पर 20 मिनट और स्टीम कीजिए। पतली सींक डालकर देखिए। जब साफ-साफ बाहर निकले तब समझिए कि केक तैयार हो गया। आँच से उतारकर ठंडा होने दीजिए।

## बादाम केक

**सामग्री**—1 लीटर दूध, 150 ग्राम नारियल का चूरा, 15 बादाम की गिरी, 350 ग्राम चीनी, 150 ग्राम घी, आधा छोटा चम्मच केसर, आधा छोटा चम्मच इलायची पाउडर तथा पाँच-छः दाने पिस्ता।

**विधि**—बादाम की गिरियाँ पानी में मिलाकर छील लें तथा इन्हें नारियल के चूरे के साथ बारीक पीस लें, दूध को उबालकर इसमें चीनी मिलाएँ और गाढ़ा होने तक पकाएँ। अब इसमें पिसा हुआ नारियल का चूरा और बादाम मिलाएँ। पकाते समय बीच-बीच में थोड़ा-थोड़ा घी मिलाती रहें। अंत में केसर डालकर मिश्रण को जमने लायक होने तक पकाएँ।

आँच से उतार कर ठंडा करें तथा घी लगी थाली में फैला दें। जमने पर टुकड़ों में काटकर पिस्ते से सजाकर परोसें।

## ब्लैक फारेस्ट केक

**सामग्री**—2 चाकलेट बिना मेवा डाले बने हुए, ताजी क्रीम 450 ग्राम, नीबूओं का शर्बत 2 प्याला, भारी बिस्किट 50 ग्राम, मिक्स फ्रूट जैम, थोड़ा-सा रंग, 4 टेबिल स्पून अमूल बटर, चाकलेट आधी, पिसी चीनी स्वाद के अनुसार, वनीला एसेंस चंद बूँदें, चैरी थोड़ी-सी सजाने को।

**विधि—**नीबू के शर्बत में रंग मिला कर रख दें। भारी बिस्किट का खूब बारीक चूरा बना लें। ताजी क्रीम में स्वाद के अनुसार चीनी और चंद बूँदें एसेंस मिलाकर गाढ़ी फेंट लें। एक केक प्लेट में रख उसे शर्बत से अच्छी तरह से भिगो दें। जैम की एक पतली परत केक पर लगाएँ। अब क्रीम की एक पतली तह जैम के ऊपर लगाएँ। क्रीम के ऊपर चूरा किए हुए आधे बिस्किट छिड़क दें। दूसरा केक लें।

उसका जो हिस्सा बीच में आएगा उस पर जैम की पतली तह लगा दें। जैम के ऊपर क्रीम की एक परत लगा दें। क्रीम के ऊपर आधे बिस्किट का चूरा फैला दें। केक को क्रीम की तरफ से दूसरे केक पर रख दें। अब इस दूसरे केक को नीबू के शर्बत से तर कर दें। फेंटी क्रीम से दोनों स्पंजों को पूरी तरह ढक दें, ऊपर से चैरी तथा कद्दूकस की हुई चाकलेट सजा दें। फ्रिज में ठंडा करके परोसें।

## सॉल्टी मटर केक

**सामग्री—**200 ग्राम मटर के दाने, 100 ग्राम कीमा, 100 ग्राम पनीर, आधा कप ब्रेडकम्ब, 50 ग्राम कार्नफ्लोर, एक छोटा चम्मच बेकिंग पाउडर, दालचीनी और जायफल पाउडर एक-एक चुटकी, एक बड़ा चम्मच मक्खन, एक छोटा चम्मच काली मिर्च पाउडर, आधा छोटा चम्मच चीनी, नमक अंदाज से, एक शिमला मिर्च बीज निकाल कर बारीक कतरी हुई, 8-10 कतरी करी पत्ती, कतरी हरी मिर्च, चार बड़े चम्मच व्हाइट सॉस, नमकीन, काजू व आलू के चिप्स सजाने के लिए।

**विधि—**पतीले में एक प्याला पानी डालकर कीमा उबाल लें। 5 मिनट बाद पानी छानकर एक अलग बर्तन में ठंडा करने के लिए रख दें। मटर और शिमला मिर्च बिना पानी के भपा लें। ठंडा होने के लिए अलग रखें। मक्खन में आधा छोटा चम्मच चीनी डालकर फेंट लें। कार्नफ्लोर और बेकिंग पाउडर मिलाकर चलनी से छान लें। एक बड़ा बाउल में ब्रेडकम्ब मिलाकर अच्छी तरह चम्मच से फेंटें। मटर हाथ से मसलकर एकसार कर लें।

अब सारी सामग्री—कीमा, शिमला मिर्च, करी पत्ती वगैरह सब एकसाथ मिला लें और 5 मिनट तक एक बड़े चम्मच से खूब मिलाएँ, ताकि सब अच्छी तरह से मिल जाए। अब केक पेन में अच्छी तरह से घी लगाकर थोड़ा मैदा बुरक दें। मिश्रण डालकर 150° सेंटीग्रेड तापमान पर 5 मिनट बेक करें। पकने पर सींक डालकर देख लें। यदि सींक में केक नहीं चिपकता है तो केक तैयार है। थोड़ा ठंडा होने पर प्लेट में पलट लें। व्हाइट सॉस (इसे बनाने की विधी पृष्ठ 20 पर दी गई है), काजू और आलू के चिप्स से सजाएँ। टमाटर सॉस के साथ सर्व करें।

## केला ऑरेंज केक

**सामग्री—**गोल्डन सिरप 2 बड़े चम्मच (न हो तो गुड़ का सिरप भी बना सकती हैं), पानी 2 बड़े चम्मच, बड़े केले 2, कैस्टर शुगर 75 ग्राम, दो संतरे का रस, एक संतरे का छिलका महीन कतरा हुआ, काजू 100 ग्राम (पीस लें), गर्म पानी 2 बड़े चम्मच, 4 इंच व्यास वाला एक केक टिन, एक पूरे संतरे की फाँकें।

**विधि—**ओवन को गर्म कर लें। क्रीम और मक्खन को एक साथ मिलाकर खूब फेंट लें व बेकिंग टिन में बराबर से फैला दें। इस मिश्रण के ऊपर केले की स्लाइसों को फूल के आकार में सजा दें। चीनी और संतरे के कतरे हुए छिलकों को एक साथ मिलाकर खूब फेंट लें। इसमें थोड़ा-थोड़ा करके पिसा हुआ काजू और गर्म पानी मिला दें। गोल्डन सिरप इस मिश्रण व केले की स्लाइसों के ऊपर फैला दें। इस केक टिन को पहले से गर्म किए ओवन में रखकर 40-50 मिनट या सुनहरा होने तक बेक कर लें। इसके बाद ओवन से निकाल कर केक को 10 मिनट तक केक टिन में ही ठंडा होने दें। ठंडा होने पर केक टिन को धीरे से उलटकर केक को निकाल लें व ऊपर से संतरे का रस छिड़क दें। अब केक के ऊपर संतरे की फाँकें सजा दें और पेश करें।

## चेरी केक

**सामग्री—**चेरीज गुठली निकाली हुई 400 ग्राम, चीनी 300 ग्राम, पानी 6 बड़े चम्मच, मक्खन 125 ग्राम, मैदा 200 ग्राम कॉर्नफ्लोर 50 ग्राम, बेकिंग पाउडर 1 छोटा चम्मच, कोको पाउडर 50 ग्राम, रम दो बड़े चम्मच (ऐच्छिक), गाढ़ी क्रीम हल्के हाथों से फेंटी हुई और बहुत थोड़ी-सी चीनी मिलाकर मीठी की हुई सादी चाकलेट सजावट के लिए 50 ग्राम।

**विधि—**एक बाउल में 250 ग्राम चीनी व पानी को खूब फेंटें, लगभग 20 मिनट फेंटें या उस समय तक जब तक मिश्रण हल्का न हो जाए। मक्खन को पिघला लें और उसे मिश्रण में मिला दें। मैदा, कॉर्नफ्लोर, बेकिंग पाउडर व कोको साथ मिलाकर छान लें। एक केक बनाने की ट्रे में इस मिश्रण को डालें व गर्म ओवन में लगभग 45 मिनट बेक करें। तिनके से या सलाई से टेस्ट कीजिए कि केक बना या नहीं। केक को निकाल कर ठंडा होने दें और फिर चौड़ाई में तीन भाग करके काट लें। नीचे के लेयर पर रम छिड़क दें व चेरीज लगा दें। बची हुई चीनी भी छिड़क दें। इसमें थोड़ी-थोड़ी चीनी लगा दें। अब इस लेयर के ऊपर केक का टुकड़ा रखें, दूसरे टुकड़े के ऊपर क्रीम भली-भाँति फैला दें। सबसे ऊपर तीसरा टुकड़ा रखें। बाकी बची हुई क्रीम को सबसे ऊपर डाल दें और बाकी चेरी व चाकलेट कर्ल बनाकर सजा दें।

## मैंगो स्पंज विद क्रीम

**सामग्री—**एगलेस स्पंज केक 1, आम का गूदा 3 बड़े चम्मच, आम का गाढ़ा रस आधा कप, सादी क्रीम 250 ग्राम, पिसी चीनी 3 बड़े चम्मच, मिक्स्ड फ्रूट जैम 2 बड़े चम्मच, चीनी एक कप (कैरमेल के लिए), पके हुए आम दो बड़े-बड़े टुकड़ों में कटे हुए।

**एगलेस स्पंज बनाने की विधि—**

**सामग्री—**घी या मक्खन 50 ग्राम, डिब्बाबंद मिल्क 200 ग्राम (मिल्कमेड का 1 टिन लें), मैदा 150 ग्राम, बेकिंग पाउडर डेढ़ छोटा चम्मच, वनीला एसेंस 2 बूँद, पानी आधा कप।

**विधि—**मैदे में बेकिंग पाउडर मिलाकर छलनी से छान लें। एक बर्तन में मक्खन, कंडेंस्ड मिल्क, मैदा और वनीला एसेंस एक साथ मिलाकर फेंट लें। आधा कप पानी मिश्रण में डालकर खूब फेंटें। ओवन को गर्म करें। मिश्रण को एक छोटे चिकनाई लगे केक पैन में पलटकर ओवन में रख दें। स्पंज तैयार हो जाने पर ओवन से निकालकर बाहर ठंडा होने के लिए रख दें।

**कैरेमल बनाने के लिए—**एक नॉन स्टिक पैन में या भारी तले के फ्राइपेन में आधा चम्मच घी लगाकर आँच पर चढ़ा दें और उसमें डेढ़ कप चीनी डालकर धीमी आँच पर पकाएँ।

जब चीनी घुलकर और गर्म होकर गहरे भूरे रंग की हो जाए तो मिश्रण को एक स्टील की छोटी चिकनाई लगी तश्तरी में पलट लें। ठंडा होने पर चीनी की एक कड़ी पर्त बन जाएगी। उसे तोड़कर छोटे-छोटे टुकड़े अलग रख लें।

**सर्व करने से पहले—**सबसे पहले 200 ग्राम क्रीम में 3 बड़े चम्मच पिसी चीनी मिलाकर खूब फेंट लें। आधी क्रीम किसी बर्तन में अलग लेकर, उसमें आम का गूदा व एक बड़ी चम्मच कैरमेल के टुकड़े मिला दें। अब स्पंज केक को बीच से (आड़ा) दो बराबर हिस्सों में सफाई से काटें। एक हिस्से पर आम का गूदा और क्रीम वाला मिश्रण भली प्रकार फैला दें और केक का दूसरा हिस्सा उसके ऊपर रख दें।

आम का रस लेकर, उसमें जैम मिलाकर गाढ़ा घोल जैसा बना लें। केक के चारों ओर गोलाई में इस घोल को लगा दें। केक टॉप पर इस घोल को न लगाएँ। कैरमेल के टुकड़ों को इस घोल पर केक के चारों ओर चिपका दें।

अब एक स्टार नॉजल वाला बैग लेकर उसमें बाकी बची क्रीम भरें और केक टॉप को क्रीम से सजा दें। आम के चार-पाँच टुकड़ों को क्रीम के ऊपर सजा दें। यदि कैरमेल के कुछ टुकड़े बाकी बचे हुए हों तो उन्हें भी क्रीम के ऊपर बीच-बीच में छितरा दें।

## बेसन का केक

**सामग्री**—1 कटोरी बेसन, 1 कटोरी मैदा, $\frac{1}{2}$ कटोरी सूजी, 1 कटोरी नारियल कसा हुआ, $\frac{1}{4}$ चम्मच वनीला एसेंस, 2 चम्मच शहद, 1 चम्मच बेकिंग पाउडर, कुछ कटा मेवा, 1 कटोरी चीनी, 1 कटोरी मलाई।

**विधि**—चीनी पीसें, मलाई फेंटें, अब चीनी और मलाई दोनों मिलाकर हल्का होने तक फेंटें। मैदा, बेसन तथा सोडा छलनी से छान लें। अब मिश्रण में वनीला एसेंस डालें, बेसन, मैदा, सूजी में एसेंस का मिश्रण डालकर अच्छी तरह फेंटें। मेवा मिला दें। केक पाट पर चिकनाई लगाकर तथा मैदा छिड़क कर मिश्रण डालें और 45 मिनट बेक करें।

## बटर फ्लाई बिस्कुट

**सामग्री**—मैदा पौने दो कप, कस्टर्ड पाउडर 2 बड़े चम्मच, मक्खन 1 कप, (छोटे टुकड़ों में काट लें), कैस्टर शुगर 1 कप, वनीला एसेंस आधा छोटा चम्मच, 3 इंच वाला तितली के आकार का कटर।

**विधि**—ओवन को 375° फॉरेनहाइट पर सेट करें। कस्टर्ड पाउडर और मैदा को मिलाकर छलनी से छान लें। एक बाउल में मैदा पलट लें। मैदा में मक्खन डालकर हाथों से मसलें और तब तक मसलती रहें जब तक मिश्रण ब्रेड क्रम्बस की तरह न दिखने लगे। इस मिश्रण में चीनी मिलाएँ व बीच में एक गड्ढा-सा बना लें। गड्ढे में वनीला एसेंस डालें और मैदा को कड़ा गूँध लें। फ्रीजर में रखकर 20 मिनट तक मिश्रण को ठंडा करें।

चकले पर थोड़ा-सा सूखा मैदा छिड़क लें व मिश्रण के गोल को बेलें। तितली के आकार के बिस्कुट काटें व बचे हुए मिश्रण को फिर से बेलें, कुछ और बिस्कुट काटें। एक बेकिंग शीट पर चिकनाई लगाकर इन बिस्कुटों को सजाएँ व 10-12 मिनट तक ओवन में बेक करें। ठंडा होने पर हवा बंद डिब्बे में भरकर रखें।

## चाइनीज चीज़

**सामग्री**—250 ग्राम पनीर, 3 मध्यम आकार के प्याज, 1 बड़ा चम्मच टमाटर सॉस, 2 बड़े चम्मच सोया सॉस, 1 छोटा चम्मच चिली सॉस, आधा चम्मच नमक या स्वादानुसार, थोड़ी-सी लाल मिर्च पिसी हुई, तलने के लिए घी।

**विधि**—पनीर के छोटे-छोटे चौकोर टुकड़े काट लें। घी को अच्छी तरह से गर्म कर लें और पनीर के टुकड़ों को तल लें। एक बड़े चम्मच घी में प्याज को काटकर डालें। दो-तीन मिनट प्याज भूनें। नमक, मिर्च मिलाएँ। ध्यान रहे प्याज लाल न होने पाएँ। बल्कि हल्का सेंक कर उसे दो-तीन मिनट थोड़ा-सा गलने दें। पनीर, टमाटर सॉस, चिली सॉस, और सोया सॉस मिलाएँ, और गर्म-गर्म पेश करें।

अगर आप चाहें तो मौसम के अनुसार दो शिमला मिर्च बारीक कटी अथवा बंदगोभी भी प्याज के साथ ही पाँच मिनट तक हल्की आँच पर पका सकती हैं।

## जिंजर हनी बिस्कुट

**सामग्री**—मैदा 225 ग्राम, बेकिंग पाउडर 1 छोटा चम्मच, पिसी सौंठ 1 बड़ा चम्मच, कैस्टर शुगर 75 ग्राम, वनस्पति घी 100 ग्राम, शहद 2 बड़े चम्मच।

**विधि**—मैदा, बेकिंग पाउडर व पिसी सोंठ को एकसाथ मिलाकर छन्नी से छान लें। छने हुए मिश्रण को एक बाउल में रखकर उसमें चीनी भी मिला दें। अब एक बर्तन में घी डालकर पिघला लें व उसमें शहद मिला दें। इस मिश्रण में मैदा डाल दें। सब चीजों को चम्मच से अच्छी तरह मिलाकर कड़ा पेस्ट बना लें। अब इस पेस्ट से एक साइज की 12 गोलियाँ बना लें। ओवन को 350 डिग्री फॉरेनहाइट पर सेट करें। एक बेकिंग ट्रे में चिकनाई लगाकर गोलियों को तीन-तीन इंच के फासले पर लाइन में रख दें। 20-25 मिनट तक बेक करें। ठण्डा होने के लिए बिस्कुटों को हवादार बास्केट में रख दें। बाद में हवाबन्द डिब्बे में रख दें।

## पीनट बटर एण्ड रेजिन कुकीज

**सामग्री**—मक्खन 50 ग्राम, कैस्टर शुगर 50 ग्राम, शक्कर 50 ग्राम, पीनट बटर 50 ग्राम, किशमिश 25 ग्राम, मैदा 100 ग्राम, बेकिंग पाउडर आधा छोटा चम्मच, दूध 2 बड़े चम्मच।

**विधि**—मक्खन, कैस्टर शुगर और शक्कर को एक साथ मिलाकर फेंटें। जब मिश्रण मुलायम हो और क्रीमी हो जाए तो इसमें पीनट बटर, किशमिश, मैदा, बेकिंग पाउडर व दूध डालकर मिश्रण को मुलायम सान लें। अब एक बेकिंग ट्रे में हल्की-सी चिकनाई लगाएँ। मिश्रण से एक ही आकार की 12 गोलियाँ तैयार करें व बेकिंग-ट्रे में सजा दें। अब गोलियों को हल्का-सा दबाकर चपटा कर दें। ओवन को 325° फॉरेनहाइट पर सेट करके कुकीज को 20-25 मिनट तक बेक करें। ठंडा होने के लिए या तो कूलिंग रैक पर रखें या हवादार बॉस्केट में रख़ दें।

## कोकोनेट एण्ड वनीला कुकीज

**सामग्री**—बिना नमक का मक्खन 50 ग्राम, कैस्टर शुगर 100 ग्राम, कसा हुआ नारियल 2 बड़े चम्मच, वनीला एसेंस 1 छोटा चम्मच, पिसी दालचीनी 1/4 छोटा चम्मच, खाने वाला पीला रंग चुटकी भर।

**विधि**—चीनी और मक्खन को खूब फेंटें। कसे हुए नारियल में पीला रंग व वनीला एसेंस मिला दें। अब मैदा, बेकिंग पाउडर, पिसी दालचीनी व पीले रंग मिले नारियल को चीनी और मक्खन वाले मिश्रण में खूब अच्छी तरह मिला दें। यह मिश्रण तब भी कड़ा नजर आए तो दो बड़े चम्मच दूध डालकर मिश्रण को मुलायम कर लें। अब दो बेकिंग-ट्रे में हल्की-सी चिकनाई लगाएँ। ओवन को 375° फॉरेनहाइट पर सेट करें। एक बड़ा चम्मच मिश्रण भरकर ट्रे में थोड़ी-थोड़ी दूर पर गिराती जाएँ। ट्रे को ओवन में रखकर 20 मिनट तक बेक करें। कुकीज ठंडी होने पर हवाबंद डिब्बे में भरकर रख दें।

## अखरोट वाली कुकीज

**सामग्री**—175 ग्राम मैदा, 1 चाय का चम्मच बेकिंग पाउडर, 1/2 चाय का चम्मच सोडा, 75 ग्राम चीनी, 75 ग्राम मक्खन या घी, 50 ग्राम टूटे अखरोट, 3 बड़े चम्मच गोल्डन सीरप।

**विधि**—मैदा, बेकिंग पाउडर व सोडा मिलाकर छान लें और बाउल में डालें व चीनी मिला दें। मक्खन मिलाकर मिश्रण को मसल कर भुरभुरा कर लें। अखरोट व सीरप मिला लें और मिश्रण को हल्का-हल्का दबा कर गूँध लें। गोली बनाकर चिकनाई वाली ट्रे में रखें, अंगूठे से हल्का-सा दबा दें। पहले से गर्म अवन में 190°C. पर 15 मिनट तक बेक कर लें। वायर रैक पर रखकर ठण्डा कर लें।

## परशियन कुकीज

**सामग्री**—2 कप मैदा, 150 ग्राम मक्खन, 1 कप चीनी, 1 चम्मच बेकिंग पाउडर, 1 चम्मच वनीला एसेंस, 1/2 चम्मच लेमन एसेंस, 1/2 चम्मच बादाम का एसेंस, 3 अण्डे।

**विधि**—बेकिंग पाउडर और मैदा को छान लें। मक्खन में चीनी मिला लें और खूब फेंट लें। अण्डों का पीला भाग मिलाएं और फेंट लें, तीनों तरह के एसेंसं भी मिला दें, फिर थोड़ी-थोड़ी मैदा मिलाती जाएं और हल्के हाथ से फेंटती जाएं। ट्रे में चिकनाई लगाकर थोड़ी-सी मैदा बुरक लें। छोटी-छोटी लोई बनाकर ट्रे में थोड़ी-थोड़ी दूर पर रखें। अंगूठे से प्रत्येक लोई को थोड़ा-थोड़ा दबा दें। पहले से गर्म 115°C. पर कुकीज़ को करीब 20-25 मिनट तक बेक करें। अगर लगे कि कुकीज पूरी तरह बेक नहीं हुई है तो 5-6 मिनट तक बेक कर लें।

●●●

# जैम, जैली एवं पुडिंग

## जैम बनाने के लिए कुछ ध्यान देने योग्य बातें

*अगर आप अपने जैम को और भी ज्यादा पौष्टिक व स्वादिष्ट बनाना चाहती हैं तो यहाँ पर कई तरीक़े दिए जा रहे हैं, इन्हें अपना कर आप जैम को और भी अधिक पौष्टिक व स्वादिष्ट बना सकती हैं—*

1. जैम बनाने के पहले गूदे में चीनी घोल लें, जब सारी चीनी घुल जाए तभी उसे गर्म करें नहीं तो जैम का रंग फीका पड़ जाएगा।
2. जैम की बोतल का ढक्कन ठंडा होने पर लगाएँ।
3. सोडियम बेंजोएट आँच पर ही डालें।
4. साइट्रिक एसिड आँच पर से हटाकर डालना चाहिए।
5. 6 ग्राम साइट्रिक एसिड, 4 ग्राम ग्लेशियल एसिटिक एसिड, 3.5 ग्राम सोडियम बेंजोएट, 5 ग्राम रंग, 8 ग्राम नमक, 6 से 7.5 ग्राम पोटेशियम मेटा बाईसल्फाइड—ये सब बराबर एक लेवल चाय के चम्मच होते हैं।

## आँवला अदरक जैम

**सामग्री**—250 ग्राम आँवले, 250 ग्राम अदरक, 1 किलो चीनी, 5 मध्यम आकार के नीबू।

**विधि**—आँवलों को धोकर काँटे से गोदकर पानी में डाल दें। तीन दिन पानी बदलते रहें। चौथे दिन उसे कद्दूकस कर लें। फिर उसमें 250 ग्राम चीनी मिलाकर थोड़ा धूप में रख दें। इस बीच अदरक को धोकर, छीलकर, उबलते पानी में डाल दें। 10 मिनट उबालने के पश्चात् निकाल कर, कद्दूकस कर लें और 250 ग्राम चीनी में मिला दें। फिर दोनों मिश्रण मिलाकर दो घंटे रख दें।

अब कड़ाही में डालकर धीमी-धीमी आँच पर पकाते व हिलाते जाएँ। आधे घंटे के पश्चात् आधा किलो चीनी और डालकर दो नीबू का रस मिला दें। धीरे-धीरे हिलाते रहें। जब रस गाढ़ा हो जाए तो उतार कर बचा हुआ नीबू का रस मिला दें। यदि जैम अधिक समय तक रखना हो तो एक चुटकी प्रिजर्वेटिव डाल दें।

यह जैम स्वास्थ्य के लिए व दिल के मरीजों के लिए विशेष लाभदायक है। विटामिन 'सी' की सबसे अधिक मात्रा इस जैम में उपलब्ध होती है।

## सेब का मिश्रित जैम

**सामग्री**—एक किलो सेब, मिश्रित फल (पका हुआ आम, पपीता, अनन्नास, संतरा, अंगूर आदि फल) एक किलो, पानी एक लीटर, चीनी डेढ़ किलो, साइट्रिक एसिड 10-12 ग्राम, सोंठ पाउडर आधा छोटा चम्मच, पीला, लाल रंग या सुगन्ध (अनन्नास, सेब, संतरा अथवा आम) इच्छानुसार, जैम जार 4-5।

**विधि**—सारे फलों को धोकर बारीक काटकर पानी के साथ अच्छी तरह उबाल लें। मुलायम होने पर छलनी से छानकर गूदा निकाल लें। इसमें साफ चीनी मिलाकर बराबर चलाती रहें।

मिश्रण के अच्छी तरह पक जाने पर उसमें रंग, सोंठ, पाउडर, साइट्रिक एसिड मिलाएँ। तैयार हो जाने पर आँच से उतारकर अपनी पसंद की खुशबू मिलाकर बहुत थोड़ा-सा ठंडा करके जार में भर दें। अच्छी तरह ठंडा हो जाने पर ढक्कन बन्द करें।

## सेब का जैम

**सामग्री**—2 किलो सेब, छिला-कटा सेब डेढ़ किलो, 750 ग्राम पानी, डेढ़ किलो चीनी, 8-10 ग्राम साइट्रिक एसिड (दो चम्मच), खाने वाला लाल रंग 2 ग्राम, सुगन्ध इच्छानुसार।

**विधि**—खट्टे किस्म के सेब लेकर बारीक-बारीक काट लें और पानी के साथ उबाल लें। जब मुलायम हो जाएँ तब चीनी डालकर पकाएँ तथा लकड़ी के चम्मच से बराबर चलाती रहें। तैयार होने से थोड़ा पहले साइट्रिक एसिड व रंग डाल दें और तैयार होने पर सुगन्ध मिला दें।

जैम तैयार हो गया है कि नहीं, इसे परखने के लिए एक सूखी प्लेट में एक चम्मच जैम लेकर ठंडा करें फिर प्लेट टेढ़ी करके देखें। यदि जैम खिसकता नहीं है तो समझिए कि तैयार हो गया है। तैयार जैम साफ करके सुखाई हुई चौड़े मुँह की बोतल में गर्म-गर्म भर कर ठंडा कर लें, फिर ढक्कन लगाकर रख दें।

**नोट**—*जब जैम ठंडा हो जाए तो मोम पिघला कर धीरे से जैम की शीशी में जैम के ऊपर डाल दें। कुछ ही देर में मोम जम जाएगा। और आपकी शीशी सीलबन्द हो जाएगी। इसमें जैम काफी दिनों तक ताजी रहेगी।*

## संतरे का मार्मलेड

**सामग्री**—संतरे 1 किलो, 2 किलो खट्टा नीबू, 3 लीटर पानी, 2 किलो चीनी, 2 चम्मच साइट्रिक एसिड, छिलकों के लच्छे 150 ग्राम, एक चुटकी लाल रंग।

Caramel
Apple

**विधि**—संतरे व नीबू छीलकर गोल टुकड़ों में काट लें। 30-35 मिनट तक पानी में उबालें। कपड़े में छान लें। छने रस में चीनी डालकर जैली की तरह पका लें और उसी तरह गाढ़ी कर लें। मार्मलेड में डालने के लिए अलग से छिलकों के पतले लच्छे तैयार रखें। लच्छे बनाने के लिए साफ बिना दाग वाले अच्छे छिलके लेकर चाकू से छिलके का सफेद वाला हिस्सा पूरी तरह साफ कर दें। अब लगभग एक इंच लम्बे पतले लच्छे काटकर पानी बदल-बदल कर उबालकर मुलायम कर लें। मार्मलेड तैयार होने की पहचान यह है कि एक काँच के गिलास में पानी भर मार्मलेड उसमें गिराएँ। अगर यह पानी में नहीं घुलता है तो तैयार हो गया है। इसके बाद इसमें चीनी के झाग हटाकर तैयार लच्छे मिला दें। फिर साफ चौड़े मुँह की बोतलों में भर दें। ध्यान रहे लच्छे बोतलों में बराबर फैले दिखाई दें।

## सन्तरे का जैम

**सामग्री**—सन्तरा 1 किलो, चीनी 1 किलो, नीबू 1।

**विधि**—सर्वप्रथम संतरों को छील लीजिए। छीलने के बाद संतरे के फाँकों की झिल्ली व बीज निकाल कर साफ कर लीजिए। उसके बाद गूदे को पतीली में डाल दीजिए और गर्म करने के लिए रख दें। जब करीब एक-चौथाई मिश्रण रह जाए तो उसमें चीनी व नीबू का रस डाल दीजिए। जब मिश्रण गाढ़ा हो जाए तो उतार कर ठंडा कर लीजिए। उसके बाद जार में भर दें।

## आलूबुखारे का जैम

**सामग्री**—आधा किलो आलूबुखारा, 1 किलो चीनी, 4 कप पानी।

**विधि**—आलुबुखारों को धोकर चार कप पानी में गलने तक पकाएँ। फिर आग से उतार कर ठंडा कर लें और छलनी में से छानकर गूदा निकाल लें। गूदे में चीनी डालकर गाढ़ा होने तक पकाएँ, यह देखने के लिए कि जैम तैयार हो गया या नहीं, जैम की एक बूँद प्लेट में डालें। एक मिनट बाद प्लेट को हिलाकर देखें, यदि जैम न फैले, तो समझें कि जैम तैयार है, जैम फैले तो थोड़ी देर और पकाएँ। आँच से उतार कर जैम चौड़े मुँह की शीशियों में भर लें। इस जैम को बनाने में न तो अधिक समय ही लगता है और न परिश्रम ही पर स्वाद भरपूर मिलता है।

## पके आम का जैम

**सामग्री**—1 किलो पके दशहरी आम, 1 किलो चीनी, पीला रंग इच्छानुसार (आवश्यकता हो तो), साइट्रिक एसिड 5-10 ग्राम, 6 ग्राम पैक्टी पाउडर, थोड़ा-सा एसेंस व रंग।

**विधि**—आमों को छीलकर महीन काट लें। थोड़ा पानी डालकर आग पर पकाएँ। जब आम के टुकड़े गल जाएँ तो उसे अच्छी तरह से चलाकर चिकना गूदा तैयार कर लें। अब चीनी डालें और पकाएँ। जब काफी गाढ़ा-गाढ़ा हो जाए और चमक आ जाए तब उसमें 5-10 ग्राम साइट्रिक एसिड (आम की खटास के मुताबिक) व रंग मिला दें, गर्म-गर्म चौड़े मुँह की बोतलों में भर दें। जैम तैयार है।

## खुबानी का जैम

**सामग्री**—आधा किलो खुबानी, 1-2 बड़े चम्मच पानी, आधा किलो चीनी, आधा छोटा चम्मच साइट्रिक एसिड।

**विधि**—खुबानी को साफ करके बारीक-बारीक टुकड़ों में काट लें इसकी गुठली को तोड़कर गिरी निकाल लें और कतर कर खुबानी के टुकड़ों में मिला दें। पानी डालकर खुबानी को गलने तक पकाएँ। अंत में चीनी और साइट्रिक एसिड मिलाकर जैम को प्लेट टैस्ट होने तक पकाएँ। गर्म-गर्म जैम, सूखी, साफ व कीटाणु-रहित बोतलों में भर दें। मोम से सील कर दें।

## नाशपाती का जैम

**सामग्री**—नाशपाती दो किलो, चीनी 700 ग्राम, नीबू 3-4।

**विधि**—सबसे पहले नाशपातियों को अच्छी तरह से धो लीजिए। धोने के बाद उन्हें छील लीजिए। छिली हुई नाशपातियों को कद्दूकस में कस लीजिए। इस कसे हुए गूदे को भगौने में डालकर इतना पानी डालिए कि नाशपातियों का गूदा उसमें डूब जाए, इसके बाद इसे गर्म होने के लिए रख दें। जब गूदा गल जाए तो इसमें चीनी व नीबू का रस डाल दीजिए। जब यह मिश्रण गाढ़ा हो जाए तथा अच्छी तरह से पक जाए तो आँच से उतार कर ठंडा कर लें उसके बाद साफ जार के अन्दर भर दें। आपका नाशपातियों का जैम तैयार है।

## चीकू का जैम

**सामग्री**—1 किलो पके चीकू, 700 ग्राम चीनी, 2 नीबू का रस, 1 छोटा चम्मच छोटी इलायची का पाउडर, चुटकी भर पोटेशियम मेटाबाई सल्फाइड आधा छोटा चम्मच पानी में घुला हुआ।

**विधि**—चीकुओं को छीलकर बीज निकाल दें। महीन-महीन काट लें। चीकू के गूदे के वजन के बराबर ही चीनी डालकर धीमी आँच पर प्लेट टेस्ट तक पकाएँ। अब उसमें नीबू का रस और इलायची पाउडर मिला दें। अंत में पानी में घुला पोटेशियम मेटाबाई सल्फाइड मिलाकर गर्म-गर्म शीशियों में भरकर मोम से सील कर दें। मजेदार चीकू जैम तैयार है।

**प्लेट टेस्ट**—एक प्लेट में पका हुआ जैम एक चम्मच डालें। प्लेट को टेढ़ी कर देखें, अगर जैम बह रहा है तो और पकेगा, अगर जैम जिस जगह डाला था वहीं पर रहे तो जैम तैयार है। इस प्रकार जाँच किया हुआ जैम कभी खराब नहीं होता।

## शाही मेवा आम जैम

**सामग्री**—600 ग्राम पके आम का गूदा, 500 ग्राम चीनी, आधा छोटा चम्मच साइट्रिक एसिड, आधा प्याला मिलाजुला कटा मेवा (काजू, बादाम, खरबूजे की गिरी, अखरोट आदि), 4-5 सूखी (कटी) खूबानी, 2-3 बूँदें आम का एसेंस, चुटकी भर पोटेशियम मेटाबाई सल्फाइड आधा छोटा चम्मच पानी में घुला।

**विधि**—आम के गूदे को मिक्सी में पीसकर चीनी और साइट्रिक एसिड डालकर प्लेट टेस्ट तक पकाएँ। फिर मेवा और एसेंस डालकर मिलाएँ। पानी में घुला पोटेशियम मेटाबाई सल्फाइड मिलाकर गर्मा-गर्म शीशी में भर कर मोम से सील कर दें।

## मिल्क जैली

**सामग्री**—1 कप दूध, 15 ग्राम ग्लाटीन, 1 चम्मच शहद या 300 ग्राम चीनी।

**विधि**—ग्लाटीन को हल्के गर्म पानी में घोल लें। गर्म दूध, शहद या चीनी इसमें मिला दें। इस मिश्रण को गर्म करें। जब सरेस गल जाए तब उतार लें। ट्रे में डालकर फ्रीजर में रख दें, ठंडा होने पर कटे फल या जैम और क्रीम डालकर परोसें।

## अमरूद की जैली

**सामग्री**—2 किलो पके अमरूद, 2 लीटर पानी, चीनी डेढ़ किलो, 2 चाय का चम्मच साइट्रिक एसिड।

**विधि**—अमरूद को गोल टुकड़ों में काट लें और पानी में उबाल लें। 30-40 मिनट तब उबलने दें। छिलका मुलायम हो जाने पर महीन कपड़े से छान लें। छने हुए रस में चीनी डालकर एक उबाल आने पर साइट्रिक एसिड डालकर छान लें, तेज आँच में जैली पकाएँ क्योंकि धीमी आँच में देर तक पकाने से जैली का रंग आकर्षक नहीं रहता है। जैली लगातार नहीं चलाते हैं और बड़े भगौने में पकाते हैं जिससे उबलकर

बाहर न गिरे। जैली तैयार होने से पहले कुछ साइट्रिक एसिड और मिला दें। तैयार होने की पहचान यह है कि एक काँच के गिलास में पानी डालें और जैली की कुछ बूँदें गिराएँ। अगर जैली पानी में नहीं घुलती है तो जैली तैयार हो गई है। तैयार जैली आँच से हटाकर भगौना टेढ़ा करके दो मिनट के लिए छोड़ दें। चीनी का सफेद झाग कलछी से हटाकर गर्म जैली चौड़े मुँह की बोतलों में भरकर ठंडा होने के लिए रख दें। अच्छी तरह ठंडा होने पर ढक्कन बंद कर दें।

## जामुन की जैली

**सामग्री**—1 किलो पके जामुन, 1 लीटर पानी, 750 ग्राम चीनी, 4 ग्राम साइट्रिक एसिड।

**विधि**—जामुनों को पानी से अच्छी तरह धो लें तथा गुठलियाँ निकाल दें। पानी में 2 ग्राम साइट्रिक एसिड डालकर जामुनों को 15-20 मिनट तक पकाएँ। मलमल के कपड़े से छानकर, दबा-दबाकर पानी निकाल लें।फिर पेक्टिन रस व चीनी बराबर-बराबर मिलाएँ।

एक उबाल आने पर मलमल के कपड़े में फिर छानें। तब उसमें बाकी 2 ग्राम साइट्रिक एसिड डालकर दोबारा प्रकाएँ। उबाल आने पर झाग को निकालकर फेंक दें। शीट टेस्ट तक पकाकर शीशियों में भरकर ठंडी जगह रखें। यह जैली पेट के मरीजों के लिए लाभदायक होती है।

**शीट टेस्ट**—तैयार जैली चम्मच से नीचे गिराने पर चादर की तरह नीचे गिरे तो समझो जैली तैयार है या शीशी में थोड़ा पानी भर कर एक चम्मच तैयार जैली पानी में डालें और वह नीचे बैठ जाए तो जैली को तैयार मानें।

## चेरी की जैली

**सामग्री**—1 किलो चेरी, 1 लीटर पानी, 750 ग्राम चीनी, 4 ग्राम साइट्रिक एसिड, नमक आवश्यकतानुसार।

**विधि**—चेरियों की डंडियाँ तोड़कर पानी से अच्छी तरह धो लें। चेरियों में पानी तथा 2 ग्राम साइट्रिक एसिड डालकर 20-25 मिनट तक पकाएँ। मलमल के कपड़े से छानकर पेक्टिन रस (फल, पानी व साइट्रिक एसिड को पकाकर जो पानी छानते हैं उसे पेक्टिन रस कहते हैं। पेक्टिन रस तथा चीनी का अनुपात बराबर का होना चाहिए तभी जैली अच्छी जमती है।) के अनुसार चीनी मिलाएँ। एक उबाल आने पर मलमल के कपड़े में फिर छानकर बाकी 2 ग्राम साइट्रिक एसिड डालकर दोबारा पकाएँ। उबाल आने पर झाग निकालते रहें। शीट टेस्ट तक पकाकर चौड़े मुँह की शीशियों में भरकर ठंडी जगह रखें।

## खूबानी की जैली

**सामग्री**—डेढ़ किलो खूबानी, डेढ़ लीटर पानी, सवा किलो चीनी, 6 ग्राम साइट्रिक एसिड।

**विधि**—खूबानियों को धो लें। उनकी गुठलियाँ निकाल दें। पानी में गुठली निकली खूबानियों में, 3 ग्राम साइट्रिक एसिड डालकर 20 मिनट तक पकाएँ। मलमल के कपड़े में छानकर पेक्टिन रस के अनुपात से चीनी मिलाकर एक उबाल दें। मलमल के कपड़े में छानकर बाकी बचा 3 ग्राम साइट्रिक एसिड भी डालकर फिर पकाएँ। उबाल आने पर झाग निकालकर फेंक दें। शीट टेस्ट तक पकाकर शीशियों में भरकर ठंडी जगह में रखें।

## आलूबुखारे की जैली

**सामग्री**—1 किलो पके आलूबुखारे, सवा लीटर पानी, 800 ग्राम चीनी, 4 ग्राम साइट्रिक एसिड।

**विधि**—आलूबुखारे पानी से अच्छी तरह धो लें। पानी में आलुबुखारे 2 ग्राम साइट्रिक एसिड डालकर आधे घंटे तक पकाएँ, फिर मलमल के कपड़े में छान लें। पेक्टिन रस के बराबर चीनी लेकर एक-दो उबाल लाकर फिर मलमल के कपड़े में छानकर बाकी बचा 2 ग्राम साइट्रिक एसिड मिलाकर फिर से पकाएँ। उबाल

से आने वाले झाग को निकालकर फेंक दें। ऐसा करने से जैली साफ और चमकदार बनेगी। शीट टेस्ट तक पकाकर शीशियों में भरकर रखें। इससे आप बिना मौसम के आलूबुखारे का स्वाद ले सकते हैं।

## सेब की जैली

**सामग्री**—खट्टे सेब 2 किलोग्राम, चीनी डेढ़ किलो, पानी 2 लीटर, साइट्रिक एसिड 10 से 12 ग्राम, जैली जार आधा कि.ग्रा. वाले चार।

**विधि**—सेब को धोकर गोल-गोल पतले टुकड़ों में काट लें। दो लीटर पानी के साथ 30 से 35 मिनट तक उबाल लें। छिलके के अच्छी तरह मुलायम हो जाने पर छन्ना कपड़े से छानकर उसका रस निकाल लें। छानते समय बहुत दबाकर न छानें। अब इसमें चीनी डालकर पकाएँ। एक उबाल पर 2 ग्राम साइट्रिक एसिड मिलाकर छानकर तेज आँच पर पकाएँ। पकाते समय चम्मच बार-बार नहीं चलाएँ। बार-बार चलाने से जैली का पारदर्शीपन चला जाएगा। तैयार होने से 10 मिनट पहले बचा साइट्रिक एसिड मिलाकर जैली के तैयार होने की पहचान (शीट टेस्ट) कर लें। गर्मागर्म शीशियों में भर लें। ढक्कन बंद कर मोम से सील कर दें।

## लेमन पुडिंग

**सामग्री**—1 कप दूध, 1 कप चीनी, 5 छोटे चम्मच नीबुओं का रस, 1 छोटा चम्मच कसा हुआ नीबू का छिलका, $\frac{1}{4}$ कप मैदा, $\frac{3}{4}$ कप क्रीम, $\frac{1}{4}$ छोटा चम्मच नमक।

**विधि**—मैदा, चीनी तथा दूध अच्छी तरह से फेंट लें, अब फेंटे हुए मिश्रण में नमक, नीबू का छिलका व रस मिला दें। इस मिश्रण को काँच के कटोरे में डालकर पानी से भरी बेकिंग ट्रे में रखकर 350 डिग्री फॉरेनहाइट ताप पर सुनहरे रंग की होने तक सेक लें। गर्मा-गर्म पुडिंग फेंटी हुई क्रीम के साथ सजाकर पेश करें।

## केबिनेट पुडिंग

**सामग्री**—डबलरोटी की आठ स्लाइसें, आधा लीटर दूध, 2 बड़े चम्मच कस्टर्ड पाउडर, 8 बड़े चम्मच चीनी, 1 छोटा चम्मच वनीला एसेंस, 1 बड़ा चम्मच भर मिले-जुले मेवे।

**विधि**—दूध को उबालकर उसमें कस्टर्ड पाउडर मिलाकर कस्टर्ड बना लें। एक गोल बर्तन में थोड़ा-सा घी लगाकर चिकना करें तथा डबलरोटी के छोटे-छोटे टुकड़े करके इसमें रख दें। मेवे भी बारीक कतर के बर्तन में डाल दें। अब इसमें कस्टर्ड डालकर बटर पेपर ढककर ढीला बाँध दें। इसे 20 मिनट तक प्रेशर कुकर में पकाएँ। ठंडा होने पर प्लेट में रखकर परोसें।

## केक चूरा पुडिंग

**सामग्री**—2 कप केक का चूरा, 2 बड़े चम्मच चीनी, 1 बड़ा चम्मच मक्खन, 1 बड़ा चम्मच कोको पाउडर, $\frac{1}{4}$ चम्मच बेकिंग पाउडर, थोड़ा-सा दूध।

**विधि**—चीनी और दूध को अच्छी तरह फेंटें। अब इसमें केक का चूरा, बेकिंग पाउडर व कोको पाउडर डालकर अच्छी तरह मिला लें। आवश्यकतानुसार इस मिश्रण में दूध मिलाकर इसे एकसार कर लें, बेक करने वाले बर्तन में मक्खन लगाकर मैदा छिड़क दें और इसमें पुडिंग मिश्रण डाल दें। ओवन में 15 मिनट तक सेंकें तथा परोसते समय मीठी मलाई लगाकर परोसें।

## सूजी की पुडिंग

**सामग्री**—4 कप दूध, 4 बड़े चम्मच सूजी, 6 बड़े चम्मच चीनी, 100 ग्राम क्रीम या मलाई, एक-चौथाई चम्मच नीबू का छिलका, 5 बूँदें लेमन एसेंस, 2 छोटे चम्मच चीनी।

**विधि**—सूजी को हल्का-सा भून कर दूध में मिला दें तथा 10-12 मिनट आग पर पकाएँ। आग से उतार कर ठंडा करें। इसमें चीनी, नीबू का छिलका, मलाई, लेमन एसेंस मिलाकर फेंट लें। पायरैस के बेकिंग डोंगे में सूजी का घोल डालें तथा सफेदी को ऊपर से सजा दें और बची हुई एक चम्मच चीनी बुरक दें। ओवन में 15-20 मिनट सेंक लें तथा गर्मागर्म परोसें।

## सन्तरे की पुडिंग

**सामग्री**—8 स्लाइसें डबलरोटी की, 4 संतरे, 1 गिलास दूध, 6 बड़े चम्मच चीनी, 1 बड़ा चम्मच मक्खन, 10-15 दाने किशमिश, 4 अखरोट, $\frac{1}{3}$ कप फेंटी हुई क्रीम।

**विधि**—डबलरोटी के किनारे काटकर निकाल दें, और छोटे-छोटे टुकड़े कर लें। दूध को गर्म करके उसमें चीनी मिला दें और डबलरोटी के टुकड़े भीगने दें। एक सन्तरे को हल्के हाथ से कद्दू करके उसका छिलका उतार लें। इस कसे हुए छिलके को डबलरोटी के मिश्रण में मिला दें। सन्तरों को छीलकर एक-एक फाँकें निकाल लें और उनको इस तरह छीलें कि फाँकें साबुत रहें। बाकी तीन सन्तरों का गूदा निकालकर उसमें से बीज निकाल दें और डबलरोटी के मिश्रण में मिला दें, अखरोट के छोटे-छोटे टुकड़े कर लें तथा किशमिश, दोनों को भी मिला दें। कसे ढक्कन वाले किसी अल्यूमिनियम के बर्तन में चिकनाई लगा दें और तैयार मिश्रण डालकर डिब्बा बंद कर दें व फिर प्रेशर कुकर में 15-20 मिनट तक पकाएँ, ओवन हो तो उसमें बेक कर लें। पक जाने पर तेज चाकू से मालूम करिए कि पुडिंग पकी या नहीं। अगर चाकू चिकना निकलता है तो समझिए की पुडिंग पक गई है। पुडिंग को ठंडा करके तेज चाकू से किनारे ढीले करिए और सावधानीपूर्वक प्लेट में उलट दें। फेंटी हुई क्रीम और सन्तरे की साबुत फाँकों से सजाकर परोसें।

## डबलरोटी की पुडिंग

**सामग्री**—1 लीटर दूध, 250 ग्राम चीनी, 1 छोटी डबलरोटी, 1 चम्मच कस्टर्ड पाउडर, 50 ग्राम कसा हुआ नारियल, पिस्ता, बादाम, काजू व चिरौंजी बारीक कतरे हुए, आधी चम्मच पिसी हुई छोटी इलायची, एक चम्मच गुलाबजल।

**विधि**—डबलरोटी के टुकड़ों को एक चौड़े बर्तन में रखकर ऊपर से उतना दूध डालें जिसमें डबलरोटी डूब जाए। कसा हुआ नारियल भी डाल दें। जब टुकड़े नर्म हो जाएँ तो पकाएँ और बराबर चलाती रहें,200 ग्राम चीनी भी मिला दें। जब थोड़ा जमने लायक हो जाए तो उतार कर ठंडा करें। अब दो चम्मच दूध में कस्टर्ड पाउडर घोलकर बचे हुए दूध में मिला दें। धीमी आँच पर चीनी डालकर पकाएँ। जब जमने लगे तो उतार लें। कस्टर्ड को डबलरोटी वाले मिश्रण के ऊपर डालकर फैला दें। ऊपर से मेवा डाल दें तथा चेरी से सजा दें। ठंडा होने पर चाकू से काट कर परोसें। चाहें तो ऊपर से जैली डाल सकती हैं।

## चॉकेलट पुडिंग

**सामग्री**—4 कप दूध, 40 ग्राम कॉर्नफ्लोर, 25 ग्राम कोका, 100 ग्राम चीनी, 50 ग्राम घी या मक्खन, 125 ग्राम आटा, 1 चुटकी आटा, ¼ चम्मच वनीला एसेंस।

**विधि**—साढ़े तीन कप दूध को उबाल लें। आधा कप ठंडे दूध में कार्नफ्लोर और कोका मिला दें। जब दूध उबलने लगे तक आग से हटा लें और इसमें कॉर्नफ्लोरवाले मिक्सचर को मिला दें, जब थोड़ा सेट होने लगे तब दुबारा आँच पर रखें। जब गाढ़ा होने लगे तब 75 ग्राम चीनी मिला दें। चीनी घुलने पर आग से हटा दें। एक बड़ा फ्राईपेन लें, उसमें पानी डालकर गर्म वाला फ्राईपेन रखें और ठंडा करें। थोड़ी-थोड़ी देर में मिक्सचर चलाती रहें। ठंडा होने पर बेकिंग डिश में उलट दें और अलग रख दें।

अब आटे में एक चुटकी नमक और बाकी पिसी चीनी मिलाएँ। घी डालकर गूँध लें आखिर में एसेंस

मिला दें। यह ब्रेड क्रम्बस की तरह हो जाएगा। अब इसे चाकलेट मिक्सचर के ऊपर छिड़क दें। पहले से गर्म 350° फॉरेनहाइट ओवन में 15-20 मिनट तक बेक करें। जब ऊपर से ब्राउन हो जाए तब सर्व करें। यह 5-6 व्यक्तियों के लिए है।

## मैक्सिन पुडिंग

**सामग्री—**1 संतरा, 2 केले, आधा कटोरी टूटी-फ्रूटी या अंगूर, 2 चीकू, 4 चम्मच चीनी, 8 ग्लूकोस बिस्कुट, 2 चम्मच कस्टर्ड पाउडर, 4 ब्रेड स्लाइस, 1 प्याला क्रीम, 1 प्याला दूध, 1 नीबू।

**विधि—**सभी फलों को बारीक काट कर नीबू का रस लगाकर रख दें जिससे कि वे काले न हों, एक प्याला दूध में कस्टर्ड तैयार करें। एक रकाबी (डिश ट्रे) में डबल रोटी के दो स्लाइस रखें। उसके ऊपर पाँच बिस्किट तोड़कर डालें। उस पर कस्टर्ड डाल दें। कस्टर्ड के ऊपर फलों के टुकड़े रखें। उसके ऊपर पाँच बिस्किट तोड़कर डाल दें। उस पर कस्टर्ड फैला दें। कस्टर्ड के ऊपर फलों के टुकड़ों को फैलाएँ। उनके ऊपर क्रीम डालें। चेरी से सजाएँ व इसे फ्रिज में ठंडा होने के लिए रख दें। ठंडा होने पर खाने के लिए पेश करें।

## क्रीम पुडिंग

**सामग्री—**250 ग्राम खरबूजा (कटा हुआ), 100 ग्राम चेरी, 4 आलूबुखारे, 150 ग्राम चीनी, 2 प्याले क्रीम, आधा आम, 4 अनन्नास के टुकड़े, डिब्बा बंद, आधा लीटर दूध, 3 बड़े चम्मच वनीला कस्टर्ड, 4 बूँद वनीला एसेंस, 4 टुकड़े (स्लाइस) फ्रूटी ब्रेड के।

**विधि—**चार चम्मच दूध, क्रीम और आधी चीनी मिलाकर फेंटें और फ्रिज में रख दें। सब ताजे फलों को बारीक-बारीक काटकर फ्रिज में रख दें। दूध में वनीला कस्टर्ड डालकर तथा बाकी चीनी डालकर आँच पर रखें तथा गाढ़ा होने तक पकाएँ, फिर आँच से उतार लें तथा ठंडा करके फ्रिज में रखें।

जब जमने लगे तो निकाल कर कस्टर्ड को फिर फेंट लें अब उसमें फल फेंटी हुई क्रीम मिला दें। फ्रूटी ब्रेड के स्लाइस डोंगे में डालकर ऊपर से मिश्रण डालें। तीन स्लाइस आधे-आधे काटकर डालें, तह पर तह लगा दें। ऊपर से चेरी डाल दें।

## पाइनएपल पुडिंग

**सामग्री—**1 बड़ा अनन्नास, 6 चम्मच चीनी, 1 पैकेट अनन्नास जैली पाउडर, 1 प्याला पानी, 400 ग्राम पनीर।

**विधि—**पुडिंग बनाने के लिए अनन्नास को अच्छी तरह छीलकर उसके छोटे-छोटे टुकड़े काट लें। चीनी की एक तार की चाशनी में अनन्नास जैली पाउडर मिलाकर इसे तीन हिस्से में काटें। जिस 'डिश ट्रे' में जैली जमाएँ उसमें पहले हिस्से को सबसे नीचे रखें और फ्रीजर में जमने के लिए रख दें, जब पहली परत जम जाए तब उसके ऊपर दूसरी परत डालें और फ्रीजर में जमने के लिए रखें, जब यह जम जाए तब तीसरे हिस्से को उसके ऊपर डालें। इसी तीसरे हिस्से में अनन्नास के टुकड़े मिला दें। इसे फ्रीजर में जमने के लिए रख दें। जब यह जम जाए तब फ्रीजर से निकाल कर सुन्दर टुकड़ों में काटकर परोसें।

## ठंडा-मीठा खोया पुडिंग

**सामग्री—**दानेदार खोया आधा किलो, सूखा मीठा पेठा 500 ग्राम, अंगूर 100 ग्राम, बादाम, काजू 1 कप मिले-जुले, टिनबंद अनन्नास के 5-6 स्लाइस, दूध एक कप, चेरी थोड़ी-सी।

**विधि—**खोया, पेठा और अनन्नास अलग-अलग कस लीजिए और फिर तीनों चीजों को अच्छी तरह

मिला लीजिए। फिर इस मिश्रण में दूध, मेवा और चेरी डालकर अच्छी तरह मिला लीजिए और फ्रिज में एक या डेढ़ घंटा ठंडा करके पेश कीजिए।

## आड़ू मिश्रण पुडिंग

**सामग्री—**आधा किलो आड़ू, 2 पके आम (सफेदा), 8-10 लीची, 5-6 (अधपके) आलूबुखारे, मध्यम आकार का एक खीरा, 1 छोटा खरबूजा, 1 प्याला तरबूज के गोल टुकड़े, 4 केले 3 इंच लंबे कटे हुए, 2 नीबू का रस, सफेद व काला नमक इच्छानुसार, 1 छोटा चम्मच पोदीना पाउडर, 2 बड़े चम्मच या इच्छानुसार चीनी, आधा छोटा चम्मच लाल मिर्च पाउडर (अगर इच्छा हो तो)।

**सामग्री—**आडुओं को धोकर फाँकें काट लें। आम, लीची, आलूबुखारे, खीरा, खरबूजा सबको छीलकर छोटे-छोटे टुकड़ों में काट लें। आडुओं की आधी फाँकें छोड़कर बाकी फाँकों को फलों के टुकड़ों में मिलाकर नीबू का रस, सफेद व काला नमक, गरम-मसाला, चीनी, पोदीना डालकर अच्छी तरह मिलाएँ। अब इस मिश्रण को एक ट्रे या डिश के बीच में गोलाकार फैलाकर इसके ऊपर तरबूज के टुकड़े डालें। इस मिश्रण के चारों तरफ दूर-दूर केले के टुकड़े रखें। इन केलों के आस-पास आड़ू की फाँकें सजा दें। केलों के टुकड़ों में टूथपिक्स लगाकर मजेदार मिश्रण पेश करें।

## क्रिसमिस पुडिंग

**सामग्री—**मध्यम आकार का सेब 1 (छीलकर बीच का कड़ा भाग व बीज निकाल कर गूदा कद्दूकस कर लें), गाजर 20 ग्राम (कद्दूकस कर लें), बादाम 50 ग्राम (कतर लें), छोटी किशमिश 250 ग्राम, बड़ी किशमिश (मुनक्का) 200 ग्राम, खजूर 225 ग्राम (गुठली निकाल दें व गूदा कतर लें), शक्कर 225 ग्राम, जमा हुआ वनस्पति घी 225 ग्राम (कद्दूकस कर लें), मैदा 100 ग्राम, ब्रेडक्रम्ब 175 ग्राम, पिसी सोंठ आधा छोटा चम्मच, पिसी दालचीनी आधा छोटा चम्मच, दूध 6 बड़े चम्मच, शहद 1 बड़ा चम्मच, चुटकी भर नमक, एप्रीकॉट जैम 1 बड़ा चम्मच, नीबू एक।

**विधि—**गाजर, सेब, बादाम, गिरी, दोनों तरह की किशमिश, और कतरी हुई खजूर को एक साथ मिलाएँ। एक दूसरे साफ बाउल में शक्कर, वनस्पति घी, मैदा, ब्रेडक्रम्ब, सोंठ व पिसी दालचीनी और नमक को खूब अच्छी तरह मिलाएँ व किशमिश वाले मिश्रण में मिला दें।

नीबू के छिलके को कद्दूकस करके मिश्रण में डाल दें। ऊपर से दूध व शहद भी डाल दें। मिश्रण को खूब अच्छी तरह फेंटें। इस मिश्रण में मैदा, ब्रेडक्रम्ब, फलों व किशमिश आदि के मिश्रण को मिलाकर कपड़े से ढकें व 24 घंटे के लिए छोड़ दें। चौबीस घंटे रखने के बाद एक ही आकार के (लगभग 1 लीटर वाले) दो गोल पुडिंग बेसिन या पुडिंग मोल्डस में हल्की-सी चिकनाई लगाएँ व मिश्रण को दोनों मोल्डस में बराबर-बराबर भर दें। बटर पेपर को मोल्ड के आकार में गोलाई से काटें व मिश्रण को इससे ढक दें। ऊपर से एल्युमिनियम फॉयल और मोल्ड को मोटे से धागे से इस तरह बाँधें कि बीच में बाल्टी के हैण्डल की तरह धाग बँधा रहे ताकि गर्म पुडिंग मोल्ड को धागे के हैण्डल से उठाकर आसानी से बाहर निकाला जा सके।

दो बर्तनों में लगभग 2-3 इंच की ऊँचाई तक पानी भरकर खौलाएँ। आँच धीमी कर दें व उन दोनों बर्तनों में एक-एक पुडिंग मोल्ड रख दें। पुडिंग को 5-6 घंटे तक भाप में पकने दें। चाहे तो पुडिंग मोल्ड को प्रेशर कुकर में रखकर भी भाप में पकाया जा सकता है। इसमें समय कम लगेगा। पुडिंग को थोड़ा ठंडा कर लें। एक पुडिंग के बेस में (चपटे भाग पर) एप्रीकॉट जैम पिघला कर लगाएँ व दूसरी पुडिंग का बेस वाला भाग इसके ऊपर टिका दें।

एक बड़े साइज की गोलाकार क्रिसमस का पुडिंग तैयार है। ब्रैंडी बटर के साथ सर्व करें। ब्रैंडी बटर बनाने के लिए 250 ग्राम आइसिंग शुगर को छलनी से छान लें व 225 ग्राम बिना नमक का मक्खन और 4 बड़े चम्मच ब्रैंडी आइसिंग शुगर में मिलाकर खूब फेंटें। ब्रैंडी बटर तैयार है।

## अनार बादाम पुडिंग

**सामग्री**—एक अनार के दाने, 100 ग्राम बिना नमक का मक्खन, 100 ग्राम चीनी पिसी हुई, 175 ग्राम मैदा, $\frac{1}{4}$ टी स्पून बेकिंग पाउडर, 75 ग्राम बादाम, 2 टेबिल स्पून मिक्स्ड फ्रूट जैम।

**विधि**—अनार के दाने निकाल लें। आधे दानों को कपड़े की पोटली में डालकर रस निकाल लें या फिर नीबू का रस निचोड़ने वाली लकड़ी के साँचें में डालकर रस निकालें। मक्खन और चीनी को एक बर्तन में डालकर खूब फेंटें। अब मक्खन वाले मिक्सचर में अनार का रस डाल दें। मैदा और बेकिंग पाउडर को छान लें। इसे भी मक्खन वाले मिश्रण में डाल दें। साथ ही बादाम काट कर डालें। अनार के बचे हुए दाने जैम में मिला लें। चिकने किए हुए कुकर के डिब्बे में जैम मिले अनार के दाने डालकर ऊपर से मक्खन मैदा वाला मिश्रण डालें। बटर पेपर लेकर कुकर के डिब्बे के चारों तरफ सुतली बाँध दें, ताकि बटर पेपर उतरे नहीं। कुकर में डेढ़ गिलास पानी डालें। ऊपर से कुकर की जाली रखें। उसके ऊपर कुकर का डिब्बा रख दें। ध्यान रहे, पानी कुकर के डिब्बे के आधे ऊपर तक ही रहे। लगभग 45 मिनट तक बिना वेट दिए भाप में पकाएँ। यह पुडिंग गर्म ही सर्व करें। चाहें तो सर्व करते समय एक लाल अनार और छीलकर उसके दाने पुडिंग पर बिछा कर सर्व करें।

## राइस पनीर पुडिंग

**सामग्री**—200 ग्राम बासमती चावल, एक लीटर गाय के दूध का छेना, आधा लीटर दूध, 5 बड़े चम्मच चीनी, 4 बड़े चम्मच मलाई पर्त के लिए, कतरे मेवे दो बड़े चम्मच (या बादाम, पिस्ता, काजू आदि मेवे अपनी इच्छानुसार भी डाल सकती हैं), 2 बड़े चम्मच देशी घी, पीला रंग चुटकी भर।

**विधि**—एक लीटर पानी को उबालें। पानी में चुटकी भर रंग डाल दें। उबलते पानी में चावल डाल दें। चावल पकने के बाद उसको छन्नी से छानकर पानी फेंक दें। एक चम्मच घी चावल में डाल दें। अब छेने में 3 बड़े चम्मच चीनी मिलाकर उसे अच्छी तरह मैश कर लें। अब उस मिश्रण को एक तश्तरी में फैलाकर स्टीम कर लें। ऐसा भगौना स्टीम के लिए लें जिसके मुँह के अंदर तश्तरी फिट हो जाए। उसे ऊपर से ढक दें। बीस मिनट बाद उसे उतारकर ठंडा होने दें।

आधा लीटर दूध को आँच पर गाढ़ा कर लें। उसमें एक चम्मच चीनी डालें। दूध में चीनी के साथ ही पिसी इलायची, केसर आदि डाल दें। एक छिछले बाउल में घी लगा लें। छेने के छोटे-छोटे पीस कर लें। बाउल में आधा चावल, आधे छेने के पीसेज, थोड़ा-सा मेवा मिलाकर बिछाएँ। ऊपर से थोड़ी-सी पिसी हुई चीनी बुरक दें तथा आधा गाढ़ा दूध डाल दें। अब मलाई की एक परत लगा दें। पुन: बचे चावल, छेना, मेवा आदि की दूसरी परत लगाएँ। मलाई की ड्रेसिंग करके ऊपर से मेवा बुरक दें। ओवन में 20 मिनट छेना राइस को बेक करें। खाने के लिए गर्मागर्म सर्व करें।

## हॉट एण्ड कोल्ड एपिल पुडिंग

**सामग्री**—पिघला मक्खन आधा कप, मुलायम ब्रेडक्रम्ब 2 कप, छोटे सेब 2, चीनी आधा कप, जायफल चुटकी भर, दालचीनी पाउडर आधा छोटा चम्मच, सेब का जूस 2 बड़े चम्मच, नीबू का रस 1 छोटा चम्मच, नीबू के छिलके की कतरन 1 बड़ा चम्मच, पानी आधा कप, वनीला आइसक्रीम आवश्यकतानुसार।

**विधि**—सेब को छीलकर महीन-महीन टुकड़ों में काट लें। एक बाउल में चीनी, नीबू के छिलके की कतरनें, जायफल व दालचीनी पाउडर और सेब के टुकड़ों को एक साथ मिलाकर रख लें। ब्रेडक्रम्ब और मक्खन को एक साथ मिला लें। अब एक ढक्कनदार बेकिंग डिश में चिकनाई लगाकर एक पर्त ब्रेड क्रम्बस की बिछाएँ। एक पर्त सेब के मिश्रण की बिछाएँ, पुन: ब्रेडक्रम्ब की पर्त लगाएँ। अब पानी में ऐपिल जूस और नीबू का रस मिलाकर ब्रेडक्रम्ब के ऊपर छिड़क दें। डिश को ढककर पहले से गर्म किए ओवन में 30 मिनट तक बेक करें। इसके पश्चात् ढक्कन हटा दें व फिर से 30 मिनट तक बेक करें। जब पुडिंग

सेट हो जाए तो ओवन से निकाल लें। सर्विंग डिश में रखकर ऊपर से वनीला आइसक्रीम डालकर पुडिंग हल्की गर्म ही सर्व करें।

## शकरकंद की पुडिंग

**सामग्री**—आधा किलो उबला हुआ शकरकंद, 400 ग्राम चीनी, कुछ धागे केसर, कुछ बूँदे एसेंस, कस्टर्ड पाउडर इच्छानुसार, 1 प्याला मिलेजुले मेवे, 1 प्याला कसा हुआ नारियल।

**विधि**—शकरकंद उबाल लें। ध्यान रहे शकरकंद इतना न गलने पाए कि भुरभुरा हो जाए। इतना गले कि उसके टुकड़े कट जाएँ। चौकोर टुकड़े काट लें। चीनी को दो भागों में बाँट लें। आधी चीनी की चाशनी बनाएँ। चाशनी दो तार की हो। चाशनी में शकरकंद के टुकड़े डालकर उलट-पुलट कर थोड़ी देर ऐसे ही छोड़ दें।

अब इधर कस्टर्ड पाउडर का गाढ़ा घोल तैयार करें। बची हुई आधी चीनी इसमें मिला दें। प्रत्येक टुकड़े को चाशनी में से निकाल कर प्लेट में सजाएँ। ऊपर से कस्टर्ड उडेलें। कस्टर्ड डालने से पहले उसमें छोटी इलायची (पिसी) और एसेंस अच्छी तरह मिला दें। भुने हुए मेवे और कसे हुए नारियल से सजावट करके गर्म या ठंडा पेश करें।

## क्रिस्पी नेस्ट

**सामग्री पेस्ट बनाने के लिए**—मूँगफली 2 कप (छिलका उतार कर दानों को मोटा कूट लें और रिफाइंड तेल के आधे बड़े चम्मच में हल्का भूरा होने तक भून लें), मीठी चाकलेट बार 3, किशमिश 2 बड़े चम्मच, अखरोट गिरी (दरदरी कुटी हुई) 2 बड़े चम्मच।

**फिलिंग के लिए**—संतरे की फाँकें 10-15, अंगूर 1 कप, काले अंगूर 1 कप।

**विधि**—चाकलेट बार को एक बाउल में रखें। पानी भरे बर्तन में बाउल को रखें। जब चाकलेट पिघल जाए तो बाउल को पानी से हटा लें। मूँगफली दाना, अखरोट गिरी और किशमिश चाकलेट में मिला दें। एक 7-8 इंच व्यास वाले टिन में हल्की-सी चिकनाई लगाकर मिश्रण फैला दें व मिश्रण को टिन के किनारों तक उठाकर टिन को फ्रीज में रख दें ताकि मिश्रण सेट हो जाए। सेट होने पर नेस्ट को टिन से धीरे से निकाल कर सर्विंग ट्रे में रखें। बीच में संतरे की फाँकें व दोनों प्रकार के अंगूर मिलाकर भर दें।

## स्ट्राबेरी चिफान पी

**सामग्री—पेस्ट्री**—10 चम्मच मैदा, 3 चम्मच पिघला मक्खन, $\frac{3}{4}$ कप चीनी, आधा चम्मच बेकिंग पाउडर, कुछ बूँदें वनीला एसेंस।

**भराव के लिए**—2 कप स्ट्राबेरी, 1 चम्मच कैस्टर चीनी, 1 चम्मच ग्लाटीन, $\frac{1}{4}$ कप ठंडा पानी।

**विधि (पेस्ट्री)**—चीनी व मक्खन मिलाकर एक कर लें। अब इसमें मैदा, बेकिंग पाउडर, वनीला एसेंस मिलाकर गूँध लें। कट और फोल्ड विधि के अनुसार यानी एक बार सीधी तरफ हाथ से चलाएँ और एक बार उल्टी तरफ हाथ से चलाएँ। फिर पी-डिश में चिकनाई लगाकर मिश्रण उलट दें। ओवन में 40 मिनट भूरा होने तक पकाएँ।

**भराव के लिए**—स्ट्राबेरी धोकर चीनी मिलाकर फ्रीज में रख दें। ग्लेटिन को ठंडे पानी में भिगो दें। पाँच मिनट बाद गर्म पानी में घोल दें। ठंडा होने पर स्ट्राबेरी मिला दें। थोड़ा-सा नमक व लेमन जूस मिला दें। अब इस मिश्रण को फ्रिजर में जमने तक के लिए रख दें। ऊपर से स्ट्राबेरी मिश्रण से सजा दें।

## सरप्राइज डिलाइट

**सामग्री**—डेढ़ प्याला मैदा, आधा प्याला मार्जरीन या खाद्य तेल, $\frac{3}{4}$ प्याला चीनी, 2 पके केले, 2

बड़े चम्मच गर्म दूध, $\frac{1}{4}$ चम्मच खाने वाला सोडा, आधा चम्मच बेकिंग पाउडर, चुटकी भर नमक।

**आइसिंग के लिए—**4 बड़े चम्मच स्ट्राबेरी जैम, 8 चम्मच आइसिंग शुगर, 2 छोटे चम्मच नीबू का रस।

**विधि—**सबसे पहले ओवन को तैयार करके रखें और केक रखने के टिन में तेल लगाकर पेपर लगाकर रखें।

अब एक डोंगे में मार्जरीन व चीनी को अच्छी तरह फेंटें। मैदा, नमक, सोडा व बेकिंग पाउडर को अच्छी तरह छान लें व एक-एक चम्मच करके ऊपर के मिश्रण में मिला कर तब तक फेंटते रहें जब तक कि अच्छी तरह मिल न जाए। केले को अच्छी तरह मसल कर उसमें मिला दें। अब इस मिश्रण में से आधे को ओवन में रखकर पकाएँ। फिर दूसरे भाग को पकाएँ। अब दोनों को अलग-अलग ठंडा होने दें। जैम, नीबू, आइसिंग शुगर मिलाकर बीच में लगाएँ व चौकोर बर्फी के आकार में काटें। सरप्राइज डिलाइट तैयार है।

## सीताफल कैरी कस्टर्ड

**सामग्री—**250 ग्राम पीला सीताफल (कद्दू), 200 ग्राम चीनी, 1 लीटर दूध, 2 बड़े चम्मच कस्टर्ड पाउडर, एक छोटा चम्मच जिलेटिन, एक कच्चा आम, एक छोटा टिन मिल्कमेड (400 ग्राम), 50 ग्राम अंगूर, 25 ग्राम किशमिश, 25 ग्राम काजू (बारीक कतरे हुए), एक छोटा चम्मच दरदरी पिसी हुई छोटी इलायची, 50 ग्राम रंगीन चेरी सजाने के लिए।

**विधि—**सीताफल के मध्यम आकार के टुकड़े कर लें तथा उन्हें काँटे से हल्का-हल्का गोद लें। कच्चे आम को छीलकर कस लें। अब सीताफल, कसा आम तथा आधी चीनी, आधा कप पानी के साथ कुकर में प्रेशर आने के बाद 5 मिनट तक पकाएँ और फिर निकालकर ठंडा होने के लिए फ्रिज में रख दें। दूध को आँच पर रखें। थोड़े-से ठंडे दूध में कस्टर्ड और शेष बची हुई चीनी को फेंटें तथा उबलते हुए दूध में मिला दें और फिर मिल्कमेड और जिलेटिन भी मिला दें और दूध को चलाती रहें। 5-6 उबाल आने के बाद आँच से उतार लें। अब इसमें किशमिश, कतरे हुए काजू तथा अंगूर मिला दें। सामान्य ताप पर आने पर इसे फ्रीजर में रख दें। जब यह मिश्रण जमने लगे तो इसे निकाल कर हल्का-सा फेंटें और इस मिश्रण को सीताफल पर डाल दें। सीताफल के टुकड़ों को हिला-डुलाकर उन पर कस्टर्ड की परत-दर-परत चढ़ा दें और परोसते समय चेरी से सजाकर पिसी छोटी इलायची बुरक दें।

●●●

## सदैव स्वस्थ रहने हेतु आपके लिये योगासन

'करोगे योग रहोगे निरोग' यह एक परम सत्य है क्योंकि ''पहला सुख निरोगी काया'' ही है। काया यदि स्वस्थ है तो मन भी स्वस्थ होगा। स्वस्थ रहने हेतु नित्य आसन अपनायें—

**1. ताड़ासन—**पीठ के बल सीधे लेट जायेंगे, एड़ी-पंजा-घुटना मिला लेंगे। हाथों को पेट पर लाते हुए लॉक लगायेंगे व लॉक को उल्टा करते हुए साँस भरते हुए हाथों को शीर्ष स्थल के पीछे की ओर जमा लेंगे व पाँव के पंजे पृथ्वी की ओर खींचेंगे। हाथों का खिंचाव शीर्ष स्थल के पीछे की ओर होगा व पूरे शरीर में तनाव खिंचाव महसूस करेंगे व जितनी देर रुक सकते हैं, रुकेंगे तथा साँस छोड़ते हुए सामान्य अवस्था में आ जायेंगे।

**2. उत्तानपाद आसन—**पीठ के बल सीधा लेटते हुए पाँवों को जोड़कर रखेंगे। हाथों को शरीर के दायें-बायें जमा लेंगे व साँस भरते हुए पृथ्वी से 10 इंच की ऊँचाई तक हाथ पाँव गर्दन तीनों उठा लेंगे। दृष्टि पाँवों के अँगूठों पर रहेगी। पेट में तेजी के साथ कम्पन महसूस होंगी यथाशक्ति-यथासामर्थ्य रुकें व साँस छोड़ते हुए सामान्य अवस्था में आ जायें।

**3. पवन मुक्तासन—**पीठ के बल लेटते हुए दोनों घुटनों को उठाकर पेट पर ले आयेंगे व हाथों का लॉक घुटनों पर लगा लेंगे व साँस भरते हुए कन्धे उठायेंगे और नासिका का स्पर्श घुटनों के मध्य करते हुए जंघाओं का दबाव पेट की ओर बनाये रखेंगे। यथाशक्ति-यथासामर्थ्य रुकेंगे व साँस छोड़ते हुए सामान्य अवस्था में आ जायेंगे। ***''करो योग हर रोज''*** ***(साभार—'योग द्वारा सौन्दर्य')***

# आइसक्रीम एवं कुल्फी

## आइसक्रीम बनाते समय निम्न बातों का ध्यान रखें

1. *फ्रिज में आइसक्रीम जमाते समय प्याज या मसालेदार चीजें हटा लेनी चाहिएँ जिससे आइसक्रीम में इन चीजों की सुगन्ध न आने पाए।*
2. *आइसक्रीम टिन को खूब अच्छी तरह से साफ कर लें।*
3. *आइसक्रीम की सभी मात्राएँ ठीक होनी चाहिए।*
4. *गाढ़े दूध की आइसक्रीम जल्दी जमती है।*
5. *आइसक्रीम जमाते समय फ्रिज की सूई 'कोल्डेस्ट' पर कर दें।*
6. *आधी आइसक्रीम जमने पर काँटे से फेंट दें, फिर दुबारा जमने के लिए रख दें। इससे आइसक्रीम में क्रिस्टल नहीं पड़ते और आइसक्रीम मुलायम जमती है।*
7. *आइसक्रीम जब जम जाए तब फ्रिज की सूई 'नॉर्मल' पर कर देनी चाहिए।*
8. *'मिल्कमेड' का दूध आइसक्रीम के मिश्रण में मिला देने से आइसक्रीम स्वादिष्ट व जल्दी जमती है और चीनी कम पड़ती है।*
9. *आइसक्रीम में यदि फल डालने हों तो पहले फलों को चीनी व क्रीम में मिला दें फिर आइसक्रीम के ऊपर डालें।*
10. *आइसक्रीम जमाने के लिए जहाँ तक हो सके एल्युमिनियम का बर्तन उपयोग में लेना चाहिए, इससे आइसक्रीम जल्दी जमती है।*
11. *आइसक्रीम टिन को पहले फ्रिज में रख कर ठण्डा कर लें फिर मिश्रण डालें इससे आइसक्रीम जल्दी जमेगी और आइसक्रीम में क्रिस्टल भी कम होंगे।*

12. हमेशा आइसक्रीम के मिश्रण को पहले फ्रिज में ठण्डा कर लेना चाहिए और उसके बाद आइसक्रीम को फ्रीजर में जमने के लिए रखनी चाहिए।

13. रात भर आइसक्रीम के मिश्रण को फ्रीजर में रखने से परिणाम अच्छे आते हैं।

14. आइसक्रीम टिन को हमेशा फॉइल पेपर से ढक कर फ्रिज में रखना चाहिए, इससे आइसक्रीम मुलायम जमती है व क्रिस्टल भी कम पड़ते हैं।

15. हमेशा आइसक्रीम में एसेंस, कॉफी, कोको व चीनी अच्छी मात्रा में डालें, इससे आइसक्रीम स्वादिष्ट होगी और उसमें खुशबू भी अच्छी आएगी।

16. आइसक्रीम में बर्फ न जमे इसके लिए उबालकर ठंडे किए दूध में पहले आधा नीबू का रस मिला दें और फिर उस दूध को फ्रिज में रखें।

17. पॉलीथिन की शीट आइसक्रीम के बर्तन के ऊपर लगा देने से भी आइसक्रीम में क्रिस्टल नहीं पड़ते हैं।

## मिल्कमेड वनीला आइसक्रीम

**सामग्री**—आधा टिन मिल्कमेड, $\frac{3}{4}$ कप दूध, 1 छोटा चम्मच वनीला एसेंस।

**चाकलेट सॉस**—50 ग्राम मक्खन, 30 ग्राम चाकलेट पाउडर, $\frac{1}{4}$ टिन मिल्कमेड, चीनी स्वादानुसार।

**विधि**—वनीला, दूध और मिल्कमेड को मिलाकर फेंटिए जब तक वह मलाई जैसा गाढ़ा न हो जाए। जब पूरी तरह फेंट लें तो उसे ट्रे में डालकर फ्रिज में जमने के लिए रख दें।

## कॉर्नफ्लोर बादाम आइसक्रीम

**चाकलेट सॉस—विधि**—सभी चीजों को मिलाकर धीमी आँच पर गाढ़ा होने तक पकाएँ। आइसक्रीम पर गर्म सॉस डालकर दीजिए।

**सामग्री**—6 कप दूध, $\frac{1}{4}$ कप चीनी, $\frac{2}{3}$ कप पनीर, 1 छोटा चम्मच कार्नफ्लोर, 1 छोटा चम्मच एसेंस, $\frac{1}{4}$ कप बादाम छिले हुए, $\frac{1}{4}$ कप पिस्ता।

**विधि**—दूध को उबालकर गाढ़ा होने तक पकाएँ, आधे कप दूध में कार्नफ्लोर घोलकर रख दें। पानी में चीनी मिलाकर एक तार की चाशनी बनाएँ। इसमें कसा हुआ पनीर मिलाकर तीन-चार मिनट लगातार हिलाते हुए पकाएँ। इस मिश्रण को दूध के मिश्रण में मिलाएँ और लगातार हिलाते हुए गाढ़ा होने तक पकाएँ।

आँच से उतार कर इसमें कतरे हुए बादाम और पिस्ता मिलाएँ। अब ठंडा करके इसमें केवड़ा एसेंस मिलाएँ और जमने के लिए रखें। जमने पर परोसें।

## बादाम आइसक्रीम

**सामग्री**—एक-तिहाई कप बादाम, आधा कप चीनी (बादामों के लिए), सवा कप चीनी, पाँच छोटे चम्मच मैदा, साढ़े चार कप दूध और डेढ़ कप क्रीम।

**विधि**—बादाम और आधा कप चीनी फ्राइपैन में डालकर सुनहरे भूरे रंग की होने तक गर्म करें। इसे आँच पर से उतार कर ठंडा करें तथा महीन पीस लें। आधे कप दूध में चीनी, मैदा मिलाकर गर्म पानी में गाढ़ी होने तक फेंटें। फिर गर्म पानी में से निकाल कर ठंडे पानी में रखकर फेंटें। फ्रीजर में अच्छी तरह ठंडा करके पुनः फेंट लें।

अब इस मिश्रण में बादाम का मिश्रण मिलाएँ। आइसक्रीम ट्रे में वैक्स पेपर बिछाकर मिश्रण डालें और फ्रीजर में जमने के लिए रख दें।

## पाइनएपल आइसक्रीम

**सामग्री**—डेढ़ कप दूध, दो छोटे चम्मच वनीला कस्टर्ड, आधा छोटा चम्मच जेलीटिन, आधा डिब्बा कंडेंस्ड मिल्क, 4 टुकड़े पाइनएपल, पाँच-छः बूँदें पाइनएपल एसेंस, आधा कप पिसी हुई चीनी, एक-दो चैरी, एक कप क्रीम, 1 छोटा चम्मच कॉर्नफ्लोर।

**विधि**—आधे कप दूध में वनीला कस्टर्ड और कॉर्नफ्लोर घोल कर रख लें। बाकी बचे हुए दूध को उबाल लें और कस्टर्ड वाला मिश्रण मिला दें। इसमें चीनी मिलाकर आँच से उतार लें। जेलेटिन को एक बड़े चम्मच गर्म पानी में भिगोकर दूध के मिश्रण में मिलाएँ।

दूध का मिश्रण ठंडा होने पर इसमें कंडेंस्ड दूध मिलाएँ और फ्रीजर में रखें। आधा जमने पर इसे मिक्सी में अच्छी तरह फेंट लें। क्रीम मिलाकर एक बार और फेंटें। अब इसमें बारीक कटे हुए टुकड़े डालकर जमने के लिए रख दें। जमने पर चैरी से सजाकर परोसें।

## मिक्स आइसक्रीम

**सामग्री**—1 पैकेट वेक्स्फील्ड आइसक्रीम मिक्स (100 ग्राम), 500 ग्राम दूध, चार-पाँच अनन्नास के टुकड़े,

थोड़ी-सी चैरी और थोड़ा-सा रंगीन पेठा, एक छोटा चम्मच कस्टर्ड पाउडर, एक छोटा चम्मच जेलीटिन पाउडर तथा थोड़ी-सी चीनी।

**विधि—**गर्म दूध में आइसक्रीम मिक्स और चीनी घोलें। जेलीटिन व कस्टर्ड पाउडर एक बड़े चम्मच पानी में घोलकर दूध के मिश्रण में मिलाएँ और हल्की आँच पर तीन-चार मिनट पकाएँ। ठंडा होने पर इसे आइस ट्रे में डालकर फ्रीजर में जमने के लिए रख दें। आधा घंटा फ्रीजर में रखने के बाद बाहर निकालें और अच्छी तरह फेंट लें। बाउल में डालकर उसमें अनन्नास, चैरी और रंगीन पेठा मिलाइए और जमने के लिए पुन: फ्रीजर में रखें। जमने पर प्लेट में निकाल कर परोसें।

## चाकलेट आइसक्रीम

**सामग्री—**1 लीटर दूध, डेढ़ बड़ा चम्मच चाकलेट पाउडर, चार बड़े चम्मच पिसी हुई चीनी, आधा कप क्रीम।

**विधि—**दूध को उबालकर आधा होने तक पकाएँ। इसमें चीनी मिलाकर आँच से उतार लें। ठंडा होने तक फ्रीजर में रखें। फिर मिक्सी में फेंट लें। अब इसमें चाकलेट पाउडर और क्रीम मिलाइए तथा जमने के लिए फ्रीजर में रखें।

## आइसक्रीम संडे

**सामग्री—**1 कप केक पीस, 1 पैकेट जैली, 2 आम, 4 चीकू, 1 कप क्रीम, चीनी थोड़ी-सी, चाकलेट आइसक्रीम।

**विधि—**1 पैकेट जैली बनाकर दो हिस्सों में कर लें। इनको दो रंगों में (लाल-हरा) बना लें तथा दो शेप में सैट कर लें।

चाकलेट आइसक्रीम बनाने के लिए दो कप दूध लेकर उसमें एक चम्मच कॉर्नफ्लोर, 6 चम्मच चीनी, एक चम्मच कोको पाउडर मिलाएँ और गाढ़ा होने तक पकने दें और फ्रिज में रख दें।

कप में हरे व लाल रंग की जैली डालें, फिर केक पीस डालें और थोड़ी-सी आइसक्रीम डालें। सबसे ऊपर आम मिली क्रीम डालें और पेश करें।

## टूटी-फ्रूटी आइसक्रीम

**सामग्री—**1 लीटर दूध, 25 ग्राम आइसक्रीम पाउडर, अनन्नास, 25 ग्राम आइसक्रीम पाउडर स्ट्राबेरी, 1 चम्मच ब्रांडी, 1 चम्मच जिलेटिन, 4 चम्मच कस्टर्ड पाउडर, 250 ग्राम क्रीम, चीनी (स्वाद के अनुसार), जैली, पाइनएपिल, स्ट्राबेरी तथा खस।

**विधि—**दूध को दो बर्तनों में डालें। पाइनएपल कस्टर्ड तथा पाइनएपिल आइसक्रीम पाउडर व जिलेटिन को ठंडे दूध में मिलाकर आँच पर पकाएँ। गाढ़ा होने पर चीनी मिलाएँ, ठंडा होने पर आधा चम्मच ब्रांडी मिला दें और फ्रिज में रख दें। 30 मिनट बाद फ्रिज से निकालकर 125 ग्राम क्रीम मिलाकर मिक्सी में मिलाएँ, फिर फ्रिज में रख दें। इसी प्रकार स्ट्राबेरी आइसक्रीम बनाएँ।

अब तीन रंगों की जैली बनाकर शीशे के गिलास में क्रमश: पहले एक चम्मच खस, जैली फिर पाइनएपल आइसक्रीम, स्ट्राबेरी, जैली, स्ट्राबेरी आइसक्रीम, फिर पाइनएपल जैली और आइसक्रीम डाल दें। भर जाने पर पेठा, चैरी तथा डिब्बा बंद चैरी डालें। आइसक्रीम बिस्किट से सजाएँ।

## फल व नीबूरस वाली आइसक्रीम

**सामग्री—**सेव, आड़ू, चेरी, नाशपाती जैसे कड़े फल जो एक दिन पूर्व नीबू के रस में डुबोकर रखे गए हों, आधा लीटर दूध, आधा प्याला क्रीम, 2 बड़े चम्मच आइसक्रीम पाउडर, आधा बड़ा चम्मच जिलेटिन, दो बड़े

चम्मच चीनी, वनीला एसेंस, पीला रंग, भुना हुआ मेवा, आइसक्रीम वेफर, 6 चमकदार चेरियाँ, आइसक्रीम प्याले।

**विधि**—दूध में आइसक्रीम का पाउडर उबालिए, थोड़े-से ठंडे दूध में आइसक्रीम का पाउडर व जिलेटिन घोल लीजिए और उसे उबलते हुए दूध में डालकर हिलाते जाएँ। उसे ठंडा करके 20 मिनट के लिए फ्रीजर में रख दीजिए। उसके बाद उसमें क्रीम, वनीला एसेंस, पीला रंग मिलाकर अच्छी तरह फेंटिए, फिर उसे 20 मिनट के लिए फ्रीजर में रख दीजिए।

आइसक्रीम के खाली प्यालों को एकदम ठंडा कर लीजिए। उनमें दो-दो चम्मच आइसक्रीम, उस पर कतरे हुए फलों के टुकड़े, उन पर मेवा व चैरी डालिए और सबसे ऊपर आइसक्रीम वेफर रख दीजिए और पेश करें।

## संतरे की आइसक्रीम

**सामग्री**—दूध 5 कप, $\frac{1}{4}$ टिन मिल्कमेड, 2 बड़े चम्मच कार्नफ्लोर, चीनी स्वादानुसार, 4 बड़े संतरे, 50 ग्राम किशमिश, 3-4 धागे केसर के।

**विधि**—दूध को 20 मिनट उबाल लें (धीमी आँच में), उसके बाद मिल्कमेड मिला दीजिए। 2 चम्मच पानी में कॉर्नफ्लोर घोलकर दूध में मिला दें। चीनी डाल दीजिए और इसे 10 मिनट तक पकाइए। दूध को बराबर चलाती रहिए जिससे नीचे लगे नहीं। दूध ठंडा हो जाने पर उसमें चिरौंजी, किशमिश, संतरा छीलकर उसके दाने निकालकर दूध में डाल दीजिए। केसर पीसकर डाल दीजिए। सब चीजों को मिलाकर कुल्फी के साँचों में भरकर 7-8 घंटे के लिए फ्रीजर में रख दीजिए।

## लेमन एण्ड पाइनएपल आइसक्रीम

**सामग्री**—डिब्बा बंद पाइनएपल स्लाइस (450 ग्राम डिब्बा), चीनी 1 कप, ठंडा दूध 8 कप, ताजी क्रीम 200 ग्राम, नीबू का रस 4 छोटे चममच, नीबू का कसा हुआ छिलका, आधा छोटा चम्मच लेमन एसेंस, पाइनएपल एसेंस आधा छोटा चम्मच।

**विधि**—चीनी और दूध को मिलाएँ व चीनी को घुलने दें। क्रीम को अलग बाउल में फेंटें। पाइनएपल स्लाइसों को डिब्बे में भरे सिरप से निकाल लें व छोटे-छोटे टुकड़ों में काट लीजिए। अब सब सामग्री को एक साथ मिला दीजिए। फ्रीजर के रेगुलेटर को सबसे ऊँचे तापमान पर सेट कर दीजिए। आइस ट्रे में मिश्रण को एक इंच मोटाई में फैला दीजिए। फ्रीजर को उच्चतम तापमान पर सेट करने के एक घंटे बाद मिश्रण भरी ट्रे को फ्रीजर में रख दीजिए। लगभग 45 मिनट बाद ट्रे फ्रीजर से निकालें व जमे हुए मिश्रण को एक बाउल में डालकर खाने वाले कांटे से फेंटें। जब मिश्रण बराबर फिंट जाए तो उसे दुबारा ट्रे में भरकर फ्रीजर में रख दें। 15-20 मिनट या जमने पर ही बाहर निकालें व तुरंत सर्व करें।

## गुलाब आइसक्रीम

**सामग्री**—डेढ़ किलो दूध, $\frac{3}{4}$ कप चीनी, डेढ़ कप ताजा क्रीम, 1 चाय का चम्मच, जिलेटिन एक बड़ा चम्मच पानी में मिला दें, डेढ़ कप ताजा देसी गुलाब की पंखुड़ियाँ, कुछ बूँद खाने वाला गुलाबी रंग, कुछ बूँदें गुलाब एसेंस, सजावट के लिए कुछ गुलाब की पंखुड़ियाँ, 1 चाय का चम्मच कार्नफ्लोर।

**विधि**—दूध को उबालकर गाढ़ा होने तक धीमी आँच पर रखें। लगातार कलछी चलाती रहें, ताकि नीचे न लगे। जब आधा रह जाए तो कॉर्नफ्लोर को 2 बड़े चम्मच पानी में घोलकर डालें। लगातार चलाती रहें, ताकि गुठली न पड़े। आँच से दूध को उतार कर जिलेटिन मिलाएँ। अब इस मिश्रण को थोड़ी देर पुनः आँच पर रखें। फिर उतार लें।

ताजे गुलाब की पंखुड़ियों को $\frac{3}{4}$ कप उबले पानी में डालें। 5 मिनट तक ढक कर रखा रहने दें।

फिर इन पंखुड़ियों को छान लें। पानी में गुलाबी लाल रंग व खुशबू दोनों ही आ जाएगी। एक बड़ा चम्मच गुलाब की उबली पत्तियों को पीस लें।

अब इस गुलाब के रस, पत्तियों व क्रीम को दूध के मिश्रण में मिलाएँ व मिक्सी में फेंटें। बाद में रंग व एसेंस मिलाकर आइसक्रीम ट्रे में फ्रीजर में ढक कर रखें। करीब 1 घंटे बाद आइसक्रीम निकालकर फेंटें व फ्रीजर में रखें। ऐसा करने से आइसक्रीम नर्म बनती है। आइसक्रीम जम जाने पर सर्व करें।

## नटी आइसक्रीम

**सामग्री—**गाढ़ी क्रीम 250 मि.ली., कैस्टर शुगर 75 ग्राम, छिली मूँगफली 25 ग्राम, काजू 25 ग्राम, बादाम 10 नग, सादी चीनी 75 ग्राम।

**सॉस के लिए—**चीनी 75 ग्राम, गाढ़ी क्रीम 200 ग्राम।

**विधि—**तवे पर या ओवन में मूँगफली, काजू व बादाम को हल्का भूरा होने तक भून लें। अब सादी चीनी को एक बड़े चौड़े सॉसपैन में एक बड़े चम्मच पानी के साथ मिलाकर आँच पर रखें। जब चीनी भूरी होने लगे तो उसमें मेवे मिलाकर आँच से उतारकर रख लें। ठंडा होने पर दरदरा कूट लें, अलग रखें। क्रीम को भी इतना फेंटें कि क्रीम में कड़ापन आ जाए।

अब क्रीम व कैस्टर शुगर को मिलाकर फेंटें और मेवे का आधा मिश्रण उसमें मिला दें। आइसक्रीम ट्रे में पलटकर फ्रीजर में रख दें। दो-तीन घंटे फ्रीज करें। जब लगभग सेट हो जाए तो एक बार फेंट लें, और फ्रीजर में फिर से रख दें। खूब जम जाने पर तैयार समझें।

**सॉस बनाने के लिए—**चीनी को एक चौड़े सॉसपैन में डालें। उतना ही पानी मिलाएँ जितने में चीनी गीली हो जाए। सॉसपैन को तेज आँच पर चढ़ा दें। चीनी हल्की भूरी होने पर उतार लें। क्रीम को भी आँच पर गर्म करें और उबाल आते ही भूरी हो गई चीनी को क्रीम में मिला दें। इस सॉस को आइसक्रीम सर्व करने से कुछ देर पहले ही बनाएँ।

सर्व करने के लिए आइसक्रीम को स्कूपर से निकालें, फिर उस पर सॉस डाल दें। सबसे ऊपर दरदराये मेवे डाल दें और तुरन्त सर्व करें।

## ब्रेड आइसक्रीम

**सामग्री—**ब्रेडक्रम्ब 75 ग्राम, पिसी चीनी 50 ग्राम, पानी निकला हुआ ताजा दही 300 ग्राम, वनीला एसेंस 2-3 बूँदें।

**विधि—**चीनी और ब्रेडक्रम्ब को खूब अच्छी तरह मिलाकर एक ग्रिल पैन में डालकर भूरा व कुरकुरा होने तक रोस्ट करें। रोस्ट करते समय बीच-बीच में मिश्रण को उलटती-पलटती रहें। इसके पश्चात् ब्रेडक्रम्ब को ठंडा होने के लिए रख दें। अब एक बड़े बाउल में दही और वनीला एसेंस को एक साथ मिलाकर हल्का-सा फेंटें व ब्रेडक्रम्ब को दही के मिश्रण में मिला दें। एक हल्की गहरी ट्रे में मिश्रण को पलट दें व फ्रीजर में रख दें। जब मिश्रण जमने लगे तो फ्रीजर से निकालकर कांटे की मदद से मिश्रण को अच्छी तरह से तोड़ दें व मिश्रण को हल्का-सा फेंटकर किसी गहरे कन्टेनर या डिब्बे में भरकर फ्रीजर में जमने के लिए रख दें। सर्व करने से लगभग 20 मिनट पहले फ्रीजर से निकालें।

## ऑरेंज ड्रिंक विथ आइसक्रीम

**सामग्री—**ऑरेंज फ्लेवर आइसक्रीम 4 स्कूप, ऑरेंज जूस 4 कप, क्रीम 1 कप।

**विधि—**ऑरेंज जूस एवं कीम को फ्रिज में रखकर ठंडा कर लें। इसके बाद चार छोटे गिलासों में एक-एक ठंडा ऑरेंज जूस भरें। उसके ऊपर एक-चौथाई कप क्रीम डालें। ऊपर एक स्कूप आइसक्रीम डालकर ऑरेंज ड्रिंक सर्व करें।

## ब्लैक करेंट आइसक्रीम

**सामग्री**—कंडेंस्ड मिल्क 2 कप (फ्रिज में ठंडा कर लें), गाढ़ी क्रीम 1 कप (हल्का फेंट लें), मिक्स्ड फ्रूट जैम 4 बड़े चम्मच।

**विधि**—फ्रीजर प्रूफ बाउल या काँच के मोटे बाउल में कंडेंस्ड मिल्क और क्रीम को एक साथ मिलाएँ व फ्रीजर में रखकर हल्का-सा जमा लें। इसके बाद बाउल को फ्रीजर से निकालकर मिश्रण को अच्छी तरह से फेंटें। बाउल को वापस फ्रीजर में रख दें व मिश्रण को खूब कड़ा जम जाने दें।

अच्छी तरह जम जाने के बाद मिश्रण को फ्रीजर से निकालें। जैम को कांटे से हल्का-सा फेंट लें। अब एक आइसक्रीम कन्टेनर में, एक बड़ा चम्मच भरकर जमा हुआ मिश्रण डालें व उस पर 1 बड़ा चम्मच जैम छिड़क दें। इसी प्रकार बारी-बारी से पहले मिश्रण और उसके ऊपर जैम छिड़कते जाएँ। अंत में सारे मिश्रण को चम्मच से ऊपर नीचे हिला-डुला दें। ऐसा करने से आइसक्रीम में सुन्दर नमूना उभर आएगा। अब इस कन्टेनर को फ्रीजर में रख दें। पूरी तरह जमने से पहले आइसक्रीम को एक बार और चम्मच से हिला दें व पूरी तरह जमने के लिए छोड़ दें। सर्व करने से पहले आइसक्रीम की स्लाइसें काट लें।

## कोकोनेट आइसक्रीम

**सामग्री**—वनीला आइसक्रीम 4 कप, कद्दूकस किया हुआ नारियल 1 कप, सादी क्रीम आधा कप, कैस्टर शुगर आधा कप।

**विधि**—नारियल को मिक्सी में पीस लें। क्रीम और कैस्टर शुगर को एक साथ मिलाकर फेंट लें व नारियल के पेस्ट में मिला दें। वनीला आइसक्रीम में इस पेस्ट को मिला दें। इस मिश्रण को आइसक्रीम कन्टेनर में भरकर फ्रीजर में रख दें। जब मिश्रण हल्का-सा जमने लगे तो फ्रीजर से निकाल कर कांटे की मदद से फेंटें व वापस कन्टेनर में भरकर, ढक्कन लगाकर फ्रीजर में जमने के लिए रख दें। सर्व करने से पहले 2-4 मिनट के लिए फ्रीजर से निकाल कर फ्रिज में रख दें।

## रसभरी आइसक्रीम

**सामग्री**—वनीला आइसक्रीम 4 कप, बढ़िया पकी हुई रसभरी 150 ग्राम, चाकलेट बार एक।

**विधि**—रसभरी का ऊपरी खोल उतार दें व रसभरी को मिक्सी में डालकर पीस लें। अब इस पेस्ट को वनीला आइसक्रीम में मिला दें। चाकलेट बार को एक कटोरी में रखकर, कटोरी को गर्म पानी के ऊपर रखकर पिघला लें। जब बार पिघल जाए तो रसभरी आइसक्रीम में मिला दें व आइसक्रीम कन्टेनर में मिश्रण को भरकर फ्रीजर में रख दें। इस आइसक्रीम को भी वनीला आइसक्रीम जमाने की विधि के अनुसार जमाया जाता है।

## जिंजर एण्ड हनी आइसक्रीम

**सामग्री**—मलाई उतरा हुआ दूध 300 मि.ली., वनीला एसेंस 4-5 बूँद, शहद 4 बड़े चम्मच, पानी निकला हुआ दही 100 ग्राम, अदरक का रस 1 बड़ा चम्मच।

**विधि**—दूध को एक सॉसपैन में उबाल लें व आँच से उतारकर वनीला एसेंस मिला दें। दूध को ढककर रख दें व ठंडा होने दें। ठंडे दूध में शहद मिला दें। अब इस मिश्रण को छननी से छान लें व एक साफ सॉसपैन में पलट दें। पैन को मंदी आँच पर चढ़ाएँ व मिश्रण को बराबर चलाती रहें। जैसे ही मिश्रण गाढ़ा होने लगे तो उबलने से पहले ही आँच से उतार लें व ठंडा होने के लिए रख दें। जब मिश्रण ठंडा हो जाए तो दही फेंटकर उसमें मिला दें। अदरक का रस भी भली प्रकार मिला दें। एक कन्टेनर में मिश्रण को भरकर फ्रीजर में रख दें। जब मिश्रण जमने लगे तो फ्रीजर से निकालकर खाने वाले कांटे से मिश्रण को तोड़ दें व हल्का-सा फेंट लें। मिश्रण को दुबारा कन्टेनर में भरें व जमने के लिए फ्रीजर में रख दें।

## वनीला आइसक्रीम

**सामग्री**—ताजा गाढ़ा दही डेढ़ कप, कैस्टर शुगर 1 कप, वनीला एसेंस 1 छोटा चम्मच, गाढ़ी क्रीम डेढ़ कप।

**विधि**—एक बाउल में दही, चीनी और वनीला एसेंस डालकर इलेक्ट्रिक मिक्सर से लगभग 3-4 मिनट तक फेंटें या फ्रूट प्रोसेसर में डालकर 2-3 मिनट तक फेंटें। अब क्रीम को एक साफ बाउल में डालकर बर्फ के टुकड़े भरें, चौड़े मुँह के बर्तन में रखकर खूब फेंटें। जब क्रीम खूब फूल जाए और उसमें नोंकें उठने लगें तो क्रीम को दही वाले मिश्रण में मिला दें।

अब एक लीटर के आइसक्रीम कन्टेनर में इस मिश्रण को भरकर एक-डेढ़ घंटे के लिए फ्रीजर में रख दें। जैसे ही मिश्रण जमना शुरू हो जाए, तो फ्रीजर से निकाल कर मिश्रण को एक ठंडे बाउल में पलट लें और फेंटकर एकसार कर लें। मिश्रण में, जमा हुआ कोई भी टुकड़ा न रह जाए। अच्छी तरह से फेंटकर मिश्रण को फिर से कन्टेनर में भर दें व ढक्कन लगाकर फ्रीजर में रख दें। आइसक्रीम जब अच्छी तरह से जम जाए, तो सर्व करने से आधा घंटा पहले आइसक्रीम कन्टेनर को रेफ्रिजिरेटर में रख दें, ताकि कुछ मुलायम पड़ जाए।

## केला-बादाम की आइसक्रीम

**सामग्री**—एक बड़ा चम्मच चीनी, एक संतरे का रस, आधे नीबू का रस, 8 केले, 150 ग्राम फ्रूट एण्ड नट चाकलेट बार, 4 बड़े चम्मच पानी, 150 मि.ली. फेंटी हुई क्रीम, 4 या 6 स्कूप वनीला आइसक्रीम।

**विधि**—संतरे और नीबू के रस में चीनी मिलाकर ठंडा कर लें। केलों को स्लाइसों में काटकर शीशे के अलग-अलग कटोरों में रखें। ऊपर से चीनी और नीबू का सिरप डाल दें। अब एक कटोरी में चार चम्मच पानी डालकर चाकलेट बार को उसमें रखकर गर्म पानी के बर्तन के ऊपर रख दें, जिससे वह पिघल जाए। सॉस तैयार हो गया। अब केले के ऊपर फेंटी हुई क्रीम डालें व उसके ऊपर वनीला आइसक्रीम, सबसे ऊपर चाकलेट सॉस डालकर सर्व करें।

## रेनबो आइसक्रीम

**सामग्री**—1 कप चीनी, आधा कप पानी, चार अण्डे, 2 कप क्रीम, 4 छोटे चम्मच कार्नफ्लोर, ढाई कप उबला हुआ दूध, $\frac{1}{4}$ चम्मच संतरे की खुशबू, $\frac{1}{4}$ चम्मच संतरे का रस, लाल व हरे रंग तथा आधा चम्मच कोको पाउडर।

**विधि**—चीनी और पानी को मिलाकर गाढ़ी होने तक पकाएँ। एक कप दूध में अण्डों का पीला भाग फेंट कर चाशनी में मिला दें। इस मिश्रण को गर्म पानी में रखकर लगातार हिलाते हुए गाढ़ा होने तक पकाएँ, बाकी बचे हुए दूध में कार्नफ्लोर मिलाकर चाशनी वाले मिश्रण में मिला दें तथा गाढ़ा होने तक पकाएँ। इस सारे मिश्रण को ठंडा करके जमने के लिए फ्रीजर में रख दें।

फ्रीजर से निकाल कर मिश्रण को एक बीटर से भली-भाँति फेंट लें। फेंटी हुई अण्डों की सफेदी व क्रीम मिलाकर पुन: फेंटें। इस मिश्रण को पाँच बराबर भागों में बाँटकर प्रत्येक भाग में अलग-अलग रंग, खुशबू व कोको पाउडर मिलाएँ। प्रत्येक रंग की आइसक्रीम को बारी-बारी से आइसक्रीम के बर्तन में डालकर जमने के लिए फ्रीजर में रख दें।

## मेवों की आइसक्रीम

**सामग्री**—1 किलो दूध, 2 ब्रेड स्लाइस, 250 ग्राम चीनी, 4 छोटी इलायचियाँ, 10 ग्राम खरबूजे के बीज, 10 ग्राम चिरौंजी तथा 10 कतरे हुए बादाम।

**विधि**—दूध को गर्म करें तथा ब्रेड स्लाइसों को चूरा कर इसमें डाल दें। लगातार हिलाते हुए दूध को

गाढ़ा होने तक पकाएँ। अब मिश्रण में चीनी मिलाकर 5-10 मिनट और पकाएँ। आँच से उतार कर ठंडा कर लें। ऊपर से पिसी हुई इलायचियाँ व कतरे हुए मेवे डालकर फ्रीजर में जमने के लिए रखें। जमने पर काटकर परोसें।

## वनीला आइसक्रीम और चाकलेट सॉस

**सामग्री—वनीला आइसक्रीम—**डेढ़ किलो दूध, आधा प्याला कंडेंस्ड मिल्क, 2 बड़े चम्मच कस्टर्ड पाउडर, आधा प्याला दूध (अलग से), वनीला एसेंस, चीनी स्वादानुसार एवं आधा छोटा चम्मच गुलाबी रंग।

**चाकलेट सॉस की सामग्री—**50 ग्राम मक्खन (बिना नमक का), 30 ग्राम चाकलेट पाउडर या 1 चाकलेट बार, 1 प्याला दूध, स्वादानुसार चीनी।

**विधि—आइसक्रीम बनाने की—**सबसे पहले डेढ़ किलो दूध को गाढ़ा करें। जब आधा रह जाए तो उसमें चीनी मिलाएँ। फिर कस्टर्ड पाउडर का घोल बनाकर उसमें मिलाएँ, गाढ़ा होने दें। लगातार कलछी चलाती रहें जब तक कि कस्टर्ड अच्छी तरह मिल न जाए। अब उसमें कंडेंस्ड मिल्क या ताजी क्रीम मिलाएँ। फिर वनीला एसेंस मिला दें। ठंडा होने पर फ्रीजर में रख दें।

एक घंटे बाद फ्रीजर से निकालें और उसे मिक्सी में फेंटें, दोबारा फ्रीजर में रख दें।

**चाकलेट सॉस—**सभी चीजों को मिलाकर धीमी आँच पर गाढ़ा करके बनाएँ। आइसक्रीम पर गर्म सॉस डालकर खाएँ।

## कोकोनेट आइसक्रीम

**सामग्री—**वनीला आइसक्रीम 4 कप, कद्दूकस किया हुआ नारियल 1 कप, सादी क्रीम आधा कप, कैस्टर शुगर आधा कप।

**विधि—**नारियल को मिक्सी में पीस लें। क्रीम और कैस्टर शुगर को एक साथ मिलाकर फेंट लें व नारियल के पेस्ट को मिला दें। वनीला आइसक्रीम में इस पेस्ट को मिला दें। इस मिश्रण को आइसक्रीम कन्टेनर में भरकर फ्रीजर में रख दें। जब मिश्रण हल्का-सा जमने लगे तो फ्रीजर से निकालकर कांटे की मदद से फेंटें व वापस कन्टेनर में भरकर, ढक्कन लगाकर फ्रीजर में जमने के लिए रख दें। सर्व करने से पहले 2-4 मिनट के लिए फ्रीजर से निकाल कर फ्रिज में रख दें।

## फलूदा कुल्फी

**सामग्री—कुल्फी के लिए—**4 कप दूध, 3 छोटे चम्मच कॉर्नफ्लोर, एक कप खोया, तीन छोटी इलायची, $\frac{1}{4}$ कप बादाम, $\frac{1}{4}$ कप पिस्ता, $\frac{3}{4}$ कप चीनी तथा कुछ बूँदें केवड़ा एसेंस।

**फलूदा के लिए—**1 कप अरारोट, 2 कप पानी।

**फलूदा चाशनी के लिए—**आधा कप चीनी, 1 कप पानी, आधा छोटा चम्मच केवड़ा एसेंस।

**विधि—कुल्फी बनाने के लिए—**दूध को उबाल कर उसमें पिसी हुई इलायची मिलाएँ। खोए को कस कर इसमें मिलाएँ और लगातार हिलाते हुए गाढ़ा होने तक पकाएँ। कॉर्नफ्लोर आधे कप पानी में घोलकर दूध के मिश्रण में मिलाएँ और दो-तीन मिनट पका कर आँच से उतार लें।

इसमें चीनी, कतरे हुए बादाम व पिस्ता और केवड़ा एसेंस मिलाएँ। ठंडा होने पर मिश्रण को कुल्फी के साँचें में भरकर जमने के लिए फ्रीजर में रख दें।

**विधि—फलूदा बनाने के लिए—**अरारोटा में पानी मिलाकर गाढ़ा होने तक पकाएँ। एक खुले मुँह वाले बर्तन में ठंडा पानी भरें और इसके ऊपर फलूदा बनाने की मशीन रखें। मशीन में अरारोट का मिश्रण डालकर दबाएँ और फलूदा ठंडे पानी में डालती जाएँ। पानी में से निकालकर फलूदा प्लेट में रखती जाएँ।

चीनी में पानी मिलाकर गाढ़ी चाशनी तैयार करें। आँच से उतार कर इसमें केवड़ा एसेंस मिलाएँ और चाशनी फलूदे पर डाल दें। जमने पर आइसक्रीम प्लेटों में निकालें और फलूदे के साथ परोसें।

## मेवा भरी कुल्फी

**सामग्री—**8 कप दूध, 2 बड़े चम्मच कॉर्नफ्लोर, 200 ग्राम खोया, ढाई कप चीनी, चिरौंजी 50 ग्राम, कतरा हुआ बादाम 50 ग्राम, नारियल का बुरादा 50 ग्राम, किशमिश 50 ग्राम, काजू 50 ग्राम, कुछ धागे केसर के, थोड़ा-सा पीला रंग, 1 छोटा चम्मच कतरा हुआ पिस्ता, एक-चौथाई छोटी चम्मच इलायची का पाउडर।

**विधि—**दूध को पकने के लिए रख दें जब पकते-पकते 5 कप रह जाए तब उसे आँच से उतार लें। खोए को हाथ से खूब रगड़िए जिससे उसका रवा अलग हो जाए। अब खोया, चीनी तथा सारा मेवा मिलाकर 5 मिनट तक दूध को पकाएँ। ठंडा हो जाने पर उसमें रंग, केसर, इलायची डाल दीजिए। कुल्फी के साँचों में भरकर 7-8 घंटे तक फ्रिज में रखिए।

## तिरंगी कुल्फी

**सामग्री—**5 कप दूध, 1 टिन मिल्कमेड, 2 बड़े चम्मच कार्नफ्लोर, 4 बड़े चम्मच कतरा हुआ मेवा (बादाम, काजू, पिस्ता), 1 छोटा चम्मच, चिरौंजी, आधा छोटा चम्मच पिसी छोटी इलायची, सुगंध के लिए थोड़ा-सा केवड़ा, थोड़ा-सा पीला व लाल रंग (खाने वाला)।

**विधि—**दूध में मिल्कमेड मिला लें। कॉर्नफ्लोर में 2 बड़े चम्मच पानी डालकर घोल बना लें और उसे भी दूध में डालकर पकने के लिए चढ़ा दें। 25-30 मिनट तक दूध में पकाएँ। दूध को बराबर चलाती रहें, जिससे वह लगे नहीं। जब दूध गाढ़ा हो जाए तब उसमें मेवा डाल दें। अब घोल को तीन हिस्सों में कर लें। एक हिस्से में पीला रंग, दूसरे में लाल रंग मिला दें। पहले आप साँचें में थोड़ा-सा लाल रंग वाला दूध डालिए। उसके बाद सफेद दूध और बाकी स्थान पर पीला रंग वाला दूध डालकर 7-8 घंटे फ्रीज में रखिए। आप अपनी इच्छानुसार रंगों में परिवर्तन कर सकती हैं।

## चाकलेटी कुल्फी

**सामग्री—**5 कप दूध, 100 ग्राम मिल्कमेड, 2 कप चीनी, 100 ग्राम कसा हुआ नारियल, आधा कप कोको पाउडर, आधा कप क्रीम।

**विधि—**दूध में मिल्कमेड, चीनी, कोको पाउडर, कसा हुआ नारियल डालकर 25 मिनट तक पकाइए। बराबर चलाती रहिए। उसके बाद जब ठंडा हो जाए, उसमें क्रीम फेंट कर डालिए। बाद में कुल्फी के साँचों में भरकर 7-8 घंटे फ्रीजर में रखिए।

## ब्रेड स्पंज कुल्फी

**सामग्री—**ताजा ब्रेड स्लाइस 12, चीनी 50 ग्राम, दूध आधा लीटर, मिल्कमेड 50 ग्राम, कस्टर्ड पाउडर 2 चम्मच, ऑरेंज एसेंस 4-5 बूँद, 10 बादाम गिरी कतरी हुई, गिरी 5 ग्राम।

**विधि—**250 ग्राम दूध में 25 ग्राम चीनी डालकर गर्म करें तथा बाकी बचे 250 ग्राम दूध में 25 ग्राम चीनी के साथ कस्टर्ड पाउडर घोलकर अलग गर्म करें। पहले गर्म किए दूध में एसेंस की 2 बूँद डालकर तीन ब्रेड स्लाइस डुबोकर निकालें तथा समतल थाली में एक-एक करके रख दें। इन स्लाइसों पर दो चम्मच मिल्कमेड तथा थोड़ी-सी कतरी हुई बादाम गिरी फैलाकर डालें। इन तीनों ब्रेड स्लाइसों पर 1-1 स्लाइस दूध में डुबोकर रखें और मिल्कमेड व कतरी बादाम गिरी डाल दें। इसी क्रम से शेष 6 ब्रेड स्लाइस एक के ऊपर एक रखकर चार-चार स्लाइस के 3 सेट या 3-3 स्लाइस के 4 सेट बना लें।

अब कस्टर्ड वाले दूध के घोल में एसेंस की 2-3 बूँद डालकर स्लाइसों के इन सेटों पर डाल दें। पुन: कतरे हुए बादाम को ऊपर से छिड़कर पाँच मिनट के लिए फ्रीजर में रख दें। पाँच मिनट बाद जब ठंडा हो जाए, तब परोसें।

## आम की कुल्फी

**सामग्री—**4 कप दूध, 1 बड़ा चम्मच कार्नफ्लोर, 1 कप खोया, पौन कप आम के टुकड़े।

**विधि—**दूध में खोया मिलाकर गाढ़ा होने तक पकाएँ। थोड़े-से पानी में कार्नफ्लोर घोलकर दूध व खोए में मिला दें। इसे लगातार गाढ़ा होने तक पकाएँ एवं आमों के बारीक तथा छोटे-छोटे टुकड़े व चीनी डालकर 10-15 मिनट और पकाएँ। आँच से उतार कर मिश्रण को ठंडा करें तथा जमाने के लिए कुल्फी के बर्तन में डालकर फ्रीजर में रख दें।

## कस्टर्ड वाली फ्रूट क्रीम

**सामग्री—**आधा किलो ताजी क्रीम, आधा किलो दूध, 1 बड़ा चम्मच कस्टर्ड पाउडर, 4 बड़े चम्मच चीनी, 6 पके हुए केले, 250 ग्राम पके हुए आम, 250 ग्राम अन्य मौसमी फल, फल कम या ज्यादा इच्छानुसार डाले जा सकते हैं।

**विधि—**दूध को पतीले में डालकर आँच पर रख दें तथा चीनी डालकर हिलाती रहें, दूसरी तरफ कस्टर्ड में थोड़ा दूध डालकर पेस्ट तैयार कर लें। जब दूध उबलने लगे तो उसमें कस्टर्ड डालकर अच्छी तरह मिलाएँ ताकि गाँठ न पड़ने पाए। जब दो चार उबाल आ जाए तो उसे नीचे उतार कर ठंडा कर लें।

थोड़ा ठंडा होने पर क्रीम व सभी छोटे-छोटे टुकड़ों में कटे फल उसमें डाल दें तथा फ्रिज में रखें। जमने पर खाएँ व खिलाएँ।

## कोल्ड मैंगो क्रीम

**सामग्री—**एक कप आम का गूदा, एक कप ताजी मलाई, 4 बड़े चम्मच चीनी, 1 बड़ा चम्मच जिलेटिन (¼ कप ठण्डे पानी में भिगोएँ), एक बड़ा पका आम।

**विधि—**सर्वप्रथम आम को छीलकर, गोल स्कूपर से गोल-गोल टुकड़े निकालकर अलग रख लें। अब एक प्याला आम के गूदे में 4 बड़े चम्मच चीनी मिलाकर रखें। भीगी जिलेटिन को गर्म करके आम के गूदे में फेंटकर मिला दें। अब इसमें फेंटी हुई मलाई डालकर अच्छी तरह मिलाएँ। शीशे की बोतलों को साफ करके, थोड़ा गीला रहने पर ही उनमें घोल डालें और फ्रिज में सेट करें। परोसते समय आम के गोल-गोल टुकड़े डालना न भूलें।

ठंडा होने पर उसमें आम का गूदा व दो-चार बूँदें पीले रंग की डालें अब आइसक्रीम के डिब्बे में डालकर पाँच-छ: घंटे तक जमने दें। अच्छी तरह जम जाने के बाद उसे एक बर्तन में निकालकर बीटर से फेंटें, जिससे उसमें मौजूद बर्फ के छोटे-छोटे टुकड़े खत्म हो जाएँ व मुलायम घोल हो जाए।

क्रीम व आइसिंग शुगर को अच्छी तरह फेंटें, पर ध्यान रहे कि उसका मक्खन न निकले। आइसक्रीम मिश्रण व क्रीम को मिलाकर पाँच मिनट तक फेंटें और उसमें एसेंस मिला दें। आइसक्रीम के डिब्बे में आधा मिश्रण डालें व आधा ढककर फ्रिज्र में ही रख दें। जब मिश्रण जम जाए तब उसमें अलग से क्रीम व आइसिंग शुगर, अच्छी तरह फेंट कर उसके ऊपर फैलाएँ। जब वह भी जम जाए तब आधे बने हुए मिश्रण को उस पर डालें व पाँच-छ: घंटे के लिए जमने दें। जमने के बाद स्लाइस काट कर पेश करें।

## बनाना क्रीम

**सामग्री—**3 पके केले, 1 नीबू का रस, 2 चम्मच चीनी, 8 ग्राम ग्लाटीन, 30 ग्राम क्रीम, 30 ग्राम गर्म पानी, थोड़ा-सा गुलाबी रंग, थोड़ी-सी और क्रीम सजाने के लिए।

**विधि—**केले को छीलकर मसल लें। जिलेटिन को गर्म पानी में घोल लें। अब मसले केले में नीबू का रस, क्रीम, चीनी व ग्लाटीन डालकर खूब मिलाएँ। अन्त में रंग मिला दें किसी बर्तन में डालकर फ्रिजर में सेट होने के लिए रख दें। जब सेट हो जाए तब एक प्लेट में उलट दें और क्रीम से सजा दें।

## पनीर और दही के मोल्ड

**सामग्री—**175 ग्राम ताजा बना हुआ पनीर (कसा हआ), पाँच बड़े चम्मच दही, एक बड़ा चम्मच पिसी हुई चीनी, एक बड़ा चम्मच जिलेटिन, दो बड़े चम्मच गर्म पानी, सजाने के लिए थोड़े-से फल व क्रीम।

**विधि—**जिलेटिन को गर्म पानी में घोलकर रख लें। कसा हुआ पनीर, दही, पिसी हुई चीनी और जिलेटिन इन सबको मिक्सी में भली-भाँति फेंट लें। इस मिश्रण को छोटे-छोटे तीन-चार मोल्डों में भरकर जमने के लिए फ्रीजर में दो-तीन घंटे के लिए रख दें। जमने पर इन्हें प्लेट में निकाल कर क्रीम और फलों से सजाकर परोसें।

## कुल्फी लजीज

**सामग्री—**(12 कुल्फियों के लिए) दूध 5 कप, मिल्कमेड 1 टिन, कॉर्नफ्लोर 2 बड़े चम्मच, कतरे हुए बादाम 2 बड़े चम्मच, पिसी छोटी इलायची आधा चम्मच, केवड़ा जल 6 बूँद, कुछ धागे केसर के।

**विधि—**दूध और मिल्कमेड को मिलाकर उबलने के लिए रख दें। बराबर चलाती रहें। कॉर्नफ्लोर में 2 बड़े चम्मच पानी डालकर घोल बना लें और उबलते दूध में 2-3 मिनट तक पकाएँ। दूध गाढ़ा हो जाएगा। दूध को उतार लें और उसमें पिसी इलायची, बादाम गिरी तथा केवड़ा डाल दें। ठंडा हो जाने पर कुल्फी के साँचों में डालकर फ्रिज में 7-8 घंटे तक जमने के लिए रख दें।

## योगर्ट आइस

**सामग्री—**बना हुआ कस्टर्ड 1 कप, गाढ़ा मीठा दही 1 कप, चीनी स्वादानुसार, नोकें उठने तक फेंटें।

**कस्टर्ड के लिए—** $\frac{3}{4}$ कप दूध, 2 छोटे चम्मच कस्टर्ड पाउडर।

**विधि—**एक कप कस्टर्ड बनाने के लिए $\frac{3}{4}$ कप दूध आँच पर चढ़ाएँ। 2 छोटे चम्मच कस्टर्ड पाउडर को थोड़े-से ठंडे दूध में अलग से घोल लें। जब अच्छी तरह घुल जाए तो थोड़ा-थोड़ा करके उबलते हुए दूध में डालती जाएँ व चम्मच से बराबर हिलाती रहें ताकि गुठली न पड़ने पाए। अब इस मिश्रण को 2-3 मिनट तक आँच पर पकने दें। बीच-बीच में मिश्रण को हिलाती रहें वर्ना सॉसपैन की तली में लगकर मिश्रण जलने लगेगा। लगभग 3 मिनट बाद उतार कर 1 बड़ा चम्मच चीनी मिश्रण में मिलाकर एक ओर रख दें। जब ठंडा हो जाए तो कस्टर्ड (मिश्रण) मिला दें। चीनी मिलाकर मिश्रण को फ्रीजर में रख दें। हल्का-सा जमने पर मिश्रण को फ्रीजर से निकालकर मिश्रण को थोड़ा-सा फेंटें व वापस कन्टेनर में भरकर फ्रीजर में रख दें। आइसक्रीम के पूरी तरह से सेट होने के पहले उसे एक बार और फेंटें व इसके पश्चात् आइसक्रीम कन्टेनर को कसकर बन्द करें व फ्रीजर में जमने के लिए रख दें।

## हरे खरबूजे का सोरबेट

**सामग्री—**खरबूजा 1, खाने का हरा रंग चुटकी भर, लेमन फ्लेवर जिलेटिन 1 छोटा चम्मच, पिसी चीनी 1 कप, सादी गाढ़ी क्रीम आधा कप।

**विधि—**2 बड़े चम्मच गर्म पानी में जिलेटिन घोल लें। खरबूजे को छीलकर व बीज निकालकर छोटे-छोटे टुकड़ों में काट लें। मिक्सी में खरबूजे के टुकड़ों को पीसकर गूदा तैयार कर लें। अब खरबूजे के गूदे, जिलेटिन और खाने वाले हरे रंग को एक साथ अच्छी तरह मिला लें। इस हरे रंग के मिश्रण को आइसक्रीम कन्टेनर में कांटे की मदद से फेंट लें। इसके पश्चात् कन्टेनर में मिश्रण को भरकर वापस फ्रीजर में रख दें।

क्रीम को एक बर्तन में डालकर बर्फ के टुकड़ों पर रखकर फेंटें। जब मुलायम नोकें उठने लगे तो फेंटना बन्द कर दें। सर्व करते समय ऊपर से थोड़ी-थोड़ी क्रीम डालकर सर्व करें।

## चाकलेट एण्ड स्ट्राबेरी बॉम्ब

**सामग्री**—वनीला आइसक्रीम 4 कप, सादा कोको पाउडर 1 कप, सादी क्रीम आधा कप, कैस्टर शुगर आधा कप, स्ट्राबेरी आइसक्रीम 4, वेफर्स का चूरा डेढ़ कप।

**विधि**—सादी क्रीम में कोको पाउडर मिलाकर हल्का-सा फेंटें व चीनी मिला दें। इस मिश्रण को वनीला आइसक्रीम में अच्छी तरह मिलाकर एक कन्टेनर में भरकर फ्रीजर में रख दें। जब आइसक्रीम लगभग जमने लगे तो फ्रीजर से निकालकर चम्मच से हल्के-हल्के फेंटकर मुलायम कर लें। अब एक ठंडे पुडिंग मोल्ड की तली व दीवारों पर बराबर से फैला दें और मोल्ड को फ्रीजर में रख दें। जब आइसक्रीम जम जाए तो फ्रीजर में तैयार स्ट्राबेरी आइसक्रीम निकालें।

जब वह कुछ मुलायम हो जाए तो वेफर्स का चूरा इसमें मिलाएँ। पुडिंग मोल्ड को फ्रीजर से निकालकर उसमें, बीच में स्ट्राबेरी आइसक्रीम का मिश्रण भर दें व सतह से बराबर कर दें। मोल्ड को फिर से फ्रीजर में रख दें। जब आइसक्रीम जम जाएगी तो मोल्ड में तली व किनारों पर चाकलेट आइसक्रीम की पर्त दिखाई देगी और बीच में गुलाबी रंग की स्ट्राबेरी आइसक्रीम भरी रहेगी।

सर्व करने से पहले पुडिंग मोल्ड को गर्म पानी में 4-6 सैकंड के लिए रखें। इसके बाद ठंडी सर्विंग डिश में धीरे-धीरे मोल्ड को उलट दें व आइसक्रीम को 2-3 मिनट के लिए फ्रिज में रख दें। स्लाइस काटने के लिए तेज चाकू को गर्म पानी में डुबोकर उससे आइसक्रीम की स्लाइस काटें।

## मैंगो ब्रिक रिलीश

**सामग्री—केक बनाने के लिए**—1 कप मैदा, 1 कप मक्खन, 1 कप शक्कर, 1 चम्मच कोको पाउडर, एक चुटकी बेकिंग पाउडर, 1 चुटकी नमक, 2 चम्मच मिल्क, कुछ बूँदें वनीला एसेंस।

**भरने के लिए**—4 पके आम, 2 चम्मच नीबू की खुशबू वाला कस्टर्ड पाउडर, 2 कप दूध, 2 चम्मच चीनी, 1 कप क्रीम, आइसिंग शुगर, 2 चम्मच कोको पाउडर, 1 कप अखरोट, 1 चम्मच चीनी मिली क्रीम।

**विधि—केक बनाने के लिए**—मक्खन व चीनी को खूब फेंटें जिससे खूब मुलायम हो जाए। मैदे में बेकिंग पाउडर व कोको पाउडर मिला दें। अब इसमें चीनी मिला मक्खन मिलाएँ। अन्त में दूध व वनीला एसेंस मिला दें। अब तिकोने केक टिन में घी लगा दें व केक वाला सारा मिश्रण उलट दें। ओवन में इसको 25-30 मिनट पका लें। तुरंत ओवन से निकाल कर ठंडी जगह रख दें।

**भराव**—आम छीलकर बारीक-बारीक काट लें। फिर उसको कस कर चूरा कर लें। बाकी केक की स्लाइसें काट लें, फिर गिलास डिश में केक के टुकड़े चारों तरफ लगा दें बीच में केक के चूरे व आम के टुकड़े डाल दें।

**कस्टर्ड**—कस्टर्ड पाउडर को चीनी व थोड़े-से ठंडे दूध में घोल लें। बाकी दूध को उबालें फिर इसमें कस्टर्ड मिला दें। जब यह गाढ़ा हो जाए तक गैस पर से उतार लें। जब यह ठंडा हो जाए तब इसके तीन भाग कर लें। आधा कस्टर्ड के स्लाइसों पर डाल दें। फिर ये स्लाइसें ऊपर वाले भराव के ऊपर बिछा दें। बचे हुए कस्टर्ड में आइसिंग शुगर मिला दें। उसके ऊपर ये कस्टर्ड वाला मिश्रण ऊपर से और डाल दें। तीसरी लेयर के लिए फिर केक स्लाइसों को कस्टर्ड में डुबोकर बिछा दें।

कोको पाउडर और मक्खन को मिलाकर एक कर लें। केक स्लाइसों के ऊपर इसकी एक परत बिछा दें। अब एक और केक-स्लाइसों की परत बिछा दें।

आइसिंग शुगर व क्रीम को फेंट लें और जब यह गाढ़ी हो जाए तब इसे केक के चारों तरफ व ऊपर इसकी परत बिछा दें। आम के टुकड़ों व अखरोट से इसे सजा दें। चारों तरफ इसे अखरोट से सजाएँ। फ्रिज में इसे सख्त होने तक रखें। परोसने से पहले इसके टुकड़े काट लें।

## नमकीन फ्रूट कप

**सामग्री—**350 ग्राम सफेद अंगूर, 250 ग्राम डेलिशस सेब, 2 केले, चौथाई टी स्पून नमक, काली मिर्च इच्छानुसार।

**विधि—**250 ग्राम अंगूर को मिक्सी में चलाकर स्टील की छलनी में छान लें। इसी प्रकार सेब को छीलकर मिक्सी में चलाकर रस निकाल लें। अंगूर और सेब के रस को मिलाकर खूब ठंडा कर लें। बचे हुए 100 ग्राम अंगूरों को काटकर चार-चार टुकड़े कर लें। केले को भी छीलकर छोटे-छोटे टुकड़े कर लें। इन कटे हुए अंगूरों और केले के टुकड़ों को रस में मिला दें। नमक व काली मिर्च डाल दें। खूब ठंडा करके आइसक्रीम कप में डालकर सर्व करें।

## फ्रूट आइसक्रीम

**सामग्री—**4 कप दूध, आधा कप चीनी, डेढ़ बड़ा चम्मच कार्नफ्लोर या कस्टर्ड पाउडर, आधा कप क्रीम तथा एक कप कटे हुए फल (आम, अनन्नास आदि)।

**विधि—**दूध को उबालकर आधा होने तक पकाएँ। इसमें चीनी मिलाकर ठंडा करें। ठंडा होने पर इसे 10-15 मिनट फ्रीजर में रखें। फ्रीजर से निकाल कर मिक्सी में अच्छी तरह से फेंटें। अब इसमें क्रीम मिलाएँ। इसे पुन: फ्रीजर में रखें। मिश्रण को फिर मिक्सी में फेंटें। अंत में फल मिलाकर फ्रीजर में जमने के लिए रखें।

## चोकोनेट

**सामग्री—**6 बड़े चम्मच मिल्क पाउडर, 4 प्याले दूध, आधा प्याला चीनी, एक-चौथाई छोटा चम्मच स्टैबिलाइजर, 1 बड़ा चम्मच तरल ग्लूकोस, 4 बड़े चम्मच आइसिंग शुगर, डेढ़ प्याला क्रीम, 3 बड़े चम्मच कोको पाउडर, 1 छोटा चम्मच कॉफी, 1 छोटा चम्मच वनीला एसेंस।

चोकोनेट बनाने के लिए उसमें अलग से कुछ सामग्री भी डाली जाती है, एक-चौथाई प्याला काजू व बादाम, एक-चौथाई प्याला चीनी।

**विधि—**एक भारी बर्तन में चीनी डालें और गैस पर रख दें इसे तब तक हिलाते रहें जब तक उसका भूरा रंग न हो जाए, फिर उसमें तुरंत दरदरे किए हुए मेवे डालें और चिकनी प्लेट पर फैला दें। ठंडा होने पर प्लेट से निकाल दें और दरदरा करके रख लें।

**आइसक्रीम की विधि—**दुबारा स्टैबिलाइजर, दो छोटे चम्मच चीनी व तीन बड़े चम्मच दूध, तीनों को मिलाकर पेस्ट बनाएँ, मिल्क पाउडर और आधा प्याला गुनगुना दूध मिलाकर अलग से उसका भी पेस्ट बनाएँ। कोको पाउडर तथा आधा प्याला दूध दोनों को मिलाकर पेस्ट बना लें।

बची हुई चीनी, दूध, स्टैबिलाइजर, मिल्क पाउडर की पेस्ट, कोको पाउडर की पेस्ट तथा एक गीले चम्मच से ग्लूकोस को निकालकर सबको मिला दें, एक उबाल आने तक गैस पर रखें। फिर ठंडा करके छान लें। डिब्बे में डालकर आइसक्रीम 5-6 घंटे तक जमाएँ। उसके बाद आइसक्रीम निकालकर बीटर से फेंटें, जिससे बर्फ के टुकड़े निकल जाएँ। मिश्रण मुलायम होने पर क्रीम व आइसिंग शुगर को फेंट कर मिश्रण में मिला दें, फिर दोनों मिश्रण को एक साथ फेंटें (पाँच मिनट), फिर एसेंस व मैदे डालें। डिब्बे में डालकर पाँच-छ: घंटे के लिए जमने दें। जमने पर प्यालों में निकाल कर ऊपर से मेवे डालकर पेश करें।

## चाकलेट कप

**सामग्री—कपों के लिए—**200 ग्राम सादी मिल्क चाकलेट, एक बड़ा चम्मच घी, 8 कागज के कप।

**आइसक्रीम के लिए—**1 नीबू, 2 अण्डे, 3 बड़े चम्मच पिसी हुई चीनी, 1 कप फेंटी हुई क्रीम, सजाने के लिए 50 ग्राम सादी चाकलेट।

**विधि**—नीबू को हल्के हाथ से कद्दूकस करके छिलका उतार लें। अण्डों की सफेदी को खूब झाग बनने तक फेंट कर चीनी मिलाते हुए फेंटिए। अब इसमें सावधानी से फेंटी हुई अण्डों की जर्दी, नीबू का छिलका और नीबू का रस मिलाएँ। तैयार मिश्रण में फेंटी हुई क्रीम लपेट कर जमा दें। कपों में आइसक्रीम भरने के लिए तैयार है।

चाकलेट कप बनाने के लिए चाकलेट को तोड़कर पिघले हुए घी में डालें और चाकलेट वाले बर्तन में रखकर गर्म करें ताकि चाकलेट पिघल जाए। चम्मच के गोलाई वाले हिस्से से चाकलेटों के घोल को कागज के कपों के अंदर अच्छी तरह फैला दें। इन कपों को उलट कर कुछ देर के लिए रखें ताकि कपों के अन्दर चाकलेट की एक परत बन जाए। चाकलेटों की परत कड़ी होकर जमने पर बाहर से कागज को सावधानी से हटा दें। तैयार चाकलेट कपों में नीबू की आइसक्रीम भर दें। शेष बची हुई चाकलेट को ठंडा करके कद्दूकस कर लें, कसी हुई चाकलेटों को आइसक्रीम के ऊपर बुरक दें।

## ऑरेंज आइस कप

**सामग्री**—4 संतरे, 8 बड़े चम्मच चीनी, आधा लीटर पानी तथा कुछ बूँदें खाने वाला नारंगी रंग।

**विधि**—संतरों को हल्के हाथ से कद्दूकस करके उनके ऊपरी छिलके उतार लें। अब तेज चाकू की सहायता से संतरों का ऊपरी भाग ढक्कन की तरह अलग कर लें। चम्मच से संतरों का गूदा निकाल लें ताकि मोटे छिलके की कटोरी बन जाए। कद्दूकस किए हुए संतरों के छिलकों को पानी और चीनी में डालकर हल्की आँच पर गर्म करें और चीनी घुल जाने पर तेज आँच पर करीब 10 मिनट तक पकाएँ। चाशनी को ठंडा करके उसमें संतरों का गूदा, नीबूओं का रस व नारंगी रंग मिला दें।

इस शर्बत को फ्रीजर में रखकर जमा लें। जमे हुए शर्बत को संतरे के खोलों में भरकर फिर से ठंडा होने के लिए फ्रीजर में रखें, झुलसती गर्मी में बच्चे और बड़े सभी पसंद करेंगे।

•••

# कुछ काम की बातें

## अचार के बचे मसाले का उपयोग

अचार सभी के घरों में खाया जाता है। जब अचार खत्म हो जाता है तब उस बचे हुए मसाले को कई तरह से प्रयोग में ला सकते हैं—

1. बचे हुए मसाले में हरी मिर्च या लाल मिर्च (साबुत) या अदरक काट कर डालें। दो-चार दिन धूप में रखें। दोबारा स्वादिष्ट अचार तैयार हो जाएगा।
2. बचे मसाले में तल कर कटहल या जमीकंद डालकर कुछ दिन धूप में रखें। अचार तैयार हो जाएगा।
3. सूजी की उपमा बनाते हुए एक चम्मच अचार का मसाला डालें स्वाद बढ़ जाएगा।
4. पकौड़े बनाने हों तो एक चम्मच मसाला बेसन में घोल लें, पकौड़े कुरकुरे हो जाएँगे।

## विविध आटे का प्रयोग

मूँग, साबुत उर्द व चावल के आटे को पीसकर डिब्बों में डालकर रख लें व ढक्कन कस कर बंद कर दें। फिर यह काफी दिनों तक खराब नहीं होगा।

**चावल के आटे का प्रयोग—**चपाती व पराँठे बनाने के लिए सूखा आटा (परथन) सभी प्रयोग में लाते हैं। यदि गेहूँ के आटे की जगह चावल का आटा प्रयोग में लाएँ तो रोटी सरलता से बनेगी और तवे पर जलेगी नहीं।

बेसन के नमकीन सेब घर में सभी बनाते हैं। यदि बेसन में एक-चौथाई चावल का आटा मिला दें तो सेब अधिक खस्ता हो जाते हैं।

कटहल के पकौड़े बनाने में बेसन के स्थान पर चावल का आटा प्रयोग करने से पकौड़े अधिक करारे बनते हैं। चावल के आटे को पन्द्रह मिनट पहले थोड़ा-सा पानी डालकर भिगो देना जरूरी होता है।

**मूँग के आटे का प्रयोग—**मूँग का आटा 2 घंटे पहले भिगो दें, उसमें एक-चौथाई बेसन मिलाकर हरी धनिया, हरी मिर्च, अदरक, अनारदाना व नमक डालकर पकौड़े बनाएँ। यह देखने व खाने दोनों में अच्छा रहता है। मूँग के आटे की भी पकौड़ियाँ बन सकती हैं। इसमें चुटकी भर हींग, नमक, पिसी हल्दी, धनिया, लाल मिर्च, पिसी काली मिर्च, पिसी सौंफ, सौंठ मिला दें। कचौड़ियाँ स्वादिष्ट बनती हैं।

**उर्द के आटे का उपयोग—**2 घंटे पहले आटे को भिगो दें पानी हल्का गुनगुना लें। भीग जाने पर अंदाज से नमक, चुटकी भर हींग, पिसी हुई धनिया, पिसी लाल मिर्च, पिसी काली मिर्च, पिसी सौंफ तथा पिसी सोंठ मिला दें। अब यह मिश्रण गेहूँ के आटे में मिला दें। साथ में थोड़ा-सा वनस्पति घी भी डाल दें। फिर चपाती के आटे की भाँति गूँध लें। हल्की आँच पर छोटी-छोटी पूरी के आकार में बनाकर सेंक लें। चटनी, अचार अथवा सॉस के साथ ये कचौड़ियाँ बहुत स्वादिष्ट लगती हैं।

●●●

# ध्यान देने योग्य अन्य बातें

1. अगर चिप्स बनाते समय आलू काले-काले पड़ जाएँ तब आलूओं को केवल नमक के पानी में भिगोना जरूरी नहीं है बल्कि 10-15 मिनट पानी में उबालना जरूरी है, इससे एंजाइमों का उन पर कोई प्रभाव नहीं पड़ेगा और चिप्स काले नहीं पड़ेंगे।

2. जैली को अगर हाथ से निचोड़ा जाए तो वह पारदर्शी नहीं बनेगी इसलिए रस अपने आप निचुड़ने दें। जैली बनाते समय हमेशा कच्चे फल लेने चाहिए जिससे वह जल्दी जमेगी।

3. सुबह की दावत से बचे चावल को कुछ देर खौलते पानी में डालकर पानी निकाल दें, खिले-खिले गर्म चावल खाने के लिए तैयार हैं।

4. सब्जी के शोरबे, दाल या सूप में अधिक नमक हो जाए तो एक कच्चे आलू की पतली फाँकें काटकर डालें, खौलाइए और आलू निकाल दीजिए। चखिए, यदि आवश्यकता हो तो एक बार पुन: इसी प्रक्रिया को दोहराइए। आटे की एक टिकिया बनाकर रसे में डाल दें। थोड़ी देर बाद निकालकर देखिए नमक कम लगेगा।

5. प्याज में हरे-हरे अंकुर फूट आए हैं। इन्हें सलाद, सैंडविच और सूप में इस्तेमाल कीजिए। चटनी पीसते समय इन्हें भी साथ ही पीस लें। मजेदार चटनी बनेगी।

6. आप केक बनाने और खाने के शौकीन हैं लेकिन ऊपर की हुई 'आइसिंग' की सजावट तो वजन बढ़ाती है और कागज का एक बारीक जालीदार डिजाइन वाला गोला काटकर केक के ऊपर रखकर चीनी बुरक दें। कागज हटाने पर चीनी की सुन्दर सजावट हो जाएगी, लेकिन मात्रा कम होने से वजन बढ़ने का चक्कर नहीं होगा।

7. यदि दाल, सब्जी में टमाटर डालना हो तो दाल, सब्जी गलने के बाद डालें स्वाद वही रहेगा, पहले डालने से दाल व सब्जी देर से गलेगी।

8. गुलाब जामुन में अगर मैदे की मात्रा कम और बेकिंग पाउडर की अधिक होगी तब गुलाब जामुन घी में डालने पर टूटेंगे। इसलिए 100 ग्राम खोए में 100 ग्राम पनीर, डेढ़ छोटा चम्मच मैदा तथा चुटकी भर बेकिंग पाउडर मिलाकर गूँधें, फिर गोली नहीं टूटेगी।

9. अगर आपके कोफ्ते सख्त बनते हों तो बेसन कम डालिए यानी 100 ग्राम सब्जी में दो छोटे चम्मच ही बेसन डालें और आवश्यकतानुसार पानी डालकर कोफ्तों के लिए गाढ़ा घोल बनाएँ।

10. पकाते समय सब्जियों में पानी कम-से-कम डालें। ज्यादा पानी डालने से सब्जी देर से पकती है और पौष्टिकता कम हो जाती है।

11. ज्यादा देर पहले सब्जी पकाने से पौष्टिकता कम हो जाती है इसलिए जहाँ तक हो सके सब्जियाँ ताजी बनाकर ही खाएँ।

12. सब्जी जब बनानी हो तभी काटें नहीं तो स्वाद व पौष्टिकता दोनों कम हो जाएँगे।

13. अगर सब्जी का छिलका पतला हो तो उसे बगैर छीले ही धोकर इस्तेमाल कीजिए। अगर छिलका मोटा हो तो खुरच कर साफ कर लें। ऐसा करने से सब्जी की पौष्टिकता बनी रहेगी।

14. सब्जी काटने से पहले ही धो लें बाद में नहीं।

15. जिस अचारदानी या मर्तबान में अचार डालना हो उसे ढकने के साथ पहले उबले हुए पानी से धो लें। धोकर साफ करने के बाद अच्छी तरह सुखा लें।

16. अगर थोड़ा-सा अचार डालना हो तो मर्तबान भी छोटा लें क्योंकि अचार व ढक्कन के बीच में ज्यादा फासला नहीं होना चाहिए नहीं तो अचार जल्दी खराब हो जाएगा।

17. अचार डालने के लिए सारी सामग्री ताजी होनी चाहिए।

18. अचार में कभी पानी न पड़ने दें। ऐसा होने से अचार सड़ जाएगा।

19. अचार को कभी हाथ से न निकालें। जहाँ तक हो सके लकड़ी या स्टील के चमचों से निकालें।

20. पकते हुए सूप में पके हुए चावल डालने से सूप गाढ़ा हो जाएगा। वैसे भी यदि परासेने से पहले सूप पर चावल डालकर थोड़ा-सा मसाला बुरक दिया जाए तो सूप स्वादिष्ट हो जाता है।

21. आलू के सूप में थोड़ी-सी अदरक डाल दी जाए तो सूप सुगन्धित हो जाता है।

22. छोले काले बनाने के लिए आप लोहे की कढ़ाई में बनाएँ तो छोले काले बनेंगे या छोले उबालते समय एक मलमल के कपड़े में चाय की पत्ती बाँधकर डाल दें तो भी छोले काले बनेंगे।

23. अगर घर में मेहमान बैठे हों गाजर का हलवा जल्दी बनाना पड़ जाए तब आप जल्दी से गाजर कद्दू करके प्रेशर कुकर में एक भाप दें, फिर हल्का-सा घी में भूनें और चाशनी में डाल दें। ऊपर से खोया कद्दू करके व बादाम और काजू कतर कर डाल दें। खोए की जगह पाउडरवाला दूध भी डाल सकती हैं।

24. अगर पनीर ढीला रहता है तब आप पनीर फाड़ने के बाद उसमें थोड़ा-सा ठंडा पानी डाल दें, इससे सारा पनीर गाढ़ा हो जाएगा, फिर पतले कपड़े से छानकर किसी भारी चीज़ से दबा दें तो पनीर अच्छा जमेगा।

25. सर्दियों में दही जमाने के लिए आप सुबह दूध उबालकर भगौने में रखती हैं उसके ऊपर प्लेट रखिए और उस पर दही जमाने वाला बर्तन पर रख दीजिए फिर उस बर्तन के ऊपर एक भगौना ढक दीजिए। 3-4 घंटे में स्वादिष्ट दही जम जाएगा या दही जमाने वाले बर्तन पर एक गर्म टिकोजी ढक दीजिए। दही की खटास अगर ज्यादा हो तो उसमें दूध डाल दें तो दही का खट्टापन दूर हो जाएगा और दही खाने योग्य हो जाएगा।

26. मंगोड़ी बनाने के लिए दाल मिक्सी में न पीसें, बल्कि सिल पर पीसें। इससे दाल गाढ़ी व मोटी पिसेगी।

27. मंगोड़ी की दाल पीसने के बाद हींग, जीरा व धनिया डालें पर नमक नहीं अन्यथा दाल पतली हो जाएगी।

28. अगर आपको सब्जी का रंग हरा रखना हो तो पकाते समय एक-तिहाई चम्मच चीनी डालें, रंग जैसा है वैसा ही रहेगा।

29. यदि दोपहर के खाने के बाद चावल बच गए हों तो उन्हें शाम को चाय के साथ पकौड़ी बनाकर पेश करें। चावलों में थोड़े-से उबले हुए आलू मसल कर मिला दें। फिर नमक, मिर्च, अमचूर, धनिए की पत्तियाँ आदि डालकर उसकी छोटी-छोटी गोलियाँ बना लें। फिर उसमें सूखी पावरोटी का चूरा लगाकर घी में तल लें। गर्मागर्म पकौड़ियाँ चटनी के साथ मेहमानों को खिलाइए। वे बता नहीं पाएँगे कि आपने इतनी जल्दी किस चीज़ की इतनी स्वादिष्ट पकौड़ियाँ बना ली हैं।

30. दूध को उबालते समय कड़ाही या बर्तन के किनारों पर मक्खन लगा दें, तो दूध उफन कर नीचे नहीं गिरेगा।

31. चाय उबल जाने पर सन्तरे का सूखा छिलका डाल दें, चाय महक उठेगी।

32. सूखी डबल रोटी थोड़ी देर भाप पर रखने से मुलायम हो जाती है।

33. बैंगन का भुर्ता बनाते हैं, तब बैंगन को भूनने के बाद किसी बर्तन के नीचे रख दें। थोड़ी देर बाद इसे हाथ से पकड़कर नल के नीचे बघार दें, ऊपर का छिलका बगैर प्रयास के साफ हो जाएगा।

34. कैसी भी सफेद रंग की बर्फी बनाने पर खाने का मीठा रंग गाढ़े दूध में घोल लें। ब्रश को भिगोकर हल्के हाथ से इस पर दबाकर फेंट लें। सुन्दर डिजाइन निकलेगी और बर्फी खूबसूरत दिखेगी।

35. मीठे दूध की पूरी बनाते समय दूध में शक्कर मिला दें और गलने दें या दूध में उबाल लाते समय मिला दें। इस दूध से आटा सानें, शक्कर मुँह में नहीं आएगी और बेलते समय पूरी फटने का डर भी नहीं रहेगा।

36. खीर को गाढ़ा कैसे बनाया जाए? थोड़े-से चावल पानी में भिगो दें और उनको पीस लें, जब दूध में उबाल आने लगे तो डाल दें। आपकी खीर गाढ़ी तो बनेगी ही, स्वादिष्ट भी होगी और कोई पहचान भी नहीं पाएगा।

37. दाल पकाने से पूर्व यदि उसमें हल्दी कच्ची डालने के बजाए, थोड़े-से घी में भून लें तथा दाल में दो-तीन चम्मच घी डाल दिया जाए तो दाल उबलकर कुकर से बाहर नहीं निकलेगी।

38. नर्म व फूली हुई पूरी बनाने के लिए आटा मुलायम गुथा हुआ होना चाहिए, पूरी बेलते समय सूखा आटा न लगाकर, घी की सहायता से बेलें। पूरी तलते समय घी का तापमान भी उचित होना चाहिए।

39. नर्म व खस्ता पूरियाँ बनाने के लिए आटे को गूँधते समय पानी की जगह दूध से गूँधें या दही से।

40. अगर कटलेट घी में डालते समय टूटें तो उनमें डबलरोटी का चूरा मिला दें और तलने के पहले डबलरोटी के चूरे में लपेट कर तलें तब कटलेट नहीं टूटेंगे।

41. तरी वाली सब्जी में खुशबू लाने के लिए सबसे पहले दो मध्यम आकार के प्याज पीसकर तीन बड़े चम्मच घी में भूनें, जब घी छोड़ने लगे तब लहसुन की दो कलियाँ और एक अदरक का टुकड़ा पीसकर दो-तीन टमाटर छीलकर उनका गूदा मिलाएँ। फिर इसमें तीन-चौथाई छोटा चम्मच गरम-मसाला और स्वाद के अनुसार नमक मिलाकर अच्छी तरह भूनें, ताकि कच्चे मसाले की खुशबू खत्म हो जाए। अंत में इसमें डेढ़-दो गिलास पानी मिलाकर तरी गाढ़ी होने तक पकाएँ।

42. एकदम गरम स्थान से निकाल कर केक टिन को ठंडे स्थान पर रखने के कारण केक टूट जाता है इसलिए आप केक को ओवन में से निकालकर धीरे-धीरे ठंडे स्थान पर रखें। इसके लिए आप उसे या तो गर्म पानी के ऊपर कुछ देर रखें या फिर हल्की आँच पर रखने के बाद उसे शेल्फ पर रखें। ऐसा करने से केक के टूटने का भय नहीं रहेगा।

43. केक बनाते समय आप मैदा नापने के लिए जिस कप का प्रयोग करती हैं उस कप का आकार छोटा या बड़ा हो या बेकिंग पाउडर खराब हो अथवा ठीक मात्रा में न डाला गया हो तब केक बनने के बाद में बीच में से पिचक जाता है। इसलिए केक की सामग्री में यदि कप का प्रयोग किया गया हो तो कप 225 मि.ली. आकार का होना चाहिए।

याद रखें सामग्री के अनुपात में थोड़ा-सा अंतर होने से भी केक खराब हो जाता है।

44. बंगाली मिठाई बनाते समय रीठे का पानी दो-तीन बार से अधिक न डालें, ज्यादा डालने से मिठाई कड़वी हो जाएगी।

45. साधारणतया गाय के एक किलो शुद्ध दूध में 150 ग्राम छेना बनता है तथा ठीक-ठीक आकार के 12 रसगुल्ले बनते हैं।

46. केक में पड़ने वाले घी, मक्खन या मार्जरीन की मात्रा अधिक हो तो केक सख्त बनेगा।

47. केक बनाने में चीनी, मक्खन, मैदे की फिंटाई अच्छी तरह से न होने पर केक तैयार होने पर टूट जाता है।

48. ओवन का तापमान सही होना चाहिए, ओवन न ज्यादा गर्म और न ही ज्यादा ठंडा होना चाहिए, नहीं तो केक टूट जाएगा।

49. बेकिंग पाउडर और मैदे को अच्छी तरह से छानना चाहिए जिससे केक न टूटे।

50. घी या मक्खन को चीनी के साथ फेंटें।

51. हरी सब्जी बनाते समय आप चाहती हैं कि उसका रंग वैसा ही रहे तो भूनने के बाद उसमें नमक मिला गर्म पानी मिला दें।

52. सूखे मेवे व फल काटते समय चाकू के किनारे पर जरा-सा घी लगा दीजिए। इससे फल चिपकेंगे नहीं।

53. प्रेशर कुकर को साफ करने के लिए उसमें पानी के साथ नीबू का एक टुकड़ा, एक टुकड़ा फिटकरी का डाल दें व ढक्कन बंद कर दें। थोड़ी देर बाद आँच से उतार दें।

54. दही जमाने से पहले बर्तन में थोड़ी-सी फिटकरी का चूरा लगाने से दही गाढ़ा व स्वादिष्ट जमता है।

55. 10 किलो टमाटर में (सॉस बनाने के लिए) 150 ग्राम नमक, सोडियम बेनजोएट 10 ग्राम, एसिटिक एसिड 40 ग्राम। सोडियम आँच पर ही डालें व एसिटिक ऐसिड आँच से हटाकर। सॉस गर्म ही बोतलों में भरें व तुरन्त ही ढक्कन लगा दें।

56. जैम शीशियों में गर्म ही भरें लेकिन ढक्कन ठंडा होने के बाद लगाएँ।

57. ठंडे चावलों को गर्म करने के लिए एक भगौने में पानी उबालें उस पर छाननी रख दें व चावल डाल दें भाप से चावल गर्म हो जाएँगे।

58. सैंडविच बनाने के पहले आपको ब्रेड पर जहाँ सॉस या चटनी लगानी हो, वहाँ पर पहले अच्छी तरह मक्खन लगा दें जिससे स्लाइस गीली नहीं होगी।

59. जब आप रसगुल्ले बनाने के लिए पनीर बनाएँ तो पानी निचोड़ने के लिए उसे कपड़े में डालकर टाँग दें, पानी अपने आप निचुड़ने दें आप खुद दबाकर न निकालें। जब पानी अच्छी तरह निचुड़ जाए तो 250 ग्राम पनीर में एक छोटा चम्मच सूजी डालकर हाथ से अच्छी तरह मलें ताकि पनीर मुलायम हो जाए। 15-20 मिनट तक मलना ठीक रहेगा। पनीर की गोलियाँ बनाकर चाशनी में उबालें। इस प्रकार बनाने से रसगुल्ले टूटेंगे नहीं और स्पंजदार बनेंगे।

●●●

# माप-तौल सम्बन्धी सूचना

'शाकाहारी व्यञ्जन विधियाँ' पुस्तक में वर्णित व्यंजनों में टेबल-स्पून, टी-स्पून और कप के माप दिए गए हैं। निश्चित माप के लिए मेजर (बड़ा) कप तथा स्पून (चम्मच) सेट बाजार में मिलता है। किसी भी व्यञ्जन को बनाते समय किसी चीज़ के लिए कप, टेबल-स्पून अथवा टी-स्पून का माप हो तब वह वस्तु ऊपर तक (पूरी) भरनी चाहिए। यह कार्य अत्यन्त सावधानी से करना चाहिए अन्यथा जरा सी लापरवाही व्यञ्जन का स्वाद बिगाड़ देती है।

| | | |
|---|---|---|
| 1 कप | = | मीडियम (मध्यम) |
| चाय का कप | = | 210 मिली. |
| 1 टी स्पून | = | 1 चम्मच-5 मिली. या 5 ग्राम |
| 1 टेबल स्पून | = | 1 चम्मच-15 मिली. या 15 ग्राम |
| 1 टेबल स्पून | = | 3 टी स्पून |
| 1 कप | = | 16 टेबल स्पून |
| 1 किलो | = | 2.2 पाउन्ड |
| 1 पाउन्ड | = | 453.6 ग्राम |
| 1 लीटर | = | 1000 मिली लीटर |

कई चीजों को कप से मापने में सरलता होती है। अतः आप कप का भी इस्तेमाल कर सकती हैं।

| वस्तु | वजन | अनुमानित मात्रा |
|---|---|---|
| मैदा | 250 ग्राम | 2 कप |
| चावल | 250 ग्राम | 1 कप |
| चीनी | 250 ग्राम | 1 कप |
| आइसिंग सुगर | 250 ग्राम | 1/3/4 कप |
| मक्खन | 250 ग्राम | 1 कप |
| पनीर | 250 ग्राम | 1 कप |
| कद्दूकश पर कसा हुआ चीज़ | 250 ग्राम | 2 कप |
| क्रीम | 250 ग्राम | 1 कप |

## तापमान

| F.° | C.° |
|---|---|
| 225 | 110 |
| 250 | 125 |
| 275 | 140 |
| 300 | 150 |
| 325 | 165 |
| 350 | 180 |
| 375 | 195 |
| 400 | 210 |
| 425 | 220 |
| 450 | 235 |
| 475 | 250 |